3rd edition

International Logistics

国际物流学（第三版）

鲁力群　逯宇铎　孙秀英　编著

图书在版编目(CIP)数据

国际物流学/鲁力群等编著. —3 版. —北京：北京大学出版社，2020.8
21 世纪经济与管理规划教材·物流管理系列
ISBN 978-7-301-30746-5

Ⅰ. ①国… Ⅱ. ①鲁… Ⅲ. ①国际物流—高等学校—教材 Ⅳ. ①F259.1

中国版本图书馆 CIP 数据核字(2019)第 199883 号

书　　　名	国际物流学（第三版）
	GUOJI WULIUXUE（DI-SAN BAN）
著作责任者	鲁力群　逯宇铎　孙秀英　编著
责任编辑	周　莹
标准书号	ISBN 978-7-301-30746-5
出版发行	北京大学出版社
地　　　址	北京市海淀区成府路 205 号　100871
网　　　址	http://www.pup.cn
微信公众号	北京大学经管书苑（pupembook）
电子邮箱	编辑部 em@pup.cn　总编室 zpup@pup.cn
电　　　话	邮购部 010-62752015　发行部 010-62750672　编辑部 010-62752926
印　刷　者	北京虎彩文化传播有限公司
经　销　者	新华书店
	787 毫米×1092 毫米　16 开本　17.25 印张　399 千字
	2007 年 7 月第 1 版　2012 年 9 月第 2 版
	2020 年 8 月第 3 版　2024 年 1 月第 4 次印刷
定　　　价	42.00 元

未经许可，不得以任何方式复制或抄袭本书之部分或全部内容。
版权所有，侵权必究
举报电话：010-62752024　电子邮箱：fd@pup.cn
图书如有印装质量问题，请与出版部联系，电话：010-62756370

丛书出版前言

教材作为人才培养重要的一环，一直都是高等院校与大学出版社工作的重中之重。"21世纪经济与管理规划教材"是我社组织在经济与管理各领域颇具影响力的专家学者编写而成的，面向在校学生或有自学需求的社会读者；不仅涵盖经济与管理领域传统课程，还涵盖学科发展衍生的新兴课程；在吸收国内外同类最新教材优点的基础上，注重思想性、科学性、系统性，以及学生综合素质的培养，以帮助学生打下扎实的专业基础和掌握最新的学科前沿知识，满足高等院校培养高质量人才的需要。自出版以来，本系列教材被众多高等院校选用，得到了授课教师的广泛好评。

随着信息技术的飞速进步，在线学习、翻转课堂等新的教学/学习模式不断涌现并日渐流行，终身学习的理念深入人心；而在教材以外，学生们还能从各种渠道获取纷繁复杂的信息。如何引导他们树立正确的世界观、人生观、价值观，是新时代给高等教育带来的一个重大挑战。为了适应这些变化，我们特对"21世纪经济与管理规划教材"进行了改版升级。

首先，为深入贯彻落实习近平总书记关于教育的重要论述、全国教育大会精神以及中共中央办公厅、国务院办公厅《关于深化新时代学校思想政治理论课改革创新的若干意见》，我们按照国家教材委员会《全国大中小学教材建设规划(2019—2022年)》《习近平新时代中国特色社会主义思想进课程教材指南》和教育部《普通高等学校教材管理办法》《高等学校课程思政建设指导纲要》等文件精神，将课程思政内容融入教材，以坚持正确导向，强化价值引领，落实立德树人根本任务，立足中国实践，形成具有中国特色的教材体系。

其次，响应国家积极组织构建信息技术与教育教学深度融合、多种介质综合运用、表现力丰富的高质量数字化教材体系的要求，本系列教材在形式上将不再局限于传统纸质教材，而是会根据学科特点，添加讲解重点难点的视频音频、检测学习效果的在线测评、扩展学习内容的延伸阅读、展示运算过程及结果的软件应用等数字资源，以增强教材的表现力和吸引力，有效服务线上教学、混合式教学等新型教学模式。

为了使本系列教材具有持续的生命力，我们将积极与作者沟通，争取按学制周期对教材进行修订。您在使用本系列教材的过程中，如果发现任何问题或者有任何意见或建议，欢迎随时与我们联系（请发邮件至em@pup.cn）。我们会将您的宝贵意见或建议及时反馈给作者，以便修订再版时进一步完善教材内容，更好地满足教师教学和学生学习的需要。

最后，感谢所有参与编写和为我们出谋划策提供帮助的专家学者，以及广大使用本系列教材的师生。希望本系列教材能够为我国高等院校经管专业教育贡献绵薄之力！

北京大学出版社

经济与管理图书事业部

第三版前言

国际物流是现代物流的重要组成部分,是货物跨越国与国、地区与地区之间的一种物流运作方式。为了实现物流合理化,企业必须按照国际商务交易活动的要求来开展国际物流活动,不但要降低物流费用,而且要努力提高服务水平、增强销售竞争能力和扩大销售效益,从而提高国际物流系统的整体效益。在经济全球化的浪潮下,当前国际物流的发展正面临前所未有的机遇和挑战。为了持续推进经济全球化、坚持对外开放,国家近年来推出了一系列大政方针:2019年9月,中共中央、国务院印发了《交通强国建设纲要》;2022年1月,国务院印发《"十四五"现代综合交通运输体系发展规划》,明确提出了"坚持开放合作,推进互联互通,加强基础设施'硬联通'、制度规则'软联通',保障国际物流供应链安全,提升国内大循环效率和水平,塑造参与国际合作竞争新优势";2022年10月,习近平在党的二十大报告中提到,推进高水平对外开放,稳步扩大规则、规制、管理、标准等制度型开放,加快建设交通强国,推动共建"一带一路"高质量发展,维护多元稳定的国际经济格局和经贸关系。这些都为高质量发展现代国际物流指明了发展方向,创造了良好的政策环境。

国际物流学是一门多学科相互交叉融合、实践性要求较强的学科,不但涉及物流活动的各个功能环节,还涉及国际贸易、保险、通关作业、检验检疫等方面的知识。因此,编者在此次修订过程中,紧密结合专业(学科)教学改革、课程建设及国际物流对实践能力的要求,力求通过对国际物流实际运作过程的详述来培养和增强学生分析问题、解决问题的能力,提高其在交流沟通、实践应用及处理复杂事务过程中的协调水平。例如,新版中增加了"国际物流单证实务"一章。

本书在修订过程中,参考了大量国内外最新物流学著作和教材,查阅了学术界最新的研究成果,采用了国家相关部门官网的权威数据。新版《国际物流学》具有以下几方面的特点:首先,本书涵盖了国际物流理论、知识、程序和业务活动的整个流程,使学生能够更好地将理论与实践相结合,较快地把握国际物流理论与实践的全貌;其次,本书强化了实践导向,每章结尾均设置两篇案例分析,帮助学生更形象、更直观地理解本章节的基本知识点;最后,本书结合国际物流相关的最新研究成果、统计数据、实效纪录和政策变化,对案例、单证等材料进行了修订,指导性、实用性更强。

本书总共十一章,分别是:第一章国际物流学概论、第二章国际物流系统与网络、第三章国际物流港口与航线、第四章国际货物运输、第五章国际货物运输保险、第六章国际物流单证实务、第七章国际物流检验检疫、第八章报关与海关管理、第九章国际物流信息系统与标准化、第十章国际物流服务、第十一章跨境电子商务与国际物流管理。

参加本书修订工作的编者都是在高等院校从事国际物流教学与科研的一线教师,本书第一章至第三章、第六章、第十一章由山东理工大学鲁力群负责,第四章、第五章、第七章由大连理工大学逯宇铎负责,第八章至第十章由辽宁师范大学孙秀英负责,全书由鲁力群统稿。

本书的编写参阅了国内外本专业领域的经典著作及教材,已在参考文献中一一列出,在此致以谢意。在编写本书的过程中,根据教育部《高等学校课程思政建设指导纲要》等文件精神,我们力求把思政教育与专业知识有机融为一体,旨在提供一本符合新时代人才培养需要的优秀物流学教材。

由于国际物流行业的业态和相关技术始终处于发展与变化之中且编者水平有限,书中难免有不足之处,恳请同人及读者批评指正。

编者

2024 年 1 月

目 录

第一章　国际物流学概述 …………………………………………… 1
- 第一节　国际物流的基本概念 ……………………………………… 2
- 第二节　国际物流的特点 …………………………………………… 6
- 第三节　国际物流网络系统 ………………………………………… 7
- 第四节　国际物流信息管理 ………………………………………… 8
- 第五节　国际物流与进出口贸易 …………………………………… 10

第二章　国际物流系统与网络 ……………………………………… 19
- 第一节　国际物流系统的构成要素 ………………………………… 20
- 第二节　国际物流系统模式 ………………………………………… 25
- 第三节　国际物流的节点 …………………………………………… 26
- 第四节　国际物流连线 ……………………………………………… 40
- 第五节　国际物流网络 ……………………………………………… 44

第三章　国际物流港口与航线 ……………………………………… 50
- 第一节　港口 ………………………………………………………… 51
- 第二节　航线 ………………………………………………………… 58
- 第三节　著名航运公司 ……………………………………………… 63

第四章　国际货物运输 ……………………………………………… 68
- 第一节　国际货物运输概述 ………………………………………… 69
- 第二节　国际海洋货物运输 ………………………………………… 71
- 第三节　国际航空货物运输 ………………………………………… 76
- 第四节　国际铁路货物联运 ………………………………………… 82
- 第五节　国际公路运输 ……………………………………………… 87
- 第六节　集装箱与国际多式联运 …………………………………… 91
- 第七节　国际邮政运输 ……………………………………………… 95

第五章　国际货物运输保险 ………………………………………… 101
- 第一节　保险概述 …………………………………………………… 102
- 第二节　伦敦保险协会海运货物保险条款 ………………………… 104

第三节 国际海洋货物运输保险保障的范围 …………………………… 110
  第四节 我国海洋运输货物保险的险别与条款 ………………………… 112
  第五节 我国陆空邮运输货物保险的险别与条款 ……………………… 117

第六章 国际物流单证实务 …………………………………………………… 125
  第一节 单证概述 ………………………………………………………… 126
  第二节 国际货物运输操作流程及单证 ………………………………… 135
  第三节 国际货运保险流程及单证 ……………………………………… 151

第七章 国际物流检验检疫 …………………………………………………… 159
  第一节 概述 ……………………………………………………………… 160
  第二节 出入境检验检疫机构 …………………………………………… 162
  第三节 出入境检验检疫项目 …………………………………………… 166
  第四节 进出口商品检验检疫的模式与流程 …………………………… 173

第八章 报关与海关管理 ……………………………………………………… 184
  第一节 报关制度 ………………………………………………………… 185
  第二节 海关管理制度 …………………………………………………… 188
  第三节 一般进出口货物的报关程序 …………………………………… 190
  第四节 保税进出口货物的报关程序 …………………………………… 198
  第五节 其他进出口货物的报关程序 …………………………………… 201
  第六节 进出口货物报关单的填制 ……………………………………… 205

第九章 国际物流信息系统与标准化 ………………………………………… 217
  第一节 国际物流信息系统概述 ………………………………………… 218
  第二节 国际物流信息技术的应用 ……………………………………… 219
  第三节 国际物流信息系统的设计 ……………………………………… 224
  第四节 国际物流标准化 ………………………………………………… 225

第十章 国际物流服务 ………………………………………………………… 234
  第一节 国际货运代理 …………………………………………………… 235
  第二节 国际货运代理物流运作 ………………………………………… 242
  第三节 国际船舶代理 …………………………………………………… 245
  第四节 第三方物流服务的开展 ………………………………………… 250

第十一章 跨境电子商务与国际物流管理 …………………………………… 257
  第一节 跨境电子商务环境下的国际物流概述 ……………………… 258
  第二节 跨境电子商务国际物流服务与成本管理 …………………… 260
  第三节 跨境电子商务的库存决策与库存管理 ……………………… 262
  第四节 跨境电子商务物流系统与信息管理 ………………………… 263

参考文献 ………………………………………………………………………… 268

第一章

国际物流学概述

本章要点

本章重点介绍国际物流的一些基本概念,如国际物流系统组成、国际物流网络系统及国际物流信息管理等。本章的学习,对于理解国际物流学学科,具有指导意义。

本章关键词

国际物流　国际物流网络系统　国际物流信息　国际物流管理

第一节　国际物流的基本概念

一、国际物流的定义

1998年,美国物流协会对物流的定义为:物流是供应链活动的一部分,是为满足客户需要,对商品、服务及相关信息从产地到消费地高效、低成本流动和存储而进行规划、实施与控制的过程。这是目前该协会对物流的最新定义。

国家标准(见GB/T 18354-2006修订版第2.30条)对国际物流的定义为:国际物流(International Logistics)是跨越不同国家(地区)之间的物流活动。国际物流的实质是按国际分工协作的原则,依照国际惯例,利用国际化的物流网络、物流设施和物流技术,实现货物在国际间的流动和交换,以促进区域经济的发展和世界资源的优化配置。

国际物流的概念有广义和狭义之分。

广义的国际物流包括贸易性国际物流和非贸易性国际物流。贸易性国际物流是指国际贸易货物(进出口货物)在国家(地区)间的合理流动;而非贸易性国际物流是指各种会展物品、行李物品、办公用品、捐助、援外物资等非贸易货物在国家(地区)间的流动。

狭义的国际物流仅指贸易性国际物流,即当生产和消费分别在两个或两个以上的国家(地区)独立进行时,为了克服生产和消费之间的空间隔离与时间距离,对物资(商品)进行物理性移动的国际性商品贸易或交流活动,从而完成国际商品交易的最终目的,即实现卖方交付单证、货物和收取货款,而买方接受单证、支付货款和收取货物的贸易交流活动。

国际物流是相对国内物流而言的,是不同国家(地区)之间的物流。国际物流是国内物流的延伸和进一步扩展,是跨国界的、流通范围扩大了的物的流通,有时也称国际大流通或国际大物流。国际物流是国际贸易的一个必然组成部分,各国之间的相互贸易最终都通过国际物流来实现。由于国际分工的日益细化和专业化,任何国家都不可能包揽一切专业分工,因而必然要有国际合作与交流。只有国际物流工作做好了,才能将国外客户需要的商品适时、适地、按质、按量、低成本地送达;同时也可将本国需要的设备、物资等及时、高效、便宜地进口到国内,满足国内人民生活、生产建设、科学技术与国民经济发展的需要。

国际物流过程离不开贸易中间人——专门从事商品使用价值转移活动的业务机构或代理人,如国际货物运输是通过国际货物运输服务公司(代理货物的出口运输),再如报关行、出口商贸易公司、出口打包公司和进口经纪人等,它们主要是接受企业的委托,代理与货物有关的各项业务。之所以存在这些企业,是因为在国际物流系统中,很少有企业能依靠自身力量完成各项业务工作。这正是国际物流与国内物流最重要的区别之一。

二、国际物流的形成

企业国际化是国际物流形成的主要原因。唐纳德·J.鲍尔索克斯(Donald J. Bowersox)和戴维·J.克劳斯(David J. Closs)指出:发展中国家经济的增长、战略联盟观念的普及、全球各区域内经贸交流的增加、信息与通信技术的进步,以及全球运输与金融管制的解除等,是推动企业国际化的五大重要因素。然而,除了这五大因素,全球性自然资源与人力资源的不均匀分布,也是导致企业国际化的重要因素。

上述六项因素又可就本质划分为推力因素与助力因素两大类。

1. 经济与产业的推力因素

(1) 发展中国家经济的增长。生产技术的进步让制造商得以大量生产,但发达国家人口增长率的逐年下降,造成市场萎缩,形成供大于求的局面。为了维持营业收入与利润的增长,发达国家的企业必须将产品外销至其他更大的市场,而经济成长中的发展中国家拥有强大的购买力,更增强了企业国际化的动力。

(2) 战略联盟观念的普及。过去制造商最重要的经营战略是内部成本控制。自20世纪80年代起,随着企业运营范围扩大到国际范围,这使得仓储和运输等物流活动的成本日益增加,直接削减了从业者的获利。为此,从业者将这些非核心的业务外包,有效地降低了运营成本,外包也成为从业者获利的重要战略。与这些跨国外包组织合作范围的逐渐扩大,使得战略联盟观念被制造商与流通业者普遍接受。

(3) 全球各区域内的经贸交流增加。为了增强区域内的经贸交流及维系区域内的经贸伙伴,全球各主要贸易区域纷纷签订区域内经贸协议,包括欧洲共同市场(EC)、北美自由贸易协议(NAFTA),以及东盟自由贸易协议(AFTA)等。这些区域内经贸协议使国与国之间的货物流通更加便利,区域内的国家贸易成本更低,企业国际化后获利的机会也更大。

(4) 全球性自然资源与人力资源的不均匀分布。资源丰富的原材料区域、生产成本最低的制造来源与获利最大的市场,多分布在不同的区域。企业出于充分利用资源、达到经济效益最大化与获利最大化的目的,必须拓展全球运营的范围,逐步扩大全球化资源的采购,并为产品寻找最合适的生产地与市场。由于亚洲拥有低廉的人力与自然资源,自然成为企业最适合的原材料采购地与生产地。欧美各国企业积极地在亚洲成立全球采购中心,使亚洲成为全球低劳动力成本零件或成品的提供区域,所提供的产品被运输到高消费的欧美市场销售。跨国运作的趋势增强了企业国际化的推力。

2. 外部环境的助力因素

(1) 信息与通信技术的进步。一方面,信息与通信技术的进步使全球性的文件往来更为畅通和快速,缩短了制造商之间订货的时间,增加了制造商之间商业往来的机会。另一方面,信息与通信技术的进步使消费者对流行事物的接受度增加,对国际性产品的接受度也随之提高,这种趋势使得全球消费形态趋于一致,也进一步刺激制造商提供全球性的产品,以满足全球消费者的需求。

(2) 全球运输与金融管制的解除。美国于20世纪70年代末至80年代初解除对运输业的管制,这令其他国家从业者得以结成战略联盟,以开展在他国国境内与不同国家间的运输业务。美国还放宽了国内运输必须使用本国运输从业者的限制,并允许运输从业者同时拥有并经营复合运输。美国对运输管制的解除带动了全球运输业解除管制的风潮,也便捷了全球的交通往来。自由化使运输公司更有效率,减少了国家(地区)的运输成本,增进了国家(地区)间的运输往来。

另外,全球金融管制的解除,使得国际货币市场的电子自动交易系统与各国间的货币不再以黄金为媒介交易,而采用浮动汇率,简化了国际货币流通。由此,运输与金融管制的解除创造了企业国际运营的有利环境。

三、国际物流的发展

国际物流在20世纪的发展经历了以下几个阶段:

第二次世界大战以前,各国间已有不少的经济交往,但无论是从数量上还是从质量上都没有将伴随国际交往的运输放在主要地位。

第二次世界大战以后,各国间的经济交往越来越活跃。尤其是20世纪70年代的石油危机以后,各国间贸易量已非常巨大,交易水平和质量要求也越来越高。在这种新情况下,原有的仅为满足运送必要货物的运输观念已不能适应新的要求,系统物流就是在这个时期进入国际领域。

60年代开始形成了各国间的大规模物流,在物流技术上出现了大型物流工具,如20万吨的油轮、10万吨的矿石船等。

70年代石油危机的影响,使国际物流不仅在数量上得到进一步发展,船舶大型化趋势进一步加强,而且有了提高国际物流服务水平的要求。大批量、高服务型物流从石油、矿石等物流领域向物流难度最大的中、小件杂货领域深入,其标志是国际集装箱及国际集装箱船的大规模发展,各国间各主要航线的定期班轮都投入了集装箱船,立刻就把散杂货的物流水平提了上去,物流服务水平也获得了很大的提高。

70年代中后期,国际物流的质量和速度要求进一步提高。这个时期在国际物流领域出现了航空物流大幅度增加的新形势,同时出现了更高水平的国际联运。

80年代前、中期国际物流的突出特点,是在物流量不继续扩大的情况下出现了"精细物流",物流的机械化、自动化水平提高。同时,伴随新时代人们需求观念的变化,国际物流着力于解决"小批量、高频度、多品种"的物流,出现了不少新技术和新方法。这就使现代物流不仅覆盖了大批量货物、集装杂货,还覆盖了多品种的货物,基本覆盖了所有物流对象,解决了所有物流对象的现代物流问题。

80年代国际物流领域的另一大发展,是伴随国际物流尤其是国际多式联运物流,出现了物流信息系统和电子数据交换(Electronic Data Interchange,EDI)系统。

90年代以来,国际物流发展的最大特点是,现代物流技术的广泛应用促进了物流信息化发展。现代物流技术主要包括计算机技术、通信技术、网络技术、条码技术、无线射频技术、地理信息系统、全球定位系统、电子数据交换技术、物联网技术等。物流信息系统的建设和管理水平是物流企业在市场中的核心竞争力。物流信息化意味着整个物流作业环节从运输、仓储、装卸、搬运、包装、流通加工到配送全面使用现代信息技术,实现企业内外信息资源的优化配置和集成化管理。

四、国际物流的发展趋势

1. 物流企业将向集约化与协同化发展

随着物流市场的全面启动,物流产业将由起步期逐渐过渡到发展期乃至成熟期,物流服务产品的标准化、规范化和全面市场化必将对参差不齐的物流企业进行大浪淘沙般的洗礼。物流行业服务标准的形成和物流市场竞争格局的逐步确立,将使物流产业的规模效应迅速显现出来,物流产业的空间范围将进一步扩大,物流企业将向集约化与协同化发展。

2. 物流服务的优质化、全球化与个性化

随着消费多样化、生产柔性化、流通高效化时代的到来,社会和客户对物流服务的要求越来越高,物流成本不再是客户选择物流服务的唯一标准,人们更注重的是物流服务的质量。物流服务的优质化是物流今后发展的重要趋势。五个亮点"Right"的服务,即把适当的产品(The Right Product)、在适当的时间(At The Right Time)、适当的地点(In The Right Place),以适当的数量(In The Right Quantity)、适当的价格(At The Right Price)提供给客户将成为物流企业优质服务的共同标准。物流企业的服务范围将不再限于一项或一系列分散的外协物流功能,而是更加注重客户物流体系的整体运作效率与效益。供应链的管理与不断优化将成为物流企业的核心服务内容,物流服务全球化加强,并且随着合同导向的个性化服务体系的建立,物流市场的服务标准将逐渐趋于规范化。

3. 第三方物流快速发展

第三方物流(Third Party Logistics)也称委外物流(Logistics Outsourcing)或合约物流(Contract Logistics),是指在物流渠道中由中间商提供的服务,一般不拥有自己的产品,不参与商品的买卖,只在物流渠道中由专业物流企业以合约的形式在一定期限内向用户提供"标准化、客户化、模组化、资讯的全部或部分物流代理服务"。第三方物流产生的原因有:社会分工进一步细化、新型管理理念的出现、改善物流与强化竞争力相结合意识的萌芽和物流领域竞争激化等。众多因素导致第三方物流的快速发展,这有利于降低物流成本,完善物流活动的服务功能。

4. 绿色物流是一种全新的物流形态

绿色物流是指以降低对环境的污染、减小资源消耗为目标,利用先进的物流技术,规划和实施运输、储存、包装、装卸、流通加工等物流活动。绿色物流从环境的角度对物流体系进行改进,形成了一个与环境共生的物流管理系统。现代绿色物流强调全局和长远的利益,以及对环境的全方位关注,体现了企业的绿色形象,是一种全新的物流形态。

5. 国际物流标准统一化和配送精细化

所谓的国际物流标准化,是把国际物流作为一个整体的物流系统,将机械设备、内部设施以及专门使用的工具作为系统的技术检验标准;对系统内部的领域可以以包装、运输、装载和配送作为工作的检验标准;在系统运行时,要以整个系统物流作为出发点,将技术和工作的标准完美地结合起来,实现国际物流标准的统一。

国际物流配送精细化指的是:物流企业将完整的客户信息提供给供应商,供应商根据客户的要求和需求,预估自身的供应能力,并对客户需求拟订服务实施计划,使得客户能享受到更加完善、优质和满意的服务。国际物流的发展,需要国际物流企业加强与合作伙伴的业务往来,不断夯实业务流程中的预测、规划和供应各环节,并建立数据分享、共享管理和绩效评估系统等,以实现国际物流的零阻力和无时差,最终更好地满足客户的需求。

第二节　国际物流的特点

国际物流为跨国经营和对外贸易服务，使各国物流系统相互"接轨"，因而在环境、系统范围方面都具有自身特点，并且还需要信息系统的支持和统一的国际标准。

1. 物流环境存在差异

国际物流的一个非常重要的特点是各国物流环境的差异，尤其是物流软环境的差异。

不同国家（地区）的物流适用不同的法律，这使国际物流的复杂性远高于一国的国内物流，甚至会阻断国际物流；不同国家（地区）的不同经济和科技发展水平会造成国际物流处于不同科技条件的支持，有些地区甚至根本无法应用某些技术而迫使国际物流系统水平全面下降；不同国家（地区）的不同标准，也会造成国际"接轨"的困难，致使国际物流系统难以建立；不同国家（地区）的不同风俗人文也使国际物流受到很大的局限。

由于物流环境的差异，一个国际物流系统需要在各个国家和地区不同的法律、人文、语言、科技、设施的环境下运行，这无疑会大大增加物流的难度和系统的复杂性。

2. 物流系统范围广

物流本身的功能要素、系统与外界的沟通已经是很复杂的了，国际物流还要在这一复杂系统上增加不同国家（地区）的要素，这不但包括地域的广阔和空间的广阔，而且所涉及的内外因素更多、所需的时间更长。广阔范围带来的直接后果是难度和复杂性增加，风险增大。当然，也正是因为如此，国际物流只有融入现代化系统技术，其效果才会比以前更显著。例如，开通某个"大陆桥"之后，国际物流速度成倍提高、效益显著增加，就说明了这一点。

3. 国际物流必须有国际信息系统的支持

国际信息系统是国际物流尤其是国际联运非常重要的支持手段。国际信息系统建立的难点，一是管理困难，二是投资巨大。加之由于世界上有些地区物流信息水平较高、有些地区较低，从而出现信息水平不均衡，因而信息系统的建立更为困难。

当前建立国际物流信息系统的一个较好的办法是和各国海关的公共信息系统联网，以及时掌握有关各个港口、机场和联运线路、站场的实际状况，为供应或销售物流决策提供支持。国际物流是最早应用"电子数据交换"的领域，以电子数据交换为基础的国际物流将对物流的国际化产生重大影响。

4. 国际物流的标准化要求较高

要使国际物流畅通起来，统一标准是非常重要的。如果没有统一的标准，国际物流水平将难以提高。目前，美国、欧洲基本实现了物流工具、设施的统一标准，如托盘采用 1 000 mm×1 200 mm 的规格，集装箱也有几种统一规格及条码技术等。这大大降低了物流费用和转运的难度，而不向这一标准靠拢的国家，必然在转运、换车等许多方面耗费时间和费用，从而降低国际竞争力。

第三节　国际物流网络系统

一、国际物流网络系统的概念

所谓国际物流网络系统,是由多个收发货的"节点"和它们之间的"连线"所构成的物流抽象网络,以及与之相伴随的信息流动网络的集合。

所谓收发货节点是指进口、出口过程中涉及的国内外的各层仓库,如制造厂仓库、中间商仓库、货运代理人仓库、口岸仓库、国内外中转站仓库,以及流通加工/配送中心和保税区仓库。国际贸易商品和交流物资,就是通过这些仓库的收进和发出,并在中间存放保管,实现国际物流系统的时间效益,克服生产时间和消费时间的背离,促进国际贸易系统和国际交往的顺利进行。节点内商品的收与发是依靠运输连线和物流信息的沟通、输送来完成的。

所谓连线是指连接上述国内外众多收发货节点的运输连线,如各种海运航线、铁路线、飞机航线以及海、陆、空联合运输线路。广义上包括国内连线和国际连线。这些网络连线代表库存货物的移动——运输的路线与过程。每一对节点有许多连线以表示不同的路线、不同产品的各种运输服务,各节点表示存货流动的暂时停滞,其目的是更有效地移动(收或发)。信息流动网上的连线通常包括国内外邮件或某些电子媒介(如电话、电传、电报、互联网、E-mail 和电子数据交换报文等),信息网络上的节点则是各种物流信息汇集及处理之点,如员工处理国际订货单据、编制大量出口单证、准备提单或电脑对最新库存量的记录。物流网络与信息网并非互相独立,它们之间是密切相连的。

二、国际物流网络系统在国际贸易中的重要作用

(1) 国际物流网络系统研究的中心问题是确定进出口货源点(或货源基地)和消费者的位置、各层级仓库及中间商批发点(零售点)的位置、规模和数量。这将决定国际物流系统布局是否合理。

(2) 在合理布局国际物流网络系统的前提下,国际商品由卖方向买方实体流动的方向、规模、数量就确定下来了。也就是说,国际贸易的贸易量、贸易过程(流程)的重大战略问题,进出口货物的卖出和买进的流程、流向,物流费用,国际贸易经营效益等,都一一确定下来了。

(3) 合理布局国际物流网络系统,对一国扩大国际贸易,广泛地与世界各国联系,尽早、尽快打入国际市场并占领国际市场,从时间、空间和信息传输上,为加速商品周转和资金流动、减少库存和资金占压、加速商品的国际流通,提供了有效的、切实可行的途径和保证。也可以说,离开了国际物流网络系统的合理规划和设置,国际贸易活动与国际物资交流将寸步难行。

三、建立国际物流网络系统应注意的问题

(1) 在规划网络内建库数目、地点及规模时,都要紧密围绕商品交易计划,乃至一个

国家的宏观国际物流总体规划。

（2）明确各级仓库的供应范围、分层关系及供应或收购数量，注意各级仓库间的有机衔接。诸如，生产厂家仓库与各中间商仓库、港（站、机场）区仓库以及出口装运能力的配合和协同，保证国内外物流畅通，少出现或不出现在某一级仓库储存过多、过长的不均衡状态。

（3）国际物流网点规划要考虑现代物流技术的发展，留有余地，以备将来的扩建。

四、国际物流合理化措施

（1）合理选择和布局国内外物流网点，扩大国际贸易的范围、规模，以达到费用省、服务好、信誉高、效益高及创汇多的物流总体目标。

（2）采用先进的运输方式、运输工具和运输设施，加速进出口货物的流转。充分利用海运、多式联运方式，不断扩大集装箱运输和大陆桥运输的规模，增加物流量，扩大进出口贸易量和贸易额。

（3）缩短进出口商品的在途积压时间，包括进货在途（如进货、到货的待验和待进等）、销售在途（如销售待运、进出口口岸待运）、结算在途（如托收承付中的拖延等），以便节省时间，加速商品和资金的周转。

（4）改进运输路线，减少相向、迂回运输。

（5）改进包装，增大技术装载量，多装载货物以减少损耗。

（6）改进港口装卸作业，有条件要扩建港口设施，合理利用泊位与船舶的停靠时间，尽力减少港口杂费，吸引更多的买卖双方入港。

（7）改进海运配载，避免空仓或船货不相适应的状况。

（8）国内段物流运输中，在出口时，有条件要尽量做到就地、就近收购，就地加工，就地包装，就地检验，直接出口，即采用"四就一直"的物流策略，等等。

第四节　国际物流信息管理

一、国际物流信息的特征

（1）国际物流中的物流信息分布广、数量大、品种多。其信息流覆盖面超过了国家间的地理边界，不仅涉及国际物流内部各层次、各方位、各环节，还与相关的各国经济政策、自然环境、发展战略等外部条件密切相关。

（2）国际物流中的信息流时效性很强。由于国际物流涉及范围十分广泛，不像局限于一国境内的国内物流那样容易控制，因此其信息流时效性很强，过晚或过早到来的不合时宜的信息都容易造成国际物流成本的增加。根据国际物流实体的研究对象，针对其运输、存储、配送、搬运、生产和销售各环节，及时、准确地提供国际物流信息是十分重要的。

（3）国际物流中的信息流具有双向反馈作用。在极其复杂、漫长、广泛的国际物流过程中，如果没有信息流，国际物流系统将会成为单向的、难以调控的和半封闭式的。而信息流的双向反馈作用，可以使国际物流系统易于控制、协调，使其合理地、高效地运转，充分调动人力、物力、财力、设备等资源,以达到最大限度地降低国际物流总成本、提高经济效益的目的。

（4）国际物流中的信息流具有动态追踪特性。由于国际物流是国家(地区)间的物品运动过程,不仅要研究国际物流系统内部的相互联系,还要研究横跨各地域的整体物流的合理化,取得各相关国(地区)之间的协助与配合,这就要求时刻把握国际物流的脉搏,跟踪处理。这种动态跟踪的信息流,不但可以随时掌握国际物流的行踪,而且可以达到损失最小、效益最大的目标。

二、信息流在国际物流中的地位与作用

1. 反馈与控制作用

反馈就是当控制系统把信息输送出去时又把其作用结果返送回来,并把调整后的决策指令信息再输出,从而起到控制作用,以达到预期目的。面对一个不断发展的、变化的、复杂的国际物流大系统,信息流的灵敏、正确、及时的反馈是非常重要的。它如同人体的中枢神经一样,如果信息反馈作用失灵,国际物流系统就可能会混乱、瘫痪;反之,有了高效、灵敏的信息反馈,必然能指挥、协调国际物流系统,使其活跃和发展。

2. 支持保障作用

国际物流是一个复杂的超越国界的大系统。信息流为大系统的正常运转给予支持和保障。主要表现有二:其一,信息是国际物流活动的基础和保障。假如没有信息,国际物流这样一个多环节、多层次、多因素的各子系统相互制约的复杂大系统就无法正常运作。其二,信息是国际物流系统经营决策的保障和支持。决策是企业最基本的管理职能,它对于复杂的、动态多变的国际物流系统尤为重要。国际物流企业经营的范围和目标是根据各种信息,经过分析、研究、论证之后才能确定和做出决策的。

3. 资源性作用

信息在国际物流系统中可以被视为一种重要资源,可以替代库存、投资和经营资金。从某种意义上讲,国际物流活动可以被认为是物品资源在国际市场上的分配和竞争,进行这种活动的基本条件就是要掌握各种相关的信息,以求利用现有物品资源取得最大效益。在实际操作中,很多不确定因素往往会导致预测和决策带有很大的风险性,这时,信息的资源替代作用就十分明显了,如前所述,它可以替代库存物品、投资和经营资金。这就要求我们根据信息,及时地进行利弊权衡,以适应不断变化的、动态的国际物流形势,减少风险、增加效益,这就是信息资源性作用的表现。

三、国际物流信息管理

国际物流信息管理是紧密围绕着均匀、流畅、及时、准确的信息流进行的。这种信息流跟踪描述了超越国家地理边界的国际物流的全过程。因为国际物流信息是一个集中了庞大数据、资料的领域,管理者被大量的数据、资料信息包围,往往难以识别、选择对决策有意义的信息,面对庞大的信息流的挑战,管理者必然要进行科学管理。今天,人类社会已进入计算机时代,那些从前靠手工操作难以处理的大量信息,依靠计算机建立和完善的国际物流信息管理系统,已经成为人类可自由驾驭的资源。

国际物流信息管理系统,是为了实现对国际物流信息的计算机化管理而开发的软件系统,该系统的硬件由微机网络或中小型机组成。管理信息系统能完成手工操作无法胜任的繁乱复杂的信息处理,及时、准确地提供有关国际物流的各类动态信息资源,提供管理信息和决策信息。因此,国际物流管理信息系统的质量必将直接影响到国际物流运行的效益。管理信息系统应具备的基本条件为:

(1) 系统开发的周期要短、费用要低,便于用户使用,其软件应具有通用性、可移植性。

(2) 管理信息的覆盖面要广泛,能适应国际物流系统内、外部环节的要求。管理信息不是数据、资料、报表的简单组合和传递,应是一个经过分析、筛选、加工后的全新的、门类齐全的、具有智能特性的信息网,通过该信息网能即时掌握国际物流系统运行状态,例如物品运行的线路、运送方式、运输数量、品种、规格以及销售网点库存状态和市场需求等,从而进行管理和控制。

(3) 要加强信息的处理功能。国际物流本身的特性决定了信息源具有不确定性、不完全性、不准确性等。这些弊病必然使计算机程序对信息的处理产生很大困难,因此加强国际物流信息处理功能十分重要。一般来说,信息处理应包括三个基本环节:① 相关信息处理。首先将庞大的信息进行分类识别,然后将无法分类的信息按类别的相关度进行排序,称为信息的初级处理。② 信息的综合处理。在相关信息分类确定后,对信息进行筛选、剔除、去伪存真的分析、合并等综合研究工作,经过综合分析后的信息虽然一般呈现出分散、局部的状态,但它的输入和运行将反映国际物流整体的信息。③ 评估信息。在信息综合分析的基础上,加强对信息的评估,增加信息的可信度,这也是很重要的一环。例如,信息的老化意味着信息对用户的作用随时间增长而递减。其实,这不单纯是一个时间进程问题,新数据的流入还具有修正、否定、澄清和增补原有数据的作用。因为国际物流信息更具有容易过时的特点,所以评估信息是不可缺少的关键一环。

综上所述,由于国际物流市场瞬息万变,国际物流要求高效率的信息系统。信息的作用,使物流向更低的成本、更高水平的服务、更大量化、更精细化的方向发展,许多重要的物流技术都是依靠信息才得以实现的,这个问题在国际物流中比在国内物流中表现得更为突出。物流的每一项活动几乎都有信息的支撑,物流质量取决于信息,物流服务依赖于信息。可以说,二十世纪八九十年代国际物流进入了物流信息时代。近年来,各国在国际物流信息系统的发展建设方面均投入了大量的精力和资金,各种国际物流信息系统正在蓬勃发展。

第五节 国际物流与进出口贸易

由于国际分工的日益细化和专业化,任何国家(地区)都不能包揽一切专业分工,因而必须要有国际合作与交流。随之而来的国家(地区)间的商品、物资的流动便形成了国际物流。只有国际物流工作做好了,才能将国外客户需要的商品适时、适地、按质、按量、低成本地送达,从而提高本国商品在国际市场上的竞争力,扩大对外贸易;同时,也可将本国需要的设备、物资等及时、高效、便宜地进口到国内,满足国内人民生活、生产建设、发展科学技术和提高国民经济发展水平的需要。

总体而言,进出口交易的程序都包括买卖双方通过商务谈判签订合同和合同履行两个主要环节,而在这两个环节中,出口交易和进口交易又有各自的特点。通常,出口交易程序主要包括商务谈判和签订合同、备货和报验、催证、审证和改证、货物装运、制单结汇以及处理争议等主要环节。进口交易程序主要包括商务谈判和签订合同、申请开立信用证、办理运输(租船订舱、通知船期)、办理保险、审单付款、报关、检验、提货以及进口索赔等主要环节。本节将针对国际贸易中最常用的交易条件——海洋运输、信用证支付方式及常用的贸易术语,分别介绍出口交易和进口交易的主要过程。

一、出口交易程序

贸易条件不同,出口交易的程序也不同。我国出口贸易中常用的交易条件是:海洋运输、即期信用证支付方式、CIF(Carriage Paid to)、CFR(Cost and Freight)、CIP(Carriage and Insurance Paid to)及CPT(Cost, Insurance and Freight)贸易术语。在这类交易条件下,出口交易的程序可归纳为议(谈判、签约)、货(备货、报验)、证(催证、审证、改证)、运(托运、报关、装船、保险等)、单(制单)、款(结汇)六个主要环节。

由于信用证要求出口方所提交的单证与信用证严格一致,出口方要履行合同规定的义务并顺利收回货款,就要促使信用证按合同的规定开立,并严格按信用证的规定办事。履行出口合同,要以合同为基础,以信用证为中心,做好货、船(运输)、证三者的衔接,做到货、单、证三者的一致,避免有货有船无证、有货有证无船、有证有船无货及单证不符等情况的发生。

1. 谈判和签约

在出口交易中,买卖双方交易洽商的程序都是从谈判和签约开始的。一般来说,这一过程从询价开始,经过发价、还价、接受几个环节,最后以交易达成而告终。

2. 备货和报验

备货是指出口方根据合同和信用证的规定,按时、按质、按量准备好应交付的货物。备货的方法有动用库存、收购、安排生产等。备货时不但要注意货物的名称、品质和数量,而且应注意货物的包装及包装标志与合同和信用证的要求是否一致。货物备妥的时间应严格按合同和信用证规定的装运期,并结合船期进行安排,防止船货脱节现象的发生。凡属法定检验的出口商品,包括合同规定必须由商检机构检验出证的商品,必须向商检机构报验并取得检验合格证书,才能装运出口,否则海关不予放行。报验后,应在检验证书规定的有效期内将货物出运。其他出口商品,则可由生产部门、供货部门或外贸出口企业自行检验,经检验合格后即可报关出口。

3. 催证、审证和改证

在信用证支付方式下,开立信用证是买方的责任。出口方负有审核信用证的责任并有要求买方按合同规定修改信用证的权利,必要时还应催促买方及时办理开证手续。

(1) 催证。出口方应根据装运期、备货情况和船舶情况,提前或及时催促买方办理开证手续。需要提前装运时,也可商请对方提前开证。

(2) 审证。审证是合同履行中一个非常重要的环节。一旦受益人接受了与合同规定不符的信用证,则受益人只有严格按信用证的规定提交单据才能收到货款。在收到国外进口商通过银行开来的信用证之后,出口企业(受益人)应根据买卖合同并参照《跟单信用证统一惯例》(国际商会第 500 号出版物,UCP500)的规定对信用证进行认真审核。对信用证的审核包括通知行审核和出口商审核两个方面。

通知行审核侧重于议付、收汇方面。包括:① 政策性审核,如开证行是否符合我国的政策规定,信用证的内容是否有违我国的政策等;② 信用证真伪及开证行资信的审核;③ 信用证的性质及其有效性的审核,如是否具有不可撤销的性质,是否对开证行的付款责任或信用证的生效加列限制和保留条件等;④ 其他方面(如银行费用、偿付路线等)的审核。

出口商对信用证的审核侧重于信用证的内容是否与买卖合同一致。除上述银行侧重审核的内容外,主要还包括下述几方面的内容:① 开证人与受益人的名称和地址;② 信用证的货币和金额;③ 货物品名、品质、数量和包装;④ 单据的种类和单据的内容;⑤ 装运期和信用证的有效期;⑥ 转运和分批装运。

(3) 改证。在下述情况下应要求买方通过开证行修改信用证:① 在审证时,发现信用证本身的内容及信用证中规定的主要交易条件(如商品名称、品质、数量、包装、金额、贸易术语、交货期及装卸港口等)与合同规定不符,责任在对方,不能为我方所接受;② 国外来证晚,无法按期装运,则应要求买方延展装运期;③ 有时由于我方在办理运输及备货等过程中发生问题而不能按期装运,商请对方改证。

改证时,应注意:① 不能直接向开证行提出改证要求;② 对于一张信用证中的问题,应尽可能一次性地提出修改;③ 应坚持在收到对方银行的修改信用证通知书后才对外发货。

对于信用证中某些与合同规定不符的内容,只要不违反我国的政策和原则,并能保证我方安全迅速收汇,我方也可不要求对方改证。

4. 装运

在 CIF、CFR、CIP 及 CPT 条件下,租船订舱是出口方的责任。装运工作除租船订舱外,还包括出口报关、装船、取得提单等工作。除了成交数量大的货物需要整船装运而由中国对外贸易运输(集团)总公司办理租船手续,一般成交数量不大的货物通过班轮进行运输。在班轮运输时,装运工作的程序为:

(1) 托运订舱。由托运人(出口企业)向货运代理或直接向船公司或其代理(外运公司)提出托运单(Booking Note),洽订舱位。船公司或其代理接受订舱后,签发装货单(Shipping Order)和收货单(Mate's Receipt)。此时,托运人和承运人之间的运输合同已经成立。

(2) 办理出口报关手续。托运后,外运公司根据船期代各出口企业往仓库提取货物运进码头;同时,出口企业办理货物出口报关手续。报关时,必须填写出口货物报关单,必要时还须提供装货单、出口合同副本、发票、装箱单或重量单、商检证书或其他有关单证。经核对查验无误后,海关在装货单上盖章放行(装货单因此又称关单)。应缴纳关税的商品,还须另行办理纳税手续。

(3) 投保。按 CIF 或 CIP 条件成交的合同,在装船前必须按合同和信用证的规定向保险公司办理投保手续。

(4) 装船。托运人将装货单和收货单交给船公司,船公司凭单将货物装船。装货单是船公司或其代理人通知船长装货的通知。货物装完后,由理货员会同船上大副在收货单上签字(收货单因此又称大副收据),并将收货单交还托运人。

(5) 取得提单、通知收货人。托运人凭收货单向船公司或其代理人交纳运费后换取已装船提单,并向收货人发出装船通知。

5. 制单

出口货物装船后,出口企业应按照信用证的规定,正确缮制各种单据。在信用证支付方式下,付款银行要求受益人提交的单据的种类和内容与信用证的规定严格相符。若出现"不符点"而开证申请人又不同意接受单据,则开证行将拒付货款。因此,出口企业必须做到单据齐全、"单证一致""单单一致""单货一致"。

单据的种类依信用证的规定而定,常用的有汇票、提单、商业发票、保险单、检验证书、产地证书等。有时信用证还要求提交厂商发票、领事发票、普惠制产地证书、重量单、装箱单等。

6. 出口结汇

出口企业按信用证规定制单后,应在信用证规定的议付有效期内将单据交信用证所规定的议付行。议付行审单合格后,一般按下述三种方法办理出口结汇。

(1) 收妥结汇。又称收妥付款或"先收后结",即议付行将汇票及其他单据寄交国外开证行或付款行索汇,待开证行或付款行通知已将票款划入议付行的账户,议付行才按当日人民币对外汇的汇价将货款折合成人民币付给出口企业。

(2) 出口押汇。又称买单结汇,即议付行应出口企业的请求,买入出口企业的汇票和全套单据,扣除从议付日到预计收到货款日的利息和手续费后,将货款按议付日的汇价折合成人民币垫付给出口企业。在开证行拒付时,议付行可以向受益人追回议付款项。这种做法相当于议付加货币兑换。

(3) 定期结汇。即议付行根据向国外付款行索偿所需的时间,预先确定一个固定的结汇期限,到期不管是否收妥货款,都主动将货款折合成人民币拨付给出口企业。

在出口结汇时,议付行审单后发现单证不符,有以下两种做法:

(1) 表提,又称凭保议付。如单证不符属一般性质,或虽属实质性但事先开证人已确认可以接受,因赶装船而来不及修改信用证。此时,受益人可向议付行出具担保书(Letter of Indemnity),要求凭担保书议付货款,议付行则凭担保书议付。若日后遭到开证行拒付,则由受益人承担一切后果。议付行在向开证行寄单收汇时,将单证不符点在表盖上提出,并注明"凭保议付"字样。因而,凭保议付又称"表盖提出",简称"表提"。

(2) 电提。如单证不符属实质性问题且金额较大,此时议付行应先向国外开证行电报提出不符点,待开证行复电确认同意后,再将单据寄出。

7. 处理争议

若买卖双方无争议,则合同履行完毕。若因买方未按规定履行合同义务,则卖方可向买方提出索赔。若出于货物与合同规定不符等其他原因,买方向卖方提出索赔,则卖方应认真理赔。在索赔或理赔时,相关机构应在调查核实事实的基础上,按合同所适用的法律和惯例处理争议。争议应争取采用协商的方式解决。如协商不成,则可提请仲裁。如双方达不成仲裁协议或对方发生侵权行为,则可向法院起诉。

8. 备制单据

在货物装运后,出口企业应立即按照合同和信用证的规定,备制各种单据,并在信用证规定的交单日期之前,把单据送交指定银行,办理收款手续。出口单据的备制工作做得好坏对能否顺利、安全地收到货款具有很重要的影响。在备制单据时,要严格做到"单证一致,单单一致"。出口单据有很多,要备制哪些单据,应根据不同的交易和信用证规定来定。以下是常用的几种单据:① 发票(Commercial Invoice);② 汇票(Draft);③ 提单(Bill of Lading,B/L);④ 保险单(Insurance Policy);⑤ 包装单据(Packing Documents);⑥ 商检证书(Inspection Certificate);⑦ 产地证书(Certificate of Origin);⑧ 其他单据。

二、进口交易程序

在我国货物进口业务中,大多数交易采用海洋运输、即期信用证支付的交易条件。按此类交易条件签订的进口交易程序包括谈判和签约、申请开立信用证、办理运输(租船订舱、通知船期)、办理保险、审单付款及报关提货等主要环节。

1. 谈判和签约

与出口交易类似,在进口交易中,买卖双方交易洽商的程序也是从谈判和签约开始。具体而言,这一过程从询价开始,经过发价、还价、接受几个环节,最后于交易达成而告终。

2. 申请开立信用证

在信用证支付方式下,进口合同签订后,进口企业应按合同规定向经营外汇业务的银行办理开立信用证的手续。申请开证时,应填写开证申请书并向开证行交付一定比例的保证金(习称押金)或其他担保品。开证申请书的有关内容将成为信用证的条款,所以其内容应与买卖合同的条款一致,但与受益人应提交单据无关的内容不必在开证申请书中列出。开证的时间应符合合同的规定。卖方收到信用证后,如提出修改信用证的要求,修改要求必须符合合同的规定或者我方能够接受才可向银行办理改证手续。

3. 办理运输

在 FOB(Free on Board)或 FCA(Free Carrier)条件下,由进口企业办理运输。进口企业应按合同的规定,向中国对外贸易运输(集团)总公司、中国船舶集团有限公司等外运代理机构,或者中国远洋海运集团有限公司等船公司办理托运手续。办妥后应及时将船名及预计到港日期通知卖方,同时做好催装工作。

4. 办理保险

在 FOB、FCA、CFR、CPT 条件下,由进口企业负责办理保险。对于与保险公司已签订"海运进口货物运输预约保险合同"的进口企业和外贸运输企业,在接到外商的装运通知后,只需按要求填制进口货物"装货通知"并送交保险公司,保险公司即自动按预约保险合同所规定的条件承保。没有与保险公司签订预约保险合同的企业,在收到国外装船通知后,应及时向保险公司办理进口货物的运输保险手续。

5. 审单付款

在信用证支付方式下,国外受益人在装运交付货物后,即将汇票和各项单据交付议付行;议付行议付后,将汇票及单据寄交开证行或其他指定的付款银行。银行在收到国外寄来的汇票和单据后,即对照信用证的规定进行审核,银行审单后,一般将单据交进口企业复核。如单证一致,则银行须对外付款。如单证不一致,则银行可以拒收单据,并向国外受益人提出异议,但必须在7个工作日内提出。对于不符点,如进口企业接受,则可指示开证行对外付款,也可与国外受益人协商处理不符点的办法。银行对外付款后,进口企业应持有效凭证和商业单据用人民币按人民币市场汇价向银行购汇,付款赎单。

6. 报关、检验、提货及/或拨交

进口货物到货后,由进口企业或其代理人(如外贸运输公司)填制"进口货物报关单"向海关申报,并交验海关所要求的单证(如提单、商业发票等)。如属实施进口许可证管理的商品,则应提交进口许可证。如属法定检验的进口商品,还应提交商品检验证书。海关在查验货物及单证并在进口企业或其代理人缴纳关税后,在货运单据上盖章放行。收货人或其代理人凭此货运单据提货。

除法定检验外,港务部门在卸货时要核对货物,如发现短缺,则应及时填制"短卸报告"交船方确认。卸货时如发现货物残损,则应及时向口岸商检机构申请检验出证。除此之外,收货人应对照合同检验商品,如发现货物品质与合同规定的不符,则应及时向所在地商检机构申请检验出证,作为对外索赔的依据。

在进口企业委托外运公司办理报关提货手续的情况下,外运公司在提货后,将货物转交给进口企业或委托订货单位。如进口企业或委托订货单位不在卸货地区,则委托外运公司将货物转运给进口企业或委托订货单位。关于进口关税和运往内地的运费,在进口代理的情况下,由外运公司向外贸公司结算,外贸公司再向委托订货单位结算。

7. 进口索赔

进口索赔时要分清各方的责任,确定索赔的对象。一般说来,凡属于保险公司承保责任范围内的损失,应向保险公司索赔。凡属卸货数量少于提单所载数量,或由于船方过失使货物发生损坏的,应向船方索赔。凡属不交货、原装货物的品质不良、数量不符或因包装不良使货物受损,或因其他卖方的责任造成买方损失的,应向卖方索赔。索赔应在索赔期限内提出,并提供各种必要的凭证。

三、国际电子贸易实务操作过程

国际贸易实务较之一般贸易业务最大的不同就是涉及众多的机构和部门,涉及多个不同语种的国家(地区),以及不同的商贸规定和运作方法。所涉及的相关单位包括各国(地区)的海关、税务、进出口管理机构、商检、保险、银行、运输等部门。单证包括订货单、发货单、报关单、保税仓储单、报检单、货物承运单、进出口许可证、纳税单、保险单、付款单、产地证等。因而国际贸易的单证事务流程要比一般贸易复杂、烦琐得多。国际电子贸易将各种纸制单证转换成标准报文形式后,再通过网络在买卖双方之间、买卖双方与进出口管理机构之间进行传递。国际电子贸易实务操作过程可简述如下:

(1) 买方向卖方表示对其所经营的商品感兴趣,要求对方说明商品的详细信息,并提出报价的请求。

(2) 卖方应买方的请求,通过网络系统向对方发送报价信息和产品信息供参考。

(3) 买方在收到卖方的报价信息和产品信息并经研究决定后,以标准报文形式向对方发出商品订购单,初步说明准备购买的商品信息,如规格、型号、品种及质量等。

(4) 卖方也以标准报文的形式向买方发送商品订购应答单,向对方确认有无其要求订购的商品,或者确认买方的商品信息。

(5) 买方根据卖方的回复内容,提出是否变更原先订单中的信息,并最后确定购买商品的信息。

(6) 买方和卖方经过多次协商后,在电子邮件中基本确定了承运商问题、到岸联运问题、运输方式问题、商品包装问题、付款方式问题等。

(7) 贸易的买卖双方谈妥一切相关问题后,买方就要求与其有业务联系的金融机构以标准报文形式向卖方开具信用证和担保证明,同时将正式订单发往卖方国家。

(8) 卖方在接收到买方的订单和证明并确认相关手续齐全后,通知生产商组织生产或要求生产商提供现货,同时联系货物承运商准备运输货物。

(9) 卖方在生产商生产完毕之后,立即向买方发送电子版本的发货通知,说明船名、航次、提单号等。同时在货物发送前的一段时间内,买卖双方还要以标准报文的形式向各自国家的海关、商检、税务及口岸管理等部门办理单证处理事宜。例如,卖方要准备换证凭单进行商检,准备合同、通关单、发票、清单等向海关报关,买方则要向相关部门出示正本合同。

(10) 买方在收到卖方的货物后,向对方发送收货通知,并报告收货信息;如货物情况不符合原先合同的相关规定,则买方有权向卖方提出索赔要求。

(11) 如货物没有异常问题,买方就向卖方发出付款通知,并以双方约定的电子货币进行支付,卖方在收到货款后,向对方报告收款信息。

(12) 买卖双方的开户银行在贸易双方收付款结束后,通过认证机构进行最后的电子资金清算。国际电子贸易的整个交易过程到此即告结束。我们可以用图 1-1 形象地归纳这一实务操作过程。

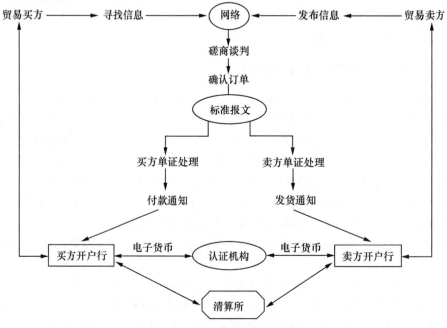

图 1-1　国际电子贸易实务操作过程

传统的国际贸易实务操作与国际电子贸易实务操作相比,二者之间的区别表现在国际贸易单证交换的事务流过程:在传统的贸易实务中,这部分的事务流均通过人工处理,如邮寄、托运、转交等方式,在相关机构之间完成实际纸面单证的传递过程;而在网络环境下的国际贸易中,这些纸面单证先通过计算机转换为标准报文的形式,再参与商贸信息的交换过程。

在传统的国际贸易交易过程中,买卖双方通常是通过各种各样的结算工具来完成最后的货款支付。较为常用的结算方式有:汇款(包含电汇、信汇、票汇等形式)、托收和信用证。在国际电子贸易交易过程中,贸易双方则是通过电子支付系统来结清彼此之间的债权债务。电子支付系统要求支付从发起到完成资金转账的全过程都要摒弃传统的有形支付方式,采取电子或数字方式。电子支付方式与传统支付方式相比,具有方便、安全、快捷、高效等特点。伴随着电子商务的兴起与普及,电子支付的发展步伐也日益加快,并有望成为全球统一的支付方式。

思考题

1. 国际物流的含义及特点是什么?
2. 国际物流系统的概念和组成。
3. 国际物流网络系统在国际贸易中的作用。
4. 国际物流信息管理的问题及发展我国国际物流的几个重要问题。
5. 简述国际电子贸易实务操作过程。

▶ 案例

中国远洋海运集团有限公司

2016年2月18日,中国远洋海运集团有限公司成立,由中国远洋运输(集团)总公司与中国海运(集团)总公司重组而成。中国远洋运输(集团)总公司(以下简称"中远集团")成立于1961年4月27日。经过五十多年的发展,中远集团已经成为以航运、物流码头、修造船为主业的跨国企业集团,多次入选《财富》世界500强。

中远集团拥有和经营700余艘现代化商船、5 100多万载重吨、年货运量超过4亿吨、远洋航线覆盖全球160多个国家和地区的1 500多个港口,船队规模位居中国第一、世界第二。其中,集装箱船队、干散货船队、多用途和特种运输船队规模实力均居世界前列,油轮船队也是当今世界超级油轮船队之一。

中远集团在全球范围内投资经营码头32个,总泊位达157个,中远集团所属中远太平洋集装箱码头吞吐量持续位居全球第五。中远太平洋旗下的佛罗伦公司拥有和代管的集装箱规模达177万标箱(Twenty-foot Equivalent Unit, TEU),集装箱租赁业务占全球市场份额约12.5%,位居世界第二。

中远集团控制各种物流车辆超过4 000台,堆场77万平方米,拥有和控制仓库105万平方米。中远物流在国内外建立了400多个业务分支机构,物流服务创造多项业界纪录,连续七次荣登"中国物流百强企业"榜首。

中远集团拥有世界先进水平的造船企业、国内领军的海洋工程装备制造企业和最大的修船企业,在国内多家修造船基地拥有含30万吨级、50万吨级在内的各类型船坞16座,年修理改造大型船舶500余艘,年造船能力840万吨。在海洋工程装备制造领域,中远集团成功设计、建造了多个世界尖端水平的首制海洋工程产品,其中世界首座圆筒形超深水海洋钻井平台"希望1号"获得2011年度国家科学技术进步一等奖。

中远集团在参与国际竞争中不断发展壮大,是中国企业实施"走出去"战略最早的企业之一,也是国际化经营程度最高的中国企业之一。2009年10月,中远集团顺利接管希腊比雷埃夫斯港集装箱码头并独立运营,这一事件成为中国企业成功"走出去"的典范。

目前,中远集团已形成以北京为中心,以美洲、欧洲、澳洲、西亚、非洲五区域,新加坡、日本、韩国三国及中国香港地区为辐射点的全球架构,在50多个国家和地区拥有千余家企业和分支机构,员工总数13.5万人,其中境外员工4600多人,资产总额超过3300亿元人民币,海外资产和收入已超过总量的半数以上。

中远集团是最早进入国际资本市场的中国企业之一。1993年10月,中远集团在新加坡借壳上市,顺利进入国际资本市场,成为第一家进入海外资本市场的中国国有企业。目前,中远集团已在境内外控股中国远洋、中远太平洋、中远国际、中远投资、中远航运五家上市公司,参股中集集团、招商银行、招商证券等三家上市公司。

中远集团很早就注重承担广泛的"企业公民"责任,于2004年加入联合国"全球契约"计划。2006年12月,中远集团首次发布"中远集团年度可持续发展报告",此后连续五年荣登联合国全球契约年度进度报告(COP)典范榜,并成为全球契约领导力(LEAD)项目成员。2005年由中远集团发起成立的中远慈善基金会,是中国第一家由国有企业发起的非公募、非营利性慈善基金会。这标志着中远集团将主动承担和积极履行社会责任正式纳入企业的发展战略,从而构筑起以履行经济责任、环境责任、社会责任为主要内容的企业责任体系。通过中远慈善基金会,中远集团在南方雨雪冰冻灾害、四川汶川地震、青海玉树地震等重大自然灾害中累计捐赠资金3.1亿元,援助项目100多个,多次获得"中华慈善奖"的殊荣。

中远集团制定了"2020年发展战略",其核心是打造"国际航运产业集群"的领头企业,打造"全球公司",为"百年中远"奠定坚实的基础。中远集团正在加快从跨国公司向全球公司的转变,形成完整的航运、物流码头、船舶工业的全球业务链,朝着打造具有国际竞争力的世界一流企业的目标迈进。

资料来源:中远集团官网,http://www.cosco.com。

第二章

国际物流系统与网络

本章要点

本章主要阐述国际物流系统的构成与模式、国际物流节点(包括口岸、港口、保税区、自由贸易区、出口加工区)、国际物流连线、国际物流网络的构成与建设等。

本章关键词

国际物流系统　国际物流节点　国际物流连线　国际物流网络

第一节　国际物流系统的构成要素

系统是由相互作用和相互依赖的若干部分结合而成、具有特定功能的有机整体,而这个整体又是它所从属的更大系统的组成部分。系统一般要具备三个特征,即整体性、由多要素组成、要素之间相互关联。国际物流系统同样符合系统的上述三个特征。因此,国际物流系统也是为实现一定目标而设计的由各种相互作用、相互依赖的要素(或子系统)所构成的整体。

国际物流系统具有一般物流系统共有的特征:

第一,具有一定的整体目的性。物流系统要有一定的明确的目的,也就是将商品按照用户的要求,以最快的方式、最低的成本送到用户手中。

第二,跨度比较广。涉及不同地域的、国家间企业的物流。

第三,具有较强的动态性。系统衔接多个供方和需方,会随着需求、供应、渠道及价格的变化而变化,而且系统内各要素也同样经常发生变化,稳定性差,动态性强。

第四,是一个中间系统。国际物流系统是由若干个子系统构成的,同时又属于整个大社会的流通系统,受到整个社会经济系统的制约。

第五,有较大的复杂性。国际物流系统是由各个不同要素构成的,是有形因素和无形因素、可控因素和不可控因素的结合体,这些造就了它的复杂性。

国际物流是一个复杂而巨大的系统工程,国际物流系统的基本要素包括一般要素、功能要素、支撑要素和物质基础要素。

一、国际物流系统的一般要素

国际物流系统的一般要素主要由劳动者、资金和物三方面构成。

第一,劳动者要素。这是现代物流系统的核心要素和第一要素。提高劳动者的素质,是建立一个合理化的国际物流系统并使之有效运转的根本。

第二,资金要素。交换是以货币为媒介的。实现交换的国际物流过程,实际也是资金的运动过程。同时,国际物流服务本身也需要以货币为媒介,国际物流系统建设是资本投入的一大领域,离开资金这一要素,国际物流就不可能实现。

第三,物的要素。物的要素首先包括国际物流系统的劳动对象,即各种实物。没有物的要素,国际物流系统便成了无本之木。此外,国际物流的物的要素还包括劳动工具、劳动手段,如各种物流设施、工具、各种消耗材料(如燃料、保护材料)等。

二、国际物流系统的功能要素

国际物流系统的功能要素指的是国际物流系统所具有的基本能力。这些基本能力有效地组合、联结在一起,形成了国际物流系统的总功能,由此便能合理、有效地实现国际物流系统的总目标,实现其自身的时间和空间效益,满足国际贸易活动和跨国公司经营的要求。

一般认为国际物流系统的功能要素有商品的包装、储存、运输、检验、外贸加工及其前后的整理、再包装、国际配送和物流信息处理等。其中,储存和运输子系统是物流的两大支柱。如果从国际物流活动的实际工作环节来考察,国际物流也主要由上述几项具体工作完成。这几项工作相应地形成各自的子系统(见图2-1)。

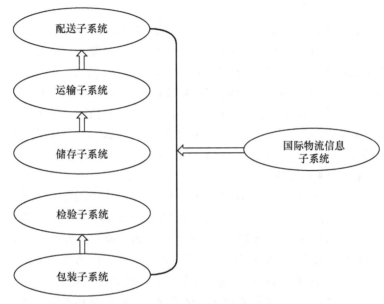

图 2-1 国际物流系统整体框架

1. 商品配送子系统

配送是指在经济合理区域内,根据用户要求,对物品进行拣选、加工、包装、分割及组配等作业并按时送达指定地点的物流活动。

(1)配送在国际物流中的地位。服务对象满意与否,也只是从对这段配送的直观感受的评价中体现出来,即只有在他所希望的时间内,以他所希望的方式,配送到他所需要的物品,他才会认同整个物流过程。可以说,配送功能完成的质量及其达到的服务水平,直观而具体地体现了顾客对物流服务的满意程度。整个物流系统的意义和价值的体现,最终完全依赖于终端——配送功能的价值实现程度。

(2)配送的现代化趋势。配送由一般送货形式发展而来,通过现代物流技术的应用来实现商品的集中、储存、分拣和运送,因此配送过程集中了多种现代物流技术。建立高效的配送系统,必须以信息技术和自动化技术为手段。配送系统可以直接利用计算机网络技术构筑,如建立 EDI 系统,以快速、准确、高效地传递、加工和处理大量的配送信息。利用计算机技术,建立计算机辅助进货系统、辅助配送系统、辅助分拣系统、辅助调度系统及辅助选址系统等。另外,在配送系统中利用自动装卸机、自动分拣机、无人取货系统和搬运系统以及相应的条码技术,与信息管理系统相配合,可以使配送中心的效率发挥到最大。

2. 商品运输子系统

国际货物运输是国际物流系统的核心,有时就用运输代表物流全体。通过国际货物运输作业,使商品在交易前提下由卖方转移给买方。在非贸易物流过程中,通过运输作业将物品由发货人转移到收货人。这种国际货物运输具有路线长、环节多、涉及面广、手续繁杂、风险性大、时间性强、外贸运输的两段性和联合运输等特点。

所谓外贸运输的两段性,是指外贸运输包含国内运输段(包括进口国、出口国)和国际运输段。

(1) 出口货物的国内运输段。出口货物的国内运输段,是指出口商品由生产地或供货地运送到出运港(站、机场)的国内运输,是国际物流中不可缺少的重要环节。离开国内运输,出口货物就无法从产地或供货地集运到港口、车站或机场,也就不会有国际运输段。出口货物的国内运输工作涉及面广,环节多,需要各方面协同努力,组织好运输工作。要摸清货源、产品包装、加工、短途集运、国外到证、船期安排和铁路运输配车等各个环节的情况,做到心中有数,力求搞好车、船、货、港的有机衔接,确保出口货物运输任务的顺利完成,减少压港、压站等物流不畅的局面。国内运输的主要工作有:发运前的准备工作、清车发运、装车和装车后的善后工作。

(2) 国际运输段。国际(国外)运输段是国内运输的延伸和扩展,同时又是衔接出口国运输和进口国运输的桥梁与纽带,是国际物流畅通的重要环节。出口货物被集运到港(站、机场),办完出口手续后直接装船发运,便开始国际运输段。有的则需暂进港口仓库储存一段时间,等待有效泊位,或有船后再出仓装船外运。国际运输段可以由出口国转运港直接到进口国目的港卸货,也可以经过国际转运点中转再运给用户。

与运输发展息息相关的运输设施的现代化发展对国际物流和国际贸易的发展起着重大的推进作用,是二者发展的前提。运输设施必须超前发展才能适应国际物流的发展。比如在港口建设方面,发达国家普遍认为船等泊位是一种极大的浪费,泊位等船是运输业先导性的客观要求。一般认为港口泊位开工率达 70%,码头经营者即可保本;开工率达50%,可获厚利;开工率达 70%,则会驱使他们建新码头。

西方工业发达国家在国际贸易中处于有利且领先的地位,这与国际物流运输业的现代化条件是分不开的。

3. 商品储存子系统

商品的储存、保管使商品在流通过程中处于一种或长或短的相对停滞状态,这种停滞是完全必要的。比如,外贸商品流通是一个由分散到集中,再由集中到分散的源源不断的流通过程,外贸商品从生产商或供应部门被集中运送到装运出口港(站、机场)以备出口,有时需临时存放一段时间,再从装运港转运出口,这是一个集和散的过程。为了保持不间断的商品往来、满足出口需要,必然要有一定量的周转储存。有些出口商品需要在流通领域内进行出口商品贸易前的整、组装、再加工、再包装或换装等,形成一定的贸易前的准备储存。有时,由于某些出口商品在产销时间上的背离,例如季节性生产但常年消费的商品和常年生产但季节性消费的商品,则必须留有一定数量的季节储备。

由此可见,国际货物运输克服了外贸商品使用价值在空间上的距离,创造了物流空间效益,使商品实体位置由卖方转移到买方。而储存保管则克服了外贸商品使用价值在时间上的差异,物流部门依靠储存保管创造商品的时间价值。

外贸商品一般在生产厂家的仓库存放,或者在收购供应单位的仓库存放,必要时再运达港口仓库存放,在港口仓库存放的时间取决于港口装运与国际运输作业的有机衔接。

有些外贸商品在国际转运站点存放。

从物流角度讲,希望外贸商品不要太长时间停留在仓库内,应尽量减少储存时间、储存数量,加速物资和资金周转,实现国际物流的高效运转。

4. 商品检验子系统

通过商品检验,确定交货品质、数量和包装条件是否符合合同规定。如发现问题,则可分清责任,向有关方面索赔。在买卖合同中,一般都订有商品检验条款,主要内容有检验时间与地点、检验机构与检验证明、检验标准与检验方法等。

根据国际贸易惯例,商品检验时间与地点的规定可概括为以下三种做法:

一是在出口国检验。可分为两种情况:在工厂检验,卖方只承担货物离厂前的责任,对运输中品质、数量变化的风险概不负责;装船前或装船时检验,其品质和数量以当时的检验结果为准。买方对到货的品质与数量原则上不得提出异议。

二是在进口国检验。包括卸货后在约定时间内检验和在买方营业处所或最后用户所在地查验两种情况,检验结果可作为货物品质和数量的最后依据。在此条件下,卖方应承担运输过程中品质、重量变化的风险。

三是在出口国检验、进口国复验。货物在装船前进行检验,以装运港双方约定的商检机构出具的证明作为议付货款的凭证,但货到目的港后,买方有复验权。如复验结果与合同规定不符,则买方有权向卖方提出索赔,但必须提供卖方认可的公证机构出具的检验证明。

此外,商品检验证明也是议付货款的单据之一。商品检验可按生产国的标准进行检验,或按买卖双方协商同意的标准进行检验,或按国际标准或国际惯例进行检验。商品检验方法概括起来可分为感官鉴定法和理化鉴定法两种。理化鉴定法对进出口商品检验具有更重要的作用。理化鉴定法一般采用各种化学试剂、仪器器械鉴定商品品质,如化学鉴定法、光学仪器鉴定法、热学分析鉴定法及机械性能鉴定法。

5. 商品包装子系统

由于国际物流运输距离长、运量大、运输过程中货物堆积存放、多次装卸,在运输过程中货物损伤的可能性大,因此包装活动在国际物流活动中非常重要。集装箱的出现为国际物流活动提供了安全便利的包装方式。

美国杜邦公司提出的"杜邦定律"认为:63%的消费者是根据商品的包装进行购买的,国际市场和消费者是通过商品来认识企业的,而商品的商标和包装就是企业的形象,它反映了一个国家的综合科技文化水平。

商标就是商品的标志。商标一般须经过国家有关部门登记注册并接受法律保护,以防假冒,保护企业和消费者的利益。顾客购买商品往往十分看重商标,因此商标关系着一个企业乃至一个国家的信誉和命运。国际进出口商品商标的设计要求有标识力;要求表现一个企业(或一个国家)的特色产品的优点,简洁明晰并易看、易念、易听、易写、易记。

在考虑出口商品包装设计和具体作业的过程中,应把包装、储存、装卸、搬运和运输有机联系起来统筹考虑,全面规划,实现现代国际物流系统所要求的"包、储、运一体化"。从商品一开始包装,就要考虑储存的方便、运输的快速,以满足加速物流、方便储运和减少物流费用等现代物流系统设计的各种要求。

6. 国际物流信息子系统

信息子系统的主要功能是采集、处理及传递国际物流和商流的信息情报。没有功能完善的信息系统，国际贸易和跨国经营将寸步难行。国际物流信息主要包括进出口单证的作业过程信息、支付方式信息、客户资料信息、市场行情信息和供求信息等。

国际物流信息系统的特点是信息量大、交换频繁、传递量大、时间性强、环节多、点多、线长，所以要建立技术先进的国际物流信息系统。国际贸易中电子数据交换、无线射频、条码的发展是一个重要趋势。我国应在国际物流中加强推广这些技术的应用，建设国际贸易和跨国经营的信息高速公路。

三、国际物流系统的支撑要素

国际物流系统的运行需要许多支撑手段，尤其是处于复杂的社会经济系统中，要确定国际物流系统的地位并协调与其他系统的关系，这些要素就更加必不可少。这些支撑要素主要包括：

第一，体制、制度。物流系统的体制、制度决定了物流系统的结构、组织、领导和管理的方式。国家所采取的控制、指挥和管理方式，是国际物流系统的重要保障。

第二，法律、规章。国际物流系统的运行，不可避免地涉及企业或人的权益问题。法律、规章一方面限制和规范物流系统的活动，使之与更大的系统相协调；另一方面则是对物流系统中相关当事人的权益给予保障。合同的执行、权益的划分、责任的确定都要依靠法律、规章予以维系。各个国家和国际组织有关贸易、物流方面的安排、法规、公约、协定、协议等也是国际物流系统正常运行的保障。

第三，行政、命令。国际物流系统和一般系统的不同之处在于，国际物流系统关系到国家的军事、经济命脉，所以行政、命令等手段也常常是国际物流系统正常运转的重要支持要素。

第四，标准化系统。它是保证国际物流各环节协调运行、保证国际物流系统与其他系统在技术上实现联结的重要支撑条件。

四、国际物流系统的物质基础要素

国际物流系统的建立和运行，需要大量的技术装备手段，这些手段的有机联系对国际物流系统的运行具有决定意义，对于发挥国际物流的功能必不可少。具体而言，物质基础要素主要有：

（1）物流设施。它是组织国际物流系统运行的基础物质条件，包括物流站和场、物流中心、仓库、国际物流线路、建筑物、公路、铁路、口岸（如机场、港口、车站、通道）等。

（2）物流设备。它是保证国际物流系统运行的条件，包括仓库货架、进出库设备、加工设备、运输设备及装卸设备等。

（3）物流工具。它是国际物流系统运行的物质条件，包括包装工具、维修保养工具及办公设备等。

（4）信息技术及网络。它是掌握和传递国际物流信息的手段，根据所需信息水平的不同，包括通信设备及线路、传真设备、计算机及网络设备等。

（5）组织及管理。它是国际物流网络的"软件"，起着联结、调运、协调、指挥其他各要素以保障国际物流系统目标得到实现。

第二节　国际物流系统模式

国际物流系统通过相联系的各子系统发挥各自的功能，比如运输功能、储存功能、装卸搬运功能、包装功能、流通加工功能、商品检验功能及信息处理功能等。它们相互协作，以实现国际物流系统所要求的低国际物流费用和高客户服务水平，从而最终达到国际物流系统整体效益最大化的目标。

国际物流系统的一般模式包括：系统的输入部分、系统的输出部分，以及将系统的输入转换成输出的转换部分。在系统运行的过程中或一个系统循环周期结束时，外界信息反馈回来，为原系统的完善提供改进信息，使下一次的系统运行有所改善；如此循环往复，使系统逐渐达到有序的良性循环。国际物流系统遵循一般系统模式的原理，构成自己独特的物流系统模式。下面介绍出口物流模式，如图 2-2 所示。

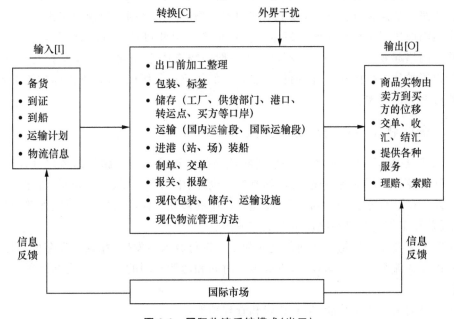

图 2-2　国际物流系统模式（出口）

国际物流系统输入部分的内容有：备货，货源落实；到证，接到买方开来的信用证；到船，买方派来船舶；编制出口货物运输计划；其他物流信息。

国际物流系统输出部分的内容有：商品实物从卖方经由运输过程送达买方手中；交齐各项出口单证，结算、收汇；提供各种物流服务；经济活动分析及理赔、索赔。

国际物流系统转换部分包括：商品出口前的加工整理；包装、标签；储存；运输（国内段、国际段）；商品进港、装船；制单、交单；报关、报验；现代管理方法、手段和现代物流设施的介入。

许多外界不可控因素的干扰，使系统运行偏离原计划内容。这些不可控因素包括国际的、国内的、政治的、经济的、技术的和政策法令、风俗习惯等方面的制约,它们是很难预测和控制的。这些因素对物流系统的影响很大,如果一个物流系统具有很强的应变能力,遇到这种情况马上能提出改进意见、变换策略,那么这样的系统就具有很强的生命力。如1956—1967年苏伊士运河封闭,直接影响国际货物的外运。这是受到外界政治因素严重干扰的结果,是不可预见的。当时日本的对外贸易商品运输,正是因此而受到严重威胁。如果将货物绕道好望角或巴拿马运河运往欧洲,则航线增长、时间过长、经济效益太差。为此,日本试行利用北美横贯大陆的铁路线运输,取得了良好的效果,大陆桥运输即得名于此。这说明当时日本的国际物流系统设计在面对外部环境的干扰时能够采取积极措施,使系统产生新的生命力。

第三节　国际物流的节点

整个国际物流过程是由多次的运动—停顿—运动—停顿所组成的。与这种运动相对应的国际物流网络就是由执行运动使命的线路和执行停顿使命的节点这两种基本元素组成的。线路与节点相互关联,组成了不同的国际物流网络。国际物流网络水平的高低、功能的强弱则取决于网络中这两个基本元素的配置。由此可见,国际物流节点对优化整个国际物流网络起着重要作用。它不仅执行一般的物流功能,还越来越多地执行指挥调度、信息传递等神经中枢的功能,因而日益受到人们的重视。所以,人们把国际物流节点称为整个物流网络的灵魂。

一、国际物流节点的功能与分类

物流节点(Nodes)或称物流结点,是物流网络中连接物流线路的结节之处,指那些从事与国际物流相关活动的物流节点,如制造厂仓库、中间商仓库、口岸仓库、流通加工和配送中心及保税区仓库、物流中心等。物流过程中的多项工作(如包装、装卸、保管、分拣、配货、流通及加工等),都是在物流节点上完成的。

国际贸易商品或货物就是通过仓库和中心进行收入与发出,并在中间存放和保管,从而实现国际物流系统的时间效益,克服生产时间和消费时间的分离,促进国际贸易系统顺利运行。

国际物流具有衔接功能、信息功能和管理功能:

(1)衔接功能。国际物流节点将各个物流线路连接成一个系统,使各个线路通过节点变得更为贯通而非互不相干,我们称这种作用为衔接作用。

(2)信息功能。国际物流节点是整个物流系统或与节点相接的物流信息的传递、收集、处理和发送的集中地。在国际物流系统中,每一个节点都是物流信息的一个点,若干个这种信息点和国际物流系统的信息中心连接起来,便形成了指挥、调度、管理整个系统的信息网络。

(3)管理功能。物流节点大都是集管理、指挥、调度、衔接及货物处理为一体的物流综合设施。整个物流系统运转的有序化、正常化和整个物流系统效率的高低都取决于物流节点的管理水平。

根据物流节点的功能可分为四类：

(1) 运转型节点。其主要功能是连接不同运输方式，是不同运输方式之间的转运站、终点站、口岸等。国际货物在这类节点上停滞的时间较短。

(2) 储存型节点。其主要功能是存放货物，如储备仓库、中转仓库、港口仓库等。国际货物在这类节点上停滞的时间较长。

(3) 流通型节点。其主要功能是国际货物在系统中的运动，如流通仓库、配送中心。

(4) 综合性节点。它指的是具有两种以上主要功能的物流节点，并将各项功能有机结合成一体的集约型节点，如国际物流中心。

二、口岸

1. 口岸的概念

口岸是国家指定的对外往来的门户，是国际货物运输的枢纽。从某种程度上说，它是一种特殊的国际物流节点，许多企业在口岸设有口岸仓库或物流中心。口岸物流是国际物流的组成部分。

口岸原来是指由国家指定的对外通商的沿海港口。但现在，口岸不仅是经济贸易往来（通商）的商埠，还是政治、外交、科技、文化、旅游和移民等方面的外来港口。随着陆、空交通运输的发展，对外贸易的货物、进出境人员及其行李物品、邮件包裹等可以通过铁路、公路和航空直达一国腹地。因此，在开展国际联运、国际航空、国际邮包邮件交换业务，以及其他外贸、边贸活动的地方，国家也设置了口岸。

改革开放以来，我国外向型经济由沿海逐步向沿边、沿江和内地辐射，使得口岸也由沿海逐渐向边境、内河和内地城市发展。现在，除了对外开放的沿海港口，口岸还包括国际航线上的飞机场，山脉国境线上对外开放的山口，国际铁路、国际公路上对外开放的火车站、汽车站，国际河流和内河上对外开放的水运港口。

因此，口岸是由国家指定对外经贸、政治、外交、科技、文化、旅游和移民等往来并供往来人员、货物和交通工具出入国（边）境的港口、机场、车站和通道。简单地说，口岸是国家指定对外往来的门户。

2. 口岸的分类

口岸可以从不同的角度进行分类，常用的分类方法有以下两种：

第一，按批准开放的权限划分。按照批准开放的权限划分，可将口岸分为一类口岸和二类口岸。

一类口岸是指允许中国籍和外国籍人员、货物、物品和交通工具直接出入国（关、边）境的海（河）、陆、空客货口岸，这些口岸必须由国务院批准，由中央或省、自治区、直辖市管理。

二类口岸是指允许中国籍人员、货物、物品和交通工具直接出入国（关、边）境的海（河）、陆、空客货口岸，以及允许毗邻国家双边人员、货物和交通工具直接出入国（边、关）境的铁路车站、界河港口和跨境公路通道，由省级人民政府批准开放管理。

第二，按出入国境的交通运输方式划分。按出入国境的交通运输方式划分，可将口岸分为港口口岸、陆地口岸和航空口岸三种。

（1）港口口岸是指国家在江河湖海沿岸开设的供人员和货物出入国境及船舶往来停靠的通道，包括港内水域及紧接水域的陆地。港内水域包括进港航道、港池和锚地。港口口岸包括海港港口口岸和内河港口口岸。内河港是建造在河流（包括运河）、湖泊和水库内的港口，为内河船舶及其客货运输服务。

（2）陆地口岸是指国家在陆地上开设的供人员和货物出入国境及陆上交通运输工具停靠的通道。陆地口岸包括国（边）境以及国家批准的内地可以直接办理对外进出口经济贸易业务往来与人员出入境的铁路口岸和公路口岸。

（3）航空口岸又称空港口岸，是指国家在开辟有国际航线的机场上开设的供人员和货物出入国境及航空器起降的通道。

此外，在实际工作中，还经常使用边境口岸、沿海口岸、特区口岸、重点口岸、新开口岸和老口岸等提法。这些分类虽然尚未规范化，但它们在制定口岸发展规划及各项口岸管理政策方面，还是有一定积极作用的。

三、港口

港口是水陆空交通的集结点和枢纽，工农业产品和外贸进出口物资的集散地，船舶停泊（飞机起降）、装卸货物、上下旅客及补充给养的场所。由于港口是联系内陆腹地和海洋运输（国际航空运输）的一个天然界面，因此人们也把港口当作国际物流的一个特殊节点。

1. 港口的特点

港口之所以能在现代国际生产、贸易和物流系统中发挥战略作用，主要是由港口的以下特点决定的：

首先，港口在整个物流供应链上是最大量货物的集结点。经济全球化使国际贸易量急速增加，港口作为海洋运输的起点与终点，无论是集装箱货还是散货，远洋运输承担着最大的运量，因而港口在整个物流供应链上总是最大量货物的集结点。当需要从事附加的工业、商业和技术活动时，选择在港口这样的集结点进行往往最能取得规模经济效益。

其次，港口往往是生产要素的最佳结合点。如果两个大陆之间或者两个相距甚远的国家之间在生产要素方面有着最大的禀赋差异，那么要把这些生产要素以最有利的方式结合起来，港口往往是最合乎逻辑的选址。许多国家依赖于进口原材料的钢铁厂往往建在港口地区，其原因也在于此。在港口地区建设出口工业基地，利用钢铁作为原材料生产汽车和机械，可以节省大量成本，增强在国际市场上的竞争力。

最后，港口往往是最重要的信息中心。对于国际物流来说，港口仍然是不同运输方式汇集的最大、最重要的节点。在港口地区落户的有货主、货运代理行、船东、船舶代理行、商品批发部、零售商、包装公司、陆上运输公司、海关、商品检验机构及其他各种有关机构。因此，港口就成为一个重要的信息中心。

2. 港口的功能

联合国贸易与发展会议在《第三代港口市场和挑战》报告中强调指出：贸易港口作为海运转为其他运输方式（陆运、空运或内河航运）必要过渡点的作用逐渐减弱，作为组织外贸的战略要点的作用日益增强，成为综合运输链当中的一个主要环节，是有关区域经济和

产业发展的支柱……国家贸易的后勤总站。在综合物流时代,港口的功能主要体现在以下几个方面:

(1) 运输功能。港口既是水陆空运输工具的衔接点,又是水运货物的集散地。港口虽然主要供船舶停靠使用,但为了客货的运输,港口又必须与陆路(航空)交通相接。它实际上是把水上运输、陆上运输和航空运输连接在一起,并由此出现一种新概念,认为港口是交通运输的"综合体"。

港口在水运生产中所起的作用,主要包括下列几项内容:① 水上客运的港口服务;② 组织货源,对货物进行疏运;③ 进行换装作业,将货物从一种运输方式转为另一种运输方式;④ 收发和保管货物;⑤ 对货物进行简单加工;⑥ 向船舶提供燃料、物料、淡水及船员生活用品;⑦ 供船舶在海上遇到恶劣天气时停泊避风浪。

(2) 工业功能。目前世界上大多数工业基地建在港口附近,这是因为港口能够通过水运为工业生产提供大量廉价的原料并运送产品。临港工业基地已成为各国和各地区经济发展的龙头。

(3) 商业功能。凭借港口十分活跃的货物转运和旅客运输,国际贸易及金融业务伴随港口而发展起来。目前,世界上大部分的商业城市也是世界著名的港口。

(4) 物流功能。充分利用港口的各种资源,加速货物的流通,提高货物的流通效益和效率。

3. 港口的分类

港口种类繁多,按用途和地理位置的不同,港口可分为以下几类:

(1) 按用途分类。① 商港。主要是供旅客上下和货物装卸转运用的港口,其中又可分为综合港和专业港。综合港是指用于旅客运输和装卸转运各种货物的港口,如我国的上海港、天津港、大连港等,国外的如荷兰的鹿特丹港、德国的汉堡港、日本的神户港等。专业港是指专门进行某一种货物的装卸或以此种货物的装卸为主的港口,如我国的秦皇岛港主要以煤炭和石油为主,澳大利亚的丹皮尔港以铁矿石出口为主等。② 渔港。专为渔船服务的港口。渔船在这里停靠,卸下捕获物,同时补给淡水、燃料及其他物资,渔港还进行水产品的储藏和加工作业等。③ 工业港。固定为某一工业企业服务的港口,专门负责装卸转运该企业的原材料、产品和所需物资,一般设于工厂附近,而有的则是在商港范围内划出一定的区域专为某企业服务。④ 军港。专供军舰停泊使用的港口,也进行军事物资的运输作业。军港受严格的管制,一般不对外开放。⑤ 避风港。供船舶在大风情况下临时避风的港口。

(2) 按地理位置分类。① 海港。在地理条件和水文气象方面具有海洋性质,而且为海船服务的港口。海港又可分为海湾港和海峡港。海湾港,位于海湾内,常有岬角或岛屿等天然屏障做保护,不需要或只需要较少的人工防护即可防御风浪的侵袭。例如我国的大连港在大连湾内,海岸长 40 多千米,湾内港阔水深;青岛港位于胶州湾东岸等。海峡港处于大陆与岛屿或岛屿与岛屿之间的海峡地段上的港口,例如新加坡港位于新加坡岛与巴丹岛、卡利门岛之间的海峡上。海峡一般是重要的海上运输通道,港口的建立为海上运输提供了极大的便利,同时对当地的经济发展具有极大的促进作用。② 河口港。位于入海河流河口段的港口。这里具有良好的水运条件,兼有海运、河运之利,为港口的发展提供了方便条件。现在世界上一些大港多数为河口港,例如我国的上海港、广州港,荷兰的鹿特丹港等。③ 河港。位于沿河两岸,并且具有河流水文特性的港口,例如我国位于长江沿岸的南京港、武汉港等。④ 湖港。位于湖泊沿岸的港口,作为国际性的湖泊具有国际运输的功能,而与海洋相通的湖泊也往往成为国际性的港口,例如北美五大湖区的多伦多港。

4. 世界主要港口

2017 年全球港口集装箱吞吐量十强排名如表 2-1 所示。

表 2-1　2017 年全球港口集装箱吞吐量十强

2017 年排名	2016 年排名	港口	2017 年吞吐量（万吨）	2016 年吞吐量（万吨）	增速(%)
1	1	上海港	4 023	3 713	8.4
2	2	新加坡港	3 367	3 090	9.0
3	3	深圳港	2 521	2 411	4.6
4	4	宁波-舟山港	2 461	2 157	14.1
5	6	釜山港	2 140	1 945	10.0
6	5	香港港	2 076	1 981	4.5
7	7	广州港	2 037	1 858	9.6
8	8	青岛港	1 826	1 801	1.4
9	9	迪拜港	1 544	1 477	4.5
10	10	天津港	1 521	1 450	4.9

5. 港口费用

港口费用是指因船舶和货物使用港口设施,港口对货物进行装卸作业和各项服务工作或为船舶、货物提供港口设备和劳务,由船舶和货物经营人向港口交付的费用。港口费用按性质可分为港口作业费和港口规费两大类。

港口作业费包括货物装卸费、货物保管费、货物驳运费、拖轮费、机械使用费、堆场使用服务费、船舶清舱洗舱服务费、船舶引水费及开关舱费等。

港口规费包括船舶港务费、货物港务费及港口建设费等。港口规费根据港口当局制定的计费费率标准,按照货物数量计算。

货物港口费根据货物计量方式所确定的重量吨或容积吨以及货物在港口的作业过程确定。

四、仓储

1. 仓储的功能

随着社会劳动生产率的提高,人们生产的产品日益增多,除满足自身需要外还有剩余,人们把这些剩余产品保存起来,便于日后再消费或进行交换,这便是仓储。

在任何社会,只要有商品生产便有商品流通,必然会有商品储存。所以说,仓储是商品流通的一种特殊行业,是商品流通领域中不可缺少的重要环节,主要表现在以下几个方面:

(1) 仓储能克服生产和消费在时间上的间隔。为调整生产和消费在时间上的间隔,即解决某些季节性生产或季节性消费的产品在时间上的矛盾,必须设置仓库将这些产品储存,使其发挥时间效用。

(2) 仓储能在质量上对进入市场的商品起保证作用。商品从生产领域进入流通领域的过程中,通过仓储环节对进入市场的商品进行检验,可以防止质量不合格的伪劣商品混入市场。

(3) 仓储对加速商品周转、加快流通起保证作用。随着仓储业的发展,仓储本身不仅是货物的储存,还越来越多地承担着具有生产特性的加工业务。例如分拣、挑选、整理、加工、简单的装配、包装、加标签及备货等活动,使仓储过程与生产过程进一步有机地结合在一起,从而增加商品的价值。

(4) 仓储具有调节商品价格的作用。商品的仓储可以克服生产旺季和生产淡季与消费者购买之间巨大的供求矛盾,并以储存调节供求关系,调整由供求矛盾而造成的供求差异。

(5) 仓储可以直接起到调节运输工具载运能力不平衡的作用。无论是进口仓库还是出口仓库都可减少压船、压港,弥补内陆运输工具的运量不足,在船舶与内陆运输之间起着缓冲调节作用,以保证货物运输顺利畅通。

(6) 口岸仓储可以实施货物运输作业,起到减少货损货差的作用。仓储是商品流通中收购、销售、储存、运输四个基本环节中不可缺少的重要一环。随着国际贸易的发展,加强仓储管理是缩短商品流通时间、节约流通费用的重要手段。伴随着综合物流管理的进程,仓储业开展集装箱的拆箱、装箱作业,集装箱货运站兼营国际贸易货物仓储业务越来越普遍,仓储业通过开展物流管理来拓展延伸服务业务,发挥着国际物流运输网络的节点作用。

2. 仓储合同与仓单

(1) 仓储合同。仓储合同也称仓储保管合同,是仓储保管人接受存货人交付的仓储物并进行妥善保管,在仓储期满后将仓储物完好地交还,保管人收取保管费的协议。《中华人民共和国合同法》第三百八十一条将仓储合同规定为:仓储合同是保管人储存存货人交付的仓储物,存货人支付仓储费的合同。

(2) 仓单。仓单是保管人在接受仓储货物后签发的、表明一定数量的保管货物已经交付仓储保管的法律文书。保管人签发仓单,表明已接受仓储货物,并已承担对仓储货物的保管责任以及保证将向仓单持有人交付仓储物。

仓单的主要作用包括:① 签发仓单表明保管人已接受仓单上所记载的货物。② 仓单是仓储保管人凭以返还保管物的凭证。③ 仓单是确定保管人和仓单持有人、提货人的责任与义务的依据。④ 仓单是仓储合同的证明,证明仓储合同的存在和合同的主要内容。⑤ 仓单是所有权的法律文书。它是保管人在检验并接受仓储物后向存货人签发的仓单,表明仓储物的所有权并没有转移给保管人,只是将仓储物的保管责任转交给保管人。通过保管人签发的仓单作为仓储物的所有权文书,由存货人持有。⑥ 仓单是有价证券。仓单是仓储物的文件表示,仓储保管人依据仓单返还仓储物,占有仓单表示占有仓储物。

仓单的形式与内容。仓单由保管人提供,仓储经营人准备好仓单簿,仓单簿为一式两联。第一联为仓单,在签发后交给存货人。第二联为存根,由保管人保存,以便核对仓单。

《中华人民共和国合同法》规定的仓单内容为：存货人的名称或姓名、地址，仓储物的品名、数量、质量、包装、件数和标记，仓储物的耗损标准、储存场所、储存期间、仓储费，仓储物的保险金额、期间及保险人的名称，填发人、填发地和填发日期。

3. 仓储管理费

仓储管理费是指发生在仓储期间的成本总和。仓储管理费直接表明了仓储的成本，是仓储成本核算、成本管理、仓储费定价的依据。

仓储管理费由一定时期的仓储经营的资本费用、保管费、搬运费、损耗费、保险费及税费等构成。将仓储管理费分摊到同期的仓储量中，就可确定每一仓储量的仓储成本。

五、保税仓库

保税仓库是保税制度中应用最为广泛的一种形式，具有较强的服务功能和较大的灵活性，在促进国际贸易和开展加工贸易方面起到非常重要的作用。海关对保税仓库的管理是依据海关总署颁布的《中华人民共和国海关对保税仓库及所存货物的管理规定》。

1. 保税仓库的定义和种类

（1）保税仓库的定义。保税仓库是指海关核准的专门存放保税货物的专用仓库。根据国际上通行的保税制度要求，进境存入保税仓库的货物可暂时免纳进口税款、免领进口许可证或其他进口批件，在海关规定的存储期内复运出境或办理正式进口手续。

对于存放于保税仓库中的货物，根据我国实际情况，海关允许存放的货物有以下三类：① 供加工贸易（来料加工、进料加工）加工成品复出口的进口料件。② 外经贸主管部门批准开展外国商品寄售业务、外国产品维修业务、外汇免税商品业务及保税生产资料市场的进口货物。③ 转口贸易货物，以及外商寄存、暂存货物和国际航行船舶所需的燃料、物料和零配件等。

以上类别中的①、②类属于经海关核准暂免办理纳税手续的进口货物，③类属于暂时进境储存后再复运出境的进境货物。

（2）保税仓库的种类。根据国际上的通行做法及我国的具体情况，我国把保税仓库分为公用型保税仓库和自用型保税仓库。① 公用型保税仓库。这类保税仓库可供各类进口单位共同存放货物，如转口贸易货物、外商暂存货物等，也可供加工贸易经营单位存放加工贸易进口料件。公用型保税仓库一般由该仓库的经营单位申请设立。② 自用型保税仓库。A. 加工贸易备料保税仓库。这是一类为来料加工、进料加工等加工贸易储存进口原材料等物资提供服务的保税仓库。B. 寄售、维修、免税商品保税仓库。这类保税仓库是为外国产品在我国寄售及维修进口机器设备所需零部件和进口外国免税商品服务的，外国商品进境后存放在保税仓库，待销售、维修或供应时，海关按规定予以征税或减免。

2. 货物进出保税仓库的程序

（1）保税仓库货物的进库。① 本地进货。进口货物在保税仓库所在地进境时，应由货物所有人或其代理人向入境所在地海关申请，填写"进口货物报关单"，在报关单上加盖"保税仓库货物"章并注明"存入××保税仓库"。经入境地海关审查后，货物所有人或其代理人应将有关货物存入保税仓库，并将两份"进出口报关单"随货代交保税仓库。② 异地进货。进口货物在保税仓库所在地以外其他口岸入境时,货物所有人或其代理人应按海关进口货物转关运输管理的有关规定办理转关运输手续。货物所有人或其代理人应先向保税仓库所在地主管海关提出将进口货物转运至保税仓库的申请,主管海关核实后,签发"进口货物转关运输联系单",并注明货物转运存入××保税仓库。

(2) 保税仓库货物的出库。进出口货物存入保税仓库后,其出库的流向较为复杂,一般可分为储存后原物复出口、加工贸易提取后加工成品出口、向国内销售或使用。下面分别就这三种流向介绍有关海关手续。① 原物复出口。存入保税仓库的货物在规定期限内复运出境时,货物所有人或其代理人应向保税仓库所在地主管海关申报,填写"出口货物报关单",并提交货物进口时经海关签章确认的进口报关单,经主管海关核实后予以验放有关货物或按转关运输管理办法,将有关货物监管运至出境地海关验放出境。复出境手续办理后,海关在一份出口报关单上加盖印章退还货物所有人或其代理人,作为保税仓库货物核销依据。② 加工贸易提取使用。从保税仓库提取货物用于进料加工、来料加工项目加工生产成品复出口时,经营加工贸易的单位首先按进料加工或来料加工的程序办理,向外经贸部门申请"加工贸易合同"审批,再持有关批件到主管海关办理合同登记备案,并在指定银行开设加工贸易银行保证金台账后,由主管海关颁发《加工装配和中小型补偿贸易进出口货物登记手册》(简称《登记手册》)。经营加工贸易单位持海关核发的《登记手册》,向保税仓库所在地主管海关办理保税仓库提货手续,填写进料加工或来料加工专用"进口货物报关单"(由于保税仓库进货时所填写进口货物报关单并未确定何类贸易性质,因此在以加工贸易提取使用时,其贸易性质已确定为"进料加工"或"来料加工",需补填进口货物报关单)和"保税仓库领料核准单"。经海关核实后,在"保税仓库领料核准单"上加盖放行章,其中一份由经营加工贸易单位凭此向保税仓库提取货物,另一份由保税仓库留存,作为保税仓库货物的核销依据。③ 向国内销售或使用。存入保税仓库的货物转为进入国内市场销售时,货物所有人或其代理人应事先报主管海关核准并办理正式进口手续,填写"进口货物报关单"(其贸易性质由"保税仓库货物"转变为"一般贸易进口"方式),对货物属于国家规定的实行进口配额、进口许可证、机电产品进口管理、特定登记进口商品以及其他进口管理商品的,须向海关提交有关进口许可证或其他有关批件,并缴纳该货物的进口关税和进口环节增值税、消费税。上述进口手续办理后,海关在"进口货物报关单"上加盖放行章,其中一份用以向保税仓库提取货物,另一份由保税仓库留存,作为保税仓库货物的核销依据。

(3) 保税仓库货物的核销。保税仓库货物应按月向主管海关办理核销。经营单位于每月的第五天将上月所发生的保税仓库货物的入库、出库、结存等情况列表报送主管海关,并随附经海关签章的进口、出口报关单及"保税仓库领料核准单"等单证。

主管海关对保税仓库入库、出库报表与实际进口、出口报关单及领料单进行审核,必要时派员到仓库实地核查有关记录和货物结存情况,核实无误后予以核销,并在一份保税仓库报表上加盖印章认可,退还保税仓库经营单位留存。

3. 海关对保税仓库的监管要求

保税仓库所存货物的储存期限为一年。如因特殊情况需延长储存期限,应向主管海关申请延期,经海关核准的延期最长不能超过一年。所存货物储存期满仍未转为进口或复运出境的,按《中华人民共和国海关法》有关规定,由海关将货物变卖处理,变卖所得价款在扣除运输、装卸、储存等费用和进口税款后,尚有余款的,自货物变卖之日起一年内,经货主申请予以发还;逾期无人申请的,余款上缴国库。

保税仓库所存货物,属于海关监管的保税货物,未经海关核准并未按规定办理有关手续,任何人不得出售、提取、交付、调换、抵押、转让或移作他用。

货物在仓库储存期间发生短少或灭失,除不可抗力原因外,短少或灭失部分由保税仓库经营单位承担缴纳税款责任,并由海关按有关规定予以处理。

货物进口时已明确为一般进口的货物,不允许存入保税仓库。

保税仓库必须独立设置,专库专用,保税货物不得与非保税货物混放。加工贸易备料保税仓库的入库货物仅限本企业加工生产自用料件,不得存放本企业一般贸易进口货物或与加工生产无关的货物以及其他企业的货物。

公共保税仓库储存的保税货物,一般不得跨关区提取和转库存取,只能供应本关区加工生产企业按规定提取使用。对经批准设立的专门储存不宜与其他货物混放的保税仓库原料(如化工原料、易燃易爆危险品),以及一个企业集团内设立专为供应本集团内若干分散在不同关区加工企业生产出口产品所需的企业备料保税料件,必须跨关区提取的,加工贸易企业应事先以与保税货物所有人或外商签订的购货合同或协议、外经贸部门的批准文件等单证向海关办理加工贸易合同登记备案,领取《加工贸易登记手册》,并在该登记手册限定的原材料进口期限内分别向加工贸易企业主管海关、保税仓库主管海关办理分批从保税仓库提取货物的手续。在保税仓库中不得对所存放货物进行加工,如需对货物进行改变包装等整理工作,应向海关申请核准并在海关监管下进行。

保税仓库对所存货物应有专人负责管理,海关认为必要时,可会同仓库双方共同加锁。海关可随时派员进入保税仓库检查货物储存情况,查阅有关仓库账册,必要时可派员驻库监管。保税仓库经营单位应予以协作配合并提供便利。

保税仓库经营单位进口供仓库自己使用的设备、装置和用品,如货架、包装设备、运输车辆、办公用品及其他管理用具,均不属于保税货物。进口时应按一般贸易办理进口手续并缴纳进口税款。

六、保税区

保税区与经济特区、经济技术开发区等特殊区域一样,都是经国家批准设立的、实行特殊政策的经济区域。我国为了进一步扩大对外开放,吸引国外资金和技术,借鉴国际先进管理经验,从 20 世纪 90 年代开始在沿海地区陆续批准设立保税区。保税区具有政策特殊、经济功能强、封闭式管理的特点。下面将结合保税区的特点,介绍海关对保税区的有关政策、进出口货物的手续和监管要求。

1. 保税区的定义及特点

(1) 保税区的定义。保税区是指在一国境内设置的、由海关监管的特定区域。我国最早设置的保税区是 1990 年建立的上海外高桥保税区。按我国规定,建立保税区需经国务院批准,保税区与中华人民共和国境内的其他地区(非保税区)之间应设置符合海关监管要求的隔离设施,并由海关实施封闭式管理。目前,国务院已批准建立了上海、天津、大连、张家港、宁波、福州、厦门、青岛、广州、珠海、深圳(沙头角、福田、盐田)、汕头、海口等15个保税区。

(2) 保税区的特点。国际上与保税区具有类似经济功能的有"自由港""自由贸易区""出口加工区"等,这些特殊区域尽管名称各异,各国所实行的管理措施各不相同,但它们具有的两个基本特点是相同的,即"关税豁免"和"自由进出"。保税区作为这种特殊经济区域的一种形式,也具备这两个基本特点。① 关税豁免。关税豁免即对从境外进口到保税区的货物以及从保税区出口到境外的货物均免征进出口关税。这是世界各国对特殊经济区域都实行的优惠政策,目的是吸引国内外厂商到区内开展贸易和加工生产。我国保税区的税收优惠政策也与国际通常做法基本一致。② 自由进出。自由进出即对保税区与境外的进出口货物,海关不做惯常的监管。这里的"惯常监管"是指国家对进出口的管理规定和进出口的正常海关手续。由于国际上将进入特定区域的货物视为未进入关境,因此可以不办理海关手续,海关也不实行监管。我国保税区根据本国情况,对进出保税区货物参照国际惯例,大大简化了进出口货物的管理及海关手续。

2. 保税区有关管理规定

(1) 进出口税收方面。从境外进入保税区的货物,除法律、行政法规另有规定外,其进口关税和进口环节税的征免规定为:① 对保税区内生产性的基础设施建设项目所需的机器、设备和其他基建物资,海关予以免税。② 对保税区内企业自用的生产、管理设备和自用合理数量的办公用品及所需的维修零配件,生产用燃料,建设生产厂房、仓储设施所需的物资设备,海关予以免税。③ 对保税区行政管理机构自用合理数量的管理设备和办公用品及所需的维修零配件,海关予以免税。④ 对保税区内企业为加工出口产品所需的原材料、零部件、元器件、包装物料,海关予以保税。⑤ 对上述第①至④项范围以外的货物、物品从境外进入保税区,海关依法征税。保税区内企业加工的制成品运往境外,除法律、行政法规另有规定外,海关免征出口关税。对于转口货物和在保税区内储存的货物,海关按保税货物管理。

(2) 进出口许可证方面。① 从境外进口供保税区内使用的机器设备、基建物资等,免领进口许可证。② 为加工出口产品所需进口的料件以及供储存的转口货物,免领进口许可证。③ 保税区内加工产品出口,免领出口许可证。

(3) 保税区人员居住方面。保税区内仅设立行政管理机构及有关企业。除安全保卫人员外,其他人员不得在保税区内居住。在保税区内设立国家限制和控制的生产项目,须经国家规定的主管部门批准。

(4) 货物进出口方面。国家禁止进出口的货物、物品不得运入、运出保税区,其目的在于销往境内非保税区的货物不得运入保税区。

(5) 汽车进口方面。除国家指定的汽车进口口岸的保税区(天津、大连、上海、广州、福田)外,其他保税区均不得允许运进转口方式的进口汽车,对保税区内企业自用的汽车,也应由指定的口岸办理进口手续。

(6) 特殊产品管理方面。保税区内设立生产受被动配额许可证管理的纺织品和可生产化学武器的化学品、化学武器关键前体、化学武器原料及易制毒化学品等商品的企业时,应报国家主管部门批准。产品出境时,海关一律凭出口许可证验放。

(7) 激光光盘管理方面。保税区内设立生产激光光盘的企业,应报国家主管部门批准,海关按现行的对该行业的监管规定管理。

3. 保税区货物的进出口

(1) 保税区单位注册和运输工具备案。① 保税区内设立的企业(包括生产企业、外贸企业、仓储企业等)及行政管理机构,须经所在地人民政府或其指定的主管部门批准,并持批准文件、工商营业执照等有关资料向保税区海关机构办理注册登记手续。② 进出保税区的运输工具(指专门承运保税区进出口货物的运输工具和区内企业、机构自备的运输工具),须经所在地人民政府或其指定的主管部门批准,并由运输工具负责人、所有人或其代理人持有关批准证件及列明运输工具名称、数量、牌照、号码和驾驶员姓名的清单,向保税区海关机构办理登记备案手续。海关核准后,发给准运证。保税区外其他运输工具进出保税区时,应向海关办理临时进出核准手续。

(2) 保税区与境外之间进出货物的申请。① 保税区与境外之间进出的货物,改变传统的单一报关方式,海关实行备案制与报关制相结合的申报方式。② 对保税区内加工贸易企业所需进境的料件、进境的转口货物、仓储货物以及保税区运往境外的出境货物,进出境时实行备案制,并由货主或其代理人填写《中华人民共和国海关保税区进(出)境货物备案清单》,向保税区海关机构备案。③ 对保税区内进口自用合理数量的机器设备、管理设备及办公用品,以及工作人员所需自用合理数量的应税物品,实行报关制,并由货主或其代理人按照《中华人民共和国海关进(出)口货物报关单填制规范》填写报关单,向保税区海关机构申报。

(3) 保税区与非保税区进出货物。海关对保税区与非保税区之间进出的货物,按国家有关进出口管理规定实行监管。对从保税区进入非保税区的货物,按进口货物办理手续。对从非保税区进入保税区的货物,按出口货物办理手续,出口退税按国家有关规定办理。① 从非保税区(指我国境内的保税区以外的其他地区)运入保税区的供加工生产产品用的货物(原材料、零部件、元器件及包装物料等),视同出口。有关发运企业或其代理人应向保税区海关机构或其主管海关办理申报出口手续,填写出口货物报关单,提供有关单证。属国家许可证管理商品,还应提交出口许可证。属应征出口税商品,应缴纳出口关税。海关审核无误后,验放有关货物运入保税区。② 从非保税区运入保税区供区内企业、机构自用的机器设备、管理设备及其他物资,由使用企业或机构向保税区海关机构申报,填写运输货物清单,经海关核准验放后运入保税区。③ 从非保税区运入保税区的已办妥进口手续的进口货物,原已征进口税款,不予退税。④ 从非保税区运入保税区委托区内生产企业加工产品的货物,生产企业应事先持委托加工合同向保税区海关办理登记备案手续,凭海关核准的登记备案手续向保税区海关机构申报运入区内。委托加工货物需在合同期限内加工产品返回非保税区,并在海关规定期限内向保税区海关机构办理委托加工合同核销手续。⑤ 从保税区运出销往非保税区的货物,视同进口,由发货人或其代理人向保税区海关机构办理进口申报手续,填写进口货物报关单。属国家实行配额、许可证、特定登记进口、机电产品管理及其他进口管理的商品,应提供配额证明、进口许可证或其他有关批件,并缴纳进口关税和进口环节增值税、消费税,海关审核无误后,验放有关货物运出保税区。⑥ 保税区内生产企业将进口料件加工产品运出销往非保税区时,企业或其代理人应向保税区海关机构办理进口申报手续,填写进口货物报关单,提供有关许可证等进口批件,补缴所使用进口料件的进口关税和进口环节增值税、消费税。如对产品中所含进口料件品名、数量、价值申报不清的,则应按制成品补缴税款。⑦ 保税区内生产企业将进口料件运往非保税区委托加工产品时,生产企业应事先持委托加工合同向保税区海关机构办理登记备案手续,凭海关核准的登记备案手续向保税区海关机构申报运出区外。委托非保税区企业加工的期限为 6 个月,因特殊情况向海关申请延期的,延期期限不得超过 6 个月。在非保税区加工完毕的产品应运回保税区,并在海关规定期限内向保税区海关机构办理委托加工合同核销手续。

七、出口加工区

出口加工区是指专为发展加工贸易而开辟的经济特区。出口加工区的产生和发展是国际分工的必然结果,是全球经济一体化的重要表现。第二次世界大战后,西方工业国家的经济进入相对稳定的发展时期,特别是科学技术的巨大进步,使西方工业国家的生产力和对外贸易空前发展,并导致资本与技术过剩。同时,国际分工从过去的产业间分工发展为产业内部的分工,劳动密集型产业从发达国家逐步向发展中国家(地区)转移。一些工业发达国家和地区从输出商品到输出资本,进而发展到在东道国开办工厂。1959 年,爱尔兰在香农国际机场创建了世界上第一个出口加工区。20 世纪 80 年代以来,全球出口加工区出现了新的发展趋势。部分出口加工区的出口加工业由劳动密集型转向技术密集型,新的技术型出口加工区纷纷建立。部分出口加工区的企业与高等院校、科研机构密切结合,形成雄厚的科技力量,以科技为先导,大力开发技术、知识密集型的新兴产业和高附加值的尖端产品,成为世界瞩目的知识型出口加工区——科学工业园区。

我国为了促进加工贸易发展、规范加工贸易管理,将加工贸易从分散型管理向相对集中型管理转变,给企业提供更宽松的经营环境,鼓励扩大外贸出口。2000 年 4 月 27 日,国务院正式批准设立出口加工区。为有利于运作,我国将出口加工区设在已建成的经济技术开发区内,并选择若干地区进行试点。首批批准进行试点的有 15 个出口加工区,包括辽宁大连出口加工区、天津出口加工区、北京天竺出口加工区、山东烟台出口加工区、山东威海出口加工区、江苏昆山出口加工区、江苏苏州工业园出口加工区、上海松江出口加工区、浙江杭州出口加工区、福建厦门杏林出口加工区、广东深圳出口加工区、广东广州出口加工区、湖北武汉出口加工区、四川成都出口加工区和吉林珲春出口加工区。

出口加工区的设立是我国加工贸易监管制度的重大改革。它将有利于海关加强监管,解决长期以来对加工贸易企业难以进行有效监管和手续繁杂的难题,促进加工贸易的健康发展,有利于适应企业合法经营和促进企业加强内部管理,有利于扩大外贸出口,也有利于探索与国际接轨的管理模式。

八、自由贸易区

1. 自由贸易区的定义和分类

自由贸易区(Free Trade Zone)是指在贸易和投资等方面比世界贸易组织有关规定更加优惠的贸易安排;在主权国家或地区的关境以外,划出特定的区域,准许外国商品豁免关税自由进出。实质上是采取自由港政策的关税隔离区。狭义仅指提供区内加工出口所需原料等货物的进口豁免关税的地区,类似出口加工区。广义还包括自由港和转口贸易区。

自由贸易区是国际物流中多功能的综合物流节点。在自由贸易区内,可以提供仓储、再加工、展示及各种服务,未售出的各种商品可以前来储存,或针对市场需求对商品进行分类、分级和改装,或进行就地销售或改临近市场销售。

一般来说,自由贸易区可以分为两种类型:一种是把设区的所在城市划为自由贸易区,另一种是把设区的所在城市的一部分划为自由贸易区。例如,汉堡自由贸易区是由汉堡市的两部分组成的,只有划在卡尔勃兰特(Kohlprand)航道以东的自由港和划在卡尔勃兰特航道以西的几个码头及其邻近地区才是汉堡自由贸易区。这个自由贸易区位于港区的中心,占地 5.6 平方英里。外国商品只有运入这个区内才能享有免税等优惠待遇,不受海关监督。

2. 自由贸易区的分布

据统计,全世界目前大约有各种形式、各种名称的自由贸易区 700 多个,遍及五大洲 100 多个国家和地区。

(1) 欧洲的自由贸易区。欧洲已有 20 多个国家和地区设立了 100 多个自由贸易区,其中以南欧、中欧、西欧最为集中,东北欧的密度较低。南欧的西班牙、意大利、希腊和直布罗陀 4 个国家和地区共设立了 32 个自由贸易区,其中西班牙最多,为 18 个。中欧的瑞士有 28 个自由贸易区。西欧的英国、法国、德国、爱尔兰和荷兰共设有自由贸易区 24 个。

(2) 美洲的自由贸易区。北美洲以美国设立最多,截至 2013 年,美国已批准设立通用目的的对外自由贸易区 256 个,已有 174 个启动运营,共吸引 3 200 家企业入驻,吸纳就业总人数达 37 万人。拉丁美洲的自由贸易区基本上呈从南到北的线状分布,到目前为止已发展到 26 个国家共 100 多个自由贸易区。其中,较为成功的主要有巴西的马瑙斯自由贸易区、墨西哥的加利福尼亚半岛自由贸易区、巴拿马的科隆自由贸易区和海地的太子港自由贸易区等。在拉美国家中,墨西哥设立的自由贸易区最多。

(3) 亚洲的自由贸易区。世界上的自由贸易区有许多集中在亚太地区,其中东盟地区(菲律宾、马来西亚、新加坡、印度尼西亚和泰国等)的自由贸易区密度很高,在世界自由贸易区中占有重要地位。

(4) 非洲的自由贸易区。自 20 世纪 70 年代以来,非洲已有 40 多个国家设立了自由经济区,主要集中在毛里求斯、突尼斯和埃及 3 个国家。

(5) 大洋洲的自由贸易区。1986 年 6 月,澳大利亚政府在达尔文市创办了大洋洲第一个自由贸易区。1988 年,斐济宣布设立自由贸易区。自由贸易区在大洋洲正处于日益发展之中。

我国的自由贸易区起步较晚,改革开放以来相继建立了经济特区、经济技术开发区等,但这些区域在运作和形式上与国际上通行的自由贸易区还有很大差别。截至 2017 年 3 月 31 日,我国已经有 11 个自由贸易区。根据党中央和国务院的战略部署,上海国际航运中心将在 2020 年建成。而上海航运中心的重要内容就是建设上海的自由港——芦洋航运特区,其特征是拥有能够全天候接纳第五代、第六代集装箱船舶的深水航道与深水泊位,并建成亚洲一流的航运交易中心、航运信息中心和亚洲最大的物流转运中心。

3. 上海自由贸易试验区

(1) 成立。

中国(上海)自由贸易试验区(China (Shanghai) Pilot Free Trade Zone),简称上海自由贸易区或上海自贸区,是设于上海市的一个自由贸易区,也是中国境内第一个自由贸易区。

2013年8月,国务院正式批准设立中国(上海)自由贸易试验区。该试验区成立时,推行政府职能转变、金融制度、贸易服务、外商投资和税收政策等多项改革措施,有助于推动上海市转口、离岸业务的发展。2013年9月29日,上海自贸区正式挂牌成立。上海自贸区范围涵盖上海市外高桥保税区、外高桥保税物流园区、洋山保税港区和上海浦东机场综合保税区等4个海关特殊监管区域,总面积为28.78平方公里,是"四区三港"的自贸区格局。

(2) 成效。

经过一年的改革推进,上海自贸区已经形成一系列可复制、可推广的制度创新成果,其中的21项在全国或部分地区得到了推广。此外,还有33项具备复制推广的基础,一批改革创新事项正在加快推进,包括负面清单制度、小额外币存款利率上限放开、工商登记由"先证后照"变更为"先照后证"、企业年检改年报公示、跨国公司外汇资金集中运营管理、跨境人民币业务等试点,都已先后在自贸区以外推广开来。2014年版负面清单更是从190条减少到139条,条数缩减了26.8%。

上海自贸区成立一周年总结出四大制度创新成果:以负面清单管理为核心的投资管理制度已经建立;以贸易便利化为重点的贸易监管制度平稳运行;以资本项目可兑换和金融服务业开放为目标的金融创新制度基本确立;以政府职能转变为导向的事中、事后监管制度基本形成。在建立与国际投资贸易通行规则相衔接的基本制度框架上,上海自贸区取得了重要的阶段性成果。

截至2014年8月底,上海自贸区新设企业数量超过1.2万家,超过原上海保税区20年的注册数量。其中,外资企业1612家,90%通过设备方案设立,包括12家跨国公司地区总部。区内跨境人民币业务累计金额达到1760亿元,同比增长数倍。上海自贸区(企业)进出口货值达5004亿元,同比增长9.2%。其中:进口3700.4亿元,增长8.9%;出口1303.6亿元,增长10.1%。增速高于全国平均水平8.6个百分点,高于上海市平均水平4.6个百分点。

4. 自由贸易区的一般规定

许多国家对自由贸易区的规定大同小异,归纳起来,主要有以下几点:

(1) 关税方面的规定。对于允许自由进出自由贸易区的外国商品,不必办理报关手续,免征关税。少数已征收进口税的商品(如烟、酒等)再出口,可退还进口税。但是,如果港内或区内的外国商品转运入所在国的国内市场销售,则必须办理报关手续,缴纳进口税。

(2) 业务活动的规定。对于允许进入自由贸易区的外国商品,可以储存、展览、拆散、分类、分级、修理、改装、重新包装、重新贴标签、清洗、整理、加工和制造、销毁、与外国的原材料或所在国的原材料混合、再出口或向所在国国内市场出售。

(3) 禁止和特别限制的规定。许多国家通常对武器、弹药、爆炸品、毒品和其他危险品以及国家专卖品(如烟草、酒、盐等)禁止输入或凭特种进口许可证才能输入。有些国家对少数消费品的进口征收高关税。有些国家规定某些生产资料在港内或区内使用也应缴纳关税。此外,有些国家(如西班牙等)还禁止在区内零售。

第四节 国际物流连线

国际物流连线是指连接国内外众多收发货节点间的运输线,如各种海运航线、铁路线、飞机航线以及海、陆、空联合运航线。这些网络连线是库存货物移动(运输)轨迹的物化形式。每一对节点间有许多连线,以表示不同的运输路线、不同产品的各种运输服务。各节点表示存货流动的暂时停滞,目的是更有效地移动。

国际物流连线实际上也是国际物流流动的路径,主要包括国际远洋航线及海上通道、国际航空线、国际铁路运输线与大陆桥、国际主要输油管道等。

一、国际远洋航线及海上通道

世界各地水域,在港湾、潮流、风向、水深及地球球面距离等自然条件的限制下,可供船舶航行的一定路径被称为航路。海上运输承运人在许多不同的航路中,根据主客观条件,为达到最大的经济效益所选定的运营航路被统称为航线。

航线的形成主要取决于以下几方面的因素:

第一,安全因素。安全因素是指船舶航行的路线必须考虑到自然界的种种现象,如风向、波浪、潮汐、水流、暗礁及流冰等。上述种种现象会影响船舶航行的安全。

第二,货运因素。货运因素是指该航线沿途货运量的多寡。货运量多,航行的船舶就多,也必定是繁忙的航线。

第三,港口因素。港口因素是指船舶途经和停靠的港口水深是否适宜、气候是否良好、航道是否宽阔、有无较好的存储装卸设备、内陆交通条件是否便利、港口使用费是否低廉和燃料供应是否充足等。

第四,技术因素。技术因素是指船舶航行时从技术上考虑选择最经济和最快速的航线航行。

除上述因素外,国际政治形势的变化,有关国家的经济政策、航运政策等也会对航线的选择和形成产生一定的影响。航线选择的好坏,直接关系到航运业的经济效益,因此航运公司都十分重视航线的选择。

1. 海上航线的分类

海上航线从不同的角度有不同的划分方法。

(1) 按照船舶经营方式区分,有定期航线和不定期航线。① 定期航线是指使用固定的船舶,以固定的船期,航行固定的航线,靠泊固定的港口,以相对固定的运价经营客货运输的远洋航运事业。定期航线的经营,以航线上各港口能有持续的、比较稳定的往返货源为先决条件,所以定期航线又称班轮航线。② 不定期航线,与定期航线相对而言,是指使用不固定的船舶,以不固定的船期,行驶不固定的航线,靠泊不固定的港口,以租船市场的运价经营大宗、低价货物业务为主的航线。

（2）按照航程远近,可分为远洋航线、近洋航线和沿海航线。① 远洋航线(Ocean-Going Shipping Line)是指使用船舶或其他水运工具跨越大洋的运输航线,例如我国各港口跨越大洋航行至欧洲、非洲、美洲和大洋洲等处所进行的航运路线。② 近洋航线(Near-Sea Shipping Line)是指本国各港至邻近国家港口间的海上运输航线。在我国习惯上是指我国各港与东至日本海、西至马六甲海峡、南至印度尼西亚沿海、北至鄂霍次克海的各海港间的航线。③ 沿海航线(Coastal Shipping Line)是指本国沿海各港口间的海上运输路线,例如大连至青岛、天津至上海的航线。

国际贸易货物运输主要是通过远洋运输来完成的。

2. 国际大洋航线中的重要海峡、运河

在国际大洋航线中最重要的海峡有英吉利海峡、马六甲海峡、霍尔木兹海峡、直布罗陀海峡、黑海海峡、曼德海峡、朝鲜海峡、台湾海峡、望加锡海峡及龙目海峡等,其中以英吉利海峡、马六甲海峡和霍尔木兹海峡最为繁忙。最重要的运河有苏伊士运河和巴拿马运河。

3. 世界集装箱海运干线

目前,世界集装箱海运航线主要有:① 远东—北美航线;② 北美—欧洲、地中海航线;③ 欧洲、地中海—远东航线;④ 远东—澳大利亚航线;⑤ 澳新—北美航线;⑥ 欧洲、地中海—西非、南非航线。

4. 我国的主要海运航线

（1）近洋航线:① 港澳线——到中国香港、澳门地区;② 新马线——到新加坡、马来西亚的巴生港、槟城和马六甲等港;③ 暹罗湾线（又称越南、柬埔寨、泰国线）——到越南海防、柬埔寨的磅逊和泰国的曼谷等港;④ 科伦坡、孟加拉湾线——到斯里兰卡的科伦坡、缅甸的仰光、孟加拉的吉大港和印度东海岸的加尔各答等港;⑤ 菲律宾线——到菲律宾的马尼拉港;⑥ 印度尼西亚线——到爪哇岛的雅加达、三宝垄等;⑦ 澳新线——到澳大利亚的悉尼、墨尔本、布里斯班和新西兰的奥克兰、惠灵顿;⑧ 巴布亚新几内亚线——到巴布亚新几内亚的莱城、莫尔兹比港等;⑨ 日本线——到日本九州岛的门司和本州岛神户、大阪、名古屋、横滨和川崎等港口;⑩ 韩国线——到釜山、仁川等港口;⑪ 波斯湾线（又称阿拉伯湾线）——到巴基斯坦的卡拉奇,伊朗的阿巴斯、霍拉姆沙赫尔,伊拉克的巴士拉,科威特的科威特港,沙特阿拉伯的达曼。

（2）远洋航线:① 地中海线——到地中海东部黎巴嫩的贝鲁特、的黎波里,以色列的海法、阿什杜德和叙利亚的拉塔基亚;地中海南部埃及的塞得港、亚历山大,突尼斯的突尼斯和阿尔及利亚的阿尔及尔、奥兰;地中海北部意大利的热那亚、法国的马赛、西班牙的巴塞罗那和塞浦路斯的利马索尔等港口。② 西北欧线——到比利时的安特卫普,荷兰的鹿特丹,德国的汉堡、不来梅,法国的勒弗尔,英国的伦敦、利物浦,丹麦的哥本哈根,挪威的奥斯陆,瑞典的斯德哥尔摩和哥德堡,以及芬兰的赫尔辛基等。③ 美国加拿大线——到加拿大西海岸港口温哥华,美国西岸港口西雅图、波特兰、旧金山、洛杉矶,加拿大东岸港口蒙特利尔、多伦多,美国东岸港口纽约、波士顿、费城、巴尔的摩、波特兰和美国墨西哥湾的莫比尔、新奥尔良、休斯敦等港口。美国墨西哥湾各港也属美国东海岸航线。④ 南美洲西岸线——到秘鲁的卡亚俄和智利的阿里卡、伊基克、瓦尔帕莱索、安托法加斯塔等港口。

二、国际航空线

目前,不少国家的首都和重要城市建有国际航空站,下面列出部分主要的航空站。

亚洲:北京、上海、香港、东京、马尼拉、新加坡、曼谷、仰光、加尔各答、孟买、卡拉奇、德黑兰、贝鲁特。

北美洲:华盛顿、纽约、芝加哥、亚特兰大、洛杉矶、旧金山、西雅图、蒙特利尔、温哥华。

欧洲:伦敦、巴黎、法兰克福、苏黎世、罗马、维也纳、柏林、哥本哈根、雅典、华沙、莫斯科、布加勒斯特。

非洲:开罗、喀土穆、内罗毕、约翰内斯堡、拉各斯、达喀尔、阿尔及尔、布拉柴维尔。

拉丁美洲:墨西哥城、加拉加斯、里约热内卢、布宜诺斯艾利斯、圣地亚哥、利马。

世界重要航空线有:

(1)西欧—北美的北大西洋航空线。该航线主要连接巴黎、伦敦、法兰克福、纽约、芝加哥及蒙特利尔等航空枢纽。

(2)西欧—中东—远东航空线。该航线连接西欧各主要机场与远东香港、北京及东京等机场,并途经雅典、开罗、德黑兰、卡拉奇、新德里、曼谷及新加坡等重要航空站。

(3)远东—北美间的北太平洋航线。这是北京、香港及东京等机场经北太平洋上空至北美西海岸的温哥华、西雅图、旧金山及洛杉矶等机场的航空线,并可延伸至北美东海岸的机场。太平洋中部的火奴鲁鲁是该航线的主要中继加油站。

此外,还有北美—南美、西欧—南美、西欧—非洲、西欧—东南亚—澳新、远东—澳新和北美—澳新等重要国际航空线。

三、国际铁路运输线与大陆桥

1. 国际货物运输中的主要铁路干线

(1)西伯利亚大铁路东起海参崴,途经哈巴罗夫斯克(伯力)、赤塔、伊尔库茨克、新西伯利亚、鄂木斯克、车里雅宾斯克、萨玛拉,至莫斯科,全长 9 300 多千米;以后又延伸至纳霍德卡。该线东连朝鲜和中国,西接北欧、西欧、中欧各国,南由莫斯科往南可接外高加索诸国、伊朗,并可以接中亚诸国。我国与俄罗斯、东欧国家及伊朗之间的贸易,主要经西伯利亚大铁路。

(2)加拿大连接东西两大洋的铁路:① 鲁珀特港—埃德蒙顿—温尼伯—魁北克铁路线;② 温哥华—卡尔加里—温尼伯—散德贝—蒙特利尔—圣约翰—哈利法克斯铁路线。

(3)美国连接东西两大洋的铁路:① 西雅图—斯波坎—俾斯麦—圣保罗—芝加哥—底特律铁路线;② 洛杉矶—阿尔布开克—堪萨斯城—圣路易斯—辛辛那提—华盛顿—巴尔的摩铁路线;③ 洛杉矶—图森—帕索—休斯敦—新奥尔良铁路线;④ 旧金山—奥格登—奥马哈—芝加哥—匹兹堡—费城—纽约铁路线。

(4)中东—欧洲铁路从伊拉克的巴士拉,向西经巴格达,经叙利亚、土耳其,过博斯普鲁斯大桥至伊斯坦布尔,接巴尔干铁路,向西经索菲亚、贝尔格莱德、布达佩斯至维也纳,连接中欧、西欧的铁路网。

2. 大陆桥

大陆桥(Land Bridge)是指把海与海连接起来的横贯大陆的铁路。大陆桥运输则是利用大陆桥进行国际集装箱海陆联运的一种运输方式。目前广泛使用的大陆桥有西伯利亚大陆桥、新西欧大陆桥和北美大陆桥。

(1) 西伯利亚大陆桥(Siberian Land Bridge)。西伯利亚大陆桥把太平洋远东地区与波罗的海、黑海沿岸及西欧大西洋海岸连接起来,为世界最长的大陆桥。这条大陆桥运输线的西端从英国延伸到包括西欧、中欧、东欧、南欧、北欧的整个欧洲大陆和中东各国,其东端也不只是到日本,而是发展到韩国、菲律宾、中国等地。从西欧到远东,经大陆桥为 13 000 千米,比海上经好望角航线缩短约 1/2 的路程,比经苏伊士运河航线缩短约 1/3 的路程,同时运费要低 20%～25%,时间也可节省 35 天左右。

目前,经过西伯利亚往返于欧亚之间的大陆桥运输路线主要有三种:

第一种,铁/铁路线。由日本等地用船把货箱运至俄罗斯的纳霍德卡和东方港,再用火车经西伯利亚铁路运至白罗斯西部边境站,然后继续运至欧洲和伊朗或相反方向。

第二种,铁/海路线。由日本等地用船把货箱运至俄罗斯的纳霍德卡和东方港,再用火车经西伯利亚铁路运至波罗的海的圣彼得堡、里加、塔琳和黑海的日丹诺夫、伊里切夫斯克,再装船至北欧、西欧、巴尔干地区港口,最终运交收货人。

第三种,铁/卡路线。由日本等地用船把货箱运至俄罗斯的纳霍德卡和东方港,再用火车经西伯利亚铁路运至白罗斯西部边境站布列斯特附近的维索科里多夫斯克,再用卡车运至德国、瑞士、奥地利等。

(2) 新亚欧大陆桥(A-E Land Bridge)。新亚欧大陆桥东起中国连云港,经陇海、兰新、北疆铁路,在阿拉山口与哈萨克斯坦境内的铁路相接,最终可达鹿特丹。全长约 2 万千米,沿线自然、经济条件比经西伯利亚大陆桥优越,为亚欧联运提供了一条便捷、快速和可靠的运输通道,能更好地促进世界经济与技术的交流与合作。

(3) 美国大陆桥(U.S. Land Bridge)。美国大陆桥是北美大陆桥的组成部分,是最早开辟的从远东至欧洲水陆联运线路中的第一条大陆桥。但是,后来因东部港口和铁路拥挤致使货物到达后往往很难及时卸装,从而抵消了大陆桥运输所节省的时间。

(4) 美国小陆桥(U.S. Mini-Land Bridge)。小陆桥运输为海/陆或陆/海形式。如远东至美国东部大西洋沿岸或美国南部墨西哥湾沿岸的货运,可由远东装船运至美国西海岸,转装铁路(公路)专列运至东部大西洋或南部墨西哥湾沿岸,然后改装内陆运输运至目的地。

(5) 美国微型陆桥(U.S. Micro-Land Bridge)。微型陆桥只用了部分陆桥,因此又称半陆桥运输。例如,远东至美国内陆城市的货物,改用微型陆桥运输,则货物装船运至美国西部太平洋岸,换装铁路(公路)集装箱专列可直接运至美国内陆城市。微型陆桥比小陆桥的优越性更强,既缩短了时间,又节省了运费,因此近年来发展迅速,也为中国所采用。

四、国际主要输油管道

世界管道运输网分布很不均匀,主要集中在北美和欧洲,美国和俄罗斯的管道运输最为发达。美洲省际管道公司拥有一条贯穿加拿大和美国的原油输送管道,它起自加拿大的埃德蒙顿,向南穿行 2 856 千米到达美国纽约的布法罗,沿管道全线分布着一系列的油泵站,保持管道内每天有超过 3 000 万升的原油流量。北美省际输油管道是世界上最长的原油管道,横贯整个加拿大,全长达 9 099 千米。

除美国和独联体国家外,加拿大、西欧、中东等国家和地区的管道网也很发达。加拿大有输油管道 3.5 万千米,管道把落基山东麓的产油区与消费区连接起来,并和美国的管道网相连通。西欧的北海油田新建了一批高压大口径管道,管道长度现已超过 1 万千米,成为世界上油气管道建设的热点地区之一。中东地区的输油管道最初主要是自伊拉克、沙特阿拉伯至叙利亚、黎巴嫩地中海港口的管线,由于受战争等因素的影响,在 20 世纪 80 年代初全部关闭。另外,伊拉克于 1977 年新建了以土耳其杰伊汉港为重点的新管线,年输油量达 5 000 万吨,成为向西欧供应石油的中东原油管道。沙特阿拉伯也于 1981 年建成了自波斯湾横跨国境中部至红海岸延布港的输油系统,年输油量达 9 000 多万吨。

第五节 国际物流网络

国际物流系统,通过其所联系的各子系统发挥各自的功能,包括运输功能、储存功能、装卸功能、搬运功能、包装功能、流通加工、配送功能、商品检验功能和信息处理功能等。这些子系统协力实现国际物流系统国际物流费用低、顾客服务水平高的目标,从而最终达到国际物流系统整体效益最大的总体目标。

为了达到上述总体目标,建立完善的国际物流网络十分重要。

国际物流系统是以实现国际贸易、国际物资交流大系统总体目标为核心的。国际商品交易后合同的签订与履行过程,就是国际物流系统的实施过程。国际物流系统在国际物流信息系统的支撑下,借助各种国际物流设施以及运输和储运等作业的参与,在进出口中间商、国际货代、承运人的通力协助下,形成一个遍布国内外、纵横交错、四通八达的物流运输网络。

一、国际物流网络的概念

所谓国际物流网络,是指由多个收发货的"节点"和它们之间的"连线"所构成的物流抽象网络以及与之相伴随的信息流动网络的集合。

所谓收发货节点是指进口、出口过程中所涉及的国内外的各层仓库、中间商仓库、货运代理人仓库、口岸仓库、国内外中转站仓库以及流通加工/配送中心和保税区仓库。国际贸易商品和交流物资,就是通过这些仓库的收进和发出并在中间存放保管,实现国际物流系统的时间效益,克服生产时间和消费时间上的背离,促进国际贸易系统和国际交往的顺利进行。节点内商品的收与发是依靠运输连线和物流信息的沟通、输送来完成的。

所谓连线,是指连接上述国内外众多收发货节点的运输连线,如各种海运航线、铁路线、飞机航线以及海陆空联合运输线路。从广义上讲包括国内连线和国际连线。这些网络连线代表仓库货物的移动——运输的路线与过程。每一对节点有许多连线,以表示不同的路线、不同产品的各种运输服务。各节点表示存货流动的暂时停滞,其目的是更有效地移动(收或发)。信息流动网络上的连线通常包括国内外邮件,或某些电子媒介(如电话、电传、电报以及互联网、E-mail 和 EDI 等),其信息网络的节点,则是各种物流信息汇集及处理之点,如员工处理国际订货单据、编制大量出口单证、准备提单,或用电脑记录最新库存量。物流网络与信息流网络并非独立,它们之间是密切相连的。

国际物流网络如图 2-3 所示:

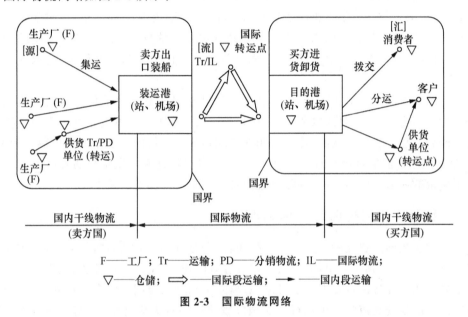

图 2-3 国际物流网络

在图 2-3 中,物流网络与信息流网的结构流程看似相近,都是由节点和连线组成的。二者最主要的差别是商品/物资的流向与商品分配和进出口的路线不同,即物流网朝国外的最终消费者方向移动;而信息流网的方向大多与商品进出口分配通路的方向相反,朝商品货源地方向移动,即实施其反馈功能。信息流网络在整个国际物流网络系统中的作用不容忽视,它沟通、主导物流活动,所以从流向来看,信息流具有双向反馈特点。信息流活动是一个非常复杂的过程,如出口单证的编制、交寄、反馈过程等。

二、国际物流信息网络

国际物流信息网络也可理解成由"节点"和它们之间的"连线"所构成。连线通常包括国内外的邮件或某些电子媒介(如电话、电传、电报、EDI 等),信息网络的节点则是各种物流信息的汇集及处理之点,如员工处理国际订货单据、编制大量出口单证、准备提单或用电脑记录最新库存量。

国际物流网络与国际物流信息网络并非各自独立,它们之间是密切相关的。物流的几乎每一项活动都有信息支撑,物流质量取决于信息,物流服务也要依靠信息。若没有信息流,则只会形成一个单向的、难以调控的、半封闭式的国际物流系统。而信息流的双向反馈作用,可以使国际物流系统易于控制、协调,使其能合理、高效地运转,充分地调动人力、物力、财力、设备等资源,以达到最大限度地降低国际物流总成本、提高经济效益的目的。

由于国际物流是国家(地区)间的物品运动过程,因此我们不仅要研究国际物流系统内部的相互联系,还要研究横跨各国地域的整体物流的合理化,取得各有关国家之间的协助与配合,这就要求做到时刻把握国际物流的脉搏并进行跟踪处理。信息流的动态跟踪作用解决了这一问题。以国际海运为例,在物品的载体——国际货船离港的次日,信息流便分别向发运国和到货国传递货物海运保险申请书并制作运费报告。当货物运送完毕时,信息流按港口类别的集装箱海运日程及时报告行踪,并预报到港地点、时间及各种服务。如发生其他障碍和问题,信息流也会立刻发出警告信息。通过这种动态跟踪的信息流,不但可以随时掌握国际物流的行踪,而且可以达到使损失减少到最小、获取效益最大的目标。

由于国际物流市场瞬息万变,国际物流系统要求具有高效率的信息网络。信息的作用是使物流向更低成本、更高服务、更大量化和更精细化的方向发展。许多重要的物流技术都是依靠信息才得以实现的,这个问题在国际物流中比在国内物流中表现得更为突出。21世纪是国际物流信息化的时代。近年来,各国在国际物流信息系统的发展建设方面均投入了大量的人力和财力,各种国际物流信息系统正在蓬勃发展之中。

三、国际物流网络规划的中心问题

完善和优化国际物流网络为加速商品周转、资金流动和商品的国际流通,促进商品尽早、尽快地打入并占领国际市场,提供了切实有效的途径,是扩大对外贸易、提高跨国公司的竞争力和成本优势的重要保证。可以说,离开了国际物流网络的合理规划,国际贸易活动与国家间的物资交流将寸步难行。在国际物流网络规划设计中,应明确的中心问题有以下两个:

(1)确定进出口货源点(或货源基地)和消费者的位置、各层级仓库及中间商批发点和零售点的位置、规模和数量,从而确定国际物流网络系统的合理布局。

(2)在合理布局国际物流网络的前提下,确定国际商品由买方实体流动的方向、规模、数量,确定国际贸易的贸易量、贸易过程(流程)的重大战略、进出口货物的卖出和买进的流程、流向、物流费用及国际贸易经营效益等。

要进一步完善和优化国际物流网络,还应注意的问题有:首先,在规划网络内建库数目、地点及规模时,要紧密围绕商品交易计划乃至一个国家的国际贸易总体规划。其次,明确各级仓库的供应范围、分层关系及供应或收购数量,注意各级仓库间的有机衔接。诸如:生产厂家仓库与各中间商仓库、港(站、机场)区仓库以及出口装运能力的配合和协同,以保证国内外物流的畅通,尽量避免货物在某一级仓库储存数量过多、时间过长的不均衡状态。最后,国际物流网点规划要考虑现代物流技术的发展,要留有余地,以备将来的扩建。

思考题

1. 国际物流系统由哪些要素构成?

2. 国际物流系统能实现哪些功能?
3. 以国际物流出口为例,简述国际物流系统的基本模式。
4. 国际物流节点是如何实现衔接功能的?
5. 国际物流港口应具备哪些功能?
6. 世界上有哪几条主要的大洋航线?
7. 世界上有哪些主要的大陆桥?
8. 国际货物运输中有哪些主要的铁路运输干线?

案例一

宜家家居全球供应链运转

1. 宜家家居的背后

宜家家居(IKEA,以下简称"宜家")于1943年创建于瑞典。目前,瑞典宜家集团已成为全球最大的家具家居用品商家,主要销售座椅/沙发系列、办公用品、卧室系列、厨房系列、纺织品系列、照明系列、炊具系列、房屋储藏系列、儿童产品系列等约9500款产品。宜家在全球27个国家和地区拥有315个商场,雇用约14万名员工,是全球最大的家居商品零售商,还赢得Interbrand营销研究机构的"全球100名最有价值品牌"(第44名)的荣誉。宜家集团2014年销售总额达287亿欧元。

如今,宜家已经远远不是表面上看到的那些摆着精致又便宜的KLIPPAN沙发和BILLY书柜等家居商品的连锁店,它的背后是一整套难以模仿的高效精良的商业运作系统,它维持了这个机构一直高效率、低成本的商业价值链条,这才是值得全球连锁零售公司学习的真实的宜家。

2. 管理内核

商店开到哪里,宜家服务集团就把一整套的管理模式和组织形式复制到哪里。这些管理和保障职能包括财务、零售、物流、物业、风险管理、法律、社会环境、公关通信和人力资源等。宜家的商店在这个"大管家"的协助下,维持每天的运转。宜家支持机构则为商店提供专业的服务支持,包括信息技术、餐厅、设备供应、原料采购、配件供应、货运方案、公务旅行等。整个组织被完全"扁平化"。如果北京的商店想改变"样板间"的设计,就要征求宜家内务系统的意见;需要法律服务则由宜家服务集团安排;需要更新产品目录册,就需要宜家支持系统帮助;需要商品,则由宜家贸易公司协助。当然,这一切交易都是要支付费用的。在宜家的管理系统中,设计、生产、采购、销售的每个环节,都可能发生关联性的管理协议或交易,但均被安排得井井有条。这有利于宜家在不同的国家或地区协调资金周转和合理避税。

3. 供应链

这种周密的管理体系更重要的作用是让宜家拥有了高效率、低成本运转的供应链,这是宜家可以像沃尔玛那样在零售领域表现出色的特征之一。

为了让自己可以控制产品的成本、取得最初定价权,并且控制产业链的上游,宜家一直坚持自己设计所有产品并拥有专利,所有的设计师在设计新产品时的竞争是十分激烈的,竞争集中在同样价格的产品"谁的设计成本更低",甚至包括是否多用了一颗螺丝钉或一条麻绳,或者更经济地利用了一块塑料板等。

在产品设计确定之后,设计研发机构将和宜家在全球33个国家设立的40家贸易代表处共同确定哪些供应商可以在成本最低且保证质量的条件下生产这些产品。2 000多家供应商会展开激烈的竞争,得分高的供应商将得到"大订单"的鼓励。通常,为了更大量地销售某种产品,宜家会下调价格。这必然要求进一步降低生产成本,许多供应商当然也会被迫提高生产效率、压低生产成本。因此,劳动力成本更加低廉的供应商,会大量出现在宜家的供应商名单上。

供应商接到宜家贸易公司下达的订单之后,都会努力工作并保证按时交货。实际上,宜家为其所有的供应商设定了不同的标准和等级,并且时常进行考核。

宜家严格地控制着物流的每一个环节,以保证成本最低。例如,宜家1956年开始推行至今的"平板包装"不但降低了运输成本、提高了生产效率,而且节省了大笔的产品组装成本。为了进一步降低运输成本,宜家还不断在产品上做文章,包括适合用托盘大量运输的杯子,或者抽掉空气的枕头。宜家全球近20家配送中心和一些中央仓库大多设置在交通要道,以便节省运输时间。

这些产品被运送到全球各地的中央仓库和分销中心,通过科学的计算,决定哪些在本地制造并销售,哪些出口到海外商店。每家"宜家商店"根据自己的需要向宜家贸易公司购买这些产品。通过与这些贸易公司的交易,宜家可以顺利地把所有商店的利润转移到国外低税收甚至免税收的国家和地区。

因此,宜家的供应链管理模式是将每家商店提供的实时销售记录,共享给产品设计研发机构、贸易机构、代工生产商、物流公司、仓储中心,直至转回到商店。当然,这套供应链的运转只有在宜家服务集团的支持下才能完全奏效。供应链的高效率和低成本成为明显的优势,这直接决定了宜家可以在必要的情况下降低价格、促进销售。

资料来源:陈建岭.供应链管理[M].北京:北京大学出版社,2016。

▶ 案例二

沃尔玛"无缝"供应链的运用

在衔接上游客户上,沃尔玛拥有一个非常好的系统,可以使供货商直接进入,沃尔玛称之为"零售链接"。通过该链接,供货商可以随时了解销售情况,对将来货物的需求量进行预测以决定生产情况,从而降低产品成本,使整个流程"无缝"运转。

物流的循环既没有终点,也没有起点。在这个循环过程中,任何一个节点都可以作为起点,而且循环涉及每一个节点。沃尔玛就从顾客这一个节点入手,顾客在一家商店购买了商品之后,与配送中心联系在一起的系统就开始自动进行及时补货,配送中心可以从供货商那里直接拿到货物。配送中心实际上是一个中枢,将供货商的产品提供给商场;而供货商可以把货物只提供给配送中心,减少很多成本。

沃尔玛拥有百分之百一致和完整的物流体系。无论物流项目大小,沃尔玛必须把所有的物流过程集中到一个伞形结构之下。在供应链中,每一个供货商都是"链"上的一个环节,沃尔玛必须使整个供应链保持平稳、光滑,形成一个顺畅的过程。

沃尔玛的成功既可以说是优秀的商业模式与先进的信息技术应用的有机结合,也可以说是沃尔玛对自身的"商业零售企业"身份的超越。通过以上对沃尔玛的分析研究可以发现,沃尔玛给人们留下的最深刻印象,是一整套先进、高效的物流和供应链管理系统。沃尔玛在全球各地的配送中心、连锁店、仓库、库房、货物运输车辆以及合作伙伴,都由这一系统集中、有效地进行管理和优化,从而形成一个灵活、高效的产品生产、配送和销售网络。为此,沃尔玛甚至不惜重金,专门购置物流卫星来保证这一网络的信息传递。

沃尔玛的成功经验可能使我国相当多的企业望洋兴叹,且不说沃尔玛拥有自己的卫星和遍布全球的大型服务器,仅凭沃尔玛的每一台货物运输车辆上都拥有卫星移动计算机系统这一点,我国企业就难以效仿。同样,维持这一庞大网络的信息技术投入和升级管理费用也并不是多数企业可以承担的。

资料来源:李向文,冯茹梅.新物流概论[M].北京:北京大学出版社,2013.

21世纪经济与管理规划教材

物流管理系列

第三章

国际物流港口与航线

本章要点

本章介绍国内外著名港口及各大港口的发展现状,以及重要的国际航线,并按照航线的主要功能对各大航线做进一步介绍。

本章关键词

港口　港口物流现状　主要航线

第一节 港　　口

　　港口有供船舶进入、驶离和停靠的码头,有装卸货物的设施,是海上运输的起点与终点,在整个运输链上是最大的货物集结点。港口及其所在的城市是海陆空运输的枢纽,不但是综合性物流基地,而且往往也是金融和贸易中心。

　　港口不仅是货物水陆空运输的中转地,还提供了发展转口贸易、成为自由港和自由贸易区的机会,在现代国际生产、贸易和运输系统中处于十分重要的战略地位,发挥着日益重要的作用。在现代物流的发展过程中,港口在国际贸易和国际物流方面的作用不断突出,港口商业化的趋势进一步增强,港口物流成为现代物流发展的重要领域。

一、港口的概念

　　《中华人民共和国港口法》对港口所作的定义为:港口是指位于江河、湖泊和海洋沿岸,具有船舶进出、停泊、靠泊,旅客上下,货物装卸、驳运、储存等功能,并具有相应设备的由一定范围的水域和陆域组成的场所与基地。

　　1. 港口的形成条件

　　港口尤其是对外开放的贸易港口的形成,一般必须具备以下条件:

　　(1) 港口所在地为水陆交通枢纽,交通便利,通信发达,有纵深辽阔的腹地,便于物流、人流和信息流的集中与疏散。

　　(2) 港口的地理和水文状况适宜,港口有良好的水深,港外最好有自然形成的防风、防浪屏障,附近无浅滩与暗礁,便于船舶安全出入与停泊。

　　(3) 港口要有足够的机械化装卸设备和前后方仓库与堆场,具备为船舶提供修理等技术保障的条件,能提供燃油、淡水及食品供应等后勤服务。

　　2. 现代化港口的主要设施

　　港口是由水域和陆域两部分组成的,作为一个现代化的港口,在其水域和陆域内,应具备下列各项设施:

　　(1) 航道和锚地设施;

　　(2) 防浪设施,如防浪堤;

　　(3) 导航设备,如导航灯塔、航标、港口雷达等;

　　(4) 码头设施,如供水、排水系统、供电系统等;

　　(5) 仓储设施,如仓库、堆场、集装箱货站等;

　　(6) 装卸设备,如起重机、搬运车、输送带等;

　　(7) 交通设施,如港口内铁路、拖运车、铲车等;

　　(8) 安全设施,如救捞设施、消防设施、防污染设施等。

　　以集装箱码头为例,作为专供停靠集装箱船舶、装卸集装箱的港口作业的集装箱码头通常应具备的必要设施有:泊位、码头前沿、集装箱堆场、货运站、控制室、行政楼、检查口及维修车间等。

　　沿海对外开放的港口,是从海上到大陆或从大陆到海上的巨大人流、物流和信息流中心,在整个运输链上是最大的货物集结点。作为一个国家的门户,在国家经济和对外交往中具有十分重要的地位。

目前全世界国际贸易海港总计2 000多个,其中世界著名的大港有鹿特丹、汉堡、安特卫普、横滨、新加坡等。

二、港口在国际物流中的地位和作用

现代物流是市场经济高度发展的必然产物,通过对运输、仓储、装卸、包装、流通加工和信息等功能要素的有机整合,最有效地实现产品的时空价值。现代物流已发展成为由节点和线路构成的综合性物流系统,港口作为物流系统的重要节点,是水陆空交通的集结点和枢纽,工农业产品和外贸进出口物资的集散地,船舶停泊、装卸货物、上下旅客、补充给养的场所。港口按基本功能可分为商港、渔港、工业港、军港和避风港五大类型。其中,商港不仅是水陆空运输的枢纽和货物集散地,还是一个巨大的生产单位,其规模的大小一般以吞吐量来表示,成为国际物流的一个重要载体。

港口在现代国际生产、贸易和物流中发挥着重要的战略作用:

(1) 货物集结点。港口是整个供应链上最大的集结点,连接着各种陆路运输线路,汇聚着内陆运输、水路运输等大量的货物,世界贸易90%以上是通过港口实现的。

(2) 信息中心。在港口地区落户的有货主、货运商、批发商、物流企业、海关、商品检验机构及其他各种有关机构,汇集了大量的货源信息、技术信息和服务信息,促使港口成为重要的信息中心。

(3) 现代产业中心。港口是生产要素的最佳结合点,缩小国家之间生产要素的禀赋差异,优化配置国际生产要素建设工业,可以节省大量物流成本,增强国际竞争力。

(4) 国际贸易服务基地。港口是国际贸易中重要的服务基地。在物流方面,港口为船舶、汽车、火车、飞机、货物、集装箱提供中转运输、装卸仓储等综合物流服务;在商流方面,为用户提供如代理、保险、融资、货代、船代、通关等商贸和金融服务。

综上所述,港口是国际物流的一个重要载体。随着港口物流功能的不断完善,港口保税区、临港工业区以及自由港的发展,港口作为国际物流系统中的重要节点已发展成为具有供应链物流所有环节特点的港口综合服务体系。

三、世界著名港口

1. 鹿特丹港

鹿特丹(Rotterdam)港位于莱茵河和马斯河入海的三角洲,濒临世界海运最繁忙的多佛尔海峡,是西欧水陆交通的要塞,是荷兰和欧盟的货物集散中心,运入西欧各国的原油、石油制品、谷物、煤炭、矿石等都经过这里,有"欧洲门户"之称。与我国的上海港一样,鹿特丹港是一个典型的河口港,海洋性气候十分显著,冬暖夏凉,船只四季进出港口畅通无阻。鹿特丹港港区面积超过105平方千米,海轮码头岸线长54千米,江轮码头岸线长33.4千米,总泊位454个,航道最大水深22米。鹿特丹港共分7个港区、40多个港池,码头岸线总长42千米,可以停靠54.5万吨级的特大油轮。这里的起重设备应有尽有,大小作业船只500余艘。船只进入鹿特丹港,从来就不存在等泊位和等货物的问题。

2. 汉堡港

汉堡(Hamburg)港是德国最大的港口,也是欧洲第二大集装箱港,现已发展成欧洲最大的自由港,港口设施先进,管理现代化,被称为"德国通向世界的门户"和"欧洲转运最快的港口"。汉堡处于欧洲市场的中心,扮演着重要中转海港的角色。汉堡港有近300条航线通向世界五大洲,泊位长10.176千米,泊位44个,水深9.4~14米,港口的主要港池有25个,各类码头分布于港池内。与世界1100多个港口保持着联系。每年进出港的船只达1.8万艘以上,主要进口货物为煤、木材、矿石、原油、棉花、粮谷、水果、烟叶、菜油等,主要出口货物为焦炭、水泥、钢铁等。件杂货的集装箱化率比较高,达到70%以上。件杂货量和包装货量几乎占总装卸货量的一半。

3. 安特卫普港

安特卫普(Antwerp)港地处斯海尔德河下游,是比利时最大的海港,欧洲第三大港。该港港区总面积10 433万平方米,岸线总长99千米。安特卫普14世纪就成为欧洲十分繁荣的商业港口城市,比利时全国海上贸易的70%通过该港完成。安特卫普港以港区工业高度集中而著称,现有港区主要分布在斯海尔德河右岸。

4. 神户港

神户(Kobe)港位于日本本州东南部,濒临大阪湾西北侧,是日本最大的港口,是国际上著名的贸易大港之一。神户是日本的重要交通枢纽,是主要的国际贸易中心,又是日本最大的工业中心之一。主要出口货物为机械、车船、纺织品、钢铁及家用电器等,主要进口货物为粮谷、棉花、原油、矿石、小麦、天然橡胶及食品等。

5. 横滨港

横滨(Yokohama)港濒临日本东京湾的西侧,是日本第二大港口,是世界亿吨大港之一,也是世界十大集装箱港口之一。横滨港所有23个集装箱码头的装备曾是世界第一流的装卸设备和交通运输设施。

由于横滨港的地理位置在日本最接近美国,日美的货源大部分在该港装卸。预计到集装箱运输市场需求的增长,这座现有130多年悠久历史的港口,正描绘着令人瞩目的近期规划和长远目标。横滨港主要出口货物为钢铁、车辆、化工产品、机械设备、罐头食品及纺织品等,主要进口货物为原油、煤、纤维制品、矿石、食品及机械等。

6. 新加坡港

新加坡(Singapore)港位于马六甲海峡的东南侧,扼太平洋和印度洋之间的航运要道,战略地位十分重要。新加坡港是亚太地区最大的转口港,也是世界最大的集装箱港口之一。新加坡港主要进出口货物为石油、机械设备、电子电器、化肥、水泥、谷物、糖、橡胶、面粉、化工产品、矿砂、工业原料、食品、木材、椰油、椰干、棕榈果、水果及杂货等。

7. 釜山港

釜山(Busan)港位于韩国东南沿海,东南濒临朝鲜海峡,与日本对马岛相峙,是韩国最大的港口,也是世界第五大集装箱港。自1874年开航以来,至今已有140多年的历史。目前,釜山港由北港(釜山本港)、南港、甘川港和多大浦港四部分组成,拥有4个集装箱专用码头和杂货码头、粮谷码头、水泥码头、原木码头、水产物码头及国际客运码头和沿岸旅客码头等。港口主要出口货物为工业机械、水产品、电子、石化产品及纺织品等,主要进口货物为原油、粮食、煤、焦炭、原棉、原糖、铝、原木及化学原浆等。它是韩国海陆空交通枢纽,又是金融和商业中心,在韩国的对外贸易中发挥着重要作用。

釜山港(不含新港)水域面积 243 平方千米,海岸线 202 千米,水深 5～15 米。码头面积达 63 万平方米。集装和堆场面积达 38 万平方米。这里每年停靠约 2 000 艘集装箱船,包括 700～800 吨型船到 3 000 吨的集装箱船。码头可同时为 4 艘 5 万载重吨的大型集装箱船进行装卸作业。目前,釜山港担负着韩国全国海上运输货物一半以上运量,其中海运出口货物占全国的 40%,集装箱货物处理量占全国的 81%,水产品货物处理量占全国的 42%。

8. 洛杉矶港

洛杉矶(Los Angeles)港位于美国西南部的加利福尼亚州,濒临太平洋的东侧,是美国第二大集装箱港。它是北美大陆桥桥头堡之一,是横贯美国东西向主要干线的西部桥头堡(东部大西洋岸的桥头堡为费城)。

装卸设备有各种岸吊、可移式吊、门吊、浮吊、集装箱吊、装卸桥及滚装设施等,其中集装箱吊最大起重能力为 40 吨,浮吊达 350 吨,还有直径为 150～300 毫米的输油管供装卸使用。集装箱码头可堆放 2.5 万吨,并备有自动龙门吊。主要出口货物为石油、水泥、机械、化学品、棉花、钾碱、新鲜水果、鱼制品及缸头等,主要进口货物为钢材、天然橡胶、纤维制品、糖浆、木材、纸张、干果、羊毛、车辆、咖啡、玻璃及香蕉等。

9. 西雅图港

西雅图(Seattle)港位于美国西北部的华盛顿州西部,濒临太平洋西海岸,是美国重要的集装箱港,也是美国距离远东最近的港口。该港交通运输发达,是北美大陆桥的桥头堡之一,是横贯美国东西向主要干线北太平洋铁路的终点站(东部的桥头堡为纽约)。26 家定期集装箱班轮公司、2 家横贯北美大陆的主要铁路公司及 100 多家卡车公司将西雅图与北美各市场中枢连接。港务局还拥有和经营着西雅图塔科马国际机场、渔人码头及海运工业中心、Shilshole 湾休闲船只集结场及贝尔街码头,后者占地 11 英亩,包括国际会议中心、休闲船只集结场、游轮码头、商店及餐厅。与贝尔街码头相邻的新世界贸易中心设施将强化西雅图作为国际贸易中心的地位。

10. 纽约港

纽约(New York)港位于美国东北部,濒临大西洋的西北侧,是美国最大的海港,也是世界最大海港之一。纽约港年吞吐量多年来在 1 亿吨以上,1980 年吞吐量就达 1.4 亿吨,每年平均有 4 000 多艘船舶进出。

纽约港是世界上天然深水港之一,有两条主要航道。一条是哈得孙河口外南面的恩布娄斯航道,长 14 千米,宽 410 米,维护深度 13.72 米,由南方或东方进港的船舶经这条航道进入纽约湾驶往各个港区。另一条是长岛海峡和东河,由北方进港的船舶经过这条航道。哈得孙河入海口的狭水道,水深 30 多米,东河水道大部分河段水深在 18 米以上,最深处近 33 米。纽约港港内淤积量小,腹地广大,公路网、铁路网、内河航道网和航空运输网四通八达。纽约港水域约 700 多平方千米、陆地 1 000 多平方千米。全港有 14 个主要港区:纽约市一侧 10 个,新泽西州一侧 4 个。全港深水码头线总长近 70 千米。

11. 墨尔本港

墨尔本(Melbourne)港位于澳大利亚东南部，是澳大利亚最大的集装箱港口之一，吞吐量占全国的 40%，年贸易量达 500 亿澳元，居世界集装箱港口第 35 位，具有良好的自然条件，拥有 40 条固定航线，与全世界 200 多个港口有业务往来。墨尔本是澳大利亚东南部的天然交通枢纽，主要货类包括木材、纸张、钢铁、汽车、煤、糖、纯碱、石膏、水泥、矿石及石油产品等。

12. 马赛港

马赛(Marseille)港位于法国南部地中海利翁湾(Gulf of Lion)东岸，背山面海，港深水阔，既无泥沙淤塞，又不为潮汐涨落所限，是地中海沿岸的天然良港。它是法国最大的海港，欧洲第二大港，也是世界大港之一。马赛港地处罗讷河入海口东侧的里昂湾内，是天然良港，无雾、无潮差、无强流。马赛于 12 世纪成为港口，1520 年始建正式码头，1844—1939 年近百年间建成马赛老港。第二次世界大战后，在老港西面相继建成卡隆特港、拉弗拉港和贝尔港。1945 年建设了福斯工业港。1944 年法国政府将上述各港和位于罗讷河口的原有圣路易斯港以及拉弗拉和福斯两大工业区划为马赛港务局管辖，称为马赛自治港。马赛港腹地广阔，各种交通方式发达，多年来港口吞吐量保持在 1 亿吨左右。

四、中国主要港口

20 世纪 80 年代末，中国港口在世界十大港口排名中榜上无名，货柜码头更是屈指可数，经过三十多年的发展，中国已经迈入世界港口大国的行列，拥有数个全球顶级港口。2010 年，上海港超越新加坡港成为世界第一大港口；2017 年，上海港集装箱吐量达到 4 018 万标箱，高出新加坡港 500 多万标箱；2016 年，英国《劳氏日报》发布的"世界集装箱港口 100 强"榜单中，中国在全球十大港口中独占七席，包括上海港(第一)、深圳港(第三)、宁波-舟山港(第四)、香港港(第五)、广州港(第七)、青岛港(第八)、天津港(第十)。属于中国的"大航海时代"真正到来了。

1. 大连港

大连港位于我国辽东半岛南端，东濒黄海，西临渤海，隔渤海海峡与山东半岛相望，是我国东北地区最大的综合性港口。当前，大连正在建设东北亚的国际航运中心，是正在兴起的东北亚经济圈的中心，是该区域进入太平洋、面向世界的海上门户。港区划分为大港、甘井子、寺儿沟、香炉礁及鲇鱼湾等码头。港口港阔水深，不淤不冻，自然条件非常优越，是转运远东、南亚、北美、欧洲货物最便捷的港口。

2011—2013 年，大连港集装箱吞吐量连续创造了 21.6%、25.9%、24.2% 的高增速，2013 年集装箱吞吐量首次突破 1000 万标箱，在全球港口中位居第十三；货物吞吐量首次突破 4 亿吨，稳居世界港口前十。自 2016 年以来，大连港陆续开通"三星班列"和"辽满欧"商品车过境班列，来自日本、韩国和中国华南、华东、华北等地的汽车零件、机械设备、日用小商品等，通过海铁联运通道源源不断地运往欧洲。目前，大连口岸每周集装箱班列运行 50 余班，已建立起辐射东北三省及蒙东全境的内陆集疏运体系网络。大连港集团已与世界上 160 多个国家和地区、300 多个港口建立了海上经贸航运往来关系，开辟了集装箱国际航线近 80 条，成为中国主要集装箱海铁联运和海上中转港口之一。

2. 天津港

天津港位于环渤海经济圈的中心,是我国华北、西北及东北地区重要的物资集散地,是我国华北地区重要的贸易港口。"渤海明珠"天津港是我国北方重要的国际港口和首都北京的海上门户,主要担负北京、天津两大城市和华北、西北地区各省市的海上进出口任务。天津港口交通便利,与"京山""京沪""京九"等国家铁路大动脉,津塘公路、京津塘高速公路、国道,天津滨海国际机场相连接,离北京首都国际机场也很近。

天津港自2001年货物吞吐量突破1亿吨以来,保持着每三年跨越一个亿吨台阶的稳定健康增长态势:2004年突破2亿吨、2007年突破3亿吨、2010年突破4亿吨、2013年突破5亿吨,集装箱吞吐量突破1300万标箱,成为中国北方第一个5亿吨港口。2016年,天津港集装箱吞吐量居世界第十位,超过1450万标箱,其中八成服务于京津冀地区。天津港同世界上180多个国家和地区的500多个港口有贸易往来,集装箱班轮航线达到120条,每月航班550余班,直达世界各地港口。

3. 青岛港

青岛港位于山东半岛东部胶州湾,背靠经济发达的山东省,纵横连贯着华北、华东地区的广阔腹地,是我国北方地区外贸主要港口之一。青岛港与胶济铁路、济青和烟青高速公路相连。

青岛港始建于1892年,是具有120多年历史的国家特大型港口。拥有码头15座、泊位73个,其中运营码头13座、运营泊位49个。万吨级以上泊位32个,可停靠5万吨级船舶的泊位4个,可停靠10万吨级船舶的泊位4个,可停靠30万吨级船舶的泊位2个。主要从事集装箱、煤炭、原油、铁矿及粮食等各类进出口货物的装卸服务和国际国内客运服务,与世界上130多个国家和地区的450多个港口有贸易往来。它是太平洋西海岸重要的国际贸易口岸和海上运输枢纽。

青岛港2016年全年货物吞吐量突破5亿吨,吞吐量实现历史性突破,稳居全球港口第七位,同时经营绩效连续三年保持两位数增长。在干散货方面,在疏运、功能拓展和"全程+金融"融合发展新模式带动下,40万吨大矿船靠泊数量占进入国内大船总数的70%,混矿业务量居全国沿海港口首位。2016年全年增开新航线20条,取得的业绩在全国港口中首屈一指。

4. 上海港

上海港位于我国东南部,长江入海口南岸的黄浦江畔,濒临东海的西侧,是我国外贸第一大港,也是太平洋西岸世界著名大港之一。上海港直接与沪宁、沪杭两干线铁路相连,从而沟通全国铁路网。通过连接204、312、318、320等国道线,可分别通向烟台、乌鲁木齐、拉萨、昆明等地。

上海港与全球214个国家和地区的500多个港口建立了集装箱货物贸易往来关系,拥有国际航线80多条,每天有4.5万个集装箱在这里流转再运往各地。2016年,上海港完成货物吞吐量7.02亿吨,完成集装箱吞吐量3713万标箱,自2010年以来连续7年位居世界第一。

5. 广州港

广州港位于华南广东省东江、西江和北江汇合处的珠江三角洲,毗邻港、澳,紧靠深圳经济特区,是中国华南的国际贸易中枢港,也是中国的重要大港之一。

广州港是华南地区综合性主枢纽港。在腹地经济持续快速发展的推动下,广州港货物吞吐量持续增长。2005年广州港集装箱吞吐量实现468万标箱,2008年11月突破1000万标箱,成为中国继上海港、深圳港之后第三个突破千万标箱的集装箱大港。

广州铁路与京广、广九、广湛线等全国主干线铁路相连,公路连接闽、桂、赣、湘等省区,西江水路运输可达广西柳州、南宁等地,广州白云机场已开通国内、国际航线30多条,可通往国内各主要大中城市。水路、铁路、公路和航空共同构成广州发达的交通网络。广州港是我国距东南亚、中印半岛、中东、非洲、澳洲和欧洲各国运输距离最近的大型港口,目前海运通达世界100多个国家和地区的400多个港口。

6. 深圳港

深圳港包括蛇口和盐田等港区,地处广东省珠江三角洲南部,珠江入海口东岸,毗邻香港,是我国发展最快的港口。随着深圳市的发展,深圳港的发展速度相当惊人,集装箱吞吐量已跃居我国内地第二。世界许多著名大航运公司在深圳港开辟航线,深圳港国际班轮航线近百条,是我国内地班轮航线最多的港。

盐田港集团集装箱吞吐量为1 402.78万标箱,同比增长7.73%,占深圳市场份额的55.65%。在绿色发展上,盐田港坚持建设绿色低碳大港,目前绿色岸电可覆盖盐田港区10个15万~20万吨级泊位,预计10年减排二氧化碳139.15万吨,同时新安装的8台电力+混合动力双驱动龙门吊一年减排二氧化碳3 000吨,7个污水处理站每天处理100多吨污水,9年来增殖放流3 200万尾鱼虾。

7. 香港港

香港港位于中国南部沿海珠江口外东侧,是一个得天独厚的天然良港,是远东地区的航运中心。它既是亚太地区的枢纽港,也是世界著名大港之一,集装箱吞吐量雄居世界前列。

香港港发展如此迅速,一是因为它地处远东航运要冲,处于经济发展十分迅速的亚太中心,既是亚太地区的枢纽港,又是中国内地的转口港。内地经济的繁荣,是香港航运业蓬勃发展的最重要原因。二是因为它是一个得天独厚的天然良港,深水航道确保了世界各国船舶安全和便捷地进出港口。

香港港是两种不同模式海上交通工具(从太平洋驶来的巨型远洋船和从珠江驶来的较小型沿岸内河船)的交汇处,更是新加坡与上海之间唯一充分开拓的现代化深水港,因而成为华南海上贸易活动的集中地。2000年,经由香港港口装卸的货物达1.75亿吨,而所装卸的20标准货柜单位则达1 810万个,连续8年居世界最繁忙货柜港之首。

目前有80多条国际班轮每周提供约500班集装箱班轮服务,连接香港港至世界500多个目的地。2005年,香港港作为世界第一集装箱港的地位被新加坡港取代;受到全球贸易疲软、码头用地不足、内地码头崛起等诸多因素的影响,2015年前11个月,香港港码头集装箱吞吐量被宁波-舟山港赶超,2015年全球排名进一步下滑至第五位。但香港港与珠三角港口可以优势互补,从而实现合作共赢。

8. 厦门港

厦门港是我国东南沿海重要的天然深水良港,自然条件优越。港湾外围大小金门等岛屿形成一道天然屏障,港内水域宽阔、水深浪小、不冻少淤。进港航道全长约 42 千米,水深达到 14 米,10 万吨级船舶可乘潮进出港。

厦门港是一个大、中、小泊位配套的多功能、综合性的现代化大港,由东渡港区、海沧港区、嵩屿港区、东部港区、旅游客运港区、招银港区、后石港区及石码港区组成。2015 年上半年,厦门港全港货物吞吐量累计完成 1.04 亿吨,增长 6.13%,其中集装箱完成 436.46 万标箱,增长 8.28%。2017 年厦门港集装箱吞吐量正式突破千万吨大关,这在厦门港历史上还是首次。厦门港口管理局的数据表明,2016 年厦门港集装箱吞吐量 961 万标箱,居世界第 15 位。

厦门港拥有便捷的集疏运网络,公路连接全省路网并通过 319、324 国道与全国公路网相连,直达码头前沿的铁路专用线通过鹰厦线与全国铁路网相连,厦门高崎国际机场距东渡、海沧等主要港区仅半小时车程,有 70 多条航线通达世界各主要港口。

第二节 航　　线

船舶在两个或多个港口之间从事货物运输的线路称为航线。基于经济和自然等因素,经过长期海上运输,世界上已形成许多适应各国和各地区经济特点与地理限制的航线。世界主要航线的分类可按航行海域划分,也可按货物流向划分。

一、按航行海域划分的主要航线

1. 远洋航线

• 太平洋航线(Pacific Shipping Line)

太平洋航线主要是指横跨北太平洋的航线和东亚、东南亚与大洋洲之间的运输航线。太平洋航线除承担太平洋沿岸附近地区的货物运输外,还连接北美大西洋沿岸、墨西哥湾沿岸各港及通往美国中西部的内陆联合运输,是目前世界上最繁忙的航线。

(1) 远东—北美西海岸航线(Far East—West Coast of North America)。该航线包括从中国、朝鲜、韩国、日本和俄罗斯远东各海港到加拿大、美国、墨西哥等北美西海岸各港的贸易航线。从我国的沿海各港出发,偏南的航线经大隅海峡出东海;偏北的经对马海峡穿日本海,或经津轻海峡进入太平洋,或经宗谷海峡、穿过鄂霍茨克海进入北太平洋。该航线上中国、日本和美国、加拿大之间货运量很大,而且该航线随季节有所变动,一般夏季偏北,冬季南移,以避开北太平洋的海雾和风暴。本航线是货运量最大的航线之一。

(2) 远东—加勒比海、北美东海岸航线(Far East—Caribbean/East Coast of North America)。该航线经夏威夷群岛的火奴鲁鲁(檀香山)港,船舶一般在此添加燃料和补给品,穿越巴拿马运河后到达各港。巴拿马运河位于南美洲的巴拿马共和国境内,是连接大西洋和太平洋的咽喉。运河全长 81.3 千米,可以通航 4 万吨以下和宽度不超过 32 米的船只。从我国北方沿海港口出发的船舶,多半经大隅海峡或经琉球奄美大岛驶出东海。该航线与上述远东—北美西海岸航线统称为北太平洋航线,也是太平洋货运量最大的航线之一。

(3) 远东—南美西海岸航线(Far East—West Coast of South America)。该航线以东

南与西北方向横渡太平洋,航线通常经过太平洋中的枢纽站,不经过巴拿马运河。该航线也有先南行至南太平洋的枢纽站,后横渡南太平洋到达南美西岸的航线。从我国北方沿海各港出发的船舶,多经琉球奄美大岛、威克岛、夏威夷群岛之南的莱恩群岛附近,穿越赤道进入南太平洋,至南美西海岸各港。

(4) 远东—东南亚、印度洋航线(Far East—South East Asia、Indian Ocean)。该航线是中国和东北亚国家去东南亚各港,以及经马六甲海峡去印度洋、大西洋沿岸各港的主要航线。该航线经东海、台湾海峡、巴士海峡及南海,是日本从南亚和中东进口石油的运输线,该航线较短但往来频繁,地区间贸易繁荣,故非常繁忙。

(5) 远东—澳大利亚、新西兰航线(Far East—Australia、New Zealand)。远东至澳大利亚东西海岸要经过两条航线。中国北方沿海港口及韩国、日本到澳大利亚东海岸和新西兰港口的船舶,需经琉球的久米岛、加罗林群岛的雅浦岛进入所罗门海、珊瑚海。如果中澳之间的集装箱船需在香港加载或转船,则离开香港后经南海、苏拉威西海、班达海、阿拉弗拉海,然后穿过托雷斯海峡进入珊瑚海、塔斯曼海岸。中国和日本船舶去澳大利亚西海岸航线多半经菲律宾海、苏拉威西海、望加锡海峡以及龙目海峡南下。

(6) 澳大利亚、新西兰—北美西、东海岸航线(Australia、New Zealand—West/East Coast of North America)。由于澳大利亚资源丰富,可为经济发达的美国、加拿大和远东地区提供各种原材料,该航线货运量逐渐增加。由澳大利亚、新西兰至北美西海岸航线多半经过维提岛的苏瓦、夏威夷的火奴鲁鲁等太平洋上的重要航站。由澳大利亚、新西兰至北美东海岸则要取道社会群岛中的帕皮提,通过巴拿马运河才能到达。

(7) 东亚—东南非、西非、南美东海岸航线(East Asia—South East Africa, West Africa, East Coast of South America)。该航线大多经东南亚过马六甲海峡行至东南非各港,或再绕过好望角去西非国家各港,或再横越南大西洋至南美东海岸国家各港。该航线也以运输资源型货物为主。

• 大西洋航线(Atlantic Shipping Line)

大西洋航线以美国东岸为中心,由北美东岸、五大湖—西北欧、地中海之间的航线组成,所经过的海域除了北大西洋和南大西洋,还包括地中海、黑海、波罗的海等海域。大西洋是世界上海运量最大的海洋,其航运最发达,港口众多,货物吞吐量和周转量分别占世界的 40% 和 45% 左右,居世界海上运输首位。其中,北大西洋航线沟通经济发达的西欧与北美,通过一些河道还可深入许多发达国家的经济腹地,运输量巨大,是世界航运业中最繁忙的航线。

(1) 西北欧—北美东海岸航线(North West Europe—East Coast of North America)。该航线是西欧、北美两个世界最发达地区之间原料、燃料和产品交换的运输线,两岸拥有世界 2/5 的重要港口,运输极为繁忙,船舶大多走偏北大圆航线。该航区冬季风浪大,并有浓雾和冰山,对航行安全有威胁。

(2) 西北欧、北美东海岸—北美西海岸(加勒比海)航线(North West Europe/East Coast of North America—West Coast of North America)。西北欧—加勒比海航线多半驶出英吉利海峡后横渡北大西洋。它同北美东海岸各港出发的船舶一起,一般经莫纳或向风海峡进入加勒比海,到达加勒比海沿岸港口。除了去加勒比海沿岸各港,还可经巴拿马运河到达北美西海岸以及美洲太平洋沿岸港口。

（3）西北欧、北美东海岸—地中海—苏伊士运河—亚太航线（North West Europe/East Coast of North America—Mediterranean—Suez Canal—Asia and the Pacific）。该航线又称苏伊士运河航线，是欧洲通往亚洲的海上交通捷径，比绕道南非好望角节省8 000～15 000千米航程，是北美、西北欧对中东和亚太地区间贸易运输的重要航线。该航线向西主要运送工业原料、粮食等，经波斯湾向西欧运送石油，向东主要运送工业制品。日本80%的进口石油是通过此航线运输的，该航线也是世界上最繁忙的航线之一。

（4）西北欧、地中海—南美东海岸航线（North West Europe/Mediterranean—East Coast of South America）。该航线一般经西非大西洋岛屿—加纳利、佛得角群岛上的航站。

（5）西北欧、北美东海岸—好望角—远东航线（North West Europe/East Coast of North America—Cape of Good Hope—Far East）。由于苏伊士运河航道限制，从波斯湾到西欧和北美的25万吨以上特大型油轮只能穿过印度洋，绕好望角航行。该航线主要承担通向西欧和美国的石油运输，是巨型油轮的航线。

（6）南美东海岸—好望角—远东航线（East Coast of South America—Cape of Good Hope—Far East）。这是一条以石油、矿石为主的运输线。南美东海岸国家进口海湾石油和远东国家进口巴西矿石主要通过这条航线，中国至南美东海岸的石油和矿石运输也行走该航线。

- 印度洋航线（Indian Ocean Shipping Line）

印度洋航线主要指横贯印度洋东西的大洋航线和通达波斯湾沿岸产油国的航线。航线以石油运输为主，包括三条重要的油运线；此外也有不少是大宗货物的跨洋运输，过往的航线众多，在世界航运中起着"海上走廊"的作用。横贯印度洋东西的航线包括从亚太地区及大洋洲横越印度洋西行的航线和从欧洲、非洲横越印度洋东行的航线，基本上是沟通三大洋的航线。在这组航线上，东端的马六甲海峡和西端的苏伊士运河是两个枢纽点。波斯湾输油航线一条是西行（经苏伊士运河或好望角）至欧洲和美国，另一条是东行经马六甲海峡或龙目海峡至亚太地区。

（1）中东海湾—远东各国港口航线（Mid East/Persian Gulf—Far East）。该航线东行以石油为主，特别是往日本、韩国、中国的石油运输，西行以工业品、食品为多。

（2）中东海湾—欧洲、北美东海岸港口航线（Mid East—Europe/East Coast of North America）。该航线的超级油轮都经过莫桑比克海峡、好望角绕行。由于苏伊士运河的不断开拓，通过运河的油轮日益增多，目前25万吨级满载轮已能安全通过。

（3）远东—苏伊士运河航线（Far East—Suez Canal）。该航线在印度洋多半为连接远东与欧洲、地中海两大贸易区各港，航船密度大，尤其以集装箱船运输最为繁忙。

（4）澳大利亚—苏伊士运河、中东海湾航线（Australia—Suez Canal/Mid-East Gulf）。该航线把澳大利亚、新西兰与西欧原有"宗主国"间的传统贸易连接在一起，也把海湾的石油与澳大利亚、新西兰的农牧产品进行交换。

（5）南非—远东航线（South Africa—Far East）。该航线将巴西、南非的矿产输往日本、韩国、中国，也把工业品回流。

（6）南非—澳大利亚、新西兰航线(South Africa—Australia/New Zealand)。该南印度洋横渡航线在印度洋中航船最少，主要是驶往欧洲的超大型矿石船的运输。

- 北冰洋航线(Arctic Shipping Line)

由于北冰洋系欧、亚、北美三洲的顶点，为联系三大洲的捷径，是从北太平洋到北大西洋最近的路线，但大部分区域被冰雪覆盖，尤其是冬季基本不能通航。鉴于特殊的地理位置，目前北冰洋已开辟的航线有从摩尔曼斯克经巴伦支海、喀拉海、拉普捷夫海、东西伯利亚海、楚科奇海、白令海峡至俄罗斯远东港口的季节性航海线，以及从摩尔曼斯克直达斯瓦尔巴群岛、冰岛的雷克雅未克和英国的伦敦等航线。随着航海技术的进一步发展和北冰洋地区经济的开发，北冰洋航线将会有更大的发展。

2. 近洋航线

近洋航线习惯上是指由我国各港口东至日本海、西至马六甲海峡、南至印度尼西亚沿海、北至鄂霍次克海的各个海港间的航线。

3. 沿海航线

我国沿海航线以厦门为界，北至鸭绿江口，西至广西东兴港，大体可分为南北两个航区。

在北方航区，以上海港为中心，主要航线有：

(1) 自上海往北，分别通往大连、秦皇岛、天津、烟台、青岛和连云港等航线；

(2) 自上海往南，分别通往宁波、海门、温州、福州、泉州和厦门等航线；

(3) 大连分别到天津、烟台和青岛的航线；

(4) 天津到烟台的航线等。

在南方航区，以广州港为中心，主要航线有：自广州分别通往香港、汕头、湛江、海口、八所和三亚等航线。

跨航区的主要航线有：广州、湛江分别到大连、青岛和连云港航线，广州到秦皇岛航线，上海至厦门至广州航线，香港分别到上海和厦门航线等。

二、按货物流向划分的主要航线

当前，国际航运的货物主要是集装箱货物和大宗货物，其中大宗货物主要是指石油、煤炭、铁矿石、铝土矿、磷灰石和谷物。国际航运承担着世界贸易总量80%的运输任务，其中大部分是大宗货物运输，约占国际航运总量的80%。按货物流向划分世界主要航线有：集装箱航线、石油航线、铁矿石航线、谷物航线、煤炭航线、铝土矿航线和磷灰石航线。

1. 集装箱航线

世界集装箱运输的主要区域是北美、西欧、远东（包括东南亚）和澳大利亚，这些地区经济发达程度高，适箱货物丰富，连接这四个贸易区的航线的集装箱货运量很高。目前，国际班轮航线的集装箱运输，就是以这些地区的航线为中心发展起来的。以货运规模看，世界集装箱航运的三大主干航线是：亚洲（远东）—北美北太平洋航线，北美—欧洲、地中海北大西洋航线，欧洲、地中海—亚洲（远东）印度洋航线。

目前，世界主要班轮航线已实行集装箱化。北美、西欧、远东（包括东南亚）和澳大利亚经济发达、制造业发展快、集装箱货源丰富，连接这四个地区的集装箱航线的货运量很大。

世界主要集装箱货物航线有：

(1) 远东—北美东、西岸航线；

(2) 北美—欧洲、地中海航线；

(3) 欧洲、地中海—远东航线；

(4) 远东—澳大利亚航线；

(5) 澳大利亚、新西兰—北美航线；

(6) 欧洲、地中海—西非、南非航线。

2. 石油航线

海上石油运输在整个国际航运运量中占有很重要的地位，全世界石油年运量十几亿吨。世界上主要的原油产地集中于中东海湾地区、北非地区、西非地区、北海地区、西伯利亚—中亚地区、中国及周边地区、马来地区、南美加勒比地区及北美地区。需要进口原油的国家和地区主要集中于西北欧、美国和日本。随着经济的发展，中国也将成为世界主要石油进口国家。由此，形成了世界上四条主要油运航线。

(1) 波斯湾—西欧、北美航线。它是西欧、北美石油消费区的主要供油航线。该航线通常使用超级油船运输，而且由于水深限制，自波斯湾起航后，超级油船都经莫桑比克海峡，再绕道好望角航行。

(2) 波斯湾—日本航线。它是日本的主要供油航线。在使用超大型油船运输时，需绕道龙目海峡和望加锡海峡。如果使用20万吨级以内的油船运输，则可经过马六甲海峡运抵日本，航程较前者短。

(3) 波斯湾—西欧航线。它是主要为西欧供油的航线，部分原油亦运往北美。与上述的波斯湾—西欧、北美航线的主要区别是，该航线经苏伊士运河和地中海，穿直布罗陀海峡抵达西欧和北美，不绕道好望角，采用25万吨级以内的油船运输。

(4) 墨西哥—日本航线。它是日本的另一条主要供油航线。从墨西哥到日本，一是经巴拿马运河，穿越太平洋抵达日本，由于油船吨位受巴拿马运河通航能力限制，油船通常在4万吨级以下；二是从墨西哥的西海岸起航，沿北太平洋抵日本。

3. 铁矿石航线

铁矿石海上运输仅次于石油运输，2002年铁矿石海运量达5.4亿吨。铁矿石主要出口国是澳大利亚、巴西、加拿大、委内瑞拉、印度、瑞典和利比里亚，其中澳大利亚和巴西是两大铁矿石输出国，年出口量都超过1亿吨；主要进口国是日本、中国、德国、美国和英国等。近年来，由于中国钢铁工业发展迅猛，我国钢铁企业每年进口大量铁矿石，2017年进口10.75亿吨，是全球铁矿石第一进口大国。

4. 谷物航线

谷物运输主要是小麦、玉米、大麦和大豆等。美国、加拿大、澳大利亚及阿根廷是世界主要的谷物输出国，谷物进口国主要有日本、中国、南亚和西亚国家、欧洲等国。

5. 煤炭航线

煤炭主要输出国有美国、澳大利亚、波兰、加拿大、俄罗斯和中国，进口国有日本、意大利、法国、北欧诸国、荷兰、比利时、卢森堡等。

6. 铝土矿航线

铝土矿主要分布于西非的几内亚湾沿岸,拉丁美洲的巴西、牙买加、苏里南和圭亚那,还有澳大利亚和印度尼西亚。澳大利亚是主要的出口国,其次是牙买加和苏里南。美国、日本、俄罗斯和德国为主要进口国。

7. 磷灰石航线

生产磷灰石的三大国家是美国、摩洛哥和俄罗斯,其中摩洛哥是最大的磷酸盐出口国。磷灰石和磷酸盐主要从摩洛哥和美国运往欧洲各国。

第三节　著名航运公司

一、中国著名航运公司

中国的国际航运业有了很大的发展,特别是20世纪80年代以来发展很快,我国远洋船舶航行于世界140多个国家和地区的1300多个港口,承担了我国近90%的进出口货物运输任务。国内各地从事国际航运的企业有300多家,其中最大的航运公司是2016年2月18日由中国远洋运输(集团)总公司和中国海运(集团)总公司重组而成的中国远洋海运集团有限公司。而在重组之前两者也是中国航运的领头羊。

(1) 中国远洋运输(集团)总公司(China Ocean Shipping(Group)Co.,以下简称中远集团)已由成立之初的4艘船舶、2.24万载重吨的单一型航运企业,发展成为今天拥有和经营着800余艘现代化船舶、5000余万载重吨,年货运量超过2.6亿吨的综合型跨国企业集团。在中国本土,中远集团分布在广州、上海、天津、青岛、大连、厦门、香港等地的全资船公司经营管理着集装箱、散装、特种运输和油轮等各类型远洋运输船队;在海外,以日本、韩国、新加坡、北美、欧洲、澳大利亚、南非和西亚八大区域为辐射点,以船舶航线为纽带,形成遍及世界各主要地区的跨国经营网络。标有"COSCO"醒目标志的船舶和集装箱在世界160多个国家和地区的1300多个港口往来穿梭。

(2) 中国海运(集团)总公司(China Shipping Group,以下简称中国海运)主营业务设有集装箱、油运、货运、客运、特种运输五大船队;相关业务有码头经营、综合物流、船舶代理、环球空运、船舶修造、船员管理、集箱制造、供应贸易、金融投资、信息技术等产业体系。中国海运拥有各类船舶430艘、1560万载重吨,集装箱载箱位超过40万标箱;集团年货物运输完成量超过3亿吨、700万标箱,在国家能源和进出口贸易中发挥了重要的运输支持和保障作用。

我国台湾和香港地区的许多航运公司在国际航运市场上也有着重要影响。例如,台湾的长荣海运公司(Evergreen Marine Corp.(Taiwan) Ltd.)。长荣海运公司成立于1968年,以一艘20年船龄的杂货船起家,缔造了许多史上的佳绩;发展至今,共经营约150艘全货柜轮,不论船队规模还是货柜承载量皆位居全球领先地位。

二、国外著名航运公司

(1) 丹麦的马士基集团(Maersk A/S)成立于1904年,总部设在丹麦哥本哈根,在全球135个国家设有办事机构,拥有约89 000名员工,在集装箱运输、物流、码头运营、石油和天然气开采与生产,以及与航运和零售行业相关的其他活动中,为客户提供了一流的服务。

(2) 丹麦马士基通过支付23亿欧元(约30亿美元)收购铁行渣华。铁行渣华是一家英荷合资的集装箱运输公司,由英国铁行(P&O)与荷兰渣华(Royal Nedlloyd)在2004年合资组建,运营总部位于伦敦,名义上的总部则在荷兰鹿特丹,是世界上第三大集装箱运输公司。

(3) 瑞士的地中海航运公司(Mediterranean Shipping Company S. A.),总部位于日内瓦,于1970年建立,2004年成为按集装箱运力和集装箱船数量排序的世界第二大航运公司。地中海航运公司目前在全世界有350个机构、28 000名员工、255艘集装箱船、88万标箱的运力,在全球五大洲215个码头停靠,提供175条直航和组合航线服务。

(4) 韩国的韩进海运(Hanjin Shipping CO., LTD)是韩国最大、世界十大船公司之一,以一支由200多艘集装箱船、散货船和液化天然气船组成的船队,运营着全球60多条航线,每年向世界各地运输上亿吨货物。

(5) 美国的美国总统(American President Lines Ltd)是世界第五大集装箱班轮公司,原来是一家有170多年历史的美国船公司,后来在1997年的时候被东方海皇吞并,但还是用原来的牌子。东方海皇的总部在新加坡,业务遍及全球140个国家,是全球十大班轮企业之一。东方海皇的集装箱运输业务全部由美国总统公司经营,它为亚洲、欧洲、中东和美洲等地区的90多个港口间提供了超过60条的周班航线,每周停靠码头近300次。

(6) 法国的达飞轮船(CMA CGM S. A.)是世界主要的集装箱班轮公司之一,拥有182艘船舶,经营74条航线,2004年集装箱货物运输量已达390万标箱。在全世界的123个国家和地区的214个港口设417个办事处或代理机构(其中42个在中国)。

(7) 日本邮船(Nippon Yusen Kabushiki Kaisha)于1885年成立,现为世界顶尖船公司之一。它的宗旨是最大限度地利用信息技术为客户提供物流运输服务。日本邮船提供中国/日本到美西,中国—美东,中国—地中海,中国—欧洲,中国—中南美、加勒比海,中国到非洲,中国到澳洲等航线服务。

三、提高中国航运的国际地位

以出口集装箱运输市场为例,近年来,中国作为"世界工厂"的地位已基本奠定。从劳动密集型的鞋帽、玩具、纺织品到技术密集型的电子产品、高科技产品,"中国制造"已经日益为欧美等发达国家的消费者所熟悉。由于价廉物美,越来越多的经销商大量从中国采购,跨国公司不仅将制造车间扎根中国,更将研发中心、配送中心等搬迁至中国。以中国出口增长为主的集装箱贸易量增长带动亚欧西行、泛太平洋东行两大主干航线成为关注焦点。

客观地讲,目前中国对世界航运的影响更多地体现在航运业的操作层面上,而在竞争规则的制定权和定价权上,中国的声音依然微弱。我国航运机构和企业参与国际性组织或联盟的程度还比较低,同时利用规则的能力和经验还不够丰富,在定价权上还未见优势,部分中小型航运企业在价格的制定方面只能是随波逐流。因此,中国要想成为航运强国,迫切需要增强中国航运企业的核心竞争力,使中国因素在更为广泛的范围内发挥作用。

增强航运企业的核心竞争力,要求企业创造更多的自主品牌,在国际市场中立于不败之地。目前,我国航运企业较多注重市场份额而忽视自主品牌,容易在激烈的竞争中处于被动。中国至日本集装箱班轮航线上,中国公司之间的过度竞争导致激烈的价格大战就是一个很好的例证。我们应多学习世界著名国际企业的做法,找准目标市场,培育具有特色的自主品牌,这样更能把握发展的主动权。

为了增强航运企业的核心竞争力,国内企业应大胆地走出去,扩大在国际市场上的影响力。目前,我国航运企业经营得更多的是和中国市场相关的航线,由于对国外市场的熟悉程度较低,参与第三国运输的经验较少。随着制造业国际分工的深入和广泛,枢纽港在区域中的地位和作用日益加强,除中国以外的其他发展中国家的出口贸易、第三国的转口贸易和一些支线运输逐渐成为充满活力的新兴市场。我国航运企业应大胆地走出去,开辟更多的航运市场,建立更为广泛的市场网络,通过联合、联盟等形式扩大在国际市场上的影响力。港口企业方面,随着港口体制改革的深入,港口的经营方式更加灵活开放。在吸引外资参与港口建设和经营的过程中,我国的港口企业积累了不少国际经验。目前,港口企业通过联合经营或资本化运作等方式成功实现了在国内的扩张,它们也应相机而动,尽早迈出国门,在全球范围内扩展业务。

同时,为扩大我国航运企业在国际社会中的影响力,还应多参与国际性的组织或联盟,加强国际性交流,通过组织或联盟的力量保护中国企业的利益,参与制定国际规则。

提高中国航运的国际地位,既是我们对全球航运业的贡献,也是我国航运业健康、持续发展的需求。航运自古到今的持续发展意喻着永恒的生命力,蕴涵着丰富的人类文明发展启示。相信中国航运将继续以经济的、环保的、浪漫的魅力,承载着人类希望之舟,推动着包括中国在内的世界航运的共同进步。

思考题

1. 什么是港口?我国有哪些主要港口?世界有哪些主要港口?
2. 港口形成的重要条件是什么?
3. 国内外典型港口成功发展的经验是什么?我们应吸取哪些经验?
4. 世界的主要航线有哪些?
5. 中国的主要航线有哪些?
6. 如何提高中国航运在国际上的地位?

案例

澳中航行新航线分析

中国到澳大利亚的航线,简称中澳线。长期从事黑德兰港装铁矿到我国港口卸货的船舶,之前一直选择中澳线的习惯航线:经龙目海峡、苏拉威西海、西布图水道、苏禄海、民都洛海峡、南海回国内港口(下文称"中线")。由于近期菲律宾海盗活动猖獗,多次发生劫持船舶和伤害船员的事件,为安全起见,船舶选择由菲律宾东部回国内的航线,主要经过的水域是:印度洋、东帝汶沿岸、班达海、摩鹿加海、菲律宾海,然后沿菲律宾东岸北上回国(下文称"东线")。东线的开通有效地避免了菲律宾海盗的袭扰,对回国内北方港口的船舶来说,增加的航行里程并不多,但经东线回国内南方港口,增加了较多的航行里程,以渤海湾为例,增加约80海里的里程。在海盗如此猖狂的时期,绕航80海里产生的安全效益远比损失的经济效益更有价值。尽管东线相对安全、船舶密集程度大幅降低、操作也方便,但经东线回国内南方港口,却要绕航460多海里,这在航运市场低迷时期增加如此大的运营成本对航运公司来说无疑是雪上加霜。尤其是宝钢分厂在湛江建立后,澳大利亚大量铁矿石运往湛江,为了保证黑德兰港的铁矿石顺利运往国内南方港口并降低船舶运营成本,开通一条西北回国内南方港口的安全可靠的新航线(下文称"西线")势在必行。

新航线:船舶从黑德兰港出发向西北航行,跨越东北印度洋,穿越龙目海峡,航经印尼巴厘海、爪哇海、卡里曼丹岛西海岸水域,然后进入南海,经越南沿岸、西沙群岛西侧水域到达湛江港。

经济效益分析:东线的开通虽然有效地避免了菲律宾海盗的袭扰,但经东线回国内南方港口,增加了航行里程;而西线的开通不但能避开海盗区,而且能显著降低运营成本。以到湛江港为例,西线比东线节约里程465.8海里,比中线节约里程52.2海里。从洋流对船舶速度的影响来说,西线航行时4—9月主要以顺流航行为主,对提高船速极为有利。尽管从10月到次年3月以顶流为主,但经中线或东线回国内航线的船舶均属于顶流航行,而西线顶流幅度与中线和东线相比并不算大,即使在这几个月份选择西线,仍然有可能节约运营成本。以长期从事澳大利亚黑德兰港装铁矿到国内港口卸货的好望角型船舶新旺海轮统计的数据分析,经爪哇海回国内南方港口航线的开通不但节约了航行里程,而且在4—9月因顺流航行而提高了船速,对提高经济效益的意义重大。表3-1为从黑德兰港装铁矿到湛江港卸货的三条不同航线的里程和速度统计。

表3-1 航线数据统计

出发港:黑德兰 目的地:湛江	里程 海里	重载平均速度 节
西线	2 783.7	11.1
中线	2 835.9	10.8
东线	3 249.5	10.4

从表3-1的数据可见,西线航行较东线航行节约里程465.8海里,较东线平均速度提高0.7节。里程的节约、航速的提高,无疑使船舶实现了双增效。以节约465.8海里航程

计算,船舶可节约燃油 69.3 吨;以平均船速提高 0.7 节计算,可节约燃油 25.7 吨,即单程共节约燃油 95 吨。以市场价 320 美元/吨计算,仅燃油节约即降低运营成本 20.5808 万元,同时里程的节约和船速的提高也加快了船舶周转速度,缩短航次时间 60.8 小时,以好望角型船舶租金每天 1.1 万美元计算,创造的时间效益约 188 657.3 元。可见经爪哇海到国内湛江港的航线,在降低成本、增大效益方面效果显著。

资料来源:刘云飞.澳中航行新航线分析[J].天津航海,2017(04):17—19,有改动。

第四章

国际货物运输

本章要点

本章按照运输方式与不同运输方式在国际物流中的作用,将国际货物运输划分为五大类——海洋货物运输、铁路货物运输、航空货物运输、公路货物运输和国际邮政运输,并分别从定义、种类、特点、运输程序、计费方式及相关法律等方面详细介绍各种运输方式,使读者对国际货物运输有具体的、专业的理解。

本章关键词

国际货物运输　海洋货物运输　铁路货物联运　航空货物运输　公路货物运输　国际邮政运输

国际物流系统使得货物能够跨国流动,改变了物的时间状态和空间状态,而国际货物运输承担了改变空间状态的主要任务,因而国际货物运输是国际物流系统的核心。国际货物运输是国际物流降低成本、提高效率的重要环节,同时通过运输工具的不断改进、运输体系结构与经营管理工作的逐步完善,能够促进国际物流的发展。本章在简要介绍国际货物运输的基本知识之后,重点阐述国际海洋货物运输、国际航空货物运输及国际多式联运的主要内容。

第一节　国际货物运输概述

一、国际货物运输的概念及特点

国际货物运输是指在国与国、地区与地区之间的运输,一般包括国际贸易物资运输和非贸易物资(如展览品、个人行李、办公用品、援外物资等)运输两种。由于国际货物运输中的非贸易物资运输往往只是贸易物资运输部门的附带业务,因此国际货物运输成为国际贸易的一个组成部分,通常被称为国际贸易运输。

与国内货物运输相比,国际货物运输具有如下特点:

(1) 政策性强。在组织货物运输的过程中,不同国家或地区的企业或政府机构会发生直接或间接的联系。这种联系不仅是经济上的,还常常涉及国家、地区间的政治问题,所以国际货物运输是一项政策性很强的涉外活动。

(2) 路线长,环节多。一般的国际货物运输要经过内陆存储、运输、装卸、搬运、进出不同港口等环节,历经不同的运输方式和不同的国家或地区。在运输过程中,涉及众多的关系人,包括不同国家或地区的货主、交通部门、商检机构、保险公司、银行、海关及各种中间代理商。

(3) 时间性强。由于国际市场环境复杂且货物运抵目的地需要经过较长的时间,市场价格波动风险较大。如果进出口货物未能及时到达目的地,就可能会因商品价格的变化而影响进出口企业或相关组织的市场竞争力,造成重大的经济损失。所以货物的装运期、交货期特别重要,一般被列为贸易合同的条件条款,要求相关各方增强时间观念,避免不必要的经济损失和争端。

(4) 涉及面广,情况复杂多变。国际货物运输涉及国内外许多部门,如不同国家或地区的货主、交通运输、商检机构、保险公司、海关和各种中间代理商等。同时,由于各个国家和地区的法律、政策规定不一,贸易、运输习惯和经营做法不同,加之政治、经济和自然条件的变化都会对国际货物运输产生较大的影响,因此国际货物运输一般涉及面广,情况复杂多变。

(5) 风险较大。国际货物运输由于运输距离长、中间环节多、涉及面广、情况复杂多变,加之时间性很强,因而面临很大的风险。为了转嫁运输过程中的风险损失,各种进出口货物和运输工具一般都需要办理运输保险。

二、国际货物运输的构成要素

与一般的运输活动类似,国际货物运输是运输服务企业利用各种运输工具(如叉车、汽车、火车等),采用某种运输方式(如公路运输、海洋运输、航空运输等),将货物从一个国家或地区交给相应的客户的过程。因此,国际货物运输主要由三个方面构成:运输关系方、运输工具和运输方式。

1. 国际货物运输关系方

国际货物运输关系方是国际货物运输的参与者和运输服务的提供者,具体包括以下企业组织或相关机构:

(1) 承运人(Carrier)。承运人是指专门经营水路、铁路、公路、航空等客货运输业务的交通运输机构,如公路运输公司、轮船公司、航空公司等。中国远洋海运集团有限公司(COSCO SHIPPING)、中国国际海运集装箱(集团)股份有限公司(CIMC)就是中国从事海洋运输的公共承运人。此外,无船公共承运人和多式联运经营人也是国际贸易运输的承运人。

(2) 货主(Cargo Owner)。货主是指从事进出口商品业务的外贸部门或企业。它们因履行贸易合同,需要办理进出口商品业务,向承运人托运或收取货物,因此货主多为国际货物运输中的托运人(Shipper)或收货人(Consigner)。

(3) 货运代理(Freight Forwarder)。在国际货物运输领域中,有很多从事代理业务的代理行或代理人。例如,中国对外贸易运输(集团)总公司、中国租船有限公司是常见的货运代理。货运代理接受委托人的委托,代办各种运输业务并按提供的劳务收取一定的报酬——代理费、佣金或运费。货运代理是代办国际货物运输业务的中间机构,是承运人与货主之间的桥梁,目前已渗透到运输领域内的许多环节,成为国际货物运输的重要组成部分。其他从事代理业务的还有:租船代理,又称租船经纪人(Shipping Broker);船务代理(Shipping Agent);咨询代理(Consultative Agent);等等。

此外,国际货物运输的参与者还包括船舶租赁公司、海运经纪人、船舶代理、装卸公司、理货公司、仓储公司、集装箱场站等,它们为承运人和货主提供各种与货物运输有关的服务。

2. 国际货物运输工具

国际货物运输工具是实现货物位移的技术手段,主要包括以下几个方面:

(1) 运输设备,主要有载货汽车、铁路货车、货船、飞机和管道等。这些工具是实现运输目的的最基本的手段。

(2) 集装工具,主要有集装箱、托盘和集装袋等。集装工具的使用可以提高货物装卸、搬运、储存及运输过程的效率。

(3) 装卸、搬运工具,主要包括升降设备(升降机、移动式升降货梯、电梯等)、调节设备(液压式调节板、登车桥等)、汽车搬运设备(汽车尾板、铝合金尾板等)。这些工具可以减少人力,提高货物装卸过程的效率。

(4) 包装工具,主要包括填充设备、灌装设备、封口设备、包裹设备、标贴设备、清洗设备、干燥设备、杀菌设备等。这些设备可以完成全部或部分包装过程,有利于提高运输效率和运输质量。

3. 国际货物运输方式

(1) 根据运输通道和运输工具,国际货物运输包括以下五种基本的运输方式。① 海洋运输，主要有班轮运输和租船运输。海运量在国际货物运输总量中一般占80%以上，因此海洋运输是国际贸易运输最重要的运输方式，在国际贸易中发挥了巨大作用。② 航空运输，主要包括班机运输、包机运输、集中托运、陆空联运和航空快运等方式。航空运输所运输的货物种类和货运量不断增加，在国际货运市场中的重要性日益增强。③ 铁路运输，就是利用铁路和列车进行的运输，主要包括整车运输、零担运输、集装箱运输等。海洋运输的进出口货物，大多靠铁路运输进行货物的集中和分散。铁路运输和公路运输构成陆路运输，在邻近国家之间的贸易中发挥了重要作用。④ 公路运输，即利用公路和汽车进行运输，主要包括整车运输、零担运输、联合运输和集装箱运输等。公路运输不但可以直接运进或运出对外贸易货物，而且是车站、港口和机场集散进出口货物的重要手段。⑤ 管道运输，它在盛产石油和天然气的国家及地区、国际原油和天然气贸易中发挥着不可替代的作用。

（2）其他运输方式。① 集装箱运输。它是采用以集装箱为集装单元的运输方式，陆运、海运或空运都可以采用这种方式。由于它能够满足客户快速、安全、准确、直达的运输要求，在国际货物运输中得到了广泛应用，目前已成为国际上普遍采用的一种重要的运输方式。② 国际多式联运。这种运输方式一般以集装箱为流通媒介，将不同的运输方式有机地结合起来加以有效地综合利用，构成连贯的、一体化的运输，为货主提供经济、迅速、安全、便捷的运输服务，因而它成为国际货物运输中发展较快的运输方式。③ 国际邮政运输。它是指通过邮局寄交进出口货物的运输方式，是以邮政部门作为货运代理的形式提供运输服务，必须依靠实际承运人来完成货物运输任务。国际邮政运输是国际上最广泛的一种运输方式，具有国际多式联运和"门到门"运输的优势。

第二节　国际海洋货物运输

一、班轮运输

1. 班轮运输的概念

班轮运输（Liner Transport）又称定期船运输，是指船舶按事先制定的船期表（时间表），在特定的航线上，以既定的挂靠港顺序，经常性地从事航线上各港口之间的货物运输，并按事先公布的费率收取运费。定期班轮严格按照预先公布的船期表运行，不管货物是否装满船，离港和到港的时间不变。

2. 班轮运输业务程序

（1）安排运货。货运安排包括揽货、订舱和确定航次货运任务。揽货的通常做法是：承运人在所经营的班轮航线的各挂靠港口及货源腹地，通过自己的营业机构或船舶代理与货主建立业务关系；通过报纸、杂志刊登船期表，以邀请货主前来托运货物；通过与货主、无船承运人或货运代理等签订货物运输服务合同或揽货协议来争取货源。订舱是指托运人（包括其代理）向班轮公司（承运人，包括其代理）申请货物运输，承运人对这种申请给予承诺的行为。确定航次货运任务是指承运人确定某一船舶在某一航次所装货物的种类和数量。

(2) 接货装船。在杂货班轮运输中,对于普通货物的交接装船,通常由班轮公司在各装货港指定装船代理,再由装船代理在各装货港的指定地点(通常为港口码头仓库)接受托运人交付的货物。办理交接手续之后,代理将货物集中整理,并按次序进行装船,即所谓的"仓库收货,集中装船"。对于特殊货物(如危险品、鲜活易腐货物、贵重货物、重大件货物等),通常由托运人将该类货物直接送至船边,交接装船,即现装或直接装船。

(3) 卸船交货。在杂货班轮运输中,卸船交货是指将船舶所承运的货物在提单载明的卸货港从船上卸下,在船边交给收货人并办理货物的交接手续。

3. 班轮公会

班轮公会(Freight Conference)又称航运公会,是由两个或两个以上在同一条航线上经营班轮运输的船公司,为避免相互间竞争、维护共同利益,通过在运价和其他经营活动方面签订协议而组成的国际航运垄断组织。参加的会员可分为两种:一种是参加公会控制全部航线的完全会员,另一种是只参加部分航线的会员。公会根据参加的条件可以分为:开放型公会,凡船公司申请均可参加;关闭型公会,只有具备一定资格和航行实绩的船公司方可经讨论通过后参加。为了维持垄断,公会会排挤非公会船公司,如使用战斗船、降低运价以揽货,迫使非会员船公司退出航线。对货主则采取延期回扣和双重费率制度,即凡与公会签订合同的货主均可享受优惠费率;如果下一期仍使用公会船载货,还可获得延期回扣。总之,公会采取这些手段,无非是为了控制货载,获取高额利润。

4. 班轮运费

班轮运费包括基本运费和附加费两部分。基本运费是指货物在预定航线的各基本港口之间进行运输所规定的运价,是构成全程运费的主要部分。基本运费的计收标准,按不同商品分为下列几种:

(1) 按货物的毛重计收,在运价表内用"W"字母表示。

(2) 按货物的体积(或尺码吨)计收,在运价表内用"M"表示。

(3) 按商品的价格计收(按从价运费收取),在运价表内用"A.V."表示。

(4) 按货物的毛重或体积,由船公司选择其中收费较高的一种计收运费,在运价表中用"W/M"表示。

(5) 在货物的重量、体积或价值之中选择较高的一种计收运费,在运价表中用"W/M or A.V."表示。

(6) 按货物件数计收。

(7) 对大宗低值货物,采用船、货双方临时议定运价的办法。

附加费是指针对某些特定情况或需作处理的货物在基本运费之外加收的费用,主要有超重附加费、超长附加费、直航附加费、转船附加费等。

二、租船运输

1. 租船运输的概念

租船运输(Shipping by Chartering)又称不定期船运输,是指根据船舶所有人与需要船舶运输的租船人事先签订的租船合同(Charter Party)安排营运。根据租船合同,船舶所有人将船舶出租给租船人使用,以完成约定的货运任务,并按约定收取运费或租金。

货主通常租用整船来运输自己的货物。租船运营方式与班轮运输不同,船舶的航线、运输的货物以及装货港、卸货港或中途停靠的港口都是根据货主的要求而定。

2. 租船方式

根据承租人不同的运营需要,有不同的租船方式,其中最主要的是航次租船和定期租船。随着国际经济和海上运输的发展变化,还出现了光船租船和包运租船等不同的租船方式。

(1) 航次租船(Voyage Charter)。航次租船简称程租,是以航次为基础的租船方式。航次是指从装货开始至卸货为止一次完整的运输过程。在航次租船方式下,船方必须按租船合同规定的航次完成货物运输任务,并负责船舶的经营管理以及船舶在航行中的一切费用开支;而租船人只负责提供货物,并按约定支付运费。航次租船可以在指定港口之间进行一个航次或数个航次的货物运输,由租船双方根据需要商定。如果签订一份租船合同并规定船舶被租用数个航次,则称为连续航次租船。

(2) 定期租船(Time Charter)。定期租船简称期租,由船舶出租人提供一艘特定的船舶给承租人使用一定时期,在规定的期限内由租船人自行调度和经营管理,租金按月(或30天)以及船舶载重吨计算。

(3) 包运租船(Contract of Affreightment)。包运租船方式是指船舶出租人提供给承租人一定运力(若干条船)的船舶,在确定的港口之间和约定的时间内,完成合同规定的总货运量。承租人支付的运费根据双方商定的运费率和完成的总运量计算。包运租船主要承运大批量的干散货(如谷物)或液体散货(如石油)。

(4) 光船租船(Bare Boat Charter)。光船租船在某些方面与定期租船相似,也是船舶出租人将一艘特定的船舶提供给承租人使用一定时期的租船;不同的是,船舶所有人所提供的船舶只是一艘"光船"——没有配备船员的空船。承租人接受了这艘船舶后还要为船舶配备船员才能使用,而且船员的工资和生活,船舶的运营管理及一切费用都由承租人负责。由于雇用和管理船员的工作繁重且复杂,租船人对这种方式也缺乏兴趣,因此目前光船租船方式在租船市场上较少采用。

3. 租船程序

国际海洋运输实际上属于一种服务贸易,交易对象是海上运输服务。在国际航运市场上,租船交易形式上与货物贸易非常相似,租船供求双方根据对当时国际航运市场行情的判断以及对未来的预测,围绕船型、租期、运费或租金等进行谈判,通过多个回合的讨价还价,最后签订租船合同,达成租船交易。

一项租船业务从发出询价到签订租船合同的全过程称为租船程序。租船程序与国际贸易的商品交易大同小异,同样需要双方先提出条件,经过反复洽谈磋商,最后达成租船交易。一项租船交易成交,大致要经过如下几个阶段:

(1) 询价。承租人询价的目的是为货物运输寻找合适的船舶,主要内容包括:需要承运的货物种类、数量,装货港和卸货港,装运期限,租船方式或期限,期望的运价(租金)水平,以及所需用船舶的详细说明等。

(2) 报价。当出租人从船舶经纪人那里得到承租人的询价后,经过成本估算,通过租船经纪人向承租人提供出租船舶情况和租金或运价,称为报价。

(3) 还价。承租人与出租人之间对报价中不能接受的条件提出修改或提出自己的条件，称为还价。

(4) 报实盘。在租船交易中经过多次还价与反还价后，如果双方对租船合同条款的意见渐趋一致，一方可以以报实盘的方式要求对方在有效期限内确定是否成交。

(5) 接受订租。若一方当事人在有效期内对实盘所列条件明确表示同意，则租船合同洽谈结束。

(6) 签订订租确认书。接受订租后，当事人要签署"订租确认书"。"订租确认书"无统一格式，一般应包括船名、当事人、装货港、装船期、卸货港、运费率或租金率、租船合同范本等内容。

(7) 签订正式租船合同。在签订订租确认书后，出租人应立即编制正式的租船合同，并通过租船经纪人转交承租人，如果承租人对出租人编制的租船合同没有异议，即可签署。

4. 租船合同的主要内容

标准租船合同范本的种类很多，不但有程租、期租和光租之分，而且同一种租船方式的合同范本中，不同的货种可能有各自的格式。即使是同一货种，也可能有几个组织机构所制定的不同格式，更何况标准合同范本很可能具有一定的倾向性。因此，在此仅对各种标准租船合同范本中具有代表性的主要内容做一般介绍。

(1) 合同当事人。租船合同当事人是指根据合同有权起诉或被起诉的人，一般为出租人和承租人。出租人并不一定是真正的船舶所有人，可能是期租合同甚至程租合同的承租人。他们根据原租船合同的条款，将租进来的船舶再转租出去，而成为转租合同的出租人(也称二船东)。

(2) 船名和船籍。船名和船籍是合同中的重要组成部分，也是双方履行租船合同的必要前提。如果程租合同已订明船名，出租人就必须提供所指定的船舶，除非在租船中出租人有替代船舶的选择权，否则承租人有权取消租船合同。船旗是船舶的国籍标志，涉及租船的国别政策，在战争时期它还直接关系到船货的安全。此外，当今世界盛行的"方便旗船"缺乏严格的技术管理，船舶技术性能差，给承租人带来很大的风险。因此，在履行租船合同时，船舶必须悬挂指定的船旗，未经承租人同意，不能随便更换船旗。

(3) 货物。在程租合同下，承租人需对载运的货物做出具体的说明，并且按约定的货物供货装船。合同中关于货物装载数量的表示方法，可以是在一个准确的数量后，附带最低和最高的限制；也可以是在某个数量上允许有一定百分比的公差。通常，出租人对此公差有选择权，一般由船长根据航次的总储备量及船舶常数推算一个确切的货物装载量，并于装船前宣布，即"宣载"。

(4) 装卸港口。在合同中，装卸港口可以被一一载明，也可以被笼统地定为一个区域(如美国港口)，由承租人任选其中的港口。但承租人在宣布所选择的港口后，必须承担该港口是"安全港口"的默示责任，即首先保证该港口地理上是安全的，包括港口航道的水深与宽度、气象条件、助航设施、系泊设备等应保证船舶能安全进入、停靠和驶离而不会遭受损害；同时，政治上必须是安全的，包括船舶不会遭遇战争、敌对行为、恐怖活动等风险。

5. 租船的运费计算

程租合同中有的规定运费率,按货物每单位重量或体积若干金额计算;有的规定整船包价。运费率的高低取决于租船市场的供求关系,但也与运输距离、货物种类、装卸率、港口使用、装卸费用划分和佣金高低有关。合同中对运费按装船重量或卸船重量计算,运费预付或到付,均须订明。特别要注意的是,应付运费时间是指船东收到运费的日期,而不是租船人付出运费的日期。装卸费用的划分有以下几种:

(1) 船方负担装卸费,又称班轮条件。

(2) 船方不负担装卸费。在采用这一条件时,还要明确理舱费和平舱费由谁负担,一般规定由租船人负担,即船方不负担装卸费、理舱费和平舱费。

(3) 船方管装不管卸条件。

(4) 船方管卸不管装条件。

三、海运事故索赔与理赔

国际海洋运输经常会发生货损货差事故,由此就会出现索赔与理赔的问题。货主对因货运事故而造成的损失向承运人或船舶所有人提出赔偿要求的行为,称为索赔。船公司等接受和处理索赔人所提出的索赔工作,称为理赔。处理海洋运输事故难度较大,是一项十分重要的工作。

1. 海运事故的索赔

(1) 事故责任的划分。货损货差事故在运输过程的任何环节都有可能发生。记录事故情况和保留有关事故的原始记录十分重要。提单、收货单、过驳清单、卸货报告、货物溢短单、货物残损单、装箱单、积载图等货运单证均是处理货运事故和明确责任方的依据。在事故发生后,第一发现人具有报告的责任。在不同的情况下,当事人的责任分为以下三种。① 托运人的责任。首先,不论是租船运输还是班轮运输,托运人将货物交付承运人之前所发生的一切货损货差均由托运人负责。当货物移交给承运人、货物实际处于承运人的监管之下时,托运人也不能百分之百地免除对货损货差发生的责任。② 承运人的责任。对于承运人在运输、保管货物过程中所发生的灭失或损坏,除上述托运人的原因和不可抗力外,原则上由承运人承担责任。《中华人民共和国海商法》和《海牙规则》规定了一些承运人的免责事项,如对由船长、船员、引航员等在驾驶或管理船舶中的航行过失所引起的,或由承运人的非故意行为所引起的火灾而带来的货损货差,承运人可以免责。③ 第三人的责任。在货物运输过程中发生的货运事故,若根据运输合同处理,则责任人应该是承运人或托运人;但是,实际造成货运事故发生的可能是第三人,因此第三人应该对此承担责任。通常是在承运人与托运人之间解决了有关货损货差的赔偿问题之后,再根据事故的原因追究第三人的责任。

(2) 索赔条件及索赔单证。一项合理的索赔必须具备的条件有:索赔人要有正当提赔权;责任方必须负有实际赔偿责任;赔偿的金额必须是合理的;在规定的期限内提出索赔。

一旦确定对海运事故进行索赔,就要准备相应的索赔单证。这些单证主要包括索赔函,索赔清单,货物残、短签证,提单,商业发票,费用单证及其他单证。

(3)索赔程序。① 发出索赔通知。《中华人民共和国海商法》和有关国际公约(如《海牙规则》《维斯比规则》《汉堡规则》),一般规定:在货损事故发生后,根据运输合同或运输单有权提货的人,应在承运人或承运人的代理人、雇佣人交付货物当时或规定的时间内,向承运人或其代理人提出书面通知,声明保留索赔的权利;否则,承运人可免除责任。② 提交索赔申请书或索赔清单。索赔申请书或索赔清单是索赔人向赔偿人正式要求赔偿的书面文件。提交索赔申请书即意味着正式提出索赔要求。因此,如果索赔方仅仅提出货损货差通知而没有递交索赔申请书或索赔清单,或者出具有关的货运单证,则可解释为没有提出正式索赔要求,承运人就不会受理货损货差的索赔。③ 提起诉讼。索赔可以通过当事人双方之间的协调、协商或通过非法律机关第三人的调停予以解决。如果协商、调停工作不能保证达到解决纠纷的结果,那么最终可能是通过法律手段解决,即提起诉讼或仲裁。关于诉讼时效,《海牙规则》和《维斯比规则》及《中华人民共和国海商法》规定期限为 1 年。

2. 海运事故的理赔

(1)理赔案件的审核。船公司等接到索赔人提出的索赔案件后,应立即对索赔案件进行认真的审核。

审核包括两个方面。① 对索赔单证完备性的审核。通常应注意三个方面的要求:一是证明索赔人是合法的索赔人;二是证明承运人负有赔偿责任,要证明货运事故是在承运人掌管货物期间内发生的,或者货运事故是在承运人运输和保管货物的过程中发生的;三是证明索赔人提出的索赔金额是合理的。② 对索赔单证内容的审核。在审核索赔人提供的索赔单证齐全后,船公司等还要进一步对所有单证的内容进行审核,并注意以下六个方面的要求:索赔人提出索赔的时间和诉讼时效;各种索赔单证所记载的内容是否一致;货运事故是否在承运人掌管货物期间发生;有关货损货差的货运单证上是否有船方签字或批注;查对理货数据;核对索赔金额。

(2)承运人的拒赔举证。船公司接到索赔人提出的索赔案件,在对索赔单证进行审核后,如果确认货损货差不是己方造成时,就应将自己对于货损货差不承担责任及其理由及时地通知索赔人,即拒赔。

为了举证,承运人必须提出能够证明自己及其船长、船员、代理人和受雇人员都没有过失或不应承担责任的单证或其他文件。除了上文提及的单证,还有如积载检验报告、舱口检验报告、卸货事故报告和海事声明等。

第三节 国际航空货物运输

一、航空运输基础知识

1. 航线和航班

(1)航线。民航从事运输飞行,必须按照规定的线路进行,这种路线即航空交通线,简称航线。分为国内航线、国际航线和地区航线。

(2)航班、班次。① 航班。飞机由始发站起飞,按照规定的航线,经过经停站至终点站进行运输生产飞行,称为航班。分为去程航班和回程航班。② 班次。班次是指在单位时间(通常以一星期计算)内飞行的班数(包括去程和回程)。班次根据运量需求和运输能力确定。

2. 国际民航组织

与国际民用航空运输有关的组织,主要有国际民用航空组织(ICAO)、国际航空运输协会(IATA)和国际货物发运人协会(FIATA)。

3. 航空运输的飞行方式和运输种类

(1) 飞行方式。① 班期飞行。根据班期时刻表,按定航线、定机型、定日期、定时刻的飞行。它是民航运输生产活动的基本形式。② 加班飞行。根据临时性的需要,在班期飞行以外增加的飞行,是在班期飞行的航线上,解决航班客货运输繁忙现象的飞行,是班期飞行的补充。③ 包机飞行。根据包机单位的要求,在现有航线或以外航线进行的专用飞行。它包括客货包机飞行、专业飞行和专机飞行,是班期飞行的补充。

(2) 运输种类。① 国内航空运输。运输对象(客、货、邮件)的始发地点、经停地点和目的地点均在一国国内的运输,即国内航线上的航空运输。② 国际航空运输。涉及一国以上运输。无论运输有无间断或者有无转运,其运输对象的始发地点、目的地点或者约定的经停地点之一不在国境内的运输,包括定期航班和不定期航班飞行。

4. 航空区域

(1) ARETC1。该区东邻 ARETC2 区、西接 ARETC3 区、北起格陵兰岛、南至南极洲,主要包括北美洲、南美洲及附近岛屿、格陵兰群岛、西印度群岛、加勒比岛屿及夏威夷群岛(含中途岛和巴尔迈拉岛)。

(2) ARETC2。该区东邻 ARETC3 区、西接 ARETC1 区、北起北冰洋诸岛、南至南极洲,包括欧洲、非洲、中东及附近岛屿。

(3) ARETC3。该区东邻 ARETC1 区、西接 ARETC2 区、北起北冰洋、南至南极洲,包括亚洲(除中东所包括的亚洲部分国家)、所有的东印度群岛、澳大利亚、新西兰及其毗邻的岛屿、太平洋岛屿(ARETC1 区包括的太平洋岛屿除外)。

5. 国际航空货运手册

(1)《航空货运指南》。

(2)《航空货物运价及规则手册(TACT)》。由国际航空运输协会组织出版,包括三部分,即 TACT Rules、TACT Rates-North America、TACT Rates-Worldwide。

二、国际航空货物运输的经营方式和组织方法

1. 国际航空货物运输的经营方式

(1) 班机运输。它是定期开航的定始发站、到达站、途经站的飞机运输。一般航空公司的班机多使用客货两用的飞机,在搭载旅客的同时运送小批量货物。货源充足的大航空公司在一些航线上开辟定期货运航班,使用全货机运输。由于班机一般是以客运为主,货舱有限,不能满足大批量货物的及时运出要求,有时需要分期分批运输。

(2) 包机运输。它是包机人为一定的目的包用航空运输企业的飞机运载货物的方式,包括整架包机和部分包机。

包机合同和运输凭证。包机人申请包机,应凭介绍信或者个人有效身份证与承运人联系协商包机运输条件,双方同意后签订包机合同,并履行包机合同规定的各自应当承担的责任和义务。包机人和承运人执行包机合同时,每架次货运包机应当填制一份航空货运单,作为包机的运输凭证。

包机运输有关规定。包机人应当保证所托运的货物内,没有夹带我国和运输中有关国家的法律、行政法规和其他有关规定禁止和限制运输的物品,并应当提前将货物送到指定机场,自行办妥海关、检验检疫等出口手续。包机人可以充分使用包用飞机的吨位,但不得超过飞机的最大载重量。承运人如需利用包机的剩余吨位,应当和包机人商定。

(3) 包舱、包集装箱(板、棚)运输。托运人根据所托运的货物,在一定时间内须单独占用飞机货舱或集装箱、集装板、集装棚而承运人需要采取专门措施给予保证的一种经营方式,不含正常运输中的集装箱、集装板、集装棚运输。

2. 国际航空货物运输的组织方法

(1) 集中托运。航空货运代理公司将若干批单独发运到同一方向的货物组成一整批,填写一份总运单发到同一目的站,由航空货运代理公司委托目的地当地代理负责收货、报关并分拨给各个实际收货人的一种航空货物运输组织方法。

(2) 航空快件运输。有独立法人资格的企业,通过航空运输及自身或代理的网络,在发货人与收货人之间以最快的速度传递文件和物品的一种现代化的运输组织方法,也称国际快件运输。

(3) 联合运输。① 陆空联运。包括火车与飞机的联合运输及卡车(长途汽车)与飞机的联合运输,我国空运出口货物采用的就是这种陆空联合运输。② 陆空路联合运输。是指火车、飞机与卡车的联合运输。③ 海空联合运输。机场濒临海岸,设有机场码头,并开通海上航线,组织海空联运,以集散经航空运输的货物。

(4) 送交业务。在国际贸易中,出口商为了推销产品、扩大贸易,通常向推销对象赠送样品、产品目录、宣传资料及刊物等。在这些物品抵达推销对象所在国家后,出口商委托当地的航空货运代理办理进口报关、提取和转运等工作,最后送交指定的收件人——期望的推销对象,以激起其购买欲望。航空货运代理先行垫付的报关手续费、税金、运费和劳务费等一切费用,集中向委托人收取。

(5) 运费到付。发货人与承运人事先达成协议,由承运人在货物到达目的站后,在货物移交收货人的同时,代收航空货运单上载明的运费、声明价值附加费及有关费用。

三、国际航空运输的基本业务

1. 货物托运和收运

第一,货物托运。

(1) 委托航空货运代理托运货物。航空出口货物的托运人,一般是委托航空货运代理办理货物托运。委托时,托运人应填制"国际货运托运书"(简称托运书),连同贸易合同副本(或出口货运明细单)、发票、装箱单以及海关、检验检疫机构需要的文件和资料交航空货运代理,由航空货运代理办理仓库提货、报关、制单等托运手续。在出口货物批量大、需采取包机运输时,应提前填写"包机委托书"交航空货运代理负责办理包机手续。

(2)预定航班舱位。托运人托运下列货物应当预定航班舱位(由代理人办理),否则承运人有权不予受理:货物在中转时需要特殊对待;货物的声明价值超过10万美元或者等价值货币;不规则形状或者尺寸的货物;特种货物;批量较大的货物;需要两家及以上承运人运输的联程货物。

(3)货物包装。托运的货物需要根据货物的性质、质量、运输环境和承运人的要求,采用适当的包装材料和形式,妥善包装。在每件货物的外包装上标明出发地、目的地、托运人、收货人的名称及详细地址等,并粘贴或拴挂货物运输标签。还需要根据货物的性质,在货物外包装上粘贴包装储运指示标志。

(4)填制航空运单。根据《华沙公约》有关规定,航空货运单应由托运人填写,也可以由承运人或其代理人填写。实际上,航空货运单均由承运人或其代理人填写。因而,托运人必须填写托运书,作为填制航空货运单的依据。航空货运单签字后即宣告航空运输契约开始生效,具有法律效力。

第二,收运条件。

(1)一般条件。凡我国和国际上与运输有关的法律、行政法规以及其他有关规定禁止运输的物品,不得接收。批量大、有特定条件和时间限制的联运货物,应安排好联运中转舱位后方可接收。货物的包装、重量和体积必须符合航空货运的要求。

(2)安全检查。对于限制运输的物品,承运人应当查验国家或地区有关部门出具的运输许可证。承运人应当查验托运货物的包装(但对内包装不承担检查的责任),如发现包装不符合航空运输要求,在托运人改善托运货物包装后方可办理收运手续。托运人对收运的货物应当进行安全检查,对当日托运、装机发运的货物,开箱检查或通过安检仪器检测。

(3)价值限制。每批货物(每份货运单)声明价值不得超过10万美元或者等价值货币(未声明的,按毛重每千克20美元计算)。超过时,应分批交运,即分成两份或多份货运单。如货物不宜分开,则必须经有关航空公司批准后方可收运。

(4)付款要求。货物的运费可以预付,也可以到付。在承办运费到付货物时,应当确认货物目的地国家和有关承运人允许办理此种业务后,方可收货。

2.货物运输

(1)运送时间。承运人应当根据货运单约定的契约条件,在合理的时间内将货物运至货物目的地。对托运人预先订妥舱位的货物,承运人应当按托运人预定的航班将货物运至目的地。

(2)运输路线。承运人应当按照合理、经济的原则选择运输路线。承运人为尽早地将货物运抵目的地,有权改变托运人在货单上列明的运输路线。

(3)舱单。承运人运输货物应当填制舱单,对于联运的货物,承运人应当填制转运的舱单。

(4)货物装卸。承运人按装机单、卸机单准确装卸货物。按照货物包装上的储运指示标志作业,轻拿轻放,防止货物损坏。在货物运输中,发现货物包装破损无法续运时,应当做好运输记录,及时通知托运人或者收货人,征求托运人或者收货人对货物的处理意见。

(5) 仓库保管。承运人根据进、出机场货物的种类及运量,分别建立普通货物、贵重货物、鲜活货物、危险货物和活体货物等货物仓库;建立和健全仓库保管制度,严格交接手续,库内货物应当合理码放、定期清仓,做好防火、防盗、防鼠、防水、防冻工作,确保进出货物准确完整。

3. 货物到达和交付

(1) 到货通知。除另有约定外,承运人应当在货物到达后立即通知收货人。承运人自发出到货通知次日起,免费保管三天。逾期不提取,收货人须交纳保管费。

(2) 货物的交付。承运人交付货物时,要求收货人出具证件和到货通知。承运人应当按照货运单上列明的货物件数清点后,交付收货人。

4. 变更运输

自愿变更运输:托运人对已经办妥运输手续的货物,提出下列变更要求,称为自愿变更运输。

(1) 自愿变更运输的范围。在出发地机场或者目的地机场提回货物;在货物运输途中的任何一次经停时,中止运输;在目的地点或货物运输途中要求将货物交给非航空货运单上指定的收货人,即变更收货人;要求中途或从目的地点将货物运回出发地机场;变更目的地点。

(2) 自愿变更运输的条件。托运人应当以书面形式向承运人提出变更要求,并向承运人出示所收执的航空货运单(第三联航空货运单正本);托运人要求变更运输的货物,应是一份货运单所填写的全部货物;收货人拒绝接受航空货运单或者货物,或者承运人无法联系上收货人;托运人提出的变更要求不能违反我国和有关国家或地区的法律、行政法规和其他有关规定,否则承运人应当予以拒绝。

非自愿变更运输:托运人托运货物后,出于承运人的原因,如机场关闭、航班中断和天气影响等,货物不能空运至目的地点,需要变更运输,称为非自愿变更运输。承运人按照下列规定处理运费费用:

(1) 在出发地点退运货物,承运人应将全部运费退还托运人。

(2) 在经停地点变更目的地点,托运人交付的费用多退少补。

(3) 在经停地点将货物运回原出发地点,承运人应将全部运费退还托运人。

(4) 在经停地点改用其他运输工具将货物运至目的地点,超过部分的费用由承运人承担。

四、航空货物运输事故索赔

1. 承运人的责任

承运人从货物收运时起,到交付时止,承担安全运输的责任。托运货物在航空运输期间发生的货物损失,承运人应承担责任,但是依据公约、法律和规定以及承运人免除责任的除外。航空运输期间是指在机场内、民用航空器上或机场外降落的任何地点,托运货物处于承运人掌管之下的全部期间。在运输过程中,货物延误的责任应当由承运人承担,但承运人已采取一切必要措施或不可能采取此种措施的,以及国家法律、政府规定或要求,承运人另有约定的情况除外。

因遵守公约、法律和规定而产生的,或出于不可抗力原因造成直接或间接损失的,承运人不承担责任。当托运的货物属于禁运的某类货物,或者适用的法律和规定不允许运输该货物时,承运人将拒绝运输而不承担责任。

2. 索赔

如果收货人在提取货物时发现货物毁灭、遗失、损坏或者延误等,应立即向承运人提出异议。经双方共同查验、确认后,据实填写货物交付状态记录或者详细记录在货运单上,由双方签字或盖章,该记录作为收货人日后向承运人提出索赔的依据。只有在符合此条件的前提下,托运人才可以向承运人提出索赔。

(1) 索赔人。索赔人是指在航空运输合同执行过程中有权向承运人或其代理人提出索赔要求的人。索赔人可以是货运单上的托运人或收货人,持有托运人或收货人签署的权益转让书或授权委托书的法人或个人、律师事务所。货运单上的实际托运人或收货人不能作为索赔人向承运人提出索赔。如果是混载货物,部分货物丢失或损坏,代理人可以签署权益转让书,由实际托运人或收货人向承运人提出索赔。

(2) 提出索赔要求的时限。索赔人应在下列期限内以书面形式向承运人索赔:托运货物在运输过程中发生损失的,最迟应当自收到货物之日起14日内书面提出索赔;托运货物发生延误运输的,最迟应当自货物处置权交给收货人之日起21日内书面提出索赔;货物托运后始终没有交付的,托运人应当自货运单填开之日起120日内书面提出索赔。

除承运人有欺诈行为外,如果托运人或收货人未能在要求的期限内提出索赔的,即丧失了向承运人索赔的权利。对于不符合公约、法律和规定的索赔,承运人必须在规定时限内给托运人明确答复。

(3) 索赔应具备的文件。一般包括:索赔函,即索赔人向承运人提出正式索赔的书面文件;货运单正本或副本;货物交付状态记录或注有货物异常状况的货运单交付联;货物商业发票正本、修复货物所产生费用的发票正本、装箱清单正本和其他必要资料;货物损失的详细情况和索赔金额;商检报告或其他关于损失的有效证明。

3. 有关赔偿的诉讼与仲裁

(1) 有关赔偿的诉讼,应该由原告选择,在一个缔约国的领土内,向承运人住所地或其总管理处所在地或签订契约机构所在地的法院提出,或者向目的地法院提出。

(2) 诉讼程序应根据受理案件的法院的法律规定办理。

(3) 诉讼应该在航空器到达目的地之日起或应该到达之日起,或者从运输停止之日起两年内提出,否则丧失追诉权。

(4) 诉讼期限的计算方法根据受理法院的法律确定。

(5) 承运人、托运人或收货人在执行航空运输合同发生纠纷时,应通过协商方式解决。如果协商不成,则任何一方均可向合同管理机关申请调解或仲裁,也可向司法机关起诉。

第四节　国际铁路货物联运

一、概述

1. 国际铁路货物联运的定义

在两个或者两个以上国家铁路全程运送中,使用一份运送票据并以连带责任办理货物的全程运送,在由一国铁路向另一国铁路移交货物时,无须发货人和收货人参加,这种运输方式称作国际铁路货物联运。

国际铁路货物联运根据发货人托运的货物数量、性质、体积及状态等条件,办理种别分为整车、零担和大吨位集装箱。

(1) 整车和零担。整车货物是指按一份运单托运的、按其体积或种类需要单独车辆运送的货物;零担货物是指按一份运单托运的一批货物,重量不超过 5 000 千克,按其体积或种类不需要单独车辆运送的货物。如果有关铁路间另有商定条件,也可不适用国际货物发运人协会整车和零担货物的规定。

(2) 大吨位集装箱。这是指按一份运单托运的、用大吨位集装箱运送的货物或空的大吨位集装箱。

2. 国际铁路组织

国际上主要的铁路组织有铁路合作组织和国际铁路联盟。

(1) 铁路合作组织(简称铁组)。该组织成立于 1956 年 6 月,目的是发展亚欧间的铁路联运。基本任务是:掌管国际客、货联运协定及有关的各种规章制度和办事细则的修改与补充,制定联运运价,编制合理的国际运行路径,商定运输计划,改善国境站的工作;研究与汽车运输发展和管理的有关问题;同其他从事铁路、公路运输的国际组织合作。

(2) 国际铁路联盟(简称铁盟)。该组织成立于 1922 年 12 月,总部在巴黎,目的是推动国际铁路运输的发展,促进国际合作,改进铁路技术装备和运营方法,开展有关问题的科学研究,实现铁路建筑物、设备技术标准的统一。

(3) 我国办理国际铁路货物联运时适用的规章制度。①《国际铁路货物联运协定》;②《国际铁路货物联运协定办事细则》(简称《货协细则》);③《关于统一国境运价规程的协约》及其附件《统一国境运价规程》;④《关于国际联运车辆使用规则的协约》及其附件《国际联运车辆使用规则》(简称《车规》);⑤《关于国际旅客和货物联运清算规则的协约》及其附件《国际旅客和货物联运清算规则》(简称《清算规则》);⑥ 国境铁路协定或议定书;⑦ 我国国内铁路运输使用的有关规章。

(4) 国境站。① 我国铁路国境站包括如下部分:滨洲线和满洲里站,滨绥线和绥芬河站,北疆线和阿拉山口站,集二线和二连浩特站,沈丹线和丹东站,梅集线和集安站,长图线和图们站,湘桂线和凭祥站,昆河线和山腰站。② 过境站接货和车辆交接地点及过货方式:货物和车辆的交接原则上是在接收路国境站上进行。但出于设备和作业原因,某方国境站不能办理交接作业时,可以通过相邻路国境站协定规定交接作业都在另一国境站办理。国际铁路货物联运的过货方式有原车过轨及货物换装或货车换转向架。货物换装或货车换转向架作业,原则上是在接收路国境站上进行。

二、国际铁路货物联运的基本业务

1. 国际铁路货物联运的范围

包括货协国铁路之间的货物联运、货协国与非货协国铁路间的货物联运和通过货协国港口的货物联运。

2. 国际铁路货物联运的运到期限

货物运到期限是指铁路运输部门根据现有技术设备条件和运输组织工作水平,对按不同种别办理的货物所确定的从起运地至目的地的最长期限。它是衡量铁路运输质量的一项重要指标。

(1) 运到期限的组成。国际铁路货物联运的办理种别可以分为整车、零担、集装箱、托盘和货捆货物等,按运送速度又可以分为慢运和快运。

国际铁路联运货物的运到期限是由发送期间、运送期间、货物换装或车辆换转向架作业期间组成,计算公式为:

$$T_{运到} = T_发 + T_运 + T_换 \tag{4-1}$$

式(4-1)中,$T_{运到}$ 为货物运到期限(天),运送超限货物时延长100%;$T_发$ 为货物发送期间(天);$T_运$ 为货物运送期间(天);$T_换$ 为货物换装或车辆换转向架作业期间(天)。$T_发$、$T_运$ 和 $T_换$ 的计算标准如表4-1所示。

表4-1 货物运到期限计算标准

运送速度	发送期间（发送路和到达路平分）	运送期间（每一参加运送铁路分算）			换装或车辆换转向架作业期间
		零担	整车或大吨位集装箱	随旅客列车挂运的整车和大吨位集装箱	
慢运	1天	每150运价公里计1天	每200运价公里计1天	—	每次作业计2天
快运	1天	每200运价公里计1天	每320运价公里计1天	每420运价公里计1天	

(2) 实际运到期间的起止时间。实际运到期间从承运货物的次日零时起算,到铁路通知收货人货物到达并可以将货物交给收货人处理时止。若承运的货物在发送前需预先保管,则应从指定装车的次日零时起算。货物在国境站换装,若部分货物用补充运行报单补送,则实际运到期间按随原运单到达的部分货物计算。在运送途中发生下列非铁路原因造成的滞留时间,铁路有权相应延长运到期限:① 为履行海关和其他规章所需的滞留时间;② 非因铁路过失而造成的暂时中断运输的时间;③ 因变更运输合同而发生的滞留时间;④ 因检查货物同运单记载是否相符,或者检查按特定条件运送的货物是否采取了预防措施,并且在检查中确实发现不符而发生的滞留时间;⑤ 因发货人的过失而造成超出重量的卸车、货物或其容器与包装的修整及倒装以及整理货物的装载所需的滞留时间;⑥ 因牲畜饮水、遛放或兽医检查而造成的站内滞留时间;⑦ 因发货人或收货人的过失而发生的其他滞留时间。

(3) 货物运到逾期罚款。货物全程实际运送天数超过所确定的总运到期限天数,则该批货物运到逾期。货物运到逾期后,铁路应按表 4-2 所列的标准向收货人支付运到逾期罚款。

表 4-2 运到逾期罚款标准

逾期百分率 s	罚款率	罚款额
$s \leqslant 10\%$	6%	运费×6%
$10\% < s \leqslant 20\%$	12%	运费×12%
$20\% < s \leqslant 30\%$	18%	运费×18%
$30\% < s \leqslant 40\%$	24%	运费×24%
$40\% < s$	30%	运费×30%

3. 国际铁路货物联运运送费用

国际铁路货物联运运送费用包括发送路运送费用、过境路运送费用和到达路运送费用。这三种路段运送费用的计算和核收各不相同,其核收原则如表 4-3 所示。

过境路运送费用按下列规定计收:参加《国际货协》并实行《国际铁路货物联运统一过境价规程》(简称《统一货价》)各过境路的运送费用,在发站向发货人(相反方向运送则在到站向收货人)核收;但办理转发送国家铁路的运送费用,可以在发站向发货人或在到站向收货人核收。过境非国际货协铁路的运送费用,在到站向收货人(相反方向运送则在发站向发货人)核收。

表 4-3 运送费用的核收原则

项目	路段		
	发送路(货协国)	过境路《统一货价》	到达路(货协国)
适用规章	承运当日发送国内规章	承运当日《统一货价》	承运当日到达路国内规章
支付币种	发送国货币	运价货币折成核收国货币	到达国货币
支付地	发站	发站或到站	到站(我国为进口国境站)
支付人	发货人	发货人或收货人	收货人

三、特定运输条件的货物运输

1. 超限、超长、超重货物的运输

(1) 定义。① 超限货物。凡一件货物的外形尺寸有任一部位超过参与运送的任一铁路装载界限的,均属超限货物。② 超长货物。凡一件长度超过 18 米(经由越南时超过 12 米)的货物,均属超长货物。③ 超重货物。凡一件重量超过 60 吨(在换装运送中对越南重量超过 20 吨)的货物,均属超重货物。

(2) 运送条件。① 超限、超长、超重货物的运送程序。超限、超长、超重货物的运送条件,原则上必须由参与运送的各国铁路预先商定后才准许运输。超长货物(运往越南的除外)在某些情况下,可不经预先商定即可运送。② 超限、超长、超重货物在国内段的运送组织。国际铁路联运中的超限、超长、超重货物在我国铁路区段运输时,应按我国铁路对阔大货物运输的要求进行组织。

2. 危险货物的运输

(1) 定义。凡具有爆炸、易燃、毒害、腐蚀和放射性等特质,在铁路运输、装卸和储存保管的过程中,容易造成人身伤亡和财产损毁而需要特别防护的货物,均属危险货物。

(2) 运输条件。① 爆炸品、压缩气体、液化气体或在压力下溶解的气体、自燃物品和放射性物品,只限于列载在《危险货物运送规则》相应品类表中的物品,才准许运送;没有列载在这些表中的上述物品,只有在征得参与运送铁路同意后才准许运送。② 危险货物的包装,一件货物重量的限制、车种要求、混装限制、表示牌以及运单内的记载内容,均须遵守国际联运的规定条件才准许运送。在个别情况下要求不按其规定条件运送时,应征得有关运送铁路同意后才准许运送。③ 危险货物装载必须稳固,加固材料必须由发货人负责。④ 危险货物零担运送应满足国际联运的有关特别要求。⑤ 在运送危险货物时,必须按规定在每一件货物和车辆上粘贴相应的标示牌。

3. 易腐货物和活物的运输

(1) 定义。凡在运送中对高温或低温作业需要采取防护措施(加冷、加温、通风)、照料或照管的货物,均属于易腐货物。

(2) 运输条件。应遵循以下原则:运输易腐货物时,应遵守《国际铁路货物联运协定》(以下简称《国际货协》)附件《危险货物运送规则》的规定。在我国铁路段内运输时,还必须遵守我国《铁路鲜活货物运输规则》的规定。运送活物时,必须遵守货物发送国、到达国和过境国的兽医卫生规章,并按规定保证动物的押运。另外,对易腐货物和活物的运输还有运送的特别要求与限制。

4. 集装箱货物的运输

(1) 国际铁路集装箱的办理种类。小吨位、中吨位、大吨位集装箱及空集装箱运输。

(2) 国际铁路集装箱货运程序。空箱发放、集装箱货物的接收与承运、装车、卸车和集装箱货物的交付。

(3) 国际铁路集装箱的运输条件。应遵守的原则规定:小吨位、中吨位、大吨位集装箱,允许在发送路办理该集装箱承运的一切车站和《国际货协》有关附件上载列的车站间办理运送。另外,集装箱的运输还有一些特别的要求和限制条件。

四、《国际货协》的主要内容

1. 适用范围

《国际货协》适用于缔约国之间的货物运输,协定中的内容对承运人、发货人、收货人均有约束力。对从不参加货运协定铁路的国家,通过参加国铁路,将货物运往未参加协定国家(或反向货物运输),则应按货物协定的附件办理。下列运输则不用于本协定:

(1) 货物发站、到站在同一国内,而发送的铁路可通过另一国家过境运输时;

(2) 两个国家车站之间,用发送国或到达国车辆通过第三国过境运输时;

(3) 两国相邻车站间,全程运输使用同一方的铁路车辆,并根据这一铁路所在国的国内规章办理货物运输时。

以上(1)、(2)、(3)提及的货物,可根据各国有关铁路间签署的特别协定办理。

2. 铁路的责任

(1) 铁路的责任期间和范围。铁路在规定的条件范围内,从承运货物时起,至到站交付时止;若将货物转发送到未参加《国际货协》的国家,则至按另一种国际联运协定的运单办完货物运送手续时止,对于货物运输逾期以及对因货物全部或部分灭失、重量不足、毁损、腐坏或其他原因降低质量所发生的损失责任。

(2) 铁路的连带责任。按货协运单承运货物的铁路,负责完成货物运送全程的运输合同,至到站交付时止;若将货物转发送到未参加《国际货协》的国家,则负责完成至按另一种国际联运协定的运单办完货物运送手续时止。如果货物转发送自未参加《国际货协》的国家,则自按货协运单办完运送手续后开始。

(3) 免责事项。① 铁路不能预防或不能清除的情况;② 货物自然特性所致;③ 货物的灭失、损害系发货人、收货人过失所致;④ 货物的损害系发货人、收货人装卸过失所致;⑤ 使用敞车类货车运送货物,陆运规章允许除外;⑥ 包装不牢、标志不清;⑦ 发货人未按货协规定办理货物托运;⑧ 货物自然损耗;⑨ 发货人申报内容不准确、不完全、不确切所致。

3. 发货人的责任

发货人对自己填的货协运单的真实性负完全责任。应按规定支付运送费用。发运前取消运输的,应承担违约责任。由于发货人提供的包装不良,且铁路部门无法从外部发现而造成的货损货差,责任由发货人自负;如果给铁路或他人造成损失,还应依法负赔偿责任。

4. 收货人的责任

收货人必须按规定支付运送费用并领取货物,只有在货物因毁损、腐坏或其他原因而使质量发生变化,以致部分或全部货物不能按原用途使用时,方可拒领。如果收货人超过期限提取货物,则应按规定向铁路部门支付保管费。

5. 运单

适合铁路运输的单证叫作运单。运单由运单正本、运单报单、运单副本、货物交付单及货物到达通知单组成。

按照《国际货协》第 6 条、第 7 条的规定,发货人在托运货物时,应对每批货物按规定的格式填写运单和运单副本,并在填写后向始发站提出,在始发站承运货物(连同运单)时起,即认为运输合同已订立。

6. 索赔及其处理

(1) 赔偿请求。① 赔偿请求人。赔偿请求应由发货人向发站或发送局,收货人向到站或到达局提出。② 赔偿请求的形式。赔偿请求应以书面形式提出。③ 赔偿请求的时限计算。关于货物部分灭失、重量不足、毁损、腐坏或其他原因致质量降低的赔偿请求,自货物交付收货人之日起计算。关于货物全部灭失的赔偿请求,按规定的货物运到期限满30 天起计算。关于补充支付运费、杂费、罚款的赔偿请求,或关于退还该款项的赔偿请求,或关于因运价规程使用不当以及费用计算错误而发生的订正清算的赔偿请求,自付款之日起计算。若未付款,则自货物交付之日起计算。关于其他的赔偿请求,自查明提出赔偿请求依据的情况之日起计算。

(2) 诉讼。① 诉讼提起人。凡有权向铁路提出赔偿请求的人,即有权根据运输合同提起诉讼。② 提起诉讼的条件。只有根据规定提出赔偿后,索赔人才可提起诉讼。③ 诉讼时效。根据铁路运输合同提起诉讼的时效与提起赔偿请求的时效相同;超过时效的赔偿请求无效,也不得以诉讼形式提出。

7. 运输合同的变更

(1) 发货人可对运输合同做下列变更:① 在始发站将货物领回;② 变更终点站;③ 变更收货人;④ 将货物运回始发站。

(2) 收货人可对运输合同做下列变更:① 在到达国范围内变更货物的到达站;② 变更收货人。

(3) 对于下列情况,铁路不受理变更:① 应执行变更合同的车站,在接到申请书或由发站或到站发来的电报通知后已无法执行;② 变更违反铁路运营管理的规定;③ 变更与参与运送铁路所属国家现行法令和规章发生抵触;④ 在变更到站情况下,货物价值不能抵偿运到新指定到达站的一切费用。

第五节 国际公路运输

公路运输是现代运输的主要方式之一,也是构成陆上运输的两个基本运输方式之一。它在整个运输领域中占有重要的地位,并发挥着越来越重要的作用。公路运输既是一个独立的运输体系,也是车站、港口和机场集散物资的重要手段。

一、公路运输的基本概述

1. 公路运输的特点和作用

公路运输是一种机动灵活、简捷方便的运输方式,在短途货物集散运输上,它比铁路、航空运输具有更大的优越性;尤其是在实现"门到门"的运输过程中,它的作用更为突出。其他的运输方式都或多或少地依赖公路运输来完成两端的运输任务。它就如同深入各个角落的毛细血管,起着吸取和输送必要营养的重要作用。即使在道路崎岖的深山甚至穷乡僻壤,只要有公路就可以将货物送达。

(1) 拥有很强的配送能力,提供"门到门"服务,没有中间环节。

(2) 在运输中提供货运服务的转运国无须增加关税检查。

(3) 如果因路面施工、堵塞或运输服务受到破坏而需要改变行车路线,公路运输会灵活地做出改变。

(4) 在一定距离的范围内,与航空运输相比,国际公路运输在运输时间和运费方面更有竞争力。

(5) 凭证简单。

(6) 服务趋于高可靠性和标准化。

(7) (欧洲)国际公路运输协定的运输工具可以是毛重量为 42 吨、车长为 12.2 米的拖车或 15.5 米的拖挂车。

(8) 对于数量不多的杂货和选择性散货的运输来说,公路运输是一种理想的运输方式。

(9) 与通常的海洋运输(散货)服务相比,包装成本更低。

(10) 在整个公路运输期间,司机与运输工具同行,因此通过人力的监控,可以减少损坏和泄漏的风险。

(11) 拖车服务非常灵活,有助于商业的发展。

但是公路运输也存在缺点:载重量小,不适宜装载大件、重件货物,不适宜长途运输。车辆运输途中震动较大,容易造成货损和货差事故。与水路和铁路运输相比,运输成本和费用比较高。

2. 公路运输的经营方式

(1) 公共运输业。这种企业专业经营汽车货物运输业务,并以整个社会为服务对象,其经营方式有:① 定期定线是指不论货载多少,在固定路线上按时间表行驶;② 定线不定期是指在固定路线上视货载情况派车行驶;③ 定区不定期是指在固定的区域内根据需要派车行驶。

(2) 契约运输业。按照承运人和托运人签订的运输契约运送货物,与承运人签订契约的一般是常年运量大且稳定的工矿大企业。契约的期限一般较长,按契约规定,托运人保证提供一定的货运量,承运人保证提供所需的运力。

(3) 自用运输业。工厂、企业、机关自置汽车,专为运送自己的物资和产品,一般不对外营业。

(4) 汽车货运代理。它本身既不掌握货源也没有交通工具,是以中间人的身份一面揽货、一面向运输公司托运,借以收取手续费和佣金。有的汽车货运代理商专门从事向货主揽取零星货载,加以归纳集中成为整车货物,然后以托运人的名义向运输公司托运,赚取零担和整车货物运输费用之间的差额。目前,发达国家货运代理大多属于后一种经营方式。

3. 公路运费

公路运费均以"吨/里"为计算单位,一般有两种计算标准:一是按货物等级规定基本运费费率,二是以路面等级规定基本运价。凡是一条运输路线包含两种或者两种以上的等级公路时,则以实际行驶里程分别计算运价。特殊道路如山岭、河床、原野地段,则由双方另行商定。

二、公路集装箱货物运输

1. 公路集装箱货物运输的特点

(1) 就运输流程来说,出口集装箱货物必须事先将分散的小批量货物预先汇集在内陆地的仓库或货运站内,然后组成大批量货物以集装箱形式运到码头堆场,或者由工厂、仓库将货物整箱托运到码头堆场。

(2) 运输路线简单、方便,一般在固定的几个仓库或货运站、堆场,为集装箱运输实现规模化、标准化创造了条件。

(3) 作业方式更容易实现机械化和程序化,为展开集装箱码头堆场、货运站直至仓库之间的拖挂车运输打下了良好的基础。

(4) 就装卸货物流程来说,集装箱货物分为整箱货和拼箱货两种,前者由发货人自行装箱,后者由集装箱货运站负责装箱。整个装卸业务流程明确了责任,管理上由货主或者货运站装箱,拆箱更加专业化、熟练化。

2. 货源组织

(1) 集装箱货源组织形式:① 计划调拨运输。它是集装箱货源组织的最基本形式,是由公路货运代理公司配载中心统一受理由口岸进出口的集装箱货源,由代理公司或配载中心根据各集卡运输公司(车队)的车型、运力以及基本的货源对口情况,统一调拨运输计划。② 合同运输。在计划调拨运输以外或有特殊要求的情况下可采用合同运输形式。由船公司、货运代理或货主直接与集卡公司(车队)签订合同,确定某一段时间内运货量多少。③ 临时托运。它是小批量的、无特殊要求的运输。这一般不影响计划调拨运输和合同运输的完成,主要是一些短期的、临时的客户托运的集装箱。

(2) 集装箱公路运输货源的组织手段:① 委托公路运输代理公司或配载中心组货;② 建立营业受理点;③ 及时了解港区、货代、货主情况。

三、公路货物运输公约和协定

为了统一公路运输所使用的单证和承运人责任,联合国下属欧洲经济委员会负责拟定了《国际公路货物运输合同公约》。

1. 适用范围

(1) 针对以车辆运输货物而收取报酬的公路运输合同,接管货物和交付货物的地点在两个不同的国家,其中至少有一国是缔约国。

(2) 若车辆装载运输的货物在运输过程中经由海上、铁路、内陆水路或航空但货物没有从车辆上卸下,则公约仍对整个运输适用。

(3) 若公路承运人本人同时为其他运输方式下的货物运送人,则其责任应依照上述(1)的规定予以确定;但在作为公路承运人和其他运输方式承运人时,其具有双重身份。

(4) 公路承运人应对受雇人、代理人或其他人为执行运输而利用其服务的任何其他人的行为或不行为承担同等责任。

2. 运单

《国际公路货物运输合同公约》规定:运单应是运输合同成立、合同条件和承运人收到货物的初步证据。

(1) 运单应该记载的主要内容:① 运单签发的日期和地址;② 收货人、发货人和承运人的名称与地址;③ 货物接管的地点、日期和指定的交货地点;④ 一般常用的货物名称、包装方式,如果属于危险货物还应说明通常认可的性能;⑤ 货物的件数、特性、标志和号码;⑥ 货物的毛重,或以其他方式表示的数量;⑦ 与运输有关的费用(运输费用,如附加费、关税),以及从签订合同到交货期间发生的其他费用;⑧ 另外还应包括是否允许转运的说明,发货人负责支付的费用,货物的价值,发货人关于货物保险所给予承运人的指示,交付承运人的单据清单,议定的履行运输的时效期限等。

除此之外,缔约国还可以在运单上列明他们认为有用的其他事项。

(2) 运单的性质:① 运单是运输合同;② 运单是货物的收据、交货的凭证;③ 运单是解决责任纠纷的依据;④ 运单不是物权凭证,不能转让买卖。

(3) 运单的签发及证据效力。《国际公路货物运输合同公约》第 4 条规定:运输合同应以签发运单来确认。无运单、运单不正规或丢失不影响运输合同的成立或有效性,仍受本公约的规定约束。运单一式三份,第一份交发货人,第二份应随货物同行,第三份由承运人保留。承运人在接收货物时应做到:① 检验运单中有关货物件数、标志及号码的准确性;② 检查货物的外表状况及其包装。

3. 发货人责任

(1) 没有准确提供自己的名称、地址。

(2) 没有在规定的地点、时间内将货物交给承运人。

(3) 收货人的名称、地址有误,且由发货人提供。

(4) 对托运的货物没有说明准确名称而造成的损失。

(5) 对托运的危险货物没有在运单中注明危险特性、危险编号,以及一旦发生意外应采取的措施。

(6) 对运输要求没有作说明。

(7) 没有提供办理海关和其他手续所必需的资料。

(8) 货物包装不牢、标志不清。

(9) 货物内在缺陷引起的货损。

(10) 由于发货人的过失造成对第三方的损害。

特别地,为了交付货物应办理的海关或其他手续,发货人应在运单后附必需的单证,或将货物交承运人支配和提供给承运人所需的全部资料。

4. 承运人责任和豁免

(1)《国际公路货物运输合同公约》第 17 条规定:承运人应对自货物接管之时起至货物交付时止发生的全部或部分灭失、损坏以及货物交付中的任何延迟负责。此外在运输过程中,承运人对因自身使用车辆不当或使用他人车辆,或其代理人造成的过失,同样承担责任。

(2) 免责情况:① 货物的灭失、损坏是由于无包装或包装不良造成的;② 货物的灭失、损坏是由于使用无篷敞车引起,此种使用已在运单中明确规定和有所规定;③ 货物的灭失、损坏是由于发货人、收货人或其代理人所从事的货物搬运、积载或卸载引起的;④ 货物的灭失、损坏是由于包装上标志不清、号码不完整、不当错误所致;⑤ 货物的灭失、损坏是由于承运活的动物;⑥ 货物的灭失、损坏缘于锈损、腐烂、干燥、渗漏、发霉及发潮,即由货物的自然特性所致等。

5. 索赔与诉讼

(1) 任何法律诉讼,原告可以在双方协议中约定的缔约国的任何法院提起,也可以在下列地点所属国家的法院提起:① 被告通常住所或主要营业场所的法院;② 合同订立地的法院;③ 承运人接管或交付货物地点的法院。

(2) 诉讼时效:① 因货物运输正常所提出的诉讼,时效为一年;② 如货物的灭失或损害系承运人故意不当行为,或根据受理案件法院的法律认定是由与故意不当行为等同的其他过失行为所致,时效为两年。

第六节　集装箱与国际多式联运

各种杂货的性质、包装、体积和重量千差万别,传统杂货运输中,货物一般只能一件一件地装卸和搬运,运输效率很低。提高杂货运输效率的关键是货物成组化,即把分散的单件货物组合在一起,形成比较大的、有一定规格和标准的运输单元,以适合机械化装卸。

所谓集装箱运输,是指将单件货物集成组并装入箱内,以集装箱为运输单元进行运输的一种货物运输方式。

目前,集装箱是杂货运输的理想成组工具,除了杂货,小批量的液货和散货用集装箱运输也是很有效的。

一、集装箱

1. 集装箱的定义

所谓集装箱(Container),是指具有一定强度、刚度和规格,专供周转使用的大型装货容器。使用集装箱转运货物,可直接在发货人的仓库装货,运到收货人的仓库卸货,中途在更换车、船时无须将货物从箱内取出换装。

2. 集装箱种类

目前,海上集装箱运输大部分采用20英尺和40英尺的两种集装箱。

20英尺集装箱外部尺寸为20 ft(6 058 mm)×8 ft(2 438 mm)×8 ft 6 in(2 591 mm),内容积为5.69 m×2.13 m×2.18 m,自重3吨,载重21吨,体积为33立方米。

40英尺集装箱外部尺寸为40 ft(12 192 mm)×8 ft(2 438 mm)×8 ft 6 in(2 591 mm),内容积为11.8 m×2.13 m×2.18 m,钢质箱体自重约4吨,载重26吨,内部容积约为67立方米。一个40 ft集装箱占两个20 ft集装箱箱位。

为了适应装载不同种类货物的需要,出现了不同种类的集装箱,如干货集装箱、散货集装箱和罐式集装箱等。干货集装箱是最常用的集装箱,散货集装箱适合装运谷物等散货,罐式集装箱专供装运酒类和油类等液货物。此外,还有适合装载肉类、水果等货物的冷藏集装箱。

3. 集装箱计算单位——标箱

为了便于统计集装箱船的装箱能力和集装箱拥有量,使集装箱箱数计算统一化,把20英尺集装箱作为一个计算单位,简称标箱。例如,一个40英尺集装箱相当于两个计算单位,即两个标箱。集装箱船均以标箱为单位表示载箱量,港口也以标箱为单位统计集装箱货物的进出口量。

二、集装箱运输的关系方

集装箱运输涉及许多方面,需要各节点单位相互协调和配合,以提高集装箱的运输效率。集装箱运输的关系方除了货主,还包括:

(1) 实际承运人。经营集装箱运输的船公司、公路运输公司、航空运输公司等是实际承运人。集装箱轮船公司不仅拥有集装箱运输船,通常还备有大量集装箱,便于发货人使用。

(2) 集装箱租赁公司。该类公司专门经营集装箱的出租业务,承租人一般是船公司或货主。通常情况下,货主不必租箱,集装箱船公司会免费提供集装箱给货主使用。

(3) 集装箱堆场(Container Yard,CY)。集装箱堆场是集装箱码头装卸区的组成部分,是整箱货办理集装箱在码头交接、装卸和保管的场所。

(4) 集装箱货运站(Container Freight Station,CFS)。集装箱货运站一般设在内陆交通比较便利的大中城市,是提供拼箱、装箱和拆箱服务的专门场所。

三、集装箱货物的交接

1. 交接方式

(1) 集装箱货物装箱方式。根据一个箱内货物的发货人和收货人情况,集装箱货物装箱方式分为两种:① 整箱货(Full Container Load,FCL),指货方自行将货物装满整箱以后,以箱为单元托运的集装箱货物。通常,当货主有足够货源能装满一个或数个整箱时,可在自己的工厂或仓库内自行装箱,海关人员在装箱现场进行监管。货物装妥、办理出口货物报关手续并通过检验后,货主对集装箱施加铅封。托运人以一个集装箱为单元交运。整箱货只有一个托运人和一个收货人。② 拼箱货(Less than Container Load,LCL),是指一个集装箱内装入多个货主或多个收货人的货物。由于个别货主的货物批量小,不足以装满一个集装箱,通常由集装箱货运站将分属不同货主但目的地相同的货物合并装箱,经海关检验后,对集装箱施加铅封。运至目的地后,在集装箱货运站拆箱分别交货。拼箱货的接收、装箱或拆箱、交货等工作,一般在承运人码头集装箱货运站或内陆集装箱货运站进行。

(2) 集装箱货物交接方式。根据交接货物装箱方式的不同,集装箱货物交接方式有以下四种:① 整箱交、整箱接(FCL-FCL)。集装箱中的货物只有一份提单,收货人和发货人分别只有一个人。② 拼箱交、拆箱接(LCL-LCL)。集装箱中的货物有多份提单,收货人和发货人分别是不同的人。③ 整箱交、拆箱接(FCL-LCL)。集装箱中的货物有多份提单,所有提单的发货人相同,但收货人不同。④ 拼箱交、整箱接(LCL-FCL)。集装箱中的货物有多份提单,所有提单的收货人相同,但发货人不同。

2. 集装箱货物交接地点

集装箱货物交接地点可能在以下三处:

(1) 门(Door)——发货人和收货人的工厂或仓库。

(2) 场(CY)——集装箱堆场。

(3) 站(CFS)——集装箱货运站。

这三个地点的不同组合形成九种交接方式:门到门(Door-Door)、门到场(Door-CY)、门到站(Door-CFS)、场到门(CY-Door)、场到场(CY-CY)、场到站(CY-CFS)、站到门(CFS-Door)、站到场(CFS-CY)、站到站(CFS-CFS)。

通常,集装箱的交接方式与集装箱的交接地点存在一定的对应关系,常见的对应关系如表 4-4 所示。

表 4-4　集装箱交接方式和交接地点的对应关系

交接方式	交接地点
FCL-FCL	任何地点,但通常是 CY-CY
LCL-LCL	通常是 CFS-CFS 可能是 CFS-Door、Door-Door、Door-CFS
FCL-LCL	通常是 CY-CFS 也可能是 Door-CFS、CFS-CFS
LCL-FCL	通常是 CFS-CY 也可能是 Door-CFS、CY-CFS、CFS-CFS

"整箱交、整箱接"交接方式的效率最高,在整个运输过程中,完全以集装箱为单元进行运输,不涉及普通货物运输,最适合"门到门"运输。

四、国际多式联运

国际集装箱运输是一种先进的运输方式,不同运输方式和承运人之间货物的交接非常便捷。国际航运公司为了争取货源,将服务内容由单纯的海洋运输扩大到两端的陆路运输,进而发展成国际多式联运。

1. 国际多式联运的定义与特征

国际多式联运(Multi-modal Transport)是一种以实现货物整体运输效益最优化为目标的联运组织形式。它通常是以集装箱为运输单元,将不同的运输方式有机地组合在一起,构成连续、综合性的一体化货物运输。

根据 1980 年《联合国国际货物多式联运公约》(简称《多式联运公约》)的定义,"国际多式联运是指按照多式联运合同,以至少两种不同的运输方式,由多式联运经营人将货物从一国境内接管货物地点运至另一国境内指定地点交付"。根据该定义,可以看出构成国际多式联运必须具备以下特征:

(1) 具有一份多式联运合同,明确规定多式联运经营人和联运人之间权利、义务、责任与豁免的合同关系及多式联运性质。

(2) 使用一份全程多式联运单证,即证明多式联运经营人已接管货物并负责按照合同交付货物所签发的单证。

(3) 是至少两种不同运输方式的连续运输,而非单一运输方式的连续运输,如船转船的海上联运。

(4) 国际货物运输。这不仅仅是区别于国内货物运输,主要是涉及国际运输法规的适用问题。

(5) 一个多式联运经营人对货物运输的全程负责。当然,在多式联运经营人履行多式联运合同的运输责任时,可将全部或部分运输委托他人(分承运人)完成,并签订分运合同。但分运合同的承运人与托运人之间不存在任何合同关系。

(6) 对货主实行全程单一费率,以包干形式一次收取。

由此可见,国际多式联运的主要特点是:多式联运经营人与托运人签订一份运输合同,实行一次托运、一次收费、一单到底,全程运输由多式联运经营人统一组织和负责。

2. 多式联运经营人的责任

国际多式联运经营人责任期间是从接受货物时起到交付货物时止,对货物全程运输负责。有关国际多式联运的国际法规有《多式联运公约》和《多式联运单证规则》,目前国际多式联运有的采用统一责任制,有的采用网状责任制。

(1) 统一责任制(Uniform Liability System)。这种制度的特点是,不管货物的灭失或损坏发生在哪一区段,多式联运经营人对货主按统一的标准进行处理。《多式联运公约》采用的基本是统一责任制。

(2) 网状责任制(Network Liability System)。在这种制度下,多式联运经营人的责任范围以各区段运输的原有责任为限,赔偿也分别按区段适用的国际或国内法规定的限额赔付。例如,若货损发生在海上运输区段,则按国际航运法规处理;若发生在铁路运输区段,则按有关国际法或国内法规处理。如果货物灭失或损坏的具体区段无法确定,则按双方约定的标准处理。《多式联运单证规则》采用的是网状责任制。该规则不具有强制性,但网状责任制承认现行的承运人责任制度,容易为商界所接受,因此国际多式联运经营人多采用这种责任制度。

3. 国际多式联运的优越性

国际多式联运是在集装箱运输的基础上产生并发展起来的一种新型的运输组织形式。集装箱多式联运已成为国际货物运输的主要发展方向。国际多式联运之所以能发展得如此迅速,是因为它与传统运输组织形式相比具有突出的优越性,主要体现在以下三个方面:

(1) 手续简便,责任统一。在国际多式联运中,所有运输事项均由多式联运经营人负责办理,货主只需办理一次托运、订立一份运输合同、支付一笔运费、办理一次保险,就可将货物从起运地运到目的地,大大简化了运输与结算手续。此外,一旦货物在运输途中发生灭失、损坏或延迟交付等事故,则由多式联运经营人对全程运输负责,货主只需与多式联运经营人交涉就可解决问题,而每一运输区段的实际承运人再分别在各自区段内对多式联运经营人负责。

(2) 减少中间环节,提高运输质量。多式联运以集装箱为运输单元,可以实现"门到门"运输。途中转运时,使用专用机械设备装卸,无须掏箱、装箱,减少了中间环节,因而大大减少了货损货差和被盗的可能性。此外,全程运输由专业人员组织,可做到各个运输环节和运输工具之间配合密切、衔接紧凑,从而大大加快了货物运达速度,有效提高了运输质量,保证货物安全、迅速、准确、及时地运到目的地。

(3) 降低运输成本,节省运杂费用。多式联运全程运输中各区段运输和各环节的衔接,是由多式联运经营人与实际承运人订立分运合同,以及与各代理人订立委托合同来完成的。多式联运经营人通常与这些实际承运人和代理人订有长期协议,并可以争取到优惠运价或较低的佣金;并且,多式联运经营人通过对运输路线的合理选择和运输方式的合理使用,可以降低全程运输成本。

第七节 国际邮政运输

一、国际邮政运输的特点和作用

1. 国际邮政运输的特点

国际邮政运输是国际贸易运输中不可缺少的渠道,其特点如下:
(1) 具有广泛的国际性。
(2) 具有国际多式联运性质。
(3) 具有"门到门"运输的性质。
(4) 手续简便,运费较低。

2. 国际邮政运输的作用

通过国际邮件的传递,沟通和加强各国人民之间的通信联系,促进相互间的政治、经济和文化交流。

二、万国邮政联盟组织

万国邮政联盟(Universal Post Union)简称邮联,其宗旨是根据《万国邮政联盟组织法》规定,组成一个国际邮政领域组织,以便相互交换邮件;组织和改善国际邮政业务,以利于国际合作的发展;推广先进的经验,给予会员国邮政技术援助。

万国邮政联盟由德国在1874年9月发起,邀请了22个国家在瑞士伯尔尼开会,经过讨论共同签署了第一个国际邮政公约,即《伯尔尼公约》,并据此成立了"邮政总联盟",也就是万国邮政联盟的前身。1878年5月,邮政总联盟在巴黎召开第二次代表大会,修订了《伯尔尼公约》,更名为《万国邮政公约》,将"邮政总联盟"改名为"万国邮政联盟"并沿用至今。

万国邮政联盟的组织机构有:① 大会,最高权力机构,每5年举行一次;② 执行理事会,为大会休会期间的执行机构;③ 邮政研究咨询理事会,研究邮政技术和合作方面的问题,并就此问题提出改进建议,并推广邮政经验和成就;④ 国际局,邮联的中央办事机构,设在瑞士伯尔尼,主要任务是与各会员国邮政主管部门进行联络、交流情报和咨询服务,负责大会筹备工作,准备各项年度工作报告。

三、邮包的种类

国际邮件按运输方法分为水陆路邮件和航空邮件,按内容性质和经营方式分为函件和包裹两大类。按我国的邮政规定,包裹可以分为:

(1) 普通包裹。凡适于邮递的物品,除规定禁寄和限寄的以外,都可以作为普通包裹。

(2) 脆弱包裹。内部容易损坏的、要求小心处理的包裹,如玻璃器皿、古玩等。

(3) 保价包裹。邮局按寄件人申明价值承担赔偿责任的包裹,一般适用于邮递贵重物品,如金银首饰、珠宝及工艺品等。

上述包裹若以航空方式邮递,即分别称为航空普通包裹、航空脆弱包裹和航空保价包裹。此外,国际上还有快递包裹、代收货价包裹和收件人免付费包裹等。

邮政局在收寄包裹时,均给寄件人以执据,故包裹邮件属于给据邮件。给据邮件均可办理附寄邮件回执。回执可按普通、挂号或航空寄送。

四、邮资和单证

1. 邮资

邮资是邮政局为提供邮递服务而收取的费用。各国对邮资采取不同的政策:有些国家把邮政收入作为国际外汇来源之一;有些国家要求邮政自给自足,收支大致相抵;有些国家对邮政实行补贴政策,从而形成不同的邮资水平。

《万国邮政公约》规定,国际邮资应该按照与金法郎接近的等价折成寄出国货币。邮联以金法郎为单位规定了基本邮资,以此为基础,允许各国可按本国情况增减,增减幅度最高可以上浮70%,最低可下调50%。

国际邮资均按重量分级作为计算标准。邮资由基本邮资和特别邮资两部分组成。

(1) 基本邮资是指邮件经水陆路运往寄达国家应付的邮资,是特别邮资的计费基础。其费率根据不同邮件种类和国家地区制定,邮政局对每一邮件照章收取。

(2) 特别邮资是指为某项附加手续或责任而收取的邮资(如挂号费、回执费及保价费等),是在基本邮资的基础上按每件加收的,但保价邮资应按所保价值计算。

2. 单证

邮政运输的主要单证是邮政执据,它是邮政收到寄件人的邮件后所出具的凭证,是邮件灭失或损坏时凭以向邮政局索赔的凭证,也是收件人凭以提取邮件的凭证。

五、邮政运输的有关规定

国际邮件内容除必须遵照国际间一般禁止或限制寄递的规定外,还必须遵照本国禁止和限制出口的规定,以及寄达国禁止和限制进口及经转国禁止和限制过境的规定。

1. 我国海关规定的禁寄、限寄范围

(1) 禁寄品。武器、弹药、爆炸品,受管制的无线电器材,中国货币、票据和证券,外国货币、票据和证券,黄金、白银、白金、珍贵文物古玩,内容涉及国家机密和不准出口的印刷品、手稿等。

(2) 限寄品。规定数量或仅批准方可向外寄递的物品,如粮食、油料等每次每件以1千克为限。

另外还有一些商业性行为的邮件,按照进出口贸易管理条例规定的办法,如需附许可证邮递的物品,寄件人必须向有关对外贸易管理机构申请领取许可证;有些物品则需要卫生检验检疫证书,如肉类、种子、昆虫标本等。

2. 有关重量、尺寸、封装和封面书写要求的规定

按照国际和我国邮政的规定,每件邮包重量不得超过20千克、长度不得超过1米。之所以这样规定,是基于国际邮件交换的需要,由邮件业务和交通运输业的分工所致。因为如果不加限制,邮政业务与货运业务就没有办法加以区分。

邮件封装由于邮件内所装物品性质的不同,要求也不同,对封装总的要求以邮递方便、安全并保护邮件不受损坏、不丢失为原则;对封面书写则要求清楚、正确、完整,以利于准确、迅速和安全地邮递。

六、邮政运输的免责范围

邮政部门和寄件人之间是委托与被委托的关系。双方的权利、义务和责任豁免由国家法律及国家授权制定的邮政规章制度予以明确规定并受其约束;与此同时,还要受到国际公约和协定的约束。这种关系自邮政部门接收寄件人的委托时建立,并一直至邮政部门交付邮件于收件人而告终。

根据邮政法规,寄件人应遵守邮政有关规定,办理邮件委托手续并按照规章交付邮资。邮政部门负有安全、准确、迅速完成所接受委托的邮递责任,并对邮件的灭失、短少、损坏负有赔偿责任。但对非因邮政部门的过失所造成的邮件的灭失、短少、损坏,邮政部门可免于负责。根据《中华人民共和国邮政法》的规定,邮件的灭失、短少、损坏由下列原因所致的,邮局不负赔偿责任:① 不可抗力;② 寄达国按其国内法规予以扣留没收的;③ 违反禁寄、限寄规定而被主管当局没收或销毁的;④ 寄达国声明对普通包裹不负赔偿责任的;⑤ 寄件人的过失或所寄物品性质不符以及邮件封装不妥的;⑥ 虚报保价金额;⑦ 属于海关监管查验做出的决定;⑧ 寄件人未在规定期限(一年内)办理查询。

关于赔偿范围和赔偿金额,根据规定,凡是保价包裹和普通包裹,如属于邮政部门责任的,邮政部门都负责予以赔偿。保价包裹的赔偿金额最多不超过货价金额。普通包裹的赔偿金额,则参照实际损失,但最高不超过所收取资费的三倍。

思考题

1. 简述班轮运输的定义、特点和作用。
2. 简述铁路货物运输的特点。
3. 简述航空货物运输的特点。
4. 简述公路运输的特点和作用。
5. 简述国际多式联运的定义与特征。
6. 简述国际邮政运输的特点和作用。

案例一

我国港口多式联运新发展

近年来,我国以铁水联运为代表的多式联运业务不断增加。2016年,我国集装箱铁水联运量增幅相比上年达到18%。但目前,我国多式联运发展水平仍然较低;运量规模仅占全社会货运量的2.9%,运行效率不高,货物中转转运所耗费的成本约占全程物流成本的30%。

我国多式联运发展滞后,已成为综合交通运输体系建设的"短板"。为了大力推进多式联运的发展,近年来我国在政策制定上给予了足够重视,《推进物流大通道建设行动计划(2016—2020年)》等文件陆续印发。2016年12月30日,交通运输部正式发布了《货物多式联运术语》《多式联运运载单元标识》两项多式联运行业标准,并于2017年4月1日起开始实施。这是交通运输行业首次颁布多式联运行业标准,填补了多式联运标准的空白。值得一提的是,交通运输部等18个部门参与起草的《关于进一步鼓励开展多式联运工作的通知》也已正式印发实施,助推多式联运发展迎来黄金期。

在2017年3月17日召开的"中国港口协会港口多式联运分会成立大会暨港口多式联运推进大会"上,来自政府部门和港口企业的专家纷纷带来有关港口多式联运的政策和发展现状的全方位解读。

1. 多式联运发展方向及政策

国家发改委综合运输研究所所长汪鸣对我国多式联运的总体发展方向做了三维解读,即要建立一个三维逻辑下全链条、多模式的多式联运服务系统。所谓"三维"即经济、物流、运输。经济视角即围绕区域经济系统重构和国际规则重塑,打造引领战略空间拓展和产业联动的多式联运系统。物流视角即着眼供应链拓展和价值链提升,构筑与现代物流高效融合的多式联运系统。运输视角即立足各种运输方式的合理分工,建设分类化、专业化、动态化的多式联运系统。多式联运发展实际上就是建立一个包括基础设施、通道、组织标准、技术装备在内的多式联运系统。到2020年,初步建成多式联运系统框架,形成一批覆盖国际的全程组织主体,基础设施衔接水平明显提升,技术装备水平大幅提高,组织标准和规划建设均取得突破,综合效率和效益总体显现。到2030年,基本建成具有我国特色的多式联运系统。

多式联运系统将实现六个目标:① 建立组织规则,以国际联运规则牵动国际贸易规则,重塑国际经济合作规则;围绕"一带一路",以联运为载体,以运费为突破口,建立由我国主导的国际规则。② 培育组织主体,包括国际、国内的组织主体。③ 完善组织制度,构建平等、有序的市场环境,研究设立"多式联运委员会"。④ 强化组织手段,推动枢纽由"作业中心"向"组织中心""配置中心"功能的回归。⑤ 创新组织模式。⑥ 优化组织模式,包括完善通道、设施、设备,营造优质环境,助推产业升级,加大创新供给以及激发消费需求。

2. 多式联运工作开展情况

第一,加快水运物流大通道的建设。积极发挥长江内河枢纽作用,促进干支直达,补齐短板;同时,加快沿海物流大通道建设,不断完善我国物流大通道的运输体系。

第二,推进江海直达运输。通过江海直达来减少环节,降低物流成本;不断完善江海直达相关的法规制度,为长江经济带综合立体交通走廊建设提供有力的支撑。

第三,拓展"十二五"期间工作开展的范围,在总结"十二五"示范工程的基础上推动示范范围的不断扩大,由沿海向内河拓展,同时不断丰富联运,提高联运的品质。

第四,推动港航企业和水陆企业合作,整合货运及运力资源,重点在冷链、汽车等领域开拓市场。

第五,加快智慧港口的示范工程建设,通过"互联网+港口"的应用,创新港口智慧物流的新模式、新生态,不断培育港口发展新动能,积极推广运用一些信息化的共享标准来促进港口企业在内的多式联运企业的发展。

第六，积极建立健全制度。新版的港口综合制度已获国家统计局批准，希望各港依法如实上报数据，水运局会根据相关数据加强分析，为决策提供有力支撑。

3. 天津港实施现状

北方大港之一天津港进一步加强海铁联运陆上通道的建设。2016年，由中铁天津集装箱中心站分别发往广州和包头的集装箱班列开出，标志着中铁天津集装箱中心站正式开通运营，这对于进一步完善天津港集疏运体系，促进海、空、铁多种运输方式有效整合具有重要作用。据悉，中铁天津集装箱中心站开通运营后，天津港通过铁路网，连接二连浩特、阿拉山口、霍尔果斯、满洲里4个过境口岸，进而联通"一带一路"沿线的亚、欧等地，形成了新的国际集装箱运输快速通道，提升了国内集装箱发运和接卸能力，同时为做强做优"津蒙俄""津新欧"物流通道品牌提供了基础支撑。

资料来源：《中国港口》专题报道.港口多式联运成港口发展新增长点.2017年4月，有改动。

案例二

欧亚大陆桥

大陆运输（Land Bridge Transport）是以横贯大陆上的铁路或公路运输系统作为桥梁，把大陆两端的海洋连接起来，实现海铁联运的一种运输方式。在大陆桥运输中，大陆相当于连接两片海洋的"桥"，因此称为"陆桥"。欧亚大陆桥（Eurasia Land Bridge）是指连接欧洲和亚洲的大陆桥，目前主要有西伯利亚大陆桥和新欧亚大陆桥。

1. 西伯利亚大陆桥

西伯利亚大陆桥又称欧亚大陆桥，起于俄罗斯的符拉迪沃斯托克（海参崴），经西伯利亚大铁路通向莫斯科，然后通向欧洲各国，终于荷兰鹿特丹港。大陆桥途经俄罗斯、中国、哈萨克斯坦、白罗斯、波兰、德国、荷兰7个国家，全长1.3万千米左右，比经苏伊士运河或巴拿马运河的日本——西欧海上航运距离缩短了一半。

西伯利亚大陆桥是世界上著名的国际集装箱多式联运线路之一。从1967年开通以来，服务区域不断扩大，运量不断增加。目前，使用这条陆桥运输线的经营者主要是日本、中国和欧洲各国的货运代理公司。其中，日本出口欧洲杂货的1/3、欧洲出口亚州杂货的1/5途经这条陆桥运输。由此可见，它在沟通亚欧大陆、促进国际贸易中处于十分重要的地位。

2. 新欧亚大陆桥

新欧亚大陆桥东起我国连云港，途经徐州、郑州、西安、兰州、乌鲁木齐，经阿拉山口进入哈萨克斯坦，再经过俄罗斯、白罗斯、东欧和西欧直达荷兰鹿特丹港，全长1万多千米。新欧亚大陆桥于1992年正式对外开通运输服务。新欧亚大陆桥的开通，使得亚欧之间的运输又多了一条便捷的通道。

与西伯利亚大陆桥相比，新欧亚大陆桥具有更为明显的优势，具体如下：

（1）地理位置适中，运距短。以连云港、鹿特丹为起点、终点，比经苏伊士运河的远东至西欧海上航线的距离缩短了8000多千米，比通过巴拿马运河的海上航线的距离缩短了

1.1万多千米,比西伯利亚大陆桥缩短了700~3 000多千米。

(2) 自然条件优越,气候适宜。我国沿海港口均为天然不冻良港,可一年四季不间断作业。

(3) 通达范围广。大陆桥辐射30多个国家和地区,而且为中国大部分省、直辖市、自治区进出货物上下"桥"提供了便利。

(4) 东端桥头多,可综合发挥各港站的中转换装作业能力和铁路输送能力,不受一港(站)、一线的限制。

应该说,新欧亚大陆桥至今尚未充分发挥其应有的作用。目前利用新欧亚大陆桥到欧洲的货运量还不多,大部分货物只到哈萨克斯坦等中亚国家。这与该大陆桥换装次数多、费率高、时间长、口岸环境差、运力紧有关。随着铁路运输的发展,新欧亚大陆桥的优越性将进一步得到体现。

3. 欧亚大陆桥运输方式

欧亚大陆桥运输作为过境运输,运输方式主要有以下几种:

(1) 铁路至铁路(铁/铁)。铁/铁是指我国内陆口岸站(满洲里、二连浩特、阿拉山口等)经独联体国家铁路运送至东欧、北欧,然后进一步通过铁路转运至西欧。

(2) 铁路至海运(铁/海)。铁/海是指从我国内陆口岸站进境,经我国铁路运送到港口站,继续海运到韩国、日本以及东南亚和欧美各国。

(3) 海运至铁路(海/铁)。海/铁是指从我国海运港口车站装上铁路,通过我国铁路运送到内陆口岸站,交接给邻国铁路继续运输。

(4) 铁路至公路。铁/货是指从我国内陆口岸站经独联体国家铁路到俄罗斯/波兰边境波兰一侧的布列斯特,再用卡车转运至西欧内陆。

在上述运输方式的基础上,还有海/铁/货、铁/海/铁等形式。由此可见,大陆桥运输离不开铁路运输,多是以集装箱作为运输单元。铁路运输的发展对于大陆桥运输的开展至关重要。

资料来源:逯宇铎,鲁力群.国际物流管理[M].3版.北京:机械工业出版社,2015。

第五章

国际货物运输保险

本章要点

本章主要介绍国际货物运输中涉及的国际运输保险业务以及相关保险业务的一些基本知识,分别阐述海运、陆运、空运三种运输方式下保险险别和相关条款的具体理论,并进行相关的实证分析。

本章关键词

保险的基本原则　保险险别　伦敦保险协会　海运货物保险条款　我国海洋运输货物保险的险别与条款　我国陆空邮运输货物保险的险别与条款

第一节 保险概述

一、保险的基本原则

保险的基本原则(Basic Principles of Insurance)是投保人(被保险人)和保险人(保险公司)签订保险合同、履行各自义务、办理索赔和理赔工作所必须遵守的基本原则。与国际物流密切相关的保险基本原则主要有最大诚信原则、近因原则、可保利益原则、损失补偿原则和代位追偿权原则。

1．最大诚信原则

最大诚信原则(Utmost Good Faith Principle)作为海上货物运输保险合同的基本原则不但贯穿于订立合同的全过程,而且贯穿于履行合同的全过程。它不仅要求被保险人尽最大诚信,还要求保险人尽最大诚信。依据原则,保险合同当事人应分别履行以下有关义务：

(1) 如实告知。被保险人应于订立合同之前将所知道的一切重要情况告知保险人。"重要情况"指被保险人知道或在通常业务中应当知道的有关影响保险人据以确定保险费率或者确定是否同意承保的情况。保险人知道或在通常业务中应当知道的情况,保险人没有询问的,被保险人无须告知。关于被保险人违反告知义务的后果,各国有两种法例,一是保险人有权解除合同,二是保险合同无效。

我国的规定是：在被保险人故意违反告知义务时,保险人有权解约,对解约前发生的损失不负赔偿责任,并且不退还保险费；在非故意(过失)的情况下,保险人既可以解约,也可以要求相应增加保险费。保险人若解约的,对解约前发生的损失应负赔偿责任。但未告知的情况对保险事故的发生有严重影响的,保险人对解约前发生的损失不负赔偿责任,但应退还保险费。

(2) 履行保证。保证即约定保证,是指被保险人允诺某项作为或不作为,或者满足某项条件,或者确定某项事实的存在或不存在。保证可分为明示保证和默示保证。明示保证是必须在保险合同或保险单的参考文件中载明的保证,如船名保证、开航日期保证等。被保险人如果违反明示保证,则保险人可根据情况加收保险费而继续履行合同或解除合同。默示保证是不在合同中载明的但已为合同双方所熟知的事实,在订立合同时,双方均默认有关保证的存在,如船舶适航保证等。被保险人违反默示保证,使合同无法履行的,保险人即可解除合同。

(3) 依法经营。保险公司除须依法成立和接受有关部门的监督外,更重要的是必须严格依法经营。依法经营是保险公司遵守最大诚信原则的具体体现。

(4) 明确说明。保险人应就其责任免除事项向被保险人明确说明；未明确说明的,该条款不产生效力。

2．近因原则

近因原则(Proximate Cause Principle)即损失的主要原因,是确定某项因素与损失具有最直接的因果关系的标准,是确定保险人对保险标的损失是否负保险责任以及负何种保险责任的重要原则。保险中的近因是指造成损失的最主要、最有效及最有影响的原因。近因不一定指时间上或空间上最接近损失的原因。近因原则是指保险人只对承保风险与保险标的损失之间有直接因果关系的损失负赔偿责任,而对不是由保单承保风险造成的损失不承担赔偿责任。近因原则对保险理赔工作中的判定责任、履行义务和减少争议都具有重要的意义。

例如包装食品在运输中受海水浸湿,外包装受潮后导致食品发生霉变损失,该食品投保了水渍险。这时食品损失由两个原因造成:一个是承保范围内的海水浸湿,另一个是承保范围外的霉变。因前者直接导致后者,故前者是食品损失的近因,而它在承保范围内,所以保险公司应该赔偿。

再如战争期间,一批货物在码头仓库待运时适逢敌机轰炸,引起仓库火灾致使该批货物受损。被保险人对该批货物投保了一切险。这时货损由两个原因造成:一个是承保范围外的战争,另一个是承保范围内的火灾。前者直接导致后者,故前者是近因,而它不在承保范围内,所以保险公司可以拒赔。

3. 可保利益原则

可保利益原则(Insurable Interest Principle)是指投保人对保险标的具有的法律上承认的利益。投保人对保险标的应当具有投保利益。投保人对保险标的不具有保险利益的,该保险合同无效。就货物运输保险而言,反映在运输货物上的利益,主要是货物本身的价值,但也包括与此相关联的费用(如运费、保险费、关税)和预期利润等。当保险标的安全到达时,被保险人就受益;当保险标的遭受损失或灭失时,被保险人就受到损害或没有经济利益。

被保险人必须对保险标的具有可保利益,其损失才能得到赔偿。在其他保险中,投保人或被保险人在合同生效时必须具有可保利益。但在海上货物运输保险合同中,则允许在保险合同订立时,被保险人可以不具有可保利益;但在货物出险时,被保险人必须具有可保利益才能获得赔偿。因为货运保险单是可以背书转让的,在保险合同订立时,保险单的最后持有者可能还没有取得对所购货物的所有利益。

4. 损失补偿原则

损失补偿原则(Losses Compensating Principle)是指在保险事故发生而使被保险人遭受损失时,保险人必须在责任范围内对被保险人所遭受的实际损失进行补偿,但保险人的赔偿金额不得超过保险单上的保险金额或被保险人遭受的实际损失。保险人的赔偿不应使被保险人因赔偿而获得额外的利益。损失补偿原则具体可以包括以下内容:

(1) 及时赔偿。其前提是被保险人及时通知保险人并提供全部证据和材料,否则,保险人可以不负赔偿责任。如果保险人未能在法定期限内履行赔付义务,除了支付赔偿金,还应当赔偿被保险人因此而受到的损失。

(2) 全部赔偿。它是指对被保险人因保险事故而造成的损失的赔偿,不包括被保险人为防止或减少损失而支付的必要的合理费用。

(3) 赔偿实际损失。由于保险合同是一种补偿性合同,因此被保险人获得的保险赔偿不得超过实际损失。全部赔偿与赔偿实际损失虽然都以保险金额为限,但前者强调的是"不得少赔",后者则强调"不得多赔"。因为少赔与多赔都与赔偿原则不相吻合,所以保险人只有按全部赔偿和赔偿实际损失原则给予赔偿,才能真正使被保险人恢复到损失发生前的经济状况。在不足额保险的情况下,保险人按比例赔偿;在发生超额保险和重复保险的情况下,保险人只赔偿实际损失。

5. 代位追偿权原则

根据保险的赔偿原则,保险是对被保险人遭受的实际损失进行赔偿。当保险标的发生了保险承保责任范围内的灾害事故,而这一保险事故又是由保险人和被保险人以外的第三者承担责任时,为了防止被保险人在取得保险赔款后又重复从第三者责任方取得赔偿,获得额外利益,在保险赔偿原则的基础上又产生了代位追偿权原则(The Right of Subrogation Principle),目的就是限制被保险人获得双重补偿。

代位追偿权原则是指保险人在赔付被保险人之后,被保险人应把保险标的损失的索赔权利转让给保险人,使保险人取代被保险人地位,以被保险人的名义向第三者进行追偿。由于国际物流货物运输保险一般是定值保险,保险人已按保险金额赔付,保险人行使代位追偿所得多少已与被保险人无关,即使追偿所得超过原赔偿金额,超过部分仍归保险人所有。

保险标的损失要构成代位追偿,应具备以下两个条件:

(1) 损失必须是由第三者因疏忽或过失而产生的侵权行为或违约行为造成的,而且第三者对这种损失,根据法律的规定或双方在合同中的约定负有赔偿责任。

(2) 第三者的这种损害或违约是保险合同中的保险责任。如果第三者的损害或违约行为不属于保险承保责任范围,就不构成保险上代位追偿的条件。

在货运保险业务中经常出现代位追偿的情况。例如,卖方以 CIF 条件向美国出口1 000 包坯布,我方按合同规定加一成投保一切险。货物在海运途中因舱内食用水管系一漏水管,致使该批坯布中的 30 包浸有水渍。由于卖方已为坯布投保了一切险,收货人随即凭保单向保险公司提出索赔申请。保险公司通过调查,发现船方在运输过程中存在过失。因此,在赔付被保险人之后,保险公司有权以被保险人的名义要求船方对该损失进行赔偿。

第二节　伦敦保险协会海运货物保险条款

一、1982 年协会海运货物保险条款的种类

在世界保险业务中,英国的伦敦保险协会所制定的《协会货物条款》(Institute Cargo Clauses, ICC)对世界各国有着广泛的影响。《协会货物条款》最早制定于 1912 年,最近一次修订完成于 1982 年,并从 1983 年 4 月 1 日起正式施行。

伦敦保险协会的海运货物保险条款主要有:

(1) 协会货物(A)险条款[Institute Cargo Clauses A,ICC(A)];

(2) 协会货物(B)险条款[Institute Cargo Clauses B,ICC(B)];

(3) 协会货物(C)险条款[Institute Cargo Clauses C,ICC(C)];

(4) 协会战争险条款(货物)(Institute War Clauses-cargo);

(5) 协会罢工险条款(货物)(Institute Strikes Clauses-cargo);

(6) 恶意损害险条款(Malicious Damage Clauses)。

以上条款分别对应六种险别,ICC(A)险相当于中国保险条款中的一切险,责任范围更为广泛,所以采用承保"除外责任"之外的一切风险的方式表明承保范围。而 ICC(B)险大体上相当于水渍险。ICC(C)险相当于平安险,但承保范围稍小些。ICC(B)险和 ICC(C)险都采用列明风险的方式表示承保范围。这六种险别中,只有恶意损害险属于附加险别,不能单独投保,其他五种险别的结构相同、体系完整。所以,除 ICC(A)、ICC(B)、ICC(C)三种险别可以单独投保外,在必要时,战争险和罢工险在征得保险公司同意后,也可作为独立的险别进行投保。

二、1982年协会货物保险条款的承保范围

1982年 ICC(A)、ICC(B)、ICC(C)的承保责任范围是由三个条款构成的,它们是承保风险条款、共同海损条款和船舶互撞责任条款。

1. 承保风险条款

为了便于理解,我们将 ICC(A)、ICC(B)及 ICC(C)三种险别中保险人承保的风险列表进行比较,如表 5-1 所示。

表 5-1 ICC(A)、ICC(B)、ICC(C)承保责任范围的对照

承保风险	ICC(A)	ICC(B)	ICC(C)
(1) 火灾、爆炸	√	√	√
(2) 船舶、驳船的触礁、搁浅、沉没、倾覆	√	√	√
(3) 陆上运输工具的倾覆或出轨	√	√	√
(4) 船舶、驳船或运输工具同除水以外的任何外界物的碰撞或接触	√	√	√
(5) 在避难港卸货	√	√	√
(6) 地震、火山爆发或雷电	√	√	√
(7) 共同海损牺牲	√	√	√
(8) 共同海损分摊和救助费用	√	√	√
(9) 运输合同订有"船舶互撞责任"条款,根据该条款的规定应由货方偿还船方的损失	√	√	√
(10) 投弃	√	√	√
(11) 浪击落海	√	√	×
(12) 海水、湖水或河水进入船舶、驳船、运输工具、集装箱、大型海运箱或储存处所	√	√	×
(13) 货物在船舶或驳船装卸时落海或跌落造成任何整件的全损	√	√	×
(14) 被保险人以外的其他人(如船长、船员等)的故意违法行为所造成的损失或费用	√	×	×
(15) 海盗行为	√	×	×
(16) 一般外来原因造成的损失	√	×	×

注:√代表承保风险;×代表免责风险或不承保风险;(13)项即"吊索损害";(14)项即"恶意损害"。

2. 共同海损条款

1982年《协会货物条款》各险别条款中关于共同海损条款(General Average Clause)

的规定是完全相同的。共同海损条款的具体内容是:"本保险承保共同海损和救助费用,其理算与确定应依据海上货物运输合同和/或准据法及惯例。该项共同海损和救助费用的产生,应为避免任何原因所造成的或与之有关的损失所引起的,但本保险规定的不保风险和除外责任引起的除外。"

根据共同海损条款的规定,货物在海上运输途中发生的共同海损牺牲、共同海损费用、共同海损分摊及救助费用,只要是保单承保风险造成的,或为了避免保单承保风险而产生的,保险公司均负责赔偿。

3. 船舶互撞责任条款

船舶互撞责任条款(Both to Blame Collision Clause)也称互有过失碰撞责任条款。ICC(1982)各险别条款中关于船舶互撞责任条款的规定是完全相同的。船舶互撞责任条款的具体内容是:"本保险扩大对被保险人的赔偿范围,根据运输契约的'船舶互撞责任'条款的规定,应由被保险人承担的比例责任,为保险单项下应予赔偿的损失。如果船舶所有人根据上述条款提出任何索赔要求,被保险人同意通知保险人,保险人有权自付费用为被保险人就此项索赔进行辩护。"

(1) 构成船舶碰撞的条件为:① 两艘或两艘以上的船舶之间发生实际接触或冲撞;② 接触或冲撞的结果有损害事实发生。

(2) 碰撞损失和碰撞责任损失:① 碰撞损失指因船舶碰撞造成的船体和船上所载货物的损失;② 碰撞责任损失指有过失的船舶对遭受碰撞损失的船舶依法应承担的损失赔偿责任。碰撞责任损失又分为对被撞船舶的损失责任和对货物的损失责任。

当两艘船舶发生碰撞时,碰撞原因不同将造成不同的损失。对于有过失的一方而言,碰撞既造成碰撞损失又造成碰撞责任损失,即过失一方不仅要承担碰撞造成的自身船舶的损失,还要承担因碰撞造成的被撞船舶和船上货物的损失;对于无过失的一方而言,碰撞只造成碰撞损失,不产生碰撞责任损失。

ICC(1982)承保范围中的"船舶互撞责任条款"有两层意思:保险人承保这项责任一方面是为了对被保险人(货主)提供更加全面的保险保障,另一方面是为了保障保险人的利益。这个条款规定:如果载货承运人依据运输契约中的"船舶互撞责任条款"向本船货主(被保险人)提出偿还要求,被保险人必须及时通知保险人,以便保险人自付费用,以被保险人的名义对承运人的索赔进行抗辩。

三、1982年协会货物保险条款的除外责任

为了明确保险人承保的责任,方便合同当事人,ICC(1982)将除外责任分为四大类:一般除外责任、不适航与不适货除外责任、战争险除外责任和罢工险除外责任。

1. 一般除外责任条款(General Exclusion Clause)

一般除外责任条款包括以下各项:

(1) 因被保险人的故意违法行为所致的灭失、损害或费用。

(2) 保险标的的正常漏损(重量或容量的正常减少或自然损耗)。

(3) 因保险标的包装或准备不充分或不适当而引起的灭失、损害或费用。

(4) 因保险标的固有缺陷或性质而导致的灭失、损害或费用。

(5) 迟延是由承保风险造成的,以迟延为近因的灭失、损害或费用。

(6) 因船舶所有人、管理人、租船人或经营人的破产或不履行债务而造成的灭失、损害或费用。

(7) 因恶意行为而导致的保险标的全部或部分损害或破坏。

(8) 因使用任何原子、核子裂变或聚变或其他的同类反应,或因使用放射能或放射性物质的武器而产生的灭失、损害和费用。

2. 不适航与不适货除外责任条款(Unseaworthiness and Unfitness Exclusion Clause)

不适航与不适货除外责任条款包括以下两项：

(1) 保险货物在装船时,如被保险人或其雇用人员已经知道船舶不适航,以及船舶、驳船、运输工具、集装箱或起重运货车的不适货,则对于因不适航与不适货而造成保险货物的灭失、损害或费用,保险人不负赔偿责任。

(2) 只要被保险人或雇用人员知道船舶等运输工具的不适航、不适货,保险人就对因违反船舶适航性及适货性的默示保证而造成的货物损失不承担赔偿责任。

3. 战争险除外责任条款(War Exclusion Clause)

战争险除外责任条款中的各项责任均为协会战争险条款承保的风险责任。鉴于有协会战争险条款承保战争风险,因此伦敦保险协会将战争险承保的各项责任列为标准条款的除外责任。

4. 罢工险除外责任条款(Strikes Exclusion Clause)

罢工险除外责任条款中的各项责任均为协会罢工险条款承保的风险责任。鉴于有协会罢工险条款承保罢工风险,因此伦敦保险协会将罢工险承保的各项责任列为标准条款的除外责任。

四、协会货物战争险和罢工险条款

1. 协会货物战争险的承保范围

(1) 战争、内战、叛乱、造反,或由上述原因引起的内乱,或针对交战国的任何敌对行为造成保险货物的损失。

(2) 由上述承保风险引起的捕获、拘留、扣留及其后果,或任何有关企图造成保险货物的损失。

(3) 遗弃的水雷、鱼雷、炸弹或其他遗弃的战争武器造成的保险货物的损失。

(4) 为避免或与避免上述承保风险有关的行动所引起的共同海损和救助费用。

2. 协会货物战争险的除外责任

协会货物战争险的除外责任除以下两点以外,其余各项与ICC(A)的除外责任基本相同。

(1) 在一般除外责任中增加了"航程挫折条款"。承保航程的丧失和挫折是指载货船舶出于某种原因必须改变航线或不能继续驶往原定的目的港。

(2) 对原子武器等所致灭失或损害,规定由于敌对行为使用原子武器等致灭失或损害的,保险人不负赔偿责任。

3. 协会货物战争险的保险期限

按照海洋运输条款的规定,保险人承担的货运保险期限为仓至仓条款。货物在陆地上发生的与航海有关的风险和损失也包括在保险承保责任的范围之内。但是,战争风险不同于海洋运输保险的承保风险,将战争险的承保范围限定在水域上,而不再对陆上发生的战争风险承担责任。

协会货物战争险条款关于保险期限的具体规定如下:

(1) 正常运输情况下的"水上危险"条款。本保险负责自保险货物被装上船舶时开始,到保险货物的全部或部分在最终卸货港卸离海轮时为止。若保险货物不卸离海轮,则本保险的责任期限从船舶到达最终卸载港之日午夜 12 时起算满 15 天为限。

(2) 中途转运的情况。如果货物在中途港卸下,改由其他船舶或飞机续运,可在加缴一定保险费(需要时)的条件下,保险责任延展到船舶抵达中途港口或避难港当日午夜开始计算满 15 天终止。

(3) 驳船驳运的情况。对于在装货港码头与海轮之间,以及在海轮与卸货港码头之间须经驳船转运的货物,保险人仅对已装在驳船上的、因驳船触及水雷或遗弃的鱼雷而导致的货物损失负赔偿责任。除非另有协议,否则保险人对从海轮上卸入驳船的货物的承保期限为 60 天。这一条规定要特别注意,我国的条款对这种情况下的保险期限仍规定为 15 天。

4. 协会货物罢工险的承保范围

(1) 罢工者、被迫停工工人或参与工潮、暴动、民变人员所致的货物的灭失或损害。

(2) 任何恐怖主义者或任何出于政治目的采取行动的人的直接行为所引起的保险货物的灭失或损害。

(3) 为避免上述承保风险而采取的有关行动所引起的共同海损和救助费用。

5. 协会货物罢工险的除外责任

协会货物罢工险的除外责任除以下两点以外,其余各项同 ICC(A)的除外责任基本相同。

(1) 对因罢工等产生的各种劳动力不足、缺乏、供给阻滞所引起的货物灭失或损害,不予承保。

(2) 对因罢工所支出的各种必需的追加费用(如装卸费、保管费等),不予承保。

6. 协会货物罢工险的责任期限

协会货物罢工险的保险责任期限同海洋货运保险关于责任期限的规定相同,采用仓至仓条款。

五、协会恶意损害险和专门险条款

1. 协会恶意损害险条款

协会恶意损害险是 ICC(1982)中唯一的附加险别,其承保责任具体如下:

(1) 因恶意行为而造成保险货物的全部或部分的有意损害或破坏。

(2) 因破坏行为或故意破坏行为而造成的保险货物的灭失或损害。

对恶意损害险条款承保的责任,只有 ICC(A)的承保责任包括此项风险,而 ICC(B)及

ICC(C)的承保责任不包括此项风险。因此,投保 ICC(B)或 ICC(C)的人可以通过加保恶意损害险获得此项风险的保障。

协会恶意损害险与协会罢工险在承保责任上是不同的,罢工险承保的风险是恐怖主义者或有组织、有政治动机人员的故意行为造成的保险货物的损害或灭失。

2. 协会专门险条款

在伦敦保险市场,人们把 1982 年生效的 ICC(A)、ICC(B)、ICC(C)等称为标准条款,而将按照国际商品类别制定的各种货物运输条款称为协会专门险条款。这些条款是按商品的类别划分的,是各类商品的专用条款。协会专门险条款有:

(1) 协会煤炭条款(Institute Coal Clauses—1982-10-01)。
(2) 协会散装石油条款(Institute Bulk Oil Clauses—1982-02-01)。
(3) 协会生橡胶条款(液状生橡胶除外)(Institute Natural Rubber Clauses(excluding liquid latex)—1984-01-01)。
(4) 协会黄麻条款(Institute Jute Clauses—1984-01-01)。
(5) 协会木材贸易条款(Institute Timber Trade Federation Clauses)。
(6) 协会冷冻食品条款(冷冻肉除外)(Institute Frozen Foods Clauses (excluding frozen meat)—1986-08-01)。
(7) 协会冷冻肉条款(Institute Frozen Meat Clauses—1986-01-01)。
(8) 协会日用品贸易条款(Institute Commodity Trade Clauses—1983-09-05)。

协会专门险条款具有下列特点:

(1) 承保有关海上风险的专门险条款,完全依照 1982 年协会货物标准条款的结构而制定,承保战争险及罢工险的专门险条款也同样依照 1982 年《协会货物条款》(战争险条款)和《协会货物条款》(罢工险条款)的结构而制定。

(2) 考虑到各类商品的特性,各类专门险条款对除外责任都做了宽松的规定,如表5-2所示。

表 5-2 主要货种险别选择表

货物种类	常见危险	险别选择
粮谷类	散落,水分蒸发——短量 水湿,水分超标——霉烂 温度,通风不良——发热	一切险; 或水渍险+短量险
油脂类	粘连——短量 容器破碎——渗漏;沾污	水渍险+短量险+渗漏险+混杂和沾污险
食品类	包装破碎——内容受损 包装生锈 随时可食用——被盗	一切险或平安险+偷窃、提货不着险+包装破裂险
咖啡豆/可可豆	吸湿受潮——霉变且不易筛选	水渍险+受潮受热险+淡水雨淋险
冻品类	解冻——腐烂变质	冷藏货物条款(协会条款细分为冷冻食品和冻肉两类条款)

(续表)

货物种类	常见危险	险别选择
活牲畜、家禽、活鱼	死亡	活牲畜、家禽海陆空运输保险条款
玻璃、陶瓷制品、家电、工艺品、仪器仪表类	破碎、被盗	平安险+偷窃、提货不着险+碰损破碎险
毛绒类、纺织纤维类	水湿——色变、霉烂	一切险或水渍险+混杂和沾污险
皮张类	受潮受热变质、清除沾污费用高、价高可能被盗	水渍险/平安险+偷窃、提货不着险+受潮受热险+混杂和沾污险
石油、液体化工产品类	黏附短量、爆炸、沾污	散装石油条款或平安险+爆炸+沾污
袋装水泥和其他粉状化工品类	水湿结块、包装破裂	水渍险+包装破裂险+淡水雨淋险
木材、车辆	浪击落海或被抛弃	平安险+木材条款或甲板险 对纸浆则投保一切险
天然橡胶	吸湿变质、沾污、挤压	协会天然橡胶条款承保任何原因引起的湿损

第三节 国际海洋货物运输保险保障的范围

国际货物运输保险按运输方式的不同可以分为海洋运输货物保险、陆上运输货物保险、航空运输货物保险和邮包运输货物保险。在各种运输货物保险中,起源最早、历史最悠久的是海上货物运输保险,后来陆运、空运、邮运才逐渐发展起来。对于不同的货物运输方式下的货物保险,保险公司承担的责任有所不同,但所保障的范围都是相似的。由于国际货物买卖大部分通过海洋运输保险,因此海洋运输保险在国际贸易中占有重要的地位。在国际贸易中,准确掌握海上运输货物保险保障的基本风险、赔付损失以及不同损失的责任范围和保险期限等基本概念,不但对于正确处理货物投保和保险索赔事宜是必要的,而且对于理解和掌握其他各种运输方式下的货物保险也具有重要的意义。

一、保险利益

保险人所承保的标的,是保险所要保障的对象。但被保险人(投保人)投保的并不是保险标的本身,而是被保险人对保险标的所具有的利益,这个利益叫作保险利益。投保人对保险标的不具有保险利益的,保险合同无效。

国际货运保险同其他保险一样,被保险人必须对保险标的具有保险利益。这个保险利益,在国际货运中,体现在对保险标的的所有权和所承担的风险责任上。对于以 FOB、FCA、CFR 和 CPT 方式达成的交易,货物在越过船舷后风险即由买方承担。一旦货物发生损失,买方的利益就会受到损失,即买方具有保险利益。所以,当由买方作为被保险人向保险公司投保时,保险合同只在货物越过船舷后才生效;在货物越过船舷以前,买方不具有保险利益,不属于保险人对买方所投保险的承保范围。对于以 CIF 和 CIP 方式达成的交易,投保是卖方的合同义务,卖方拥有货物所有权,当然具有保险利益。卖方向保险公司投保,保险合同在货物起运地起运后即生效。

二、海洋货物运输保险承保的风险

海洋运输保险要明确承保责任的范围和保险的险别,这是保险人与被保险人履行权利和义务的依据。在办理货物运输保险时,当事人应根据货物的性质、包装情况、运输方式及自然气候等因素全面考虑,合理选择。

1. 风险

海洋货物运输保险中的风险可分为海上风险和外来风险。

(1) 海上风险。海上风险(Perils of the Sea)又称海难,是指船舶或货物在海上运输过程中遇到的自然灾害和意外事故。① 自然灾害(Natural Calamities)是指不以人的意志为转移的自然界的力量(如恶劣气候、雷电、地震、海啸、火山爆发及洪水等)所引起的灾害。② 意外事故(Fortuitous Accident)是指人或物体遭受到外来的、突然的、非意料中的事故,如船舶搁浅、触礁、沉没、碰撞,以及火灾、爆炸等。

(2) 外来风险。外来风险(Extraneous Risks)可分为一般外来风险和特殊外来风险。① 一般外来风险是指一般外来原因造成的风险,主要包括偷窃、渗漏、短量、碰损、钩损、生锈、雨淋及受热受潮等。② 特殊外来风险是指战争、种族冲突或一国的军事、政治、国家政策法令和行政措施等的变化,如战争、罢工、交货不到、被拒绝进口或没收等。

2. 损失

在海洋运输货物保险业务中,海上损失可分为全部损失和部分损失(共同海损、单独海损)。

(1) 全部损失。全部损失(Total Loss)简称全损,是指运输途中的整批货物或不可分割的一批货物的全部损失,有实际全损(Actual Total Loss)和推定全损(Constructive Total Loss)之分。① 实际全损是指被保险货物的实体已经完全灭失;被保险货物遭到严重损失,已失去原有用途和价值;被保险人对保险货物的所有权已无可挽回地被完全剥夺;载货船舶失踪达到一段时限仍无音信。② 推定全损是指货物在海上运输途中遭遇承保风险后,虽未达到完全灭失的状态,但是进行施救、整理和恢复原状所需的费用,或者再加上续运至目的地的费用总和估计超过货物在目的地完好状态下的价值。在这种情况下,被保险人可以要求保险人按部分损失赔偿,也可以要求按全损赔偿。如果要求按全损赔付,被保险人必须向保险人发出赔付通知。

(2) 部分损失。部分损失(Partial Loss)是指被保险货物的损失没有达到全部损失的程度,又可分为共同海损(General Average)与单独海损(Particular Average)。① 共同海损是指载货船舶在海运途中遇到危及船、货的共同危险,船方为了维护船舶和货物的共同安全或使航程得以继续完成,有意且合理地做出的某些特殊牺牲或支出的特殊费用。共同海损牺牲和费用应该由船舶、货物和运费三方共同按最后挽回的价值的比例分摊,这种分摊叫作共同海损分摊。② 单独海损是指货物受损后未达到全损程度,而且是单独一方的利益受损并只能由该利益所有者单独负担的一种部分损失。

（3）共同海损的范围。它是指为了抢救船货等而造成的船、货和其他财产的合理损失。包括抛弃货物的损失、为扑灭船上火灾而造成的损失、割弃残损部分的损失、自愿搁浅所致的损失等。共同海损费用具体包括救助报酬（不论是否依据救助合同给付，只要救助活动是为了共同安全进行的，便应列入共同海损受偿）、搁浅船舶减载费用、在避难港等处的费用等。

（4）共同海损的理算。共同海损理算应该依据合同约定的理算规则进行。当前，国际上最广为接受的理算规则是《约克-安特卫普规则》。这个规则虽然只是民间规则而不是国际公约，但由于其悠久的历史和广泛的接受性，在统一和协调各国的理算工作方面起着积极作用。合同没有约定理算规则的，共同海损理算应该依据理算地的法律进行。

共同海损损失金额的确定按表 5-3 确定。

表 5-3 共同海损损失金额确定标准

船舶的共同海损牺牲	部分损失	按照实际支付的修理费，扣减合理的以新换旧的费用计算。船舶尚未修理的，按照牺牲造成的合理贬值计算，但是不得超过估计的修理费
	全损	按照船舶在完好状态下的估计价值，扣减不属于共同海损损坏估计的修理费和该船舶受损后的价值余额计算
货物的共同海损牺牲	灭失	按照货物在装船时的价值保险费加运费，扣减因牺牲而无须支付的运费计算
	损坏	在就损坏程度达成协议前售出的，按照货物在装船时的价值加保险费及运费，与出售货物净得的差额计算
运费的共同海损牺牲		按照货物遭受牺牲造成的运费的损失金额，扣减为取得这笔运费本应支付但由于牺牲无须支付的运营费用计算

3. 费用

保险人承担的费用是指保险标的发生保险事故后，为减少货物的实际损失而支出的合理费用，包括以下几种：

（1）施救费用（Sue and Labour Expenses）。施救费用是指在遭遇保险责任范围内的灾害事故时，被保险人或其代理人、雇用人员和保险单证受让人等为抢救保险标的物、防止损失扩大所采取的措施而支出的费用。

（2）救助费用（Salvage Charges）。救助费用是指保险标的物遇到上述灾害事故时，由保险人和被保险人以外的第三者采取救助行为而向其支付的报酬。

（3）共同海损费用（General Average Expenditure）。共同海损费用是指因少扣行为而支出的费用，例如租用驳船、托盘费等。共同少扣费用和共同海损牺牲费用一般是按照《约克-安特卫普规则》处理的。

第四节 我国海洋运输货物保险的险别与条款

为了适应我国对外经贸发展的需要，中国人民财产保险股份有限公司（以下简称"中国人保"）根据我国保险业务的实际情况，并参照国际保险市场的习惯做法，分别制定了海洋、陆上、航空、邮包运输方式的货物运输保险条款以及适用于上述各种运输方式货物保险的各种附加条款,总称"中国保险条款"(China Insurance Clauses,CIC)。不同的投保人,由于所运送商品不同、载货船舶航经路线和港口不同、运输季节不同、货物所遇到的风险损失也不相同,其在投保时就会选择不同的险别、不同的条款。按照保险人承担的不同保险责任,我国海洋货物运输保险条款可分为不同的险别。保险险别(Insurance Coverage)是保险公司承保责任的大小,也是被保险人缴付保险费多少的依据。投保人(Applicant)在投保时,必须首先确定投保的险别。海洋货物运输保险的险别一般分为基本险、附加险和专门险三类。

一、我国海洋运输货物保险的基本险别与条款

1. 平安险

平安险(Free from Particular Average,FPA)这一名称在我国保险行业中沿用甚久,其英文原意是指单独海损不负责赔偿。根据国际保险界对单独海损的解释,它是指部分损失。平安险原来的保障范围是只赔全部损失,但在长期实践的过程中对平安险的责任范围进行了补充和修订,当前平安险的责任范围已经超出只赔全损的限制。概括起来,这一险别的责任范围主要包括:

(1)在运输过程中,因自然灾害和运输工具而发生意外事件,造成被保险货物的实际全损或推定全损。

(2)运输工具遭搁浅、触礁、沉没、互撞、与其他物体碰撞以及失火、爆炸等意外事故造成被保险货物的部分损失。

(3)只要运输工具曾经发生搁浅、触礁、沉没、焚毁等意外事故,不论这个事故发生之前还是之后曾在海上遭遇的恶劣气候、雷电、海啸等自然灾害所造成的被保险货物的部分损失。

(4)在装卸转船过程中,被保险货物一件或数件落海造成的全部损失或部分损失。

(5)运输工具遭自然灾害或意外事故,在避难港卸货引起被保险货物的全部损失或部分损失。

(6)运输工具遭自然灾害或意外事故,需要在中途港口或者在避难港口停靠,因而引起的卸货、装货、存仓以及运送货物所产生的特别费用。

(7)共同海损引起的牺牲和救助费用。

(8)发生了保险责任范围内的危险,被保险人对货物采取抢救、防止或减少损失的各种措施,因而产生合理的施救费用。但是,保险公司承担费用的限额不能超过该批被救货物的保险金额。施救费用可以在赔款金额以外的一个保险金额限度内承担。

2. 水渍险

水渍险(With Particular Average,WPA)的责任范围除了包括上列"平安险"的各项责任,还负责被保险货物由恶劣气候、雷电、海啸、地震及洪水等自然灾害所造成的部分损失。

3. 一切险

一切险的责任范围除了包括上列"平安险"和"水渍险"的所有责任,还包括货物在运输过程中,由各种外来原因所造成的保险货物的损失。不论全损或部分损失,除对某些运

输途耗的货物经保险公司与被保险人双方约定在保险单上载明的免赔率外,保险公司应给予赔偿。

二、附加险

附加险是对基本险的补充和扩大。在海运保险业中,投保人除了投保货物的上述基本险别,还可根据货物的特点和实际需要,酌情再选择若干附加险别。目前,中国人保《海洋运输货物保险条款》中的附加险有一般附加险和特殊附加险。

1. 一般附加险

一般附加险所承保的是由一般外来风险所造成的全部或部分损失。一般附加险不能作为一个单独的项目投保,而只能在投保平安险或水渍险的基础上,根据货物的特性和需要加保一种或若干种一般附加险。一般附加险的种类主要包括:

(1) 偷窃、提货不着险(Theft, Pilferage and Non Delivery, TPND)。在保险有效期内,保险货物被偷走或窃走,以及货物运抵目的地以后整件未交的损失,由保险公司负责赔偿。

(2) 淡水雨淋险(Fresh Water Rain Damage, FWRD)。货物在运输中,由于淡水、雨水以及雪溶所造成的损失,保险公司应负责赔偿。淡水包括船上淡水舱、水管漏水以及舱汗等。

(3) 短量险(Shortage)。负责保险货物数量短少和重量的损失。通常包装货物的短少,保险公司必须查清外包装是否发生异常现象,如破口、破袋或扯缝等。

(4) 混杂、沾污险(Intermixture & Contamination)。保险货物在运输过程中因混进杂质所造成的损坏,例如矿石等混进了泥土、草屑等致使质量受到影响。此外,保险货物因与其他物质接触而被沾污,例如布匹、纸张、食物、服装等被油类或有色物质污染而引起的经济损失。

(5) 渗漏险(Leakage)。流质、半流质的液体物质和油类物质,在运输过程中因容器损坏而引起的渗漏损坏。例如,以液体装存的湿肠衣,因为液体渗漏而使肠衣发生腐烂、变质等损失,均由保险公司负责赔偿。

(6) 碰损、破碎险(Clash & Breakage)。碰损主要是对金属、木质等货物来说的,破碎则主要是对易碎性物质来说的。前者是指在运输途中,因受到震动、颠簸、挤压而造成货物本身的损失;后者是指在运输途中因装卸野蛮、运输工具颠震造成货物本身的破裂、断碎的损失。

(7) 串味险(Odor)。例如,茶叶、香料、药材等在运输途中受到一起堆储的樟脑等异味的影响而使品质受到损失。

(8) 受热、受潮险(Heating & Sweating)。例如,船舶在航行途中,因气温骤变或者船上通风设备失灵等使舱内水汽凝结、发潮、发热而使货物受到损失。

(9) 钩损险(Hook Damage)。保险货物在装卸过程中因使用手钩、吊钩等工具所造成的损失,例如粮食包装袋因吊钩钩坏而造成粮食外漏所造成的损失,保险公司应予以赔偿。

(10) 包装破裂险(Breakage of Packing)。包装破裂造成物资的短少、沾污等损失。

此外，对于保险货物在运输过程中因货运安全需要而产生的候补包装、调换包装所支付的费用，保险公司也应负责。

（11）锈损险（Rust）。保险公司负责保险货物在运输过程中因生锈而造成的损失。不过，这种生锈必须在保险期内发生，如在原装时就已生锈，则保险公司不负责任。

上述11种附加险，不能独立承保，它必须附属于主要险别。也就是说，只有在投保了主要险别以后，投保人才允许投保附加险。投保"一切险"后，上述险别均包括在内。

2. 特殊附加险

特殊附加险属于附加险类，但不属于一切险的范围之内，它与政治、国家行政管理规章所引起的风险相关联。目前，中国人保承保的特别附加险别有：

（1）战争险（War Risk）。战争险负责赔偿直接由于战争、类似战争行为和敌对行为、武装行为或海盗行为所致的损失，以及由此引起的捕获、拘留、扣留、禁止、扣押所造成的损失；各种常规武器（包括水雷、鱼雷、炸弹）所致的损失，以及由上述责任范围引起的共同海损的牺牲、分摊和救助费用。不负责赔偿由于使用原子或热核武器所造成的损失。

（2）罢工险（Strikes Risk）。罢工险赔偿的范围：被保险货物由于罢工工人停工或参加工潮暴动等因人员的行动或任何人的恶意行为所造成的直接损失和上述行动或行为所引起的共同海损的牺牲、分摊和救助费用。不赔偿的范围：罢工期间由于劳动力短缺或不能使用劳动力所造成的被保险货物的损失；罢工引起的动力或燃料缺乏使冷藏机停止工作所致的冷藏货物的损失；无劳动力搬运货物，使货物堆积在码头淋湿而发生的损失。

（3）黄曲霉素险（Aflatoxin Risk）。黄曲霉素险是指对被保险货物因所含黄曲霉素超过进口国的限制标准被拒绝进口、没收或强制改变用途而遭受的损失负责赔偿。

（4）货物不到险（Failure to Delivery Risks）。货物不到险是指对不论出于任何原因，从被保险货物装上船舶时开始，不能在预定抵达目的地日期起6个月内交货的，负责按全损赔偿。

（5）舱面险（On Deck Risk）。当被保险货物存放于舱面时，除了按保险单所载条款，还包括被抛弃或被风浪冲击落水在内的损失。

（6）进口关税险（Import Duty Risk）。进口关税险是指当被保险货物遭受保险责任范围以内的损失，而被保险人仍须按完好货物价值完税时，保险公司对损失部分货物的进口关税负责赔偿。

（7）拒收险。对于被保险货物在进口港被进口国政府或有关当局拒绝进口或没收，保险公司应按货物的保险价值负责赔偿。

（8）货物出口到香港或澳门存仓火险责任扩展条款。在被保险货物运抵目的地香港（包括九龙）或澳门并卸离运输工具后，如直接存放于保单载明的过户银行所指定的仓库，本保险对存仓火险的责任至银行收回押款解除货物的权益为止，或运输险责任终止时起满30天为止。

三、海洋运输货物专门险险别与条款

在我国的海洋运输货物中，还有两种专门险：适用于海运冷藏货物的海洋运输冷藏货物保险和适用于海运散装桐油的海洋运输散装桐油保险。

1. 海洋运输冷藏货物保险

根据中国人保1981年1月1日修订的《海洋运输冷藏货物保险条款》的规定,海洋运输冷藏货物保险(Ocean Marine Insurance Frozen Product)险别分为冷藏险(Risks for Frozen Products)和冷藏一切险(All Risks for Frozen Products)两种。

(1) 冷藏险。冷藏险的责任范围除了负责水渍险承保的责任,还负责赔偿由于冷藏机器停止运行连续24小时以上造成的被保险货物的腐败或损失。

(2) 冷藏一切险。冷藏一切险的责任范围除了包括冷藏险的各项责任,还负责赔偿被保险货物在运输途中由一般外来原因造成的腐败或损失。海洋运输冷藏货物保险的责任起讫时间与海洋运输货物三种基本险的责任起讫时间相同。但是,当货物到达保险单所载明的最后目的港,如在30天内卸离海港并将货物存入岸上冷藏仓库,则保险责任连续有效,但以货物全部卸离海轮时起计算满10天为限。如果在上述期限内货物一经移出冷藏仓库,保险责任即告终止。如果货物卸离海轮后不存入冷藏仓库,保险责任至卸离海轮时终止。

2. 海洋运输散装桐油保险

根据中国人保1981年1月1日修订的《海洋运输散装桐油保险条款》的规定,海洋运输散装桐油保险是保险公司承保无论任何原因造成的被保险散装油桐的短少、渗漏、沾污或变质的损失。

海洋运输散装桐油保险的责任起讫也按照仓至仓条款负责。但是,如果被保险散装桐油运抵目的港不及时卸载,则自海轮抵达目的港时起满15天,保险责任即行终止。

四、除外保险责任

所谓除外保险责任是指保险公司明确规定不予承保的损失和费用。保险公司对下列损失不负责赔偿:

(1) 被保险人的故意行为或过失造成的损失。

(2) 属于发货人的责任所引起的损失。

(3) 在保险责任开始前,被保险货物已存在因品质不良或数量短差所造成的损失。

(4) 被保险货物的自然损耗、本质缺陷、特性以及市价跌落、运输延迟引起的损失和费用。

(5) 属于战争险和罢工险条款所规定的责任范围及除外责任。

五、责任范围比较

从三种基本险的责任范围来看,平安险的责任范围最小,它对自然灾害造成的全部损失及意外事故造成的全部和部分损失负赔偿责任。水渍险的责任范围比平安险的责任范围大,凡因自然灾害和意外事故所造成的全部和部分损失,保险公司均负责赔偿。一切险的责任范围是三种基本险中最大的,除了包括平安险、水渍险的责任范围,它还包括被保险货物在运输过程中由一般外来风险所造成的全部或部分损失,如货物被盗窃、钩损、碰损、受潮、受热、淡水雨淋、短量、包装破裂和提货不着等。由此可见,一切险是平安险和水渍险加一般附加险的总和。

六、保险责任的起讫

保险责任的起讫主要采用仓至仓条款,即保险责任自被保险货物运离保险单所载明的起运地仓库或储存处所开始,包括正常运输中的海上、陆上、内河和驳船运输在内,直至该项货物运抵保险单所载明的目的地收货人的最后仓库或储存处所,或被保险人用作分配、分派或非正常运输的其他储存处所为止。

上述三种险别都有货物运输的基本险别,被保险人可以从中选择一种投保。此外,保险人可以要求延展保险期。例如,向某些内陆国家出口货物,如在港口卸货转运内陆以致无法在保险条款规定的保险期内到达目的地,即可申请扩展,经保险公司出具凭证予以延长,每日加收一定保险费。

第五节　我国陆空邮运输货物保险的险别与条款

货物在国际运输的过程中,可能因遇到自然灾害和意外事故而招致损失,为了转嫁货物在运输过程中的风险损失,就需要办理货物运输保险,这是同自然灾害和意外事故做斗争的一种经济措施。通过投保运输险,将货物的不定损失变为固定费用,在货物遭到承保范围内的损失时,可以从保险公司及时得到经济上的补偿。这不仅有利于物流操作中加强经济核算,还有利于企业保持正常营业,从而有效地促进国际物流的发展。

对外运输货物保险是以对外贸易货物运输过程中的各种货物作为保险标的的保险。外贸货物的运送有海运、陆运、空运及邮政送递等多种途径。对外贸易运输货物保险的险别类按保险标的的运输工具相应分为四类:海洋运输货物保险、陆上运输货物保险、航空运输货物保险和邮包保险。

有时一批货物的运输全过程需要使用两种或两种以上的运输工具,这时往往以货运全过程中主要的运输工具确定投保何种保险。

一、陆上运输货物保险

根据中国人保1981年1月1日修订的《陆上运输货物保险条款》(Overland Transportation Cargo Insurance Clause)的规定,陆上运输货物保险合同是指保险人与投保人之间达成的,以陆上运输过程中的货物作为保险标的的,由保险人对于被保险货物因自然灾害或意外事故造成的损失承担赔偿责任的协议。其适用范围分为国内陆上运输货物保险合同和国际(涉外)陆上运输货物保险合同。陆上运输货物保险的基本险别分为陆运险与陆运一切险两种。

1. 陆运险的责任范围

被保险货物在运输途中遭受暴风、雷电、地震、洪水等自然灾害,或由于陆上运输工具(主要指火车、汽车)遭受碰撞、倾覆或出轨(如在驳运过程中,驳运工具搁浅、触礁、沉没),或由于遭受隧道坍塌、崖崩或火灾、爆炸等意外事故所造成的全部损失或部分损失。保险公司对陆运险的承保范围大致相当于海运险中的"水渍险"。

2. 陆运一切险的责任范围

除包括上述陆运险的责任外,保险公司对被保险货物在运输途中由外来原因造成的短少、短量、偷窃、渗漏、碰损、破碎、钩损、雨淋、生锈、受潮、串味、沾污等全部或部分损失,也负责赔偿。

3. 我国陆上运输货物保险合同的除外责任

保险人对被保险货物在运输过程中,下列原因造成的损失不负赔偿责任:

(1) 战争和军事行动。

(2) 核事故或核爆炸。

(3) 被保险货物本身的缺陷或自然损耗,以及包装不善造成的损失。

(4) 被保险人的故意行为或过失造成的损失。

(5) 全程公路运输货物的盗窃和整件提货不着的损失。

(6) 其他不属于保险责任范围内的损失。

4. 国际陆上运输货物保险合同的除外责任

保险人对下列损失不承担保险责任:

(1) 被保险人的故意行为或过失所造成的损失。

(2) 属于发货人责任所引起的损失。

(3) 在保险责任开始前,被保险货物已存在的品质不良或数量短差所造成的损失。

(4) 被保险货物的自然损耗、本质缺陷、特性以及市价跌落、运输延迟所引起的损失或费用。

(5) 陆上运输货物的战争险条款和罢工条款规定的保险责任范围与除外责任。

5. 保险责任起讫

保险责任的起讫期限与海洋运输货物保险的仓至仓条款基本相同,是从被保险货物运离保险单所载明的起运地发货人的仓库或储存处所开始运输时生效,包括正常陆运和有关水上驳运在内,直至该项货物送交保险单所载明的目的地收货人仓库或储存处所,或被保险人用作分配、分派或非正常运输的其他储存处所为止。但是,如未运抵上述仓库或储存处所,则以被保险货物到达最后卸载的车站后 60 天为限。不过,在陆上运输货物保险中,被保险货物除了保陆运险和陆运一切险,经过协商还可以加保陆上运输货物保险的附加险,如陆运战争险等。陆运战争险与海运战争险,由于运输工具有其本身的特点,具体责任有一些差别,但就战争险的共同负责范围来说基本上是一致的,即对直接由战争、类似战争行为以及武装冲突所导致的人因捕获、扣留、禁制和扣押等引起的损失,保险公司应负责赔偿。

6. 被保险人的义务

被保险人应按照规定的应尽义务办理有关事项,如因未履行规定的义务,保险公司对有关损失有权拒绝赔偿。

(1) 当被保险货物运抵保险单所载目的地以后,被保险人应及时提货;当发现被保险货物遭受任何损失时,应立即向保险单上载明的检验、理赔代理申请检验。如果发现被保险货物整件短少或有明显的残损痕迹,应立即向承运人、受托人或有关当局索取货损货差证明。如果货损货差是因承运人、受托人或其他有关方面的责任而造成的,应以书面方式提出索赔,必要时还须取得延长时效的认证。

(2) 对遭受承保责任内危险的货物,应迅速采取合理的抢救措施,防止或减少货物损失。

(3) 在向保险人索赔时,被保险人必须提供下列单证:保险单正本、提单、发票、装箱单、磅码单、货损货差证明、检验报告及索赔清单。如涉及第三者责任,还须提供向责任方追偿的有关函电及其他必要的单证或文件。

二、航空运输货物保险

1. 责任范围

根据中国人保1981年1月1日修订的《航空运输货物保险条款》(Air Transportation Cargo Insurance Clause)的规定,航空货物保险的基本险别分为航空运输险和航空运输一切险两种。

(1) 航空运输险。航空运输险负责赔偿:① 被保险货物在运输途中遭受雷电、火灾、爆炸,或由于飞机遭受恶劣气候或其他危难事故而被抛弃,或由于飞机遭碰撞、倾覆、坠落或失踪意外事故所造成的全部或部分损失;② 被保险人对遭受承保责任内危险的货物采取抢救、防止或减少货损的措施而支付的合理费用,但以不超过该批被救货物的保险金额为限。

(2) 航空运输一切险。除了包括上述航空运输险责任,航空运输一切险还负责被保险货物由外来原因所致的全部或部分损失。

2. 除外责任

航空运输货物保险对下列损失不负赔偿责任:

(1) 被保险人的故意行为或过失所造成的损失。

(2) 属于发货人责任所引起的损失。

(3) 保险责任开始前,被保险货物已存在的品质不良或数量短差所造成的损失。

(4) 被保险货物的自然损耗、本质缺陷、特性以及市价跌落、运输延迟所引起的损失或费用。

3. 保险责任起讫

(1) 本保险负仓至仓责任,自被保险货物运离保险单所载明的起运地仓库或储存处所开始运输时生效,包括正常运输过程中的运输工具在内,直至该项货物运达保险单所载明目的地收货人的最后仓库或储存处所或被保险人用作分配、分派或非正常运输的其他储存处所时为止。如未运抵上述仓库或储存处所,则以被保险货物在最后卸载地卸离飞机后满30天为止。如在上述30天内被保险货物需转运到非保险单所载明的目的地,则以该项货物开始转运时终止。

(2) 由于被保险人无法控制的运输延迟、绕道、被迫卸货、重新装载、转载或承运人运用运输契约赋予的权限所作的任何航行上的变更或终止运输契约,致使被保险货物运到非保险单所载目的地,在被保险人及时将获知的情况通知保险人并在必要时加缴保险费的情况下,本保险继续有效,保险责任按下述规定终止:① 被保险货物如在非保险单所载目的地出售,保险责任至交货时为止;但不论任何情况,均以被保险的货物在卸载地卸离飞机后满30天为止。② 被保险货物在上述30天期限内继续运往保险单所载原目的地或其他目的地时,保险责任仍按上述第(1)项的规定终止。

4. 被保险人的义务

被保险人应按照以下规定的应尽义务办理有关事项,如未履行所规定的义务,保险公司对有关损失有权拒绝赔偿。

(1) 当被保险货物运抵保险单所载目的地以后,被保险人应及时提货;当发现被保险货物遭受任何损失时,应立即向保险单上所载明的检验、理赔代理人申请检验。如果发现被保险货物整件短少或有明显的残损痕迹,应立即向承运人、受托人或有关当局索取货损货差证明。如果货损货差是因承运人、受托人或其他有关方面的责任而造成的,应以书面方式向被保险人提出索赔,必要时还须取得延长时效的认证。

(2) 对遭受承保责任内危险的货物,应迅速采取合理的抢救措施,防止或减少货物损失。

(3) 在向保险人索赔时,被保险人必须提供下列单证:保险单正本、提单、发票、装箱单、磅码单、货损货差证明、检验报告及索赔清单。如涉及第三者责任,还须提供向责任方追偿的有关函电及其他必要单证或文件。

三、邮包保险

根据中国人保1981年1月1日修订的《邮包保险条款》(Parcel Post All Risks)的规定,邮包保险按保险责任分为邮包险和邮包一切险两种。前者与海洋运输货物保险水渍险的责任相似,后者与海洋运输货物保险一切险的责任基本相同。此外还有邮包战争险,承保通过邮政局寄递的货物在邮递过程中因战争、武装冲突等因素所致的损失。

以邮包方式将货物发送到目的地可能通过海运,也可能通过陆上或航空运输,或者通过两种或两种以上的运输工具运送。不论通过何种运送工具,凡是以邮包方式将贸易货物运达目的地的保险均属邮包保险。

1. 邮包险

邮包险责任包括:① 被保险邮包在运输途中由于恶劣气候、雷电、海啸、地震、洪水自然灾害,或由于运输工具遭受搁浅、触礁、沉没、碰撞、倾覆、出轨、坠落、失踪,或由于失火、爆炸意外事故所造成的全部或部分损失;② 被保险人对遭受承保责任内危险的货物采取抢救、实施防止或减少货损的措施而支付的合理费用,但以不超过该批被救货物的保险金额为限。

2. 邮包一切险

除了上述邮包险的各项责任,邮包一切险还负责被保险邮包在运输途中由外来原因所致的全部或部分损失。邮包运输货物保险的除外责任和被保险人的义务与海洋运输货物保险相比,其实质是一致的。

3. 责任起讫

本保险责任自被保险邮包离开保险单所载起运地点寄件人处所运往邮局时开始生效,直至该邮包运达本保险单所载目的地邮局,自邮局签发到货通知书当日午夜起算满

15 天终止。但在此期限内邮包一经递交至收件人处所时,保险责任即行终止。

4. 被保险人的义务

被保险人应按照以下规定的应尽义务办理有关事项,如未履行所规定的义务,保险公司对有关损失有权拒绝赔偿。

(1) 当被保险邮包运抵保险单所载明的目的地以后,被保险人应及时提取包裹;当发现被保险邮包遭受任何损失的,应立即向保险单上所载明的检验、理赔代理人申请检验。如果发现被保险邮包整件短少或有明显的残损痕迹,应立即向邮局索取货损货差证明,并应以书面方式提出索赔,必要时还须取得延长时效的认证。

(2) 对遭受承保责任内危险的邮包,应迅速采取合理的抢救措施,防止或减少邮包的损失。被保险人采取此项措施,不应视为放弃委付的表示;保险公司采取此项措施,也不得视为接受委付的表示。

(3) 在向保险人索赔时,被保险人必须提供下列单证:保险单正本、邮包收据、发票、装箱单、磅码单、货损货差证明、检验报告及索赔清单。如涉及第三者责任,还须提供向责任方追偿的有关函电及其他必要的单证或文件。

5. 索赔期限

本保险索赔时效,从被保险邮包递交收件人时起算,最多不超过两年。

思考题

1. 简述保险的基本原则。
2. 简述货运保险在国际贸易中的作用。
3. 我国海洋运输保险基本险别有几种?其责任范围有何区别?
4. 我国海洋运输货物保险的附加险有哪些?在投保一切险时是否包括附加险?为什么?
5. ICC 条款中(A)(B)(C)三种险别的责任范围和除外责任有何区别?
6. 我国陆运险责任的起讫时间分别是什么?

案例一

沿海船载货物重量出现短缺纠纷处理

1. 案情

A 托运人与 B 承运人签订散装玉米的航次租船合同,约定装货港为大连港、卸货港为黄埔港、散装玉米 2 万吨、运费每吨 120 元及滞期费等条款,但没有约定船载货物的计量方法。A 托运人在装货港使用港口提供的电子磅对货物进行计量,并由港口出具计量单证。该计量单证上载明的货物重量与运单中载明的重量相同。在黄埔港卸货时,收货人也采用港口的电子磅对所卸货物进行计量,但结果是较之运单上载明的重量短少 80 吨。每吨玉米现价 1 400 元,80 吨总计为 112 000 元。据此,收货人立即通知了 A 托运人,A 托运人采取拒付合同中约定的应当在卸货后立即支付的剩余运费 40 万元。B 承运人无奈，向海事法院提起诉讼，要求 A 托运人支付剩余的 40 万元运费。

2. 审判

海事法院的判决是：因合同当中没有约定具体的计量方法，那就意味着运输合同的双方当事人对船载货物数量漠不关心；又因 A 托运人没有提供承运人有偷盗等其他行为造成货物的短少，那么 B 承运人在卸货港的实际交货数量就是 A 托运人在签订运输合同时所期许的数量。至于 A 托运人和收货人在装卸两个港口的过磅行为，应当视为对贸易合同的履行，而非履行运输合同的必要。据此，判决被告 A 托运人向原告 B 承运人支付运费 40 万元和同期银行流动资金贷款利息，并驳回被告的反诉请求。

3. 评析

原告 B 承运人在诉状的事实和理由中做出如下陈述：依据航次租船合同的约定，托运人应当在货物卸空后立即支付剩余运费 40 万元，A 托运人以卸货短少为由拒付运费，既无合同依据也无法律依据，所以应当依约支付运费。被告 A 托运人答辩反诉说：装港和卸港的过磅单可以证明货物确实短少，因此 B 承运人应当对短少的货物承担责任，即短少 80 吨货物的 112 000 元和贸易合同的违约金 20 万元。

我国《国内水路货物运输规则》第六十四条规定："散装货物按重量交接的，承运人与托运人应当约定货物交接的计量方法，没有约定的应当按船舶水尺数计量，不能按船舶水尺数计量的，运单中载明的货物重量对承运人不构成其交接货物重量的证据。"本案中，双方签订的航次租船合同中没有约定货物的计量方法，所以 A 托运人用单方面的计量数据对抗 B 承运人没有合同依据。据此，运单中载明的货物重量是不能作为承运人交付货物重量的证据的。

不过，《中华人民共和国合同法》第七条规定："当事人订立和履行合同，应当遵守法律、行政法规。"因《国内水路货物运输规则》的立法位阶是部门规章，较之国务院的行政法规低了一个位阶，能不能作为审理本案的法律或者行政法规适用也值得探讨。也正因为如此，被告在辩论中指出，即使《国内水路货物运输规则》具有法律效力，也不能作为意思自治的产物，而应当视为格式条款。

但是，就双方签订的航次租船合同来说，无论在合同的左上角还是在运单的右上角，均备注了这样一句话："承运人、实际承运人、托运人、收货人的有关权利、义务，适用《国内水路货物运输规则》。"在合同中有了这样的表述，也就意味着《国内水路货物运输规则》已经作为合同的条款并入到运输合同中，而不能简单地用立法位阶衡量其法律效力。因为《中华人民共和国合同法》第八条规定："依法成立的合同，对当事人具有法律约束力。"所以，并入到合同中的《国内水路货物运输规则》，脱离了立法位阶的束缚，而具有与最高权力机构制定的法律同等的效力。

总的来说，法院的最后判决基本符合法律原则。

资料来源：中华考试网，http://www.examw.com/huoyun/anli/188894/，访问时间：2019 年 4 月 1 日。有改动。

案例二

货运代理人应否承担货物灭失赔偿

1. 案情

A公司(卖方)与B公司(买方)于2015年5月4日签订一份牛仔布销售合同,约定价格条件为FOB上海,按信用证要求装运。5月19日,B公司向A公司传真告之环亚货运公司海运部地址、电话、传真和联系人等。A公司遂将本公司的出口货物明细表传真给环亚货运,后由其出具进仓单,通知A公司将上述货物在规定的期限内送至指定仓库。A公司交货后,环亚货运以A公司名义办理了货物装箱、商检、报关等事项。

A公司确认提单内容后取得了四套泛洋船务公司签发的上海至吉大港的全程提单。该提单由泛洋船务以提单抬头承运人的身份签发。提单加注了签单人泛洋船务及卸货港船公司代理的地址、电话和传真。

环亚货运向实际承运人伟航船务公司订舱后,均向泛洋船务汇报船名、开航日期、提单号等情况。货物运至香港后,被泛洋船务凭伟航船务公司提单提取。6月15日,环亚货运收取泛洋船务通过银行转账支付的一程运费。之后,A公司用泛洋船务提单向银行议付,开证行以"客检证会签"系伪造为由而退单(后经努力,四套提单中的一套结汇成功)。A公司即要求环亚货运通知承运人泛洋船务扣货并将货物退运回上海,但四套提单下的货物及泛洋船务均已下落不明。A公司遂提起本案诉讼,要求环亚货运承担货物灭失的赔偿责任。经查,香港商业登记署没有A公司和泛洋船务的登记资料。

2. 案例审理

法院经审理认为,A公司与环亚货运之间不存在委托订舱的法律关系。从现有证据分析,涉案货物灭失可能系贸易买方欺诈所致,A公司不能证明环亚货运明知或参与欺诈,应自行承担商业风险。环亚货运为涉案货物全面、正确地代办了报关、报验、装船等货代事宜,其行为与货物灭失没有因果关系。故A公司主张环亚货运代理过错、应承担赔偿责任的诉讼理由没有事实和法律依据,其诉讼请求不能予以支持。

3. 评析

本案最大的争议焦点是:A公司与环亚货运之间是否存在委托订舱的法律关系?

首先,本案所涉货物以FOB价格条件成交出口,在贸易合同双方无特别约定的情况下,租船订舱是贸易合同买方的义务,A公司作为卖方没有义务委托他人订舱出运货物。

其次,货运代理人的业务包括向承运人订舱、与货主和承运人交接货物、装箱、报关、报验、仓储等。这些事项属于双方自由约定的合同义务,可以由当事人在货运代理合同中选择若干作为委托内容,而不是货代必须全部履行的法定义务,不能根据货代公司代办了部分事宜就推断其必然代办包括订舱在内的全部货代业务;A公司与环亚货运之间没有货运代理的书面协议,环亚货运向实际承运人订的舱位是从上海至香港的运输,也不符合A公司上海至吉大港的所谓订舱要求。从现有证据分析,环亚货运的行为仅表明其以A公司的名义办理了货物的装箱、商检、报关等事项并收取了相关费用,两者之间仅存在这些特定事项方面的货运代理关系。

最后,在货物出运前,买方传真告知了A公司装货港联系的承运商,表明买方此时已经选择了承运人。此外,泛洋船务已向环亚货运支付一程海运费的事实,也可佐证环亚货运系买方选择的承运人泛洋船务的装货港代理人。

综上所述,从本案事实和证据的角度分析,环亚货运的法律地位应是承运人泛洋船务的装货港代理人,托运人 A 公司与环亚货运之间并不存在委托订舱的法律关系。A 公司基于货运代理合同关系要求环亚货运承担代理不当责任的理由不能成立。那么,作为承运人的装货港代理人,从侵权赔偿的角度看,环亚货运是否应当承担货物灭失的连带责任?

一方面,环亚货运的代理行为并不存在过错。从现有证据分析,涉案提单由泛洋船务制作、签发给 A 公司,而不能证明是由环亚货运代理泛洋船务完成了这些具体行为;作为泛洋船务的装货港代理人,环亚货运代理的仅是货物从发货人到承运人泛洋船务之间的交接,其行为符合国际货代的操作惯例。即使环亚货运在泛洋船务提单的流转过程中起到了传递信息及运输单证的作用,其对所传递提单的性质并无审查的法定义务;即使事后证明提单存在问题,也不能必然得出转交提单的人"知道被代理的事项违法仍进行代理活动"的结论,更不能据此认定环亚货运知道或参与了欺诈。

另一方面,环亚货运为泛洋船务进行的代理行为与 A 公司货物灭失之间没有必然的因果关系。在无特别约定的情况下,FOB 条件的贸易合同通常由买方负责订舱运输,本案中买方传真向 A 公司告知承运人的行为表明其已经对承运人做出选择,而 A 公司在确认、取得提单并交货时未提异议,该行为是对承运人依据提单占有运输货物的认可。可见,A 公司收款未成、货物失控,是其接受 FOB 合同、带有"软条款"的信用证及承运人的提单所造成的风险结果,与环亚货运的代理行为并无必然的因果关系。

资料来源:石亚清.货运代理人应否承担货物灭失的赔偿[J].中外物流,2006(04):40—41。有改动。

21世纪经济与管理规划教材

物流管理系列

第六章

国际物流单证实务

本章要点

本章介绍了单证的含义、种类及其在国际贸易中的作用。单证的种类众多、内容繁杂,本章主要介绍国际货物运输和国际货物运输保险的业务流程及相关单证的填制内容、要求。

本章关键词

单证 国际货物运输 国际货物运输保险 操作流程 单证填制

几个贸易术语:

(1) CFR(Cost and Freight)是成本加运费,指在装运港船上交货,卖方支付将货物运至指定目的地港所需的费用,但货物的风险是在装运港船上交货时转移。

(2) CIF(Cost,Insurance and Freight)是成本加保险费加运费。货价的构成因素中包括从装运港至约定目的地港的通常运费和约定的保险费,故卖方除了负有与 CFR 相同的义务,还要为买方办理货运保险、支付保险费。按一般国际贸易惯例,卖方投保的保险金额应按 CIF 价加成 10%。如买卖双方未约定具体险别,则卖方只需取得最低限的保险险别;如买方要求加保战争险,在保险费由买方负担的前提下,卖方应予加保;卖方在投保时,如能办到,必须以合同货币投保。CIR 计算公式是:

$$CIF = CFR/(1 - 投保加成 \times 保险费率)$$

(3) FOB(Free On Board)即离岸价,也称船上交货价,是国际贸易中常用的贸易术语之一。按离岸价进行的交易,买方负责派船接运货物,卖方应在合同规定的装运港和规定的期限内将货物装上买方指定的船只,并及时通知买方。货物在装运港被装上指定船时,风险即由卖方转移至买方。

第一节 单证概述

一、单证的含义和种类

1. 单证的含义

国际贸易单证,简称单证。广义的单证是指在国际贸易中使用的单据、文件与证书,借此处理国际货物的交收、运输、保险、商检、结算等。狭义的单证仅指单据和信用证。

图 6-1 勾画了采用 CIF 合同的基本业务流程及其主要单证。采用 CIF 贸易术语,国际贸易基本业务流程有三种方式,分别是信用证结算、D/A(承兑交单)结算和前 T/T(电汇)结算。以图 6-1 信用证结算为例,第 1 步为交易准备阶段;第 2~4 步为合同商定阶段,涉及的主要单据是合同;第 5~44 步为合同履行阶段。其中,第 6~9 步以进口商申请开立信用证为主;第 10~25 步为出口商备货装运;第 26~34 步的主要业务为结汇、索偿与偿付;第 35~44 步的主要业务为进口商提货。

2. 单证的种类

单证依据性质、名目、内容、用途、出具单位、出具条件等不同而种类各异(见表 6-1)。

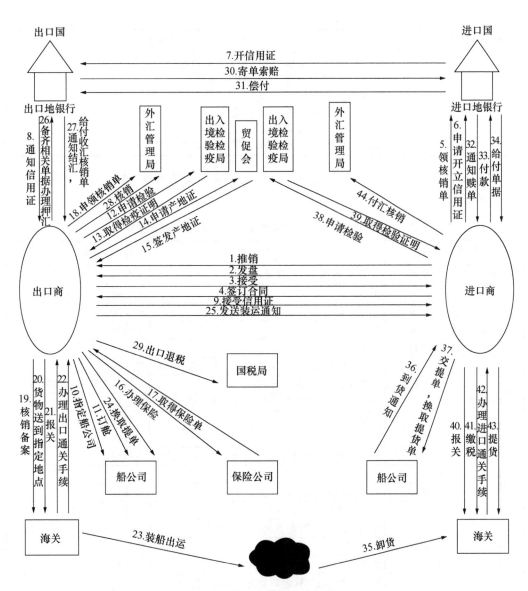

图 6-1 国际贸易基本业务流程

注：采用 CIF 贸易术语，信用证结算。

表 6-1 单证的种类

单证分类的依据	单证的种类及其主要单证
涉及贸易方	进口单证、出口单证
性质	金融单据：汇票、本票、支票或类似用以取得款项的凭证 商业单据：发票、货运单据、保险单据、契据及其他任何非金融单证

(续表)

单证分类的依据	单证的种类及其主要单证
用途	资金单据:对应于第二种分类的金融单据 商业单据:发票及其补充(如装箱单等) 货运单据:各种提单、运单等 保险单据:保险单、保险凭证等 官方单据:原产地证书、熏蒸证书等 附属单据:船龄证明、寄单证明、装船通知书等

从进出口业务角度来看,国际贸易涉及的主要单证及其出单、签证或提交机构如表 6-2 所示。

表 6-2　国际贸易涉及的主要单证及其出单、签证或提交机构

合同履行阶段			主要单据的名称	出单、签证或提交机构
各主要环节均通用			商业发票、装箱单、重量单	出口商
结算与结汇	结算工具		汇票	汇出行或出口商
	汇付	申请	电汇/信汇/票汇申请书、购汇申请书	进口商
		汇款	汇款报文、面函	汇出行
		解付	汇款通知书	汇入行/解付行
	托收	委托	托收申请书(或客户交单联系单或托收委托书)	出口商
			结汇单据(跟单托收时)等	出口相关环节的部门出具
			托收指示书(或托收委托书)、寄单面函	托收行
		提示	承兑/付款通知	代收行
		解付	收汇水单	托收行
	信用证	申请	信用证开证申请书、信用证修改申请书(必要时)	进口商
		开证/改证	信用证/信用证修改书(必要时)	开证行
		通知	信用证通知、信用证修改通知书(必要时)	通知行
		交单	客户交单联系单、信用证正本	受益人(出口商)
			汇票、发票、装运单等全套结汇单证	出口相关环节的部门出具
		索偿	索偿书	索偿行
		付款赎单	来单通知书	开证行或付款行
办理运输	托运		海运货物委托书(需要货运代理时,其他运输类似)	出口商
			托运单、托运保函	出口商或货代公司
	装载		载货清单(大舱单)、载货清单(小舱单)、货物积载图、实际载货清单、运费清单	运输公司
	装运后		提单、海运单、空运单、铁路运单、邮政收据或投邮证明、多式联运单据	运输公司/货代公司
	卸货		到货通知书、提货单	运输公司/货代公司
办理保险	投保		投保单	出口商/进口商
	承保后		保险单、保险凭证、预约保险单、批单	保险公司

(续表)

合同履行阶段		主要单据的名称	出单、签证或提交机构
申请办理商检	报检	出入境代理报检委托书(需要报检代理时)	出口商/进口商
	签证	出境货物报检单/入境货物报检单	出口商/进口商或报检代理
		商检证书/通关单、出境货物换证凭单或凭条(异地报检时)	国家质量监督检验检疫局(CCIQ)
出口免检	申请		
		免验申请表	出口商
	批准	免验证书	CCIQ
进出口许可	申请	出口许可证申请表、进口许可证申请表、自动进口许可证申请表、纺织品临时出口许可证申请表等	出口商/进口商
	签证	出口许可证、进口许可证、纺织品临时出口许可证等	商务部配额许可证事务局及其委托的各地方发证机构
货物原产地证明	申请	原产地证书申请书(向CCIQ申请)原产地证书/加工装配证书申请书[向中国贸促会(CCPIT)/中国国际商会(CCOIC)申请]	出口商
	签证	一般原产地证书	CCIQ或CCPIT/CCOIC
		普惠制证书(FORMA)	CCIQ
		亚太贸易协定原产地证书(FORMM)、中国-东盟自由贸易区优惠关税原产地证书(FORME)、中国-智利自由贸易区原产地证明书(FORMF),中国-巴基斯坦自由贸易区原产地证明书(FORMP)等区域优惠原产地证书	CCIQ
		各种专用原产地证书	CCIQ
		香港CEPA*项下货物原产地证明书	香港工业贸易署和5个政府认可签发来源证机构
		澳门CEPA项下货物原产地证明书	澳门政府经济局
通关	报关	代理报关委托书(需要报关代理时)	出口商/进口商
		报关单	出口商/进口商或报关代理
	查验	查验通知书、查验作业单	海关
	征税	税款缴款书	海关
	放行	报关单(证明联)	海关签注、签章
外汇核销	收汇核销/付汇核销	自2012年8月1日起取消出口收汇核销单,对企业货物流、资金流实施非现场总量核查,对企业实行动态监测和分类管理	国家外汇管理局

（续表）

合同履行阶段		主要单据的名称	出单、签证或提交机构
出口退税	申报	退税申报表 外销发票、进货增值税专用发票（税款抵扣联）、报关单（出口退税证明联）、远期收汇证明或结汇水单或收汇通知书	出口商、国家商务、海关外汇、银行等出具
特殊单证		出口国/进口国的特殊要求，或由于交易货物的特殊性质所要求的单证，包括自然资源产品的出口证书、战略物资（如武器、弹药、放射性物质）的进口特别许可证、动植物检疫证书、各种与配额有关的证书	国家商务、商检、外汇、税务等机构

注：* CEPA，即 Closer Economic Partnership Arrangement 的缩写，中文为《内地与香港关于建立更紧密经贸关系的安排》。

① 通关、结汇、出口退税等环节，往往需要在各自业务之前由不同机构出具或签证的多种单证。

② 装箱单、重量单等属于商业发票的附属单据。

③ 5个政府认可签发来源证机构是香港总商会、香港工业总会、香港中华厂商联合会、香港中华总商会和香港印度商会。

④ 类似内容和作用的单证有时名称不同，不应妄加推断，应根据当地要求和贸易习惯选用。例如，在出口托收中，出口商向出口地银行申请，委托该银行办理托收时，有的银行称为"托收申请书"，有的银行称为"托收委托书"。而该银行接受委托后，再缮制、交给代收行，以指示代收行行使的托收指示，有的银行称为"托收指示书"，有的银行称为"托收委托书"。

⑤ 单证的内容和填制要求往往会根据贸易业务和管理需要而不断更新。例1，由外管局制定全国统一版本的电汇申请书于2008年12月18日启用，格式与之前的差异明显。例2，为推进贸易便利化，国家外汇管理局、海关总署、国家税务总局决定，自2012年8月1日起：第一，改革货物贸易外汇管理方式。取消出口收汇核销单，企业不再办理出口收汇核销手续，外管局分支局对企业的贸易外汇管理方式由现场逐笔核销改为非现场总量核查。第二，对企业实施动态分类管理。外汇局据企业贸易外汇收支的合规性及其与货物进出口的一致性，将企业分为三类。A类企业进口付汇单证简化，可凭进口报关单、合同或发票等任一能证明交易真实性的单证在银行直接办理付汇，出口收汇无须联网核查；银行收付汇审核手续相应简化。对B、C类企业在贸易外汇收支单证审核、业务类型、结算方式等方面严格监管，B类企业贸易外汇收支由银行实施电子数据核查，C类企业贸易外汇收支须经外汇局逐笔登记后办理。外汇局根据企业在分类监管期内遵守外汇管理规定情况进行动态调整。第三，调整出口报关流程，企业办理出口报关时不再提供核销单。第四，优化升级出口收汇与出口退税信息共享机制，简化出口退税凭证。企业出口退税申报时，不需要核销单；税务局参考外汇局提供的企业出口收汇信息和分类情况，依据相关规定，审核企业出口退税。

⑥ 在进出口业务中还会用到其他单证，只要注意其名称、种类、作用、使用范围、内容、申领和签证条件，就可基本掌握并应用。

相对而言，出口单证业务更加繁重，其业务流程如图6-2至图6-4所示。

第六章 国际物流单证实务

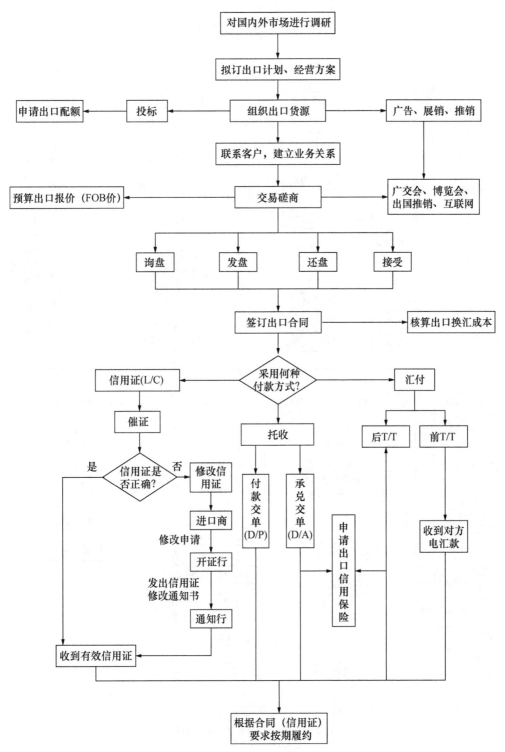

图 6-2 签订出口合同阶段

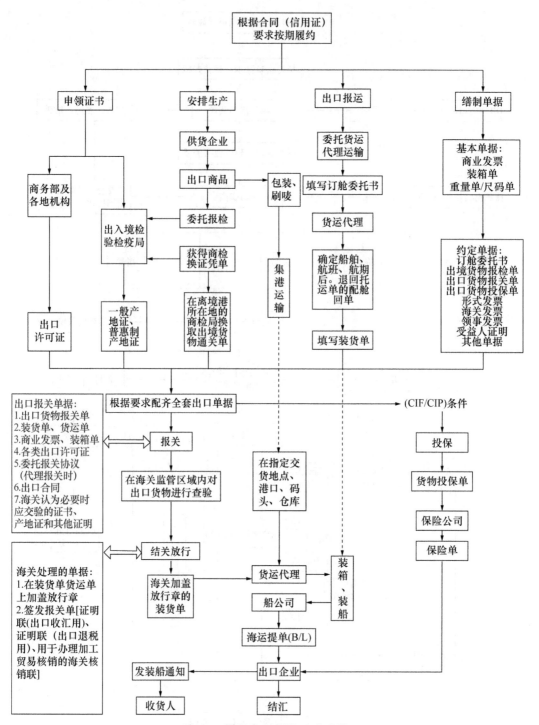

图 6-3　履行出口合同：交货阶段

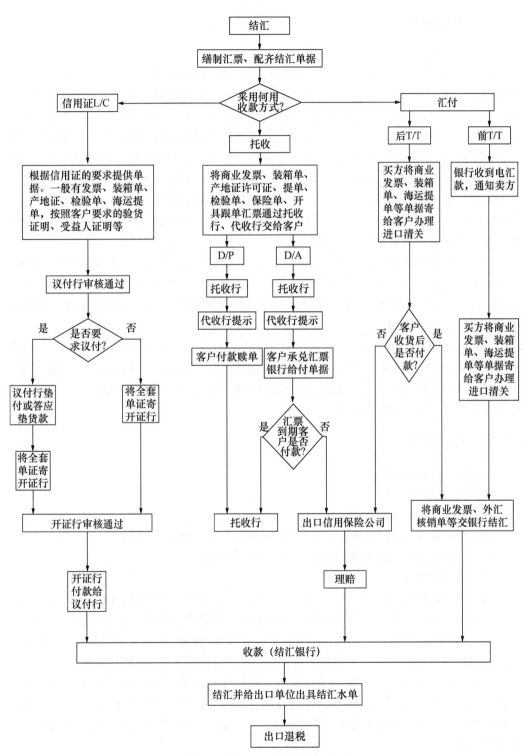

图 6-4 履行出口合同：结汇阶段

二、单证的作用

单证的作用主要有以下三个方面:

(1) 贸易的每个环节都需要相应的单证缮制、处理、交接和传递,以满足企业、银行、保险、商检、海关等多方面的需要。单证在贸易当中对不同当事方发挥着不同的作用:对出口商来说,单证既可作为某项交易的会计凭证、出运货物的收据和出口货物清关的文件,也可作为有关个人、公司和政府机构进行货物运输或检验的指示或为其提供相关信息;对于进口商来说,单证既可作为某项交易的会计凭证,也可作为订购货物已被出运的证明,还可作为货物在目的地的通关文件;对船运公司和货运代理公司来说,单证可为某项交易提供会计凭证,为货物往哪运、如何搬运提供证明或说明;对银行来说,有关单证为其收付款项提供说明和记录工具;对保险公司来说,有关单证是其进行风险评估、货物估价和在保险索赔中确定损失点的凭证。

(2) 单证是贸易结算的基础和基本工具。在以信用证为支付方式的情况下,国际贸易货物的单据化,使得商品买卖可以通过单证买卖来实现。卖方交付单据,即代表交付货物;买方付款赎取单据,即代表买到货物。在以托收或汇付为支付方式的情况下,单据同样起着不可忽视的作用。

(3) 单证是经营管理的主要标志。单证工作是一项政策性很强的涉外工作,必须符合商业惯例、法令规定及实际需要,是企业经营管理的主要环节,与企业经济效益密切相关。单证质量不但关系到能否安全、迅速地收汇或接货,也从侧面反映出一个企业的经营管理水平和一个国家的科学文化水平。

三、单证管理

1. 企业对单证的管理

• 单证管理的意义

(1) 单证管理为履约提供保证。

(2) 单证管理为统计分析提供原始资料,提高外贸工作的管理水平。

(3) 单证管理为查询和处理业务差错事故提供资料。

• 单证机构设置

如何设置单证机构、配备单证人员,主要取决于企业的工作流程、规模、管理等方面的需要。单证机构设置类型可分为职能型和简单型。职能型单证机构设置单独设立单证部门,减少人员的重复配置,专业化程度高,质量有保障;但是,相关人员较重视追求职能目标,易忽视全局,无法对最终结果负全责。该类型适合贸易量大、单据数量多的企业。

简单型单证机构设置由跟单员或外贸业务员完成单证,几个业务员或一个部门合用单证人员。这样一来,单证机构反应快、灵活、责任明确,但是当单证业务量大时,速度会受到影响。该类型适合贸易量小、单据数量少的企业。目前,我国大部分贸易公司的机构设置为简单型。

• 单证管理的要求

(1) 建立完备的单证档案管理制度。出口单证是出口业务活动的重要凭证,有时即使货物已出运,单据已交银行,外汇也已收妥,但事后出于各种原因,往往需要查阅这些单据的留底。当出现客户对品质、数量的索赔,运输纠纷起诉,进口清关时对单证内容提出异议,中间商对佣金事项的查询,开证行提出单证不符、拒绝付款等情况时,就要寻根究底,查底单直至原始凭证。

出口单据副本的归档方法:① 分散归档,由各分管环节分别将该环节缮制和经营的副本单据分类归档。例如,提单由办理运输的环节按运输日期归档,商业发票按发票号码分别由制单环节归档等。② 集中归档,在交单后将全套副本集中保管。

档卷的编排:以查找方便为原则,如采取集中归档的方式,可按合同号码编组,也可以按发票号码排列,各单位可视情况自行设计。

保存期限:因为诉讼时效多为货到后两年,所以档案保管的时限以 2~3 年为宜。

(2) 提高单证工作的质量和效率。国际贸易日新月异,法律法规不断变化,企业应经常培训单证人员,使其能适应业务发展的需要,掌握最新的知识和操作技能;同时,结合对履约情况、客户发展等方面的考察,从审核督促、人员分工、工作考核、流程重组等多方面加以改进,使单证工作不断完善。

2. 国家对单证的管理

国家相关部门监管外贸的同时,也直接或间接地管理外贸单证。例如,海关总署第 172 号令《中华人民共和国海关进出境运输工具舱单管理办法》自 2009 年 1 月 1 日起施行,适用于海关对进出境船舶、航空器、铁路列车及公路车辆舱单的管理。该办法所称的进出境运输工具舱单(简称舱单)是指反映进出境运输工具所载货物、物品及旅客信息的载体,包括原始舱单、预配舱单和装(乘)载舱单。进出境运输工具载有货物、物品的,舱单内容应当包括总提(运)单及其项下分提(运)单的信息。进出境运输工具负责人、无船承运业务经营人、货运代理企业、船舶代理企业、邮政企业及快件经营人等舱单电子数据传输义务人(统称"舱单传输人"),应当按海关备案的范围在规定时限内向海关传输舱单电子数据。海关监管场所经营人、理货部门、出口货物发货人等舱单相关电子数据传输义务人,应当在规定时限内向海关传输舱单相关电子数据。对未按办法传输舱单及相关电子数据的,海关可暂不予办理运输工具进出境申报手续。

上述舱单信息往往是根据货主提供的收货单、装货单汇总的,所以国家逐渐加强对舱单的监管,客观上起到督促各外贸关系人认真缮制、使用和管理这类单据。

第二节 国际货物运输操作流程及单证

装运单证专指在货物装运后,由卖方向买方或银行提供的一类货运单证。

《UCP600》将装运单证分为海运(提单、不可转让海运单、租船合同提单)、多式联运(多式运输单据或联合运输单据)、空运(空运单)、公路(公路运单)、铁路(铁路运单)、内河(内河水运单据)、专递或邮寄(快递收据、邮政收据或投邮证明)七类。

货运单证泛指在国际货物运输过程中,由承运人、发货人、收货人、货运代理人签发,在组织货源、托运订舱、检验检疫、海关申报、货物装运、交单提货、银行结汇、数据交换等各业务环节中用于货物运输操作、管理、证明的一切国际货物运输单证、收据、凭单和电子报文，包括上述装运单证，例如，国际货物托运委托书、托运单、装货单(关单)、收货单(大副收据)、装货清单(小舱单)、载货清单(舱单)、提货通知书、提货单、交货记录等。

除了货运单证，集装箱运输还使用其特有单证，例如空箱提交单(提箱单)、集装箱发放通知单(提箱单)、集装箱设备交接单、集装箱装箱单、拼箱装货清单、集装箱场站收据、危险货物清单、动物货清单、植物货清单、冷冻(藏)货集装箱清单、交货记录等。

一、国际海运操作流程及单证

1. 杂货班轮货运及其主要货运单证流程

杂货班轮货运及其主要货运单证流程如图 6-5 所示。

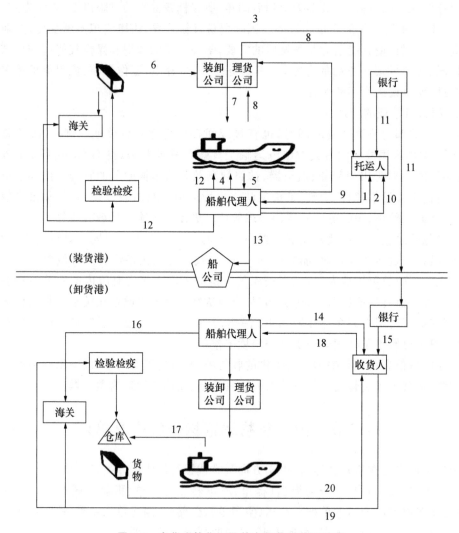

图 6-5 杂货班轮货运及其主要货运单证流程

(1) 托运人向船公司在装货港的代理人(也可直接向船公司或其营业所)提出货物装运申请，递交托运单(B/N)，填写装货联单。

(2) 船公司同意承运后,其代理人指定船名,核对装货单与托运单上的内容无误后,签发订舱单(S/O),将留下留底联后退还给托运人,要求托运人将货物及时送至指定的码头仓库。

(3) 托运人持 S/O 及有关单证向海关办理货物出口报关、验货放行手续,海关在 S/O 上加盖放行图章后,货物准予装船出口。

(4) 船公司在装货港的代理人根据留底联编制装货清单(L/L)送船舶及理货公司、装卸公司。

(5) 大副根据 L/L 编制货物积载计划(Stowage Plan)交代理人分送理货公司、装卸公司等按计划装船。

(6) 托运人将经过检验及检量的货物送至指定的码头仓库准备装船。

(7) 货物装船后,理货长将 S/O 交大副,大副核实无误后,留下 S/O 并签发收货单(M/R)。

(8) 理货长将大副签发的 M/R 转交给托运人。

(9) 托运人持 M/R 到船公司在装货港的代理人处付清运费(预付运费情况下),换取正本已装船提单(B/L)。

(10) 船公司在装货港的代理人审核无误后,留下 M/R,签发 B/L 给托运人。

(11) 托运人持 B/L 及有关单证到议付银行结汇(在信用证支付方式下),取得货款,议付银行将 B/L 及有关单证邮寄开证银行。

(12) 货物装船完毕后,船公司在装货港的代理人编妥出口载货清单(M/F)送船长签字后,向海关办理船舶出口手续,并将 M/F 交船随带,船舶起航。

(13) 船公司在装货港的代理人根据 B/L 副本(或 M/R)编制出口载货运费清单(F/M),连同 B/L 副本、M/R 送交船公司结算代收运费,并将卸货港需要的单证寄给船公司在卸货港的代理人。

(14) 船公司在卸货港的代理人收到船舶抵港电报后,通知收货人船舶到港日期,做好提货准备。

(15) 收货人到开证银行付清货款取回 B/L(在信用证支付方式下)。

(16) 卸货港船公司的代理人根据装货港船公司的代理人寄来的货运单证,编制进口载货清单及有关船舶进口报关和卸货所需的单证,约定装卸公司、理货公司,联系安排泊位,做好接船及卸货准备工作。

(17) 船舶抵港后,船公司在卸货港的代理人随即办理船舶进口手续,船舶靠泊后,即开始卸货。

(18) 收货人持正本 B/L 向船公司在卸货港的代理人处办理提货手续,结清应付的费用后,换取代理人签发的提货单(D/O)。

(19) 收货人办理货物进口手续,支付进口关税。

(20) 收货人持 D/O 到码头仓库或船边提取货物。

2. 集装箱整箱货海运及其主要单证流程

集装箱整箱货海运出口托运订舱单证流程如图 6-6 所示。

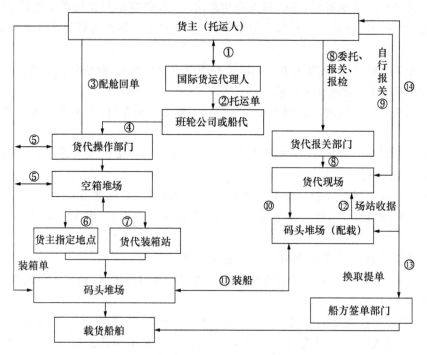

图6-6 集装箱整箱货海运出口托运订舱单证流程

注：在实践中，⑤、⑥、⑦选择一种操作方式。

图6-6说明如下：① 货主与货代建立货运代理关系；② 货代填写托运单，及时订舱；③ 订舱后，货代将有关订舱信息通知货主，或将"配舱回单"转交货主；④ 货主申请用单，取得集装箱发放/设备交接单(E/R)后，方可凭 E/R 到空箱堆场提取所需的集装箱；⑤ 若货主自拉自送，则先从货代处取得 E/R，然后提空箱，装箱后制作集装箱装箱单(CLP)，并按要求及时将重箱送码头堆场，即集中到港区等待装船；⑥ 货代提空箱至货主指定的地点装箱，制作 CLP，然后将重箱"集港"；⑦ 货主将货物送到货代装箱站 CFS，货代提空箱，并在装箱站装箱，制作 CLP，然后"集港"；⑧ 货主委托货代代理报关、报检，办妥有关手续后将单证交货代现场；⑨ 货主也可自理报关；⑩ 货代现场将办妥手续后的单证交码头堆场配载；⑪ 配载部门制订装船计划，经船公司确认后实施装船作业；⑫ 实践中在货物装船后可以获得场站收据(D/R)正本；⑬ 货代凭 D/R 正本到船方签单部门换取提单(B/L)或其他单据；⑭ 货代将 B/L 等单据交给货主。

集装箱整箱货海运进口接运单证流程如图6-7所示。

图6-7说明如下：① 收货人与货代建立货运代理关系；② 在买方安排运输的贸易合同下，货代办理卸货地订舱业务，落实货单齐备即可；③ 货代缮制货物清单后，向船公司办理订舱手续；④ 货代通知买卖合同中的卖方(实际发货人及装港代理人)；⑤ 船公司安排载货船舶抵装货港；⑥ 实际发货人将货物交给船公司，货物装船后发货人取得有关运输单证；⑦ 货主之间办理交易手续及单证转移；⑧ 货代掌握船舶动态，收集、保管好有关单证；⑨ 货代及时办理进口货物的单证及有关手续(主要换取提货单)；⑩ 船舶抵港卸货，货物入库、进场；⑪ 在办理货物进口报关等手续后，凭提货单到现场提货，特殊情况下船

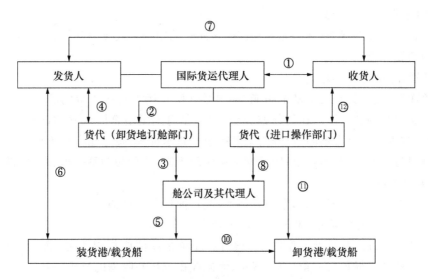

图 6-7 集装箱整箱货海运进口接运单证流程

注:在卖方安排运输的情况下,②—⑥不需要。

边提货;⑫ 货代安排将货物交收货人,并办理空箱运回堆场等事宜。

3. 集装箱拼箱货海运及其主要单证流程

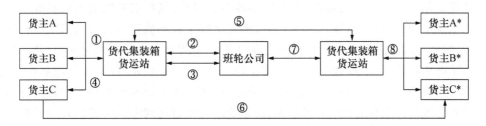

图 6-8 集装箱拼箱货海运及其主要单证流程

注:集装箱拼箱货海运(以下简称"集拼")经营人需将船公司或其代理人签发的正本提单连同自签的各仓至仓提单(House B/L)副本快递至其卸货港代理人,代理人凭正本提单提取集装箱到集装箱货运站拆箱,通知各收货人持正本 House B/L 提货。

图 6-8 说明如下:① A、B、C 等不同货主(发货人)将不足一个集装箱的货物(LCL)交集拼经营人;② 集拼经营人在将拼箱货拼装成整箱货(FCL)后,向班轮公司办理整箱货物运输;③ 整箱货物装箱后,班轮公司签发 B/L 或其他单据(如海运单)给集拼经营人;④ 集拼经营人在货物装船后也签发自己的提单(House B/L)给每个货主;⑤ 集拼经营人将货物装船及船舶预计抵达卸货港等信息告知其卸货港的机构(代理人),同时将班轮公司的 B/L 及 House B/L 的复印件等单据交其卸货港的代理人,以便向班轮公司提货和向收货人交付货物;⑥ 货主之间办理包括 House B/L 在内的有关单证的交接;⑦ 集拼经营人在卸货港的代理人凭班轮公司的提单等提取货物;⑧ A、B、C 等不同货主(收货人)凭 House B/L 等在集装箱货运站提取拼箱货。

4. 国际货物海运单证

提单是国际海上货物运输，尤其是国际班轮运输中一种最重要的单证，因此这里特别对提单做简要介绍。

- 提单的功能和种类

简单而言，提单具有三个基本功能：提单是证明承运人已接受货物的收据；提单是承运人据以交付货物和可以转让的物权凭证；提单是海上运输合同成立的证明。提单的分类有多种，按提单收货人不同，可分为记名提单和指示提单；按运输方式不同，可分为直达提单、转船提单和多式联运提单；按签发提单时间不同，可分为倒签提单和预借提单。

- 提单的填制

各公司的提单样式差异大，但内容类似，其正面填制要点如下：

(1) 承运人。也称船方，应显示承运人全称。

(2) 提单号码。为便于工作联系和查核，提单必须注明提单编号；否则，提单无效。提单号码一般列于提单右上角，与装货单、大副收据或场站收据的号码一致。发货人向收货人发送装船通知时，也要列明船名和提单号码。

(3) 托运人。也称货方，一般为出口企业。通常为信用证受益人或第二受益人，如开证申请人为了贸易的需要，要求做第三者提单也可照办。

(4) 收货人。也称提单抬头，是提单的重要栏目，应与托运单完全一致，并严格按照信用证规定填制。一是记名提单，直接写明收货人名称，其特点是收货人已经确定，不得转让。二是不记名提单，填写"To Bearer"，特点是收货人不确定，可自由转让。三是指示提单，是按照记名人或非记名人的指示交货的提单，意即承运人凭指示付货，可背书转让。记名指示提单在收货人一栏填写"To Order of ×××"（凭某人指示）。不记名指示提单在收货人一栏填写"To Order"（凭指示）。在我国，不记名指示提单也称空白抬头提单。

(5) 通知人。这不是提单的关系人，而是承运人在货物到港后发送到货通知的对象，以便提货。由于指示提单抬头上不出现收货人的名称和地址，货到后承运人即与被通知人进行联系。（被）通知人一般是收货人的代理，代为报关提货。

(6) 第一程运输工具。如果是联运提单，填写第一程运输工具名称；否则，此栏空白。

(7) 收货地。如果是联运提单，填写第一程承运人的收货地；否则，此栏空白。

(8) 船名、航次。按配舱回单上的船名、航次填写。如果是联运提单，填写第二程船名；否则，填写第一程船名。如果相关文件显示"Intended Vessel"，则需加注"On Board"和船名、日期。

(9) 装货港。如果为联运提单，填写中转港口名称；否则，填写装运港名称。

(10) 卸货港。应填写货物实际卸下的港口名称。如由第一程承运人出具联运提单（Through B/L），则卸货港可填最后目的港。如经某港转运，要显示"Via×××"字样。在实际业务中，如属转运但不使用联运提单，则第一程提单上的装货港填写第一程装货港名称，卸货港填中转港，收货人填第二程承运人；第二程提单装货港填上述中转港，卸货港填最后目的港。

(11) 交货地或最终目的地。如果是联运提单，填交货地或最终目的地；如果交货地或最终目的地与卸货港相同，此栏可以不填。如果不是联运提单，此栏可以不填。

(12) 唛头。提单上的唛头必须与其他单据上的一致。如为散装,应注明"N/M"或"In Bulk"字样。

(13) 货物包装及件数。按货物装船的实际情况填写包装情况及总外包装件数。

(14) 货物描述。《UCP600》允许使用货物的统称,但须与信用证中词相符。

(15) 货物毛重及尺码。参照托运单内容,应该与装箱单上货物的总毛重和总尺码一致。除信用证另有规定者外,一般以公吨为重量单位,以立方米为体积单位,小数要保留三位。如果货物无毛重,则注明净重。

(16) 货物总包装件数。此栏的内容要与第(13)栏一致。

(17) 运费和费用。

(18) 正本提单份数。填写实际出具的全套正本份数。全套一般为三份,用大写数字或大写(小写)数字填制。

(19) 提单的签发地点。应为承运人营业场所所在地,不一定是装货港或货物集中地。

(20) 签发日期。根据提单性质的不同而有所不同。如果使用印就"已装船"字样的提单,签发日期应是货物实际装船完毕的日期,并与收货单上大副所签的日期一致,如果倒签或顺签,都将产生外贸合同中买卖双方、运输合同中承托双方的法律责任问题。如果是备运提单,签发日期应是货物接受监管的日期。

(21) 装船批注的日期和签署。如果要求提供已装船提单,《UCP600》第 20 条规定,如果提单上没有预先印就"已装船"字样的,则必须在提单上加注装船批注,装船批注中所显示的日期即视为货物的装运日期,一般由船长签字并注明开船时间和"Loading On Board of the Vessel"。

(22) 提单签署。《UCP600》第 20 条规定,提单必须由承运人/承运人的具名代理人/船长/船长的具名代理人签署证实。

• 装船通知

装船通知也称装运通知,主要指出口商在货物装船后发给进口方的包括货物详细装运情况的通知,以便进口商做好筹措资金、付款、接货、保险(FOB/FCA、CFR/CPT 等条件下)的准备。该通知副本(Copy of Telex/Fax)常作为议付单据之一。在进口方派船接货的交易条件下,为了使船、货衔接得当,进口商也会向出口方发出有关通知。

通知一般以英文制作,无统一格式。

(1) 单据名称。主要体现为 Shipping/Shipment Advice, Advice of Shipment 等,也有人将其称为 Shipping Statement/Declaration,如信用证有具体要求,从其规定。

(2) 通知内容。主要包括所发运货物的合同号或信用证号、品名、数量、金额、运输工具名称、开航日期、启运地和目的地、提运单号码、运输标志等,并且与其他相关单据保持一致,如信用证提出具体项目要求,应严格按规定出单。此外,还可能出现包装说明、ETD(船舶预离港时间)、ETA(船舶预抵港时间)、ETC(预计开始装船时间)等内容。

(3) 制作和发出日期。遵从信用证的约定,常见的有以小时为准(Within 24/48 Hours)和以天(Within 2 Days After Shipment Date)为准两种情形。如信用证未规定,则应在装船后立即发出;如信用证规定"Immediately After Shipment"(装船后立即通知),

则应掌握在提单后3天之内发出。

(4) 签署。一般可以不签署，如信用证要求"Certified Copy of Shipping Advice"，通常加盖受益人章。

- 有关电子提单的三个国际公约

当前有关提单的国际公约有三个，它们的简称分别是《海牙规则》《维斯比规则》和《汉堡规则》。

(1)《海牙规则》。1924年，欧美一些主要航运国家签订了《统一提单若干法律规定的国际公约》(International Convention for the Unification of Certain Rules of Law Relating to Bill of Lading)。该公约最初在海牙起草，所以简称《海牙规则》(The Hague Rules)。该公约于1931年生效。

许多国家通过立法方式直接或间接将《海牙规则》纳入国内法规，使《海牙规则》成为世界上使用最为广泛的国际公约。但是，由于当时船东实力比较大以及航海技术的限制，《海牙规则》较多地维护了承运人的利益，如承运人免责条款中规定：承运人对船长、引航员或承运人的雇用人员在驾驶或管理船舶上的过失可以免责。

(2)《维斯比规则》。随着国际贸易和国际航运业的发展以及航运技术的进步，许多国家要求修改《海牙规则》。1968年通过了《关于修订统一提单若干法律规定的国际公约的议定书》(Protocol to Amend the International Convention for the Unification of Certain Rules of Law Relating to Bill of Lading)，简称《维斯比规则》(The Visby Rules)。该规则于1977年正式生效，国际航运界常将它与《海牙规则》合称为《海牙-维斯比规则》。

该规则只是对《海牙规则》中明显不合理或不明确的条款做了修订和补充，没有触及其中偏袒船东利益的实质性问题。

(3)《汉堡规则》。由于《维斯比规则》的局限性，许多国家要求彻底修改《海牙规则》的呼声越来越高。1978年联合国于汉堡召开会议，通过了《1978年联合国海上货物运输公约》(United Nations Convention of the Carriage of Goods by Sea, 1978)，简称《汉堡规则》(The Hamburg Rules)，于1992年生效。该规则对《海牙规则》进行了全面修改，在承运人和托运人之间建立了比较合理的权利与义务关系，删除原来不合理的免责条款，明显地扩大了承运人的责任；但是，世界上主要航运国家都没有加入该公约，也没有一家航运公司在提单上主动采用，因此《汉堡规则》在世界上的影响还很小。尽管如此，《汉堡规则》对与国际航运有关的业务，如共同海损理算业务、海上保险业务，还是产生了一些影响。

二、国际空运操作流程及单证

1. 空运货物出口托运操作流程及其单证

国际货物空运中，国际航空货运代理(简称"空代")十分活跃。空代涉及的当事人主要有发货人、收货人、航空公司和航空货运公司。航空货运公司可以是货主代理，也可以是航空公司的代理，也可身兼二职。

假设通过货运代理办理，并从货运代理角度叙述，则航空货物出口托运流程如图6-9中1~20所示，航空货物进口接运流程如图6-9中的(1)~(7)所示。

第六章 国际物流单证实务

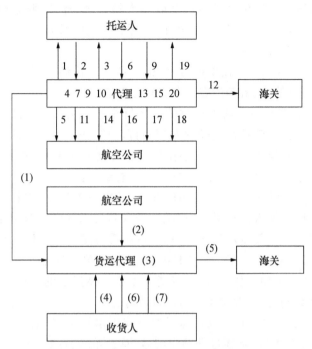

图 6-9 国际货物航空运输操作流程及其单证

(1) 揽货。货代及时向出口单位介绍本公司的业务范围、服务项目、各项收费标准,特别是介绍本公司的优惠运价和服务优势等。

(2) 委托运输。出口企业填写国际货物托运委托书向货代委托,货代将依此委托书缮制托运书,并向航空公司办理出口订舱托运手续。

(3) 审核单证。货代审核如下单证:发票、装箱单、报送单项式、外汇核销单、许可证、商检证、进料/来料加工核销本、索赔/返修协议、关封等。

(4) 预配舱。货代汇总所接受的委托和客户的预报并输入计算机,计算出各航线的件数、重量、体积,按照客户要求、货物重量和体积情况,根据各航空公司不同机型对不同板箱的重量和高度要求,制订预配舱方案,并对每票货配上运单号。

(5) 预订舱。货代根据预配舱方案,按航班、日期打印出总运单号、件数、重量、体积,向航空公司预订舱代理人确定航班、日期、运价后,通知货主准备交单、交货。

(6) 接受单证。货代从发货人手中接过货物出口所需的一切单证(已经审核确认的托运书、报关单证、收货凭证;将收货记录与收货凭证核对;制作操作交接单,填写所收到的各种单证份数;逐单预配运单,即给每份交接单配一份总运单或分运单或一份总运单下数票分运单;逐单附报关单证。

(7) 填制货运单。航空公司代理人根据托运书,用英文填写航空货运单。

(8) 接货。货物一般是运送到货代仓库或直接送机场货站。货代可以把即将发运的货物从发货人手中接过来并运送到机场,也可以由货主自己送货至机场。货物须符合有关规定,接货时应根据发票、装箱单或送货单清点货物,核对货物的品名、数量、唛头、进舱编号、合同号等是否与航空货运单上所列一致,检查货物外包装是否符合运输要求。

(9) 标记和标签。标记包括托运人和收货人的姓名、地址、联系电话、传真、合同号等,操作(运输)注意事项等。标签按作用分为识别标签、特种货物标签和操作标签;按类别分为航空公司标签和分标签。

(10) 正式配舱。货代接货接单核对后,按照各航班机型、板箱型号、高度、数量进行正式配载,确保对预订舱位、板箱的有效利用和合理搭配。

(11) 正式订舱。订舱就是将所接收的空运货物向航空公司正式提出运输申请并订妥舱位。货代向航空公司吨控部门领取并填写订舱单,正式订舱。航空公司吨控部门根据实际情况安排舱位和航班。订舱后,航空公司签发舱位确认书(舱单),同时给予装货集装器领取凭证,以表示舱位订妥。之后,货代领取集装器装货。

(12) 出口报关。货代或机场报关部审查、整理报关单证后,先将发货人提供的出口货物报关单的各项内容输入计算机(计算机预录入),发送到海关审单中心;之后,打印报关单并加盖报关单位的报关专用章,连同有关的发票、装箱单、已配航空货运单、有关证明文件(需要时)等正式向海关申报。海关核准放行后,海关官员在航空货运单正本、出口收汇核销单、出口报关单上加盖放行章,在发货人用于产品退税的单证上加盖验讫章,贴上防伪标志。若单证无问题,一般两个小时即可放行。

(13) 出仓单。配舱方案制订以后即可着手编制出仓单,包括出仓单的日期、承运航班的日期、装载形式及数量、货物进仓顺序编号、总运单号、件数、重量、体积、目的地三字代码和备注。

(14) 申领舱板、集装箱。货代向航空公司办理申领舱板、集装箱的相应手续,以便装货。申领舱板、集装箱时,应领取相应的塑料薄膜和网。对所使用的舱板、集装箱要登记、消号。

(15) 货物装板装箱。俗称"打板"。在备单的同时,将货物装在航空集装器上(舱板或集装箱),并缮制集装货物组装记录单。如果由航空公司装货,则货代无须领取集装器装板装箱,只需按要求交货给航空公司。

(16) 签单。航空货运单在加盖海关放行章后还需到航空公司签单,只有签单确认后才允许将单、货交给航空公司。

(17) 交接发运。交接是向航空公司交单交货,航空公司验收单据和货物,在交接单上签字,并负责装上飞机发运。

(18) 航班跟踪。航班需要联程中转的货物,在货物运出后,货代应要求航空公司提供二程、三程航班中转信息,确认中转情况,并及时将上述信息反馈给客户,以便遇到非正常情况能及时处理。

(19) 信息服务。货代应从多个方面做好信息服务:订舱信息、审单及报关信息、仓库收货信息、交运称重信息、一程/二程航班信息、单证信息。货物装机离境后,货代应向其海外代理发出装运预报,以便对方办理到货清关准备。

(20) 费用结算。与发货人结算费用:在运费预付的情况下,收取航空运费、地面运输费、各种服务费和手续费。与承运人结算费用:向承运人支付航空运费及代理费,同时收取代理佣金。与国外代理结算:主要涉及运费支付和利润分成。与机场地面代理结算费用:向机场地面代理支付各种地面杂费。

2. 空运货物进口接运操作流程及其单证

（1）代理预报。在国外发货前，由国外代理公司将运单、航班、件数、重量、品名、实际收货人及其地址、联系电话等内容发给目的地代理公司。

（2）交接单证、货物。航空公司进港操作如表6-3所示。

表6-3 航空公司进港操作

步骤名称	操作内容	操作角色	接收角色
运输工具入境申报	发送总运单、联程载货清单、进口载货清单	机场地面代理	航空货站
	在运单上盖到达航班、日期章	航空货站	机场地面代理
	发送总运单、货物舱单、邮件路单	机场地面代理	海关
	运单上盖海关监管章	海关	机场地面代理
卸货入仓	交接货物，如有问题填写运输事故记录 标出每票货的去向	机场地面代理	航空货站
单据移交	填写货物到达通知 移交随机文件、总运单及空运货运代理交接单	机场地面代理	进口柜台

航空货物入境时，与货物相关的单据也随机到达，运输工具及货物处于海关监管之下。货物卸下后将货物存入航空公司或机场的监管仓库，录入进口货物舱单，将舱单上总运单、收货人、始发站、目的站、件数、重量、货物品名、航班号等信息通过计算机传输给海关留存，供报关使用，同时根据运单上收货人的地址发出取货单、提货通知。

（3）理货与仓储。① 理货：货代逐一核对每票件数，再次检查货物破损情况，确有接货时未发现的问题，可协助收货人向航空公司追查或索赔，对于分批到达的货物将跟踪直到货物全部收集完毕；按大货、小货、重货、轻货、单票货、混载货、危险品、贵重品、冷冻品、冷藏品分别堆存、进仓；登记每票货储存区号，并输入计算机。② 仓储：注意防雨、防潮、防重压、防变形、防高温变质、防暴晒，独立设危险品仓库，根据不同货种的实际需要予以保管。上述货物的仓储，不论在航空公司货站、机场货站，还是在航空货运代理的仓库，都是海关的监管仓库。

（4）理单与到货通知。① 理单：如果是集中托运，则将总运单项下拆单；分类理单、编号；编制种类单证。② 到货通知：尽早、尽快、尽妥地通知货主到货情况。

（5）进口制单、报验、报关。① 进口制单：按海关要求，依据运单、发票、装箱单及证明货物合法进口的有关批准文件，制作"进口货物报关单"。货物代理公司制单时的一般程序为：长期协作的货主单位，有进口批文、证明手册等放于货代处的，在货物到达、发出到货通知后，即可制单、报关，通知货主运输或代办运输；部分进口货，因货主单位缺少有关批文、证明，也可将运单及随机寄来的单证、提货单以快递形式寄到货主单位，由其备齐有关批文，经证明后再决定制单事宜；无需批文和证明的，可即刻制单、报关，通知货主提货或代办运输；若部分货主要求异地清关，则在符合海关规定的情况下，制作"转关运输申报单"，办理转关手续。② 进口报验：需要商检的货物须向商检局申报，查验合格后商检局将出具证明文件，由报关行或者货主/货代交给海关，再履行进口报关海关程序。③ 进口报关：分为申报、查验、征税、放行四个主要环节。由海关在航空公司运单正本上或货运代理经海关认可的分运单上加盖放行章。

(6) 付费提货。货主凭盖有海关放行章、检验检疫章(进口药品须有药品检验合格章)的进口提货单到所属监管仓库付费提货。

(7) 收费、送货、转运。① 收费：货代公司在向货主发放货物前，一般先将费用收妥。收费包括的内容有：到付运费及垫付佣金；单证、报关费；仓储费、装卸费、铲车费；航运公司到港仓储费；海关预录、动植检、卫检报验等代收代付费；关税及垫付佣金。② 送货：在进口清关后货物直接运送至货主单位，运输工具一般为汽车。③ 转运：将进口清关后货物转运至内地，运输方式主要为飞机、汽车、火车、船舶。符合转关条件的，可以办理进口货物转关及监管运输。

3. 国际货物空运单证填制规范

- 航空托运书的填制

托运书是托运人用于委托承运人或其代理人填开航空货运单的一种表单，表单上列有填制货运单所需的各项内容，并应有授权承运人或其代理人在货运单上签字的文字说明。

中国民航国际货物托运书的主要内容及其填制说明如下：

(1) 托运人姓名及地址。填列托运人的全称、城市名称、国家名称及便于联系的电话、电传或传真号码。填写规范如下：托运人是货主或货运代理人。通常集中托运的托运人是货运代理人，直接托运的托运人是货主。在信用证结汇方式下，托运人一般按信用证的受益人内容填写；承运人有时要求托运人在托运单上提供账号，以备在收货人拒付运费时向托运人索偿；在托运危险货物时，托运人必须填写实际托运人，航空公司不接受货运代理人托运。

(2) 收货人姓名及地址。填列收货人的全称、城市名称、国家名称(特别是在不同国家内有相同城市名称时，更应填写国名)以及电话号码、电传或传真号码。填写规范如下：本栏内不得填写"To Order"或"To Order of the Shipper"(凭托运人的指示)等字样，因为航空货运单不能转让。如果托运人依据信用证对装运文件的要求必须显示这种"凭指示"字样，承运人有权拒绝接受订舱；收货人可以是实际收货人，也可以是货运代理人。通常集中托运时的收货人是货运代理人的海外代理，直接托运时为实际收货人；承运人不接受一票货物有两个或两个以上收货人。如果实际业务中有两个或两个以上收货人，托运单中收货人栏内填写第一收货人，通知栏内填写第二收货人；收货人账号仅供承运人使用，除非承运人需要，否则一般不需要填写。

(3) 始发站机场。填始发站机场的全称或城市名称。填写规范如下：在不清楚始发站机场全称的情况下，允许填写始发站所在城市名称；对于不同国家的同名城市，还需要填写国家名称；同一城市的不同机场，需要填写机场名称。

(4) 目的地机场。此栏填写到达机场的名称，用英文全称，不得简写。填写规范如下：按国际航空运输协会规范的机场代码填报，不得自行编制；机场名称不明确时，可填城市名称。对于不同国家的同名城市，应加上国名；标签上的卸货港机场三字代码与托运单和货运单上目的地机场三字代码必须一致；如果有转运路线要求，可以填在专门栏目内。

(5) 要求的路线及要求预订吨位。要求的路线：本栏在航空公司安排运输路线时使用，如果托运人有特别要求，也可填入本栏。由于航空运单仅是运输条件的初步证明，各国航空法规及民航管理部门对公共航空运输企业的承运条件已加以规定,承运人在不违反规定的运输条件下,可以改变托运单所要求的路线,但须兼顾托运人的利益。要求预订吨位:此栏在航空公司安排舱位时使用,如果托运人有要求,也可以按计费吨位填入。

(6) 供运输用。填列供运输用的声明价值金额,该价值即为承运人赔偿责任的限额。承运人按有关规定向托运人收取声明价值费。但如果所交运的货物毛重每千克不超过20美元(或等值货币),则无须填写声明价值金额,可在本栏内填入"NVD"(No Value Declared,未声明价值);如本栏空着未填写,承运人或其代理人可视为货物未声明价值。

(7) 供海关用。国际货物通常要受到目的站海关的检查,海关根据此栏所填金额征税。托运人不办理此项声明价值,必须打上"NCV"(No Customs Value)字样。

(8) 保险金额。

(9) 处理情况。填列附加的处理要求,除填收货人之外,还应填写通知人的全名和地址、外包装上的标记、操作要求(如易碎、向上等)。

(10) 所附文件。填列随附在货运单上运往目的地的文件名称。

(11) 件数和包装种类。如果适用的货物运价种类不同,应分别填写,并将总件数相加。包装种类用"PACKAGES"并注明包装方法,如包裹(Package)、纸板盒(Carton)、盒(Case)、板条箱(Crate)、袋(Bag)、卷(Roll)等;如货物没有包装,则注明为散装(Loose)。

(12) 实际毛重(千克)。与件数相对应,此栏填写货物实际毛重,重量计量单位为千克(代码为 K)或磅(代码 L)。填写规范如下:当以千克为单位时,保留小数点后一位,并按 0.5 进位;当托运多项货物时,在下方对应栏内填入毛重之和。本栏内的重量应由承运人或其代理人在称重后填入。如托运人已填上重量,承运人或其代理人必须进行复核。

(13) 运价种类。此栏根据实际情况填写运价种类,包括所适用的运价、协议价、杂费、服务费。

(14) 收费重量(千克)。此栏填写据以计收航空运费的货物重量。填写规范如下:重货,填写货物的实际毛重;轻泡货,填写货物的体积重量;可以是较高重量、较低运价的分界点的重量。本栏内的计费重量应由承运人或其代理人在量过货物的尺寸(以厘米为单位)后,由承运人或其代理人算出计费重量后填入;如托运人已经填上,则承运人或其代理人必须复核。

(15) 费率。此栏填写所适用的货物运价。填写规范如下:当适用最低运费时,填写与运价代号"M"对应的最低运费;当适用"N""O""C"等运价代号时,填写对应的运价;当货物为等级货物时,填写与运价"S""R"对应的附加、附减后的运价。本栏也可留空不填。

(16) 货物品名及数量(包括体积或尺寸)。此栏填列货物的品名和数量(包括尺寸或体积)。填写规范如下:不得填写表示货物类别的名称,尽可能填写货物的具体名称,还要标上货物品名、数量、体积、产地等细节;如果是危险品,则应分别填写标准的学术名称、危险级别、联合国危规号等;鲜活易腐物品、活体动物等不能笼统作为货物品名;若一票货物包括多种物品,则托运人应分别申报货物的品名,填写品名时不能使用"样品""部件"等比较笼统的名称。货物中的每一项均须分开填写并尽量填写详细,如"9筒35毫米的曝光动画胶片""新闻短片(美国制)"等。本栏所填写内容应与出口报关发票、进出口许可证上列明的货物相符。填写每件货物的外包装尺寸或体积,单位分别用厘米或立方米表示,货物尺寸按外包装的"长×宽×高×件数"的顺序填写。

(17) 运费。据付款方式填写。在 CC 下方打"×"表示到付,在 PP 下方打"×"表示预付。

(18) 杂费。此栏填写始发站运输中发生的其他费用。如全部预付或全部到付,则托运单上可以不填,但货运单上必须填具体金额并冠以规定的操作代号。

(19) 托运人签字。托运人或其代理人必须在本栏内签字盖章。

(20) 日期。此栏由托运人填写开具货运单的时间和地点。

- 航空货运单的填制

航空货运单简称空运单或货运单,是承运人签发给发货人表示已收妥货物、接受托运的货运单据。

填制航空货运单的基本要求如下:

(1) 用英文大写字母打印,各栏内容必须准确、清楚、齐全,不得随意涂改。

(2) 货运单已填内容在运输过程中需要修改时,必须在修改项目的近处盖章,注明修改货运单的空运企业名称、地址和日期。在修改货运单时,应将所有剩余的各联一同修改。

(3) 货运单的各栏目中,有些栏目印有阴影。其中,有标题的阴影栏目仅供承运人填写;没有标题的阴影栏目一般不需要填写,除非承运人有特殊需要。

4. 国际货物运输单证案例

以下为蓝天国际贸易股份有限公司出口货物相关运输单证案例。

(1) 落实货运代理和运输公司。2014 年 12 月 22 日,蓝天国际贸易股份有限公司外贸业务员田方根据北京新星纺织有限公司提供的货物出货信息,决定本批出口商品采用集装箱班轮运输。在落实信用证及备货时,田方在网上向各家货运代理公司询价,最终确定委托天津运达国际货运代理有限公司(以下简称"天津运达")向中远集装箱运输有限公司(COSCO Container Lines,以下简称"中远集运")代为订舱,以便及时履行交货和交单的义务。

(2) 订舱委托。在货物齐备后,田方填制订舱委托书(见附件 6-1),随附发票、装箱单等其他必要单据,委托货代代为订舱。订舱委托书是出口企业和货代公司之间委托代理关系的证明文件。

(3) 订妥舱位。天津运达订妥中远集运 2014 年 12 月 30 日自天津至迪拜 1×20′舱位。中远集运在托运单上编制提单号码,填写船名(PU HE)和航次(257G)并盖章,将配舱回单和装货单等退还给天津运达。天津运达在确认配船和费用后,传真送货通知给蓝天国际贸易股份有限公司,要求公司 12 月 29 日中午前将货物运至指定仓库。

(4) 集装箱装箱。天津运达随即向中远集运箱管部门提出用箱申请,填写设备交接单,提取一个 20′空箱,同时通知公司做好装箱准备。集装箱被送至北京新星纺织有限公司,将货物装箱并封存,田方确认集装箱装箱单后签字,将重箱运至天津港集港。港区仓库签发场站收据,以确认收到货物。

(5) 换取正本提单。天津运达凭场站收据向船公司或其代理人换取 COS63462142 号正本提单(见附件 6-2),后者则收回场站收据,货物装运业务完成。天津运达取得提单当日发出装运通知(见附件6-3)。

(6) 2015年1月2日,蓝天国际贸易股份有限公司收到天津运达寄来的海运提单。

附件6-1 蓝天国际贸易股份有限公司的订舱委托书

出口货物订舱委托书

发货人 BLUE SKY INTERNATIONAL TRADING CO., LTD. 118# 5TH NORTH RING ROAD BEIJING, P. R. CHINA TEL：+86-10-82398888 FAX：+86-10-82398889	信用证号码 KBLC2014199		
	开证银行 HSBC BANKPLC, DUBAI, UAB		
	合同号码 BS14125		成交金额 UDS 69 160.00
	装运口岸 TIANJIN		目的港 DUBAI
收货人 TO ORDER	转船运输 Y		分批装运 N
	信用证有效期 JAN 31,2015		装船期限 JAN 19,2015
	运费 USD 726.00		成交条件 CIF5%DUBAI
通知人 STAR CORPORATION5 KINGROAD, DUBAI, UAE TEL：+971-4-6666888 FAX：+971-4-6666889	公司联系人 TIANFANG		电话/传真+86-10-82398889
	公司开户行 BANK OF CHINA, BEIJING CHINA		银行账号
	特别要求		

标记唛码	货号规格	包装件数	毛重	净重	数量	单价	总价
STAR S/C No.： BS14125 STYLE NO. Style No.：SY001 Port of destination：Dubai Carton No.：1-260	BABY BLANKET, 100%POLYESTER STYLE NO. SY001, ORDER NO. 2014008HS NO：6301400000	PACKE- DIN 20 PCS/CTN, 260 CTNS	2 600 KGS	2 340 KGS	5 200 PCS 24.128 M3	USD 13.30/PC CIF 5% DUBAI	USD 69 160.00

备注：
请预定1×20′(FCL)船,12月31日前能够签发提单;提前通知产地装箱日期;提单提前传真我公司预审,正副本提单各3份;提单上要显示：(1) FREIGHT PREPAID;(2) SHIPPED ON BOARD

日期：2014年12月22日

附件 6-2　蓝天国际贸易股份有限公司取得的正本提单

(3) Shipper BLUE SKY INTERNATIONAL TRADING GO., LTD. 118＃5TH NORTH RING ROAD BEIJING, P. R. CHINA TEL：+86-10-82398889		(2) B/L NO.：COS63462142	
		(1) Carrier 中国集装箱运输有限公司 COSCO CONTAINER LINES TEL：+86-022-6458984 FAX：+86-022-6458984	
(4) Consignee TO ORDER		**BILL OF LADING** **PORT TO OR COMBINED** **TRANSPORT**	
(5) Notify Party STAR CORPORATION 5KING ROAD, DUBAI, UAE TEL：+971-4-666688 FAX：+971-4-666689		RECEIVED in external apparent good order and condition except as otherwise noted. The total except as number of packages or units stuffed in The of packages or units container, the description of the goods and the weights shown in the Bill of Lading are furnished and which the carrier has no by the Merchants, of Checking and is not a part of reasonable means Lading contract. The carrier has issued. this Bill of the number of Bills of Lading stated below, all of this tenor and date, one of the original Bill of Lading must be surrendered and endorsed or signed against the delivery of the shipment and whereupon any other original Bills of Lading shall be void. The Merchants agree to be bound by the terms and conditions of this Bill of Lading as if each had personally signed this Bill of Lading. SEE clauses on the back of this Bill of Lading (Terms continued on the back hereof, please read carefully)	
(6) * Precarriage by	(7) * Place of Receipt		
(8) Ocean Vessel & Voy. No.：DONGFENG VOY. NO. 257G	(9) Port of Loading TIANJIN		
(10) Port of Discharge DUBAI	(11) * Place of Delivery	(15) Gross Weight 2600KGS	(15) Measurement(M³)
(12) Container No. & Seal No.：TEXU32897555	(12) Marks and Numbers STAR S/C No.：BS14125 Style No.：SY001 Port of destination：Dubai	(13) Nos. & Kinds of Pkgs. (14) Description of Goods BABY BLANKET	
			ON BOARD
(16) Total Number of Containers or Packages(in words)		SAY TWO HUNDRED AND SIXTY CARTONS ONLY	
(17) Freight and charges FREIGHT PREPAID	Revenue	Rate	Per	Prepaid	Collect
EX. RATE	Freight Prepaid at TIANJIN	Freight Payable at	(19) Place of Issue TIANJIN
	Total Prepaid in	(18) No. of Original B/L THREE(3)	(20) Date of Issue DEC, 30, 2014
Loading on the board of the Vessel (21) Date (21) By _____		(22) signed for or on behalf of the Master COSCO CONTAINER LINES ×××	

附件6-3　蓝天国际贸易股份有限公司装运通知

BLUE SKY INTERNATIONAL TRADING CO.,LTD.
Adds:118# 5TH NORTH RING ROAD BEI JING,P.R.CHINA
Tel:+86-10-82398889
SHIPMENT ADVICE
DATE:JAN.2,2015

TO:STAR CORPORORATION 5KING ROAD,DUBAI,UAE	FROM: BLUE SKY INTERNATIONAL TRADING CO.,LTD.
TEL:+971-4-6666888 FAX:+971-4-6666889	

Dear MS Lamia Khashoggis,
We are pleased to inform you the details of our shipment as follows:

```
            CONTRACT NO.:        BS14125
            L/C No.:             KBLC2014199
            INVOICE NO./Date:    BS14980042 ON DEC.22,2014
            COMMODITY:           5200PCS
            WEIGHT:              NET 2 340 kg GROSS 2 600 kg
            TOTAL VALUE:         USD69 160.00
            VESSEL:              S.S.DONGFENG VOY.NO.257G
            B/L NO.:             COS63462142
            Container/SealS No.: TEXU32897555
            PORT OF LOADING:     TIANJIN
            PORT OF DISCHAREGE:  DUBAI
            SHIPMENT DATE:       DEC.30,2014
            ETA:                 JAN.15,2015
            SHIPPING Marks:      STAR
            S/C No.:             BS14125
            Style No.:           SY001
            Port of destination: Dubai
            Carton No.:          1-260
```

Thanks and best regards,
Yours faithfully,

　　　　　　　　　　　FOR AND ON BEHALF OF:
　　　　　　　　　　　BLUE SKY INTERNATIONAL TRADING CO.,LTD.
　　　　　　　　　　　　　　　×××

第三节　国际货运保险流程及单证

一、保险业务流程

1. 投保

我国出口货物一般采取逐笔投保的办法。按FOB或CFR术语成交的出口货物,卖方无办理保险的义务,但在履行交货之前、货物自仓库到装船这一段时间内,卖方仍承担货物可能遭受意外损失的风险,需要自行安排这段时间内的保险事宜。按CIF或CIP等术语成交的出口货物,卖方负有办理保险的责任,一般应在货物从装运仓库运往码头或车站之前办妥投保手续。我国进口货物大多采用预约保险的办法,各公司或其收货代理人与保险公司事先签有预约保险合同(Open Cover)。在签订合同后,保险公司负有自动承保的责任。

2. 确定保险金和交付保险

保险金额(Insured Amount)是保险人赔偿的最高金额,也是计算保险费的基础。保险金额是根据保险价值(Insurable Value)确定的。保险价值一般包括货价、运费、保险费及预期利润等。在国际货物买卖中,凡是按 CIF、CIP 条件达成的合同均规定了保险金额,且保险金额通常还须在发票金额的基础上增加一定的百分率——保险加成,这是由国际贸易的特定需要决定的。若合同对此未做规定,按《2000 通则》和《UCP600》规定,卖方则有义务按 CIF、CIP 价格总值另加上 10% 作为保险金额。这部分增加的保险金额就是买方进行这笔交易所支付的费用和预期利润。若国外客户要求提高加成率,也可接受,但由此而增加的保险费原则上应由买方承担。

保险费(Premium)是保险公司向被保险人收取的费用,是保险人经营业务的基本收入,也是保险人所掌握的保险基金(损失赔偿基金)的主要来源。

保险费率(Premium Rate)是由保险公司根据一定时期、不同种类货物的赔付率,按不同险别和目的地确定的。

保险费则根据保险费率表按保险金额计算,计算公式为:

$$保险费 = 保险金额 \times 保险费率$$

如按 CIF 或 CIP 价加成投保,上述公式可改为:

$$保险费 = CIF 或 CIP 价 \times (1 + 投保加成率) \times 保险费率$$

在我国出口业务中,CFR 和 CIF 是两种常用的术语。鉴于保险费是按 CIF 价为基础的保险金额计算的,两种术语价格应按以下公式换算:

由 CIF 换算成 CFR 价:$CFR = CIF \times [1 - 保险费率 \times (1 + 加成率)]$

由 CFR 换算成 CIF 价:$CIF = CFR / [1 - 保险费率 \times (1 + 加成率)]$

在进口业务中,按双方签订的预约保险合同承担,保险金额按进口货物的 CIF 价计算,不另加减;保险费率按"特约费率表"规定的平均费率计算。若按 FOB 价进口货物,则按平均运费率换算为 CFR 价后再计算保险金额,计算公式为:

FOB 进口货物:保险金额 = [FOB 价 × (1 + 平均运费率)] / (1 − 平均保险费率)

CFR 进口货物:保险金额 = CFR 价 / (1 − 平均保险费率)

投保人按约定方式缴纳保险费是保险合同生效的条件。卖方在向保险公司办理投保手续时,应当根据买卖合同或信用证规定,在备妥货物并确定装运日期和运输工具后,填制保险单,并具体列明被保险人名称、被保险货物的名称、数量、包装及标志、保险金额、起讫地点、运输工具名称、投保险别等,送交保险公司投保并交付保险费。

3. 取得保险单据

在国际物流业务中,常用的保险单据主要有以下几种:

(1) 保险单(Insurance Policy),俗称大保单。它是保险人和被保险人之间成立保险合同关系的正式凭证,因险别的内容和形式有所不同,海上保险最常用的形式有船舶保险单、货物保险单、运费保险单、船舶所有人责任保险单等。保险单内容除了载明被保险人、保险标的(如是货物填明数量及标志)、运输工具、险别、起讫地点、保险期限、保险价值和保险金额等项外,还附有有关保险人责任范围以及保险人和被保险人的权利与义务等方面的详细条款。如当事人双方对保险单上所规定的权利与义务需要增补或删减,则可在保险单上加贴条款或加注字句。保险单是被保险人向保险人索赔或对保险人上诉的正式文件,也是保险人理赔的主要依据。保险单可转让,通常是被保险人向银行进行押汇的单证之一。在 CIF 合同中,保险单是卖方必须向买方提供的单据。

(2) 保险凭证(Insurance Certificate),俗称小保单。它是保险人签发给被保险人,证明货物已经投保和保险合同已经生效的文件。凭证上无保险条款,表明按照本保险人的正式保险单上所载的条款办理。保险凭证具有与保险单同等的效力,但在信用证规定提交保险单时,一般不能充当保险单的简化形式。

(3) 预约保险单是保险人承保被保险人在一定时期内分批发运的货物所出立的保险单,是保险人对被保险人将要装运的、属于约定范围内的一切货物自动承保的合同单据。

(4) 批单是在保险单出立后投保人需要补充或变更内容时,向保险公司申请,经同意后由保险公司出具的。批单上应注明补充、更改的内容,并且批单应粘附在原保险单上,成为保险单的组成部分。保险人按补充、修改的内容承担责任。

4. 保险索赔与理赔

• 保险人的保险索赔

被保险人或其代理人向保险人索赔时,应做好下列几项工作。

(1) 当被保险人得知或发现货物已遭受保险责任范围内的损失,应及时通知保险公司,并尽可能保留现场。由保险人会同有关方面进行检验,勘察损失程度,调查损失原因,确定损失性质和责任,采取必要的施救措施,并签发联合检验报告。

(2) 当被保险货物运抵目的地,被保险人或其代理人提货时发现货物有明显的受损痕迹、整件短少或散装货物已经残损,应立即向理货部门索取残损或短量证明。如货损涉及第三者的责任,则首先应向有关责任方提出索赔或声明保留索赔权。在保留向第三者索赔权的条件下,可向保险公司索赔。被保险人在获得保险补偿的同时,应将受损货物的有关权益转让给保险公司,以便保险公司取代被保险人的地位或以被保险人名义向第三者责任方进行追偿。保险人的这种权利叫作代位追偿权。

(3) 采取合理的施救措施。在保险货物受损后,被保险人和保险人都有责任采取可能的、合理的施救措施,以防止损失扩大。因抢救、阻止、减少货物损失而支付的合理费用,保险公司负责补偿。被保险人能够施救而不履行施救义务,保险人对扩大的损失甚至全部损失有权拒赔。

(4) 备妥索赔证据,在规定时效内提出索赔。保险索赔时,通常应提供的证据有:保险单或保险凭证正本;运输单据;商业票和重量单、装箱单;检验报单;残损、短量证明;向承运人等第三者责任方请求赔偿的函电或相关证明文件,必要时还需提供海事报告;索赔清单,主要列明索赔的金额及其计算数据,以及有关费用项目和用途等。根据国际保险业的惯例,保险索赔或诉讼的时效为自货物在最后卸货地卸离运输工具时起算,最多不超过两年。

• 保险人的保险理赔

保险人对保险赔偿的处理是保险业务中的重要工作环节,对运输货物的损失提供经济赔偿是保险人对被保险人履行自己所承担的责任。保险人必须遵守契约,在被保险人提出索赔请求后,及时勘查检验和定损,对损失进行检验和必要的调查研究,确定损失的原因和损失程度,审定责任归属,并根据国际公约和保险惯例,按照"先赔后追"的原则,计算保险赔偿金额并进行垫款,不能无故拖延。保险人也必须严格遵守管理原则,明确自己的责任和责任范围,履行保险责任,并在有效期限内积极向第三者责任方追偿。只有这样,才能有效地发挥保险责任,促进相关各方在国际贸易中积极、谨慎行事。

对损失的检验和审核的目的在于确定损失的程度与明确责任,这是保险人理赔工作的关键。根据近因原则,保险人只对近因属于承保风险而导致的损失负责。由于被保险货物发生损失的情况多种多样,造成损失的原因也十分复杂,因此保险人首先必须找出造成被保险人货物损失的近因,然后才能确定是否属于自己保险责任范围内的损失。保险人应根据保险条款,确定自己的承保责任,并审查保险事故发生的时间,确定其在自己的责任期限范围内。对于非责任范围内或超出责任期限范围而发生的货物损失,应坚决拒绝赔偿。

海上保险的追偿是保险人根据代位求偿权向第三方责任人进行索赔的行为。保险人赔偿被保险人的损失之后,可以在其赔付的金额限度内向导致损失的第三方要求赔偿。如果追回的款项大于保险赔偿金,则保险人应将超出的部分还给被保险人。

货物运输保险中代位求偿条款的设置对于提升保险效果、确保各方利益、推动国际贸易具有重要的现实意义。

(1) 它有效地保护了被保险人的利益,特别是当被保险人向第三方责任人求偿未果或第三方责任人无力支付时,保险人按照"先赔后追"的原则,对被保险人先行赔偿,保证了保险人的利益。

(2) 代位求偿条款可以有效地防止被保险人因保险事故发生而获得保险人和第三方责任人的双重赔偿,造成额外利益而滋生道德风险。

(3) 代位求偿条款有效地保护了保险人的利益。当涉及第三方责任人时,保险人可以依法向第三方责任人追偿,使保险人在为被保险人提供保险责任的同时保护了自己的利益,从而在一定程度上维护了社会的公平和国际贸易秩序。

二、国际货运保险单据及基本业务操作

1. 保险单据

保险单据是保险合同的证明文件,包括保险单、保险凭证、联合凭证、预约保险单、保险证明、暂保单、保险批单。

2. 保险单的签发

保险单的签发流程如下:

(1) 根据配舱回单,按合同(托收结算时)或信用证(信用证结算时)规定填制投保单。

(2) 送保险公司(附提单、发票等)。

(3) 保险公司审核、承保、收费,保险合同即告成立。

(4) 由保险公司签发保险单或者出口公司凭保险公司发回的承保回执缮制保险单。

3. 保险单的转让

货运保险单可以转让,只要在货运保险单上背书后就算履行了转让手续。保险单背书的方法主要有以下三种:

(1) 空白背书。只需在保险单的背面注明被保险人公司的名称或盖上公司图章,再加上背书人签字。

(2) 记名背书。除了在保险单背面做上述"空白背书",还应在被保险人的名称上面打

印"Endorsed to×××"或"Delivery to×××"或"In the Name of×××"等字样。此种保险单不便于转让,较少使用。当来证要求"Endorsed in the Name of×××"或"Delivery to×××时",使用记名方式背书。

(3) 记名指示背书。当来证要求"Insurance Policy Issued to the Order of×××",此时在保险单背面注明被保险人名称和经办人的名称后,再打上"Delivery to the Order of×××"。

在 CIF 价格条件成交下,提单的背书关系到货物所有权的归属,而保险单的背书关系到被保险货物出险后对保险公司及其代理人的索赔和合理补偿权。所以,在出险后既掌握了提单又掌握了保险单,才是真正地掌握了货权。一般来说,保险单的背书应与提单的背书保持一致。

在 FOB 和 CFR 价格条件成交下,由买方投保,如买方需要转让提单,保险单也需要转让,两者的转让必须保持一致。在被保货物出险后,保险单持有人凭保险单向保险公司索赔并取得合理的赔偿。

4. 投保单和保险单的主要内容及其填制

• 投保单的主要内容及其填制要点

投保单一般在逐笔投保方式下采用,是进出口公司向保险公司对运输货物投保时的申请书,也是保险公司据以出立保险单的凭证。

各公司的投保单格式不完全一致,但无论哪种格式,一般包括以下主要内容:投保人名称;发票号码和标记;包装及数量(件数);货物名称;保险金额;运输工具;开航日期;赔付地及币制;运输路程;承保险别;投保单位签章和投保日期。

• 保险单的主要内容及其填制要点

(1) 保险人。填写保险人全称。

(2) 保单号。由保险公司填制或事先印制。

(3) 被保险人。填写被保险人全称。

(4) 唛头。应与发票和提单上的同项内容一致。如唛头比较复杂也可以简单填写为"As Per Invoice No. ×××"。

(5) 包装及数量。填写商品外包装的数量及种类,必须与发票、提单等一致。

(6) 保险货物项目。填写商品的名称,可以用统称,必须与发票、提单等一致。

(7) 保险金额。

(8) 总保险金额。填入保险金额的大写。

(9) 保费和费率。一般打"As Arranged",除非信用证要求标明。

(10) 启运日期(Slg. on or Abt. 或 Date of Commencement),一般填写提单签发日期或只填"As Per B/L"。

(11) 装载运输工具。海运保险应依据配舱回单填写相应的承运船只及航次。

(12) 起讫地点(From...to...)。填写货物的启运地和目的地,如有转运则应予注明。

(13) 承保险别(Conditions)。按合同、信用证规定的承保险别填写,包括险别和相应的保险条款等。

(14) 保险代理。应填写保险公司在目的地或附近地区代理人的名称、详细地址,以便收货人在出险后提出赔偿。

(15) 保险赔款偿付地点及赔款币种。赔款偿付地点一般填运输目的地;币种采用信用证或汇票所用货币的币种。

(16) 保险单日期。保险单日期不得早于发票日期;不得晚于发运日期,除非保险单据表明保险责任不迟于发运日生效。

三、国际货运保险单证案例

由于是 CIF 价格条件成交,保险由蓝天国际贸易股份有限公司办理。因此,在完成托运手续后,2014 年 12 月 28 日,外贸业务员田方按照约定的保险金额和险别,填制投保单(见附件 6-4)并随附商业发票,向中国人保提出投保申请。

附件 6-4　蓝天国际贸易股份有限公司填制的投保单

中国人民财产保险股份有限公司
The People's Insurance (Property) Company of China, Ltd.
货物运输保险投保单
APPLICATION FORM FOR CARGO TRANSPORTATION INSURANCE

被保险人:
INSURED: BLUE SKY INTERNATIONAL TRADING CO, LTD.
发票号(INVOICE NO.): BS14980042
合同号(CONTRACT NO.): BS14125
信用证号(LC NO.): KBLC2014199
发票金额(INVOICE AMOUNT): UDS 69 160
投保加成(PLUS) 10%
兹有下列物品向中国人民财产保险有限公司投保

标记 Marks and Numbers	包装及数量 Quantity	保险货物项目 Description of Goods	保险货物金额 Amount Insured
As per Invoice No.: BS14980042	260 CTNS	BABY BLANKET	USD 76 076.00

总保险金额(大写): SAY US DOLLARS SEVENTY SIX THOUSAND AND SEVENTY SIX ONLY

INSURANCE IS REQUIRED ON THE FOLLOWING COMMODITIES:
　　　　运输工具:　　　(船名)　　　(航次)　　　货物启运日期:
PER CONVEYANCE: S.S. DONGFENG VOYNO257G DATE OF COMMENCEMENT: DEC. 30, 2014
　　自　　　　　经　　　　　至
　　FROM　　TIANJIN　　VIA　　　TO　　DUBAI
投保险别:
CONDITIONS:
PLEASE INDICATE THE CONDITIONS ANDOR SPECIAL COVERAGES
COVERING ALL RISKS AND WAR RISK OF CIC OF PICC (1/1/1981) INCL WAREHOUSE TO WAREHOUSE AND L. OP. AND SHOWING THE CLAIMING CURRENCY IS THE SAME AS THE CURRENCY OF CREDIT.
投保日期:　　　　　　　　　　　　　　投保人签字:
DEC. 28, 2014　　　　　　　　　蓝天国际贸易股份有限公司
　　　　　　　　　　BLUE SKY INTERNATIONAL TRADING CO., LTD.
　　　　　　　　　　　　　　田方

保险公司凭以核保、承保,并于 2014 年 12 月 29 日出具保险单(见附件 6-5)。

附件 6-5　保险公司签发给蓝天国际贸易股份有限公司的保险单

中国人民财产保险股份有限公司

中国人民财产保险股份有限公司
PICC property and Casualty Company Limited

总公司设于北京　　　　　　　　　　一九四九年创立
Head Office Beijing　　　　　　　Established in 1949

货物运输保险单
CARGO TRANSPORTATION INSURANCE POLICY

保单号
POLICY NO. BJ12345

发票号(Invoice No.):BS14980042
合同号(S/C No.):BS14125
信用证号(LC No.):KBLC2014199
被保险人:
Insured:BLUE SKY INTERNATIONAL TRADING CO LID.

中国人民财产保险股份有限公司(以下简称本公司)根据被保险人的要求,由被保险人向本公司缴付约定的保险费,按照本保险单承保险别和背面所载条款与下列条款承保下述货物运输保险,特立本保险单。THIS POLICY OF INSURANCE WITNESSES THAT THE PICC PROPERTY AND CASUALTYCOMPANY LIMITED (HEREINAFTER CALLED "THE COMPANY") AT THE REQUEST OF THEINSURED AND IN CONSIDERATION OF THE AGREED PREMIUM PAID TO THE COMPANY BYTHE INSURED. UNDERTAKES TO INSURE THE UNDER MENTIONED GOODS NTRANSPORTATION SUBJECT TO THE CONDITIONS OF THIS POLICY AS PER THE CLAUSESPRINTED OVERLEAF AND OTHER SPECIAL CLAUSES ATTACHED HEREON.

标记	包装及数量	保险货物项目	保险金额
MARKS & NoS.	QUANTITY	DESCRIPTION OF GOODS	AMOUNT INSURED
AS PER Invoice No. BS14980042	260CTNS	BABY BLANKET	USD 76 076.00

总保险金额:
TOTALAMOUNT INSURED:SAY US DOLLARS SEVENTYSIX THOUSANDAND SEVENTY SIX ONLY
保费:　　　　　　　　　　费率:
PREMIUM:AS AGREED RATE AS ARRANGED
启运日期:　　　　　　　　装载运输工具:
DATE OF COMMENCEMENT:DEC. 30. 2014 PER CONVEYANCE: S. S DONGFENG VOY. NO. 257G
自　　　　　　　　　　　　至
FROM　　TIANJIN　　　　　TO　　　DUBAI

承保险别:
CONDITIONS:
COVERING ALL RISKS AND WAR RISK OF CIC OF PICC (1/1981) INCL. WAREHOUSE TO WAREHOUSE AND I. O. P.

所保货物,如发生保单项下可能引起索赔的损失或损坏,应立即通知本公司下述代理人查勘。如有索赔,应向本公司提交保单正本(本保单共有三份正本)及有关文件。如一份正本已用于索赔,其余正本自动失效。

（续表）

IN THE EVENT OF LOSS OR DAMAGE WHICH MAY RESULT IN A CLAIM UNDER THIS POLICYIMMEDIATE NOTICE MUST BE GIVEN TO THE COMPANY'S AGENT AS MENTIONEDHEREUNDER. CLAIMS, IF ANY, ONE OF THE ORIGINAL POLICY WHICH HAS BEEN ISSUED IN THREE ORIGINAL(S) TOGETHER WITH THE RELEVANT DOCUMENTS SHALL BE SURRENDERED TO THE COMPANY. IF ONE OF THE ORIGINAL POLICY HAS BEEN ACCOMPLISHED, THE OTHERS TO BE VOID. 中国人民财产保险股份有限公司 PICC PROPERTY AND CASUALTY COMPANY LIMITED 赔款偿付地点 CLAIM PAYABLE AT <u>DUBAI IN USD</u> 出单日期　　　　　　　　　　　　　　　　××× ISSUING DATE <u>DEC. 29，2014</u>　　　　Authorized Signature 地址： ADD：_____ 传真（FAX）：_____ 邮编（POST CODE）：_____ 　　　　　　　　　　　保顺序号：PICC××××××××

思考题

1. 简述国际物流中单证的含义、种类。
2. 简述国国际海运操作流程及单证的填制内容、要求。
3. 简述国际货运保险的业务流程和相关单证的填制流程、内容和要求。

21世纪经济与管理规划教材

物流管理系列

第七章

国际物流检验检疫

本章要点

为了保障买卖双方的利益,避免发生争议或发生争议后便于分清责任,就需要一个权威、公正、专业的检验鉴定机构对卖方所交付货物的品质、数量、包装等进行检验并出具检验证书,作为买卖双方交接货物、支付货款、进行索赔和理赔的依据。

本章关键词

检验检疫 报检 抽样 放行

第一节 概 述

一、出入境检验检疫的定义

出入境检验检疫是指政府行政部门以保护国家整体利益和社会效益为衡量标准,以法律、行政法规、国际惯例或进口国法规要求为准则,对出入境货物、交通工具、人员及其他事项等进行检验管理及认证,并提供官方检验证明、民间检验公证和鉴定证明的全部活动。

二、出入境检验检疫的目的和任务

出入境检验检疫包括进出境商品检验、进出境动植物检疫和国境卫生检疫。其主要目的和任务如下:

(1) 对进出口商品进行检验、鉴定和监督管理,保证进出口商品符合质量标准的要求,维护对外贸易各关系方的合法权益,促进对外经济贸易的顺利发展。

(2) 对包括运输工具、包装材料在内的出入境动植物及其产品进行检疫和监管,防止危害动植物的病菌、害虫、杂草种子及其他有害生物出入境,保护本国农、林、牧、生产和国际生态环境以及人类的健康。

(3) 对出入境人员、交通工具、运输设备以及可能传播传染病的行李、货物、邮包等物品实施国境卫生检疫和口岸卫生监督。

三、进出口商品检验检疫的作用

出入境检验检疫的工作成果主要表现为检验检疫机构出具的各种证书、证明,一般称为商检证书或检验证书。检验检疫工作的作用通过检验证书的实际效能体现出来,在国际贸易活动中,进出口商品的检验检疫作用主要表现为经济效用,具体有以下几个方面:

1. 作为报关验放的有效证件

许多国家的政府为了维护本国的政治经济利益,对某些进出口商品的品质、数量、包装、卫生、安全、检疫制定了严格的法律法规,在有关货物进出口时,当事人必须提交检验机构出具的符合规定的检验证书和有关证明手续,海关当局才准予进出口。譬如我国对列入《检验检疫商品目录》的进出口商品,海关在执行监管时凭商检证书或检验机构在有关单证上签发的放行章验放,否则不予验放。出入境检验检疫机构签发的兽医证书、卫生证书、检疫证书及原产地证书等,是进口国海关和卫生、检疫部门准予进口的有效文件证明。

2. 买卖双方结算货款的依据

检验部门出具的品质、重量或数量证书是买卖双方最终结算货款的重要依据。凭检验证书中确定的货物等级、规格、重量、数量计算货款,这是为买卖双方所接受的合理公正的结算方式。譬如在买卖铬矿石、铁矿石时,尽管合同中标明质量规格,但最终结算要以检验证书中验明的含铬量、含铁量确定等级和计价标准;在买卖煤炭、棉花时,要依据商检证书合理计算的水分含量、实际衡量货物吨位后确定的公量计算货物交接重量及费用。此时,检验证书是银行最后付款结算时的必需文件,并通常被写入合同或信用证条款中。

3. 计算关税的依据

检验检疫机构出具的重量、数量证书,具有公正、准确的特点,是海关核查、征收进出口货物关税的重要依据之一。标明货物残损、短少的残损证书可以作为向海关申请退税的有效凭证。

检验检疫机构作为官方公证机关出具的产地证明书是进口国海关给予特别关税待遇的基本凭证,在我国出口贸易活动中具有重要的意义。我国检验检疫机构签发的一般产地证是取得进口国海关给予最惠国关税的证明文件,签发的普惠制原产地证明书是给予普惠制关税待遇、享受在最惠国关税基础上进一步减少甚至免除关税的优惠待遇的证明文件。

4. 计算运输、仓储等费用的依据

检验中货载衡量工具所确定的货物重量或体积是托运人和承运人之间计算运费的有效证件,也是港口仓储运输部门据以计算栈租、装卸、理货等费用的有效文件。

5. 作为证明情况、明确责任的证件

检验检疫机构应申请人的申请委托,经检验鉴定后出具的货物积载状况证明、监装证明、监卸证明、集装箱的验箱和拆箱证明,对船舱检验提供的验舱证明、封舱证明、舱口检视证明,对散装液体货物提供的冷藏箱或舱的冷藏温度证明、取样和封样证明等,都是为证明货物在装运和流通过程中的状态及某些环节而提供的,以便证明事实状态,明确有关方面的责任,也是船方和有关方面免责的证明文件。

6. 办理索赔的依据

检验机构在检验中发现货物品质不良或数量、重量不符,违反合同有关规定,或者货物发生残损、海事等意外情况时,检验后签发的有关品质、数量、重量、残损的证书是收货人向各有关责任人提出索赔的重要依据。收货人可以依据责任归属,向卖方提出索赔甚至退货,或者向承运人或保险公司等索赔。同时,检验证书也是国内订货部门向外贸经营部门、保险人、承运人及港口装卸部门等责任方索赔,保险公司向被保险人理赔、向责任人追索的重要文件依据。

7. 作为仲裁、诉讼举证的有效文件

当在国际贸易中发生争议和纠纷,买卖双方或有关方面协商解决时,商检证书是有效的证明文件。当买卖双方自行协商不能解决并提交仲裁或进行司法诉讼时,商检证书是向仲裁庭或法院举证的有效文件。

四、检验检疫的时间和地点

关于买卖合同中的检验时间与地点,有下列各种规定办法:

1. 出口国工厂检验

在出口国工厂发货前,由出口国工厂检验人员会同买方验收人员进行检验,离厂前品质责任由卖方承担,离厂后运输途中出现的品质、数量等方面的风险由买方承担。这是国际贸易普遍采用的习惯做法。《中华人民共和国进出口商品检验法》也明确规定,凡属重要的进口商品和大型的成套设备,收货人应按合同规定,在出口国装运前进行检验、监造或监装,以维护买方的利益。

2. 装运港检验

出口货物在装船前或装船时,由双方约定的商检机构检验并出具检验证明,作为确定交货品质和重量的最后依据,这样确定的品质和重量被称为"离岸品质"和"离岸重量"。买卖双方若按此条件成交,卖方对运输途中品质的变化和重量的短少均可不负责任;而买方对到货品质和重量也无权向卖方提出异议。这种做法对买方不利。

3. 目的港检验

出口货物在目的港卸货后,由双方约定的目的港商检机构检验货物并出具检验证明,作为确定交货品质和重量的最后依据。这样确定的品质和重量被称为"到岸品质"和"到岸重量"。买卖双方若按此条件成交,买方对到货品质和重量有权向卖方提出异议,卖方对运输途中的品质变化和重量短少实际承担责任。这种做法对卖方不利。

4. 装运港检验重量和目的港检验品质

在大宗商品交易中,为了调和交易双方在检验问题上的矛盾,海关采取了一种较为折中的办法,即由装运港的商检机构检验货物的重量并出具重量证明作为最后依据,由目的港的检验机构检验货物的品质并出具品质证明作为最后依据,以这样的方式确定的重量和品质被称为"离岸重量"和"到岸品质"。

5. 装运地检验和目的地复验

为了照顾买卖双方的利益,在检验问题上做到公平合理,当前国际贸易中广泛采用在装运地检验和目的地复验的做法。按此做法,装运地的商检机构检验货物后出具检验证明,作为卖方议付货款的凭证之一,但不作为最后依据。货物到目的地后,由双方约定的检验机构在规定期限内复验货物并出具复验证明,复验中如发现交货品质、重量或数量与合同规定不符而责任属于卖方,买方可凭复验证明向卖方提出索赔。这种办法对交易双方都有利。

在采用这种规定方法时,装货时的检验结果同到货后的复验结果往往会有出入。为了分清责任、避免争议,在规定买方有复验权的同时,最好也一并明确若两个检验结果不一致应当采取的办法。

需要强调指出的是,在买方有复验权时,合同中应对复验的期限与地点及复验机构做出明确的规定。复验期限的长短,应视商品性质、复验地点和检验条件等情况而定,并且在合同中规定复验费用的承担事项。

第二节　出入境检验检疫机构

一、我国的出入境检验检疫机构

中国出入境商品的检验检疫和监督管理由国家出入境检验检疫局及其设立在全国各地的分支机构负责。进出口药品的监督检验、计量器具的量值检定、船舶和集装箱的规范检验、飞机(包括飞机发动机、机载设备)的适航检验、锅炉和压力容器的安全检验以及核承压设备的安全检验等,分别由国家各有关部门实施法定检验和监督管理。

1. 国家出入境检验检疫局

1998年3月以前,我国的出入境检验检疫工作由原国家进出口商品检验局、原农业部动植物检疫局、原卫生部卫生检疫局三个部门分别负责。1998年3月,全国人民代表大会通过的国务院机构改革方案决定组建中华人民共和国出入境检验检疫局,即通常所说的"三检合一"。国家出入境检验检疫局是我国主管出入境卫生检疫、出入境动植物检疫和进出口商品检验的行政执法机构,由海关总署领导。国家出入境检验检疫局的主要职责是:

(1)研究拟定有关出入境卫生检疫、动植物检疫与进出口商品检验法律、法规和政策规定的实施细则、办法及工作规程,督促出入境检验检疫机构贯彻执行。

(2)组织实施出入境检验检疫、鉴定和监督管理,负责国家实行进口许可制度的民用商品入境验证管理,组织进出口商品检验检疫的前期监督和后续管理。

(3)组织实施出入境卫生检疫、传染病监测和卫生监督,组织实施出入境动植物检疫和监督管理,负责进出口食品卫生、质量的检验、监督和管理工作。

(4)组织实施进出口商品法定检验,组织管理进出口商品鉴定和外商投资财产鉴定,审查批准法定检验商品的免验和组织办理复验。

(5)组织对进出口食品及其生产单位的卫生注册登记及对外注册管理,管理出入境检验检疫标志、进口安全质量许可、出口质量许可并负责监督、检查,管理和组织实施与进出口有关的质量认证、认可工作。

(6)负责涉外检验检疫和鉴定机构(含中外合资、合作的检验和鉴定机构)的审核认可并依法进行监督。

(7)负责商品普惠制原产地证和一般原产地证的签证管理。

(8)负责管理出入境检验检疫业务的统计工作和国外疫情的收集、分析与整理,提供信息指导和咨询服务。

(9)拟定出入境检验检疫科技发展规划,组织有关科研和技术引进工作,收集和提供检验检疫技术情报。

(10)垂直管理出入境检验检疫机构。

(11)开展有关的国际合作与技术交流,按规定承担技术性贸易壁垒和检疫协议的实施工作,执行有关协议。

(12)承办国务院及海关总署交办的其他事项。

国家出入境检验检疫局在出入境检验检疫工作中目前执行的基本法律包括《中华人民共和国进出口商品检验法》《中华人民共和国进出口商品检验法实施条例》《中华人民共和国进出境动植物检疫法》《中华人民共和国进出境动植物检疫法实施条例》《中华人民共和国国境卫生检疫法》《中华人民共和国国境卫生检疫法实施细则》。

2. 国家质量监督检验检疫总局

进出口计量器具的量值检定由国家质量监督检验检疫总局下属的计量器具检定部门负责。《中华人民共和国计量法》规定:

(1)制造、修理计量器具的企业、事业单位,必须具备与制造、修理计量器具相适应的设施、人员和检定仪器设备,经县级以上人民政府计量行政部门考核合格,取得制造计量器具许可证或者修理计量器具许可证。

(2) 制造计量器具的企业、事业单位生产本单位未生产过的计量器具新产品,必须经省级以上人民政府计量行政部门对其样品的计量性能考核合格,方可投入生产。

(3) 进口计量器具,必须经省级以上人民政府计量行政部门检定合格后,方准销售。经检验不合格需向国外提出索赔的,由省、直辖市、自治区以上计量行政部门对外出证。如需凭商检证书对外索赔的,商检机构凭省级以上计量行政部门出具的检验证明换发证书,有关计量检定的技术问题,由出具检验证明的计量行政部门负责。

3. 药品检验部门

鉴于药品对人类健康、生命安全的特殊重要性,依据《中华人民共和国药品管理法》的规定,进出口药品(包括原料药、制剂和药材)由卫生部指定的药品检验部门检验。

为加强对进口药品的监督管理,国家食品药品监督管理总局、中华人民共和国海关总署审议通过《药品进口管理办法》,自 2004 年 1 月 1 日实施。按照该管理办法的规定,国家对进口药品实行注册制度、法定检验制度。凡进口的药品,必须具有卫生部核发的"进口药品注册证",药品到达口岸后,及时向口岸药检所报检;药检所及时抽样、检验并出具检验报告书,明确标明"符合规定,准予进口"或"不符合规定,不准进口"的检验结论,以确保进口药品安全有效。

4. 船舶检验局

船舶检验局是国家船舶技术监督机构,成立于 1956 年,总部设在北京,负责对船舶执行法定的监督检验,同时办理船级业务。其主要任务是:制定船舶检验的规章制度和船舶规范;在全国主要港口设立办事机构,执行监督检验;对船舶、海上设施及其材料、机械设备实施监督检验和试验,使船舶和海上设施具备正常的技术条件,以保障海上船舶、设施和人身的安全以及海洋环境不受污染;根据我国参加的有关国际公约,代表政府签发公约要求的船舶证书;办理船舶入级业务;担任公证检验。

5. 香港特别行政区的商品检验机构

香港特别行政区政府指定的检验机构为香港标准及检定中心。该中心按政府颁布的商品目录,对进口商品实施强制性检验。目录所列商品,未经标准及检定中心检验合格的,一律不得销售和使用。

香港是自由港,对出口商品不实施强制性检验。

海关对商品检验管理的方式,主要有强制性检验、自愿申请标志检验、国际认证检验、委托检验和消费选择指导性检验等。

除了指定的检验机构,香港还有私人公证行(如天祥公证行)和外国检验机构(如通用公证行)。

二、国外检验机构

当前活跃在国际贸易领域中的各类商品检验检疫机构、鉴定机构有 1 000 多家,既有官方机构,也有民间和私人机构。有的综合性检验鉴定公司的业务遍及全世界,涉及国际贸易中各类商品的检验鉴定工作。其中,一些比较著名的检验机构由于检验比较公正、合理、科学,已为许多国家所认可,其鉴定结果也成为商品进入国际市场的通行证。

1. 瑞士通用公证行

瑞士通用公证行(Societe Generale De Surveillance,SGS)是从事检验、实验、质量保证和认证的国际性检验机构,是当今世界上最大的民营检验鉴定公司。通用公证行成立于1879年,总部设在瑞士日内瓦,SGS通标标准技术服务有限公司是瑞士SGS集团和隶属于原国家质量技术监督局的中国标准技术开发公司共同成立于1991年的合资公司,取"通用公证行"和"标准计量局"首字之意,在中国设立了50多个分支机构和几十间实验室,拥有12 000多名训练有素的专业人员。

通用公证行的核心业务如下:

(1) 检验。提供世界领先的全方位检测和验证服务,例如在转运时检查贸易商品的状况和重量,帮助控制数量和质量,满足不同地区和市场的所有相关监管要求。

(2) 测试。全球测试设施网络配备知识渊博、经验丰富的人员,能够帮助降低风险、缩短上市时间,并根据相关的健康、安全与规范标准对产品的质量、安全和性能进行测试。

(3) 认证。认证产品、流程、系统或服务是否符合国内和国际标准及规范或客户定义的标准。

(4) 鉴定。确保产品与服务遵守全球标准与当地法规。通过将全球覆盖率与几乎包括各个行业的当地知识、无与伦比的经验和专业知识相结合,SGS涵盖了从原材料到最终消费的整条供应链。

2. 劳氏船级社

劳氏船级社(Lloyd's Register of Shipping,LRS)为世界上规模最大、历史最久的船舶入级和海事鉴定权威公证机构,1760年成立于英国伦敦,在100多个国家设有230多个办事机构,拥有专职及兼职验船师3 000多人。劳氏船级社从事船舶定级检验,对船舶载重线、设备安全、无线通信、客船安全性等施行法定检验,其船舶载重线标志为"LR"。劳氏船级社还开展吨位丈量、载重条件审查、防火及灭火设施审查、海事鉴定、残损鉴定等业务。劳氏船级社在办理国际船级业务方面占有垄断地位,在海运、保险业界信誉卓著。

劳氏船级社与我国船舶检验局、商检机构均建立了检验合作关系。

3. 英之杰检验集团

英之杰检验集团(Inchcape Inspection and Testing Service,IITS)是一家国际性民营商品检验组织,总部设在英国伦敦,在全球组建了各自独立经营的多个检验机构,如英国嘉碧集团、英特泰克国际服务有限公司、英之杰劳埃德代理公司等,拥有专职及兼职雇员1万多人。

英之杰检验集团与中国商检机构具有业务往来与合作关系。此外,日本海事检定协会(NKKK)、日本海外货物检查株式会社(OMIC)、新日本检定协会(SK)、日本油料检定协会、美国食品和药物管理局(FDA)、美国保险人实验室(UL)等检验部门与我国检验机构也有业务往来与合作关系。

第三节　出入境检验检疫项目

检验检疫机构对于进出口商品检验鉴定的具体内容,根据商品的不同特性、法律和法规的不同内容、合同中的具体规定、有关技术标准的规定以及申请委托人的意愿而不同。

一、质量检验

1. 质量检验的内容

质量检验(Quality Inspection)也称品质检验,是检验工作的主要项目。质量检验的内容主要有:

(1) 外观质量。检查商品的外观形态、尺寸规格、样式、花色、造型、表面缺陷、表面加工装饰水平等。

(2) 内在质量。内在质量所含内容较多。其中,成分检验包括有效成分的种类、含量、杂质及有害成分的限量等;性能检验包括商品应具备的强度、硬度、弹性、伸长率、耐热性等物理性能,耐酸/碱性、抗腐蚀性、溶解性、化学相容性等化学性能;机械性能检验包括抗压、抗拉、冲击、振动、跌落等;使用性能检验包括完成规定的动作、特定的使用效果,例如汽车的车速、刹车要求,电视机的声响、图像效果,机器生产出完好的产品等。

(3) 特定质量检验项目。特定质量检验项目是指出于安全、卫生、环境保护等目的,针对不同商品而特别要求的质量检验,如对食品卫生质量的检验,对食品中有害生物、食品添加剂、农药残留量、重金属含量等的检验;对动植物的检疫检验;对危险货物的安全性能检验;对飞机、车辆、船舶安全的防护质量检验;废气、噪声、废水的限量检验等。

2. 质量检验的方法

质量检验的方法因项目不同而不同,必须按照有关标准或技术规定的要求执行。一般而言,有以下几种检验方法:

(1) 化学分析检验法。它是对商品进行化学分析,多用于确定商品的纯度、成分、杂质含量等,有溶液法、重量法、气体分析法等。

(2) 仪器分析检验法。它是利用现代化的高精度分析仪器测定商品中成分含量的方法,对主成分及微量杂质的测定可以精确到百万分级(PPM)或十亿分级(PPB),具有结果准确、快速、高效的特点,如原子吸收光谱仪、气相色谱仪、液相色谱仪等,往往与计算机同时使用,具有良好的测试效果。

(3) 感官检验法。它是利用人体的各种感觉器官(如视觉、嗅觉、味觉、听觉、触觉)以及积累的实践经验检验商品品质的方法。用这种方法主要检验外形、外观、硬度、弹性、气味、滋味、声音等方面。感官检验法是运用人体的视、触、嗅、听、敲、抖、折、弯、照、量和数等功能来完成商品的检验工作,可以用于一般商品的检验。由于感官检验法简单、方便、迅速、灵活,再加上目前有些感官检验项目用仪器设备检验不了,因此在国际贸易中仍被广泛采用。

(4) 物理检验法。它是用各种仪器、设备、量具等,测量或比较各种产品的物理性能或物理量的数据,进行系统整理,从而确定商品质量的一种检验方法。物理检验的范围很广,例如金属材料的机械性能(硬度、拉力、冲击、扭转、弯曲、剪切、疲劳、渗透性、焊接性,以及金属材料的宏观组织鉴定、微观组织分析等)检验,纺织品的幅宽、长度、密度、重量、断裂强度、伸长率、回潮率、缩水率、撕破强度、折皱弹性、起皮起球、防雨性能、厚度、硬挺度、防火性能、耐磨度、色牢度等的测定,化工产品中的比重、折光度、黏度、熔点、沸点、凝固点等的测定,石油产品的比重测定,润滑油的黏度测量,沥青的针孔度、软化点、延性检验,纸张的强度(包括拉力、环压、耐折度、撕裂度、耐破度、挺度)检验,电工类产品的电阻、电感绝缘、磁性等测试,机械类产品的尺寸、精度、光洁度、强度的测定等。此外还有无损检测、振动检测、噪声测定等。

(5) 微生物学检验法。它是生物检验中的一种方法,主要测定商品内所存在的微生物类别,测定有关致病微生物是否存在,从而判定商品卫生质量及其是否符合卫生标准,如显微镜观察法、细菌培养法、纯种分析法、形态观察法等。

检验机构在完成进出口商品的质量检验后签发品质检验证书(Inspection Certificate of Quality)或专项检验证书,如检疫证书、兽医证书等。

二、数量和重量检验

商品的数量(Quantity)或重量(Weight)是贸易合同中的重要内容,由于其直接涉及该笔贸易的成交金额与最终结算,与双方利益的关系最为直接,因此数量或重量是检验工作的主要内容之一。

1. 数量检验

在对外贸易合同中常用的数量计量方式有:

(1) 对机电仪器类产品、零部件、日用轻工品常用个数计量,如个、只、件、套、打、台等,这种方式简单明确、检验方便,直接清点即可。

(2) 一些纺织品、布匹、绳索等用长度计量,计量单位为米、英尺等。

(3) 玻璃、胶合板、地毯、塑料板、镀锌(锡)钢板等常用面积计量,计量单位为平方米、平方英尺等。

(4) 木材多用体积计量,按立方米、立方英尺等单位计量。

(5) 有些液体、气体产品用容器计量,使用升、加仑等计量单位。

2. 重量检验

(1) 计重方式。国际贸易中常用的计重方式包括以下三种:① 毛重(Gross Weight)是指商品本身的重量加上包装的重量;② 净重(Net Weight)是指商品本身的重量,即商品的毛重减去包装重(皮重)的重量;③ 以毛作净(Gross for Net)是指以商品的毛重作为净重,不必扣除皮重,一般用于包装相对于货物本身而言重量很轻,或包装本身不便计量等情况。

大部分商品按净重计价,但在具体计算时也有以毛作净的情况。

对于纺织纤维,如棉、毛、丝等,因其含水率变化会影响重量,在计重时引入公量重的概念。公量重(Conditioned Weight)是以商品的干态重量加上标准含水率(公定含水率)的水分重量作为计价重量。

(2) 计重单位。多使用公吨、公斤为单位,也有使用英制长吨、美制短吨、磅、盎司等单位的。

1 公吨＝2 204.62 磅

1 长吨＝2 240 磅

1 短吨＝2 000 磅

(3) 计重方法。计重方法主要有以下四种：① 衡量计重是使用最多的计重方法，使用小至天平、台秤，大到汽车衡、轨道衡、料斗秤等衡器，经校准后对不同商品衡重。天平的精密度很高，精密天平的误差为十万分之一或更高，大型衡器的允许误差可为 0.2％。② 水尺计重是利用阿基米德原理，测量出船只在装货前后或卸货前后的吃水差，计算出船舶的排水量，扣除船上其他物料的重量并修正后得出所装货物的重量，是适用于散装矿石、粮谷等低值散装物料重量检验的一种快速方法，其允许误差为 0.5％。③ 容量计重是用于散装液体商品(如原油、成品油、植物油等)的一种计重方法。通过测量油舱、油罐在装货前后或卸货前后的液位，计算出装货或卸货的实际重量，计算时要考虑到液体物料的温度、密度、罐体变形等因素，其允许误差为 0.4％。④ 流量计计重是一种仪器计重方法，通过流量计直接测得装或卸的液体或气体商品的重量，使用简单方便，其允许误差为 0.4％。

(4) 溢短装条件。对于装运农副产品、矿产品、石油产品等散装商品，实际交货重量往往难以准确与合同规定数量相同。买卖双方一般在合同中约定一个可以灵活变动的幅度，即溢短装条件。

溢短装条件可以明确规定允许多装或少装某个百分数(如 5％)，或规定交货数量为"约"若干吨等。最后结算时以重量检验证书的准确重量结算。

有的合同还对重量短少规定了免赔率，这主要考虑到运输流通过程中的损失，实际检验重量在低于合约规定一定百分数(如 3％)内时可视为足量。

三、包装检验

包装检验是根据合同、标准和其他有关规定，对进出口商品的外包装和内包装以及包装标志进行检验。

为了确保出口危险货物安全运输，对装运危险货物的包装容器必须进行性能检验，检验合格者才准予装运危险货物。在包装出口危险货物时，出口方还必须申请商检机构进行使用鉴定，以便确认正确、合理地使用包装容器，取得使用鉴定证明后才准予装运出口。

依据联合国制定的《关于危险货物运输的建议书》和国际海事组织制定的《国际海运危险货物规则》，近 3 000 种被列入危险货物。危险货物共分为九大类：爆炸品，压缩、液化或加压溶解的气体，易燃液体，易燃固体，氧化剂和有机过氧化物，有毒物质和有感染性的物质，放射性物质，腐蚀品，其他危险货物。凡属上述所列的危险货物必须实施包装性能检验和使用鉴定。

原国家商检局《出口商品运输包装检验管理办法(试行)》规定，凡列入种类表和其他法律、法规规定需经商检机构检验的商品——法定检验商品，必须申请商检机构对其运输包装进行性能检验，未经商检机构检验合格，不准用于盛装出口商品。商检机构还接受有关部门的申请或委托，对法定检验商品外商品的运输包装进行性能检验。

在进行包装检验时,商检机构首先核对外包装上的商品包装标志(标记、号码等)是否与进出口贸易合同相符;对进口商品主要检验外包装是否完好无损,包装材料、包装方式和衬垫物等是否符合合同规定的要求;对外包装破损的商品要检查其是否由包装不良所引起。出口商品的包装检验可分为危险货物包装检验和一般货物包装检验,除了包装材料和包装方法必须符合外贸合同、标准的规定,还应检验商品的内外包装是否牢固、完整、干燥、清洁,是否适于运输和符合保护商品质量、数量的要求。

出入境检验检疫机构对进出口商品的包装检验,一般在现场抽样检验,或在进行衡器计重的同时结合进行。

运输包装性能检验的典型项目有跌落试验、堆码试验、气密试验和液压试验等。

四、装运技术检验

根据对外贸易关系人的申请,或依据有关法律、法规的规定,商检机构对出口商品的装载条件、装载技术等内容进行检验鉴定,主要有以下检验项目:

(1) 船舱检验。船舱检验包括干货舱检验、油舱检验、冷藏舱检验,目的在于确认船舱对所装货物的适载性。

干货舱检验对船舱、船底、污水道、管道、舱壁、舱顶、舱口框、护货板等固定设备情况以及铺垫物料进行检验,要求清洁、干燥、无异味、无虫害,适于装载货物。

油舱清洁检验包括检查油舱内各部位及输油管道有无油污、锈渍、有毒有害物质,以及是否符合清洁、干燥、无异味的要求。对于装运食用植物油的船舱,依法执行食用卫生条件检验。

油舱紧固检验是对油舱、暖气管、油舱有关部位进行紧密性测试,通常用水压、油压或气压试验,检查舱内各衔接部位是否有泄漏现象,符合技术要求,方可装载液体物品。

对冷藏舱检验时,除了检查清洁、干燥、无异味等条件,还应重点检查其制冷效能和绝热设施是否良好,以确保承载货物的卫生和安全。

对于装运粮油食品、冷冻品等易腐烂变质食品的船舱,由商检机构实施强制性检验,经验舱不合格的,不准装载。

(2) 进出口集装箱鉴定。检验机构对装运易腐烂变质食品的集装箱实施强制性检验,以保证出口食品的卫生质量;对其他进出口集装箱,凭对外贸易关系人的申请,办理鉴定业务。

集装箱的监视装箱也称装箱鉴定,根据拟装货物的特性,鉴定集装箱的结构、卫生、冷冻等条件,拟订装箱计划,制定防护措施,指导和监视装货,鉴定所装货物的数量、包装、标志并对集装箱签封,出具鉴定证书。

集装箱的监视卸箱也称卸箱鉴定,是对进口集装箱货物核查其集装箱号码、封识号及外观状态,检查卸货前货物在箱内状态,监视卸货,鉴定所卸货物的数量、包装、标志,确定货损货差,出具鉴定证书。

此外,还可接受集装箱的承租和退租的鉴定,以及集装箱的清洁、温度、风雨密固性等单项鉴定。

(3) 监视装载。监视装载简称监装,是商检机构对出口商品装货进行的监视鉴定工作。对货物监装时,首先要对装运出口货物的船舱进行检验或对集装箱进行检验,确认其适货性;同时,审核承运人的配载计划是否符合货运安全的需要,监督承运人按照商品的装载技术要求进行装载,并出具监视装载证书。

(4) 积载鉴定。积载鉴定是根据对外贸易关系人的申请,商检机构对出口商品装载情况进行鉴定。鉴定时应审核承运人的配载计划是否合理,注意其安全性、稳固性,防止货物互相串味等。检查装船技术措施是否符合保护货物的质量、数量完整和安全的要求,如是否有良好的加固、隔离、衬垫及通风措施等,据实出具鉴定证明。

(5) 货载衡量鉴定。货载衡量是对贸易成交现将运输的商品进行测量体积和衡定重量的工作,是由承运人或托运人申请检验部门办理的鉴定业务,其主要目的是计算运费;同时,为订舱、配载提供准确的货物体积和重量数据,以保证船舶合理配载及安全、平稳。

五、出入境动植物检疫

为了防止动物传染病、寄生虫病和植物危害性病、虫、杂草及其他有害生物传入传出国境,保护农、林、牧、渔业和人体健康,保障我国国际贸易活动的正常进行,《中华人民共和国进出境动植物检疫法》规定,对进出境的动植物、动植物产品和其他检疫物,装载动植物、动植物产品和其他检疫物的装载容器、包装物以及来自动植物疫区的运输工具,依法实施检疫。

依据动植物检疫法,我国禁止下列各类物品进境:① 动植物病原体(包括菌种、毒种等)、害虫及其他有害生物;② 动植物疫情流行的国家和地区的有关动植物、动植物产品和其他检疫物;③ 动物尸体;④ 土壤。

我国政府规定应受检疫的范围是:① 动物(包括实验动物、观赏动物、演艺动物及其他动物),如家畜、家禽、野生动物、蜜蜂、鱼(指淡水鱼)、蚕等,以及动物的胚胎、受精卵等;② 动物产品,如生的皮张、毛类、肉类、脏器、油脂、血液、蛋类、精液、骨、蹄、角、干鱼、鱼籽、鱼粉、骨粉、生乳、血粉及动物性药材;③ 植物,如栽培植物、野生植物及种子、苗木、繁殖材料等;④ 植物产品,如粮食、豆类、棉花、油类(指未经炼制的油籽且不包括各种植物油)、麻类、烟草、籽仁、干果、鲜果、蔬菜、药材、原木(指藤、竹等木材)及饲料等。

国家出入境检验检疫局统一管理全国进出境动植物检疫工作。进口动植物、动植物产品和其他检疫物,经检验合格的,准予进口,海关凭口岸动植物检疫机关的检疫证书或在报关单上加盖的印章验放;经检疫不合格的,由口岸动植物检疫机关签署"检疫处理通知单",通过货主或者其代理人进行除害、退回或销毁处理,经除害处理合格的,准予入境。输出动植物、动植物产品和其他检疫物,经检疫合格或经除害处理后合格的,准予出境,海关凭口岸动植物检疫机关的检疫证书或在报关单上加盖的印章验放;检疫不合格又无有效方法进行除害处理的,不准出境。

对出口动物产品的检疫,除了必须符合我国有关规定,还必须符合进口国政府的有关法令要求。进口国一般要求由出口国官方兽医、检疫机构出具检疫证书,我国需由出入境检验检疫机构办理证明出口的有关畜禽产品来自、生长在、暂养在、宰杀在(野生动物捕杀在)、加工分割在、储存在一定半径范围之内(如 50 千米或 100 千米半径内等),一定期限内(如 3 个月、6 个月等)未发生过某些指定的传染病的非疫区。检疫对象主要有猪水泡病、非洲猪瘟、口蹄疫、牛瘟、牛肺疫、马鼻疽、传染性贫血病、鸡鸭瘟、白痢、新城疫、马立克氏病、野兔热、兔粘液瘤、蜂蜗和蜂瘟等。出口的畜禽在屠宰时,要经宰前、宰后检验,在证书中证明宰前健康无病,宰前3个月内未注射过防疫针;宰后解剖检查内脏无疾病、肌肉无肿瘤、结核、组织坏死、寄生虫病和其他疾病等。

六、出入境卫生检疫

(1) 按照我国《中华人民共和国国境卫生检疫法》及其实施细则的规定,出入境的人员、交通工具、集装箱、运输设备、尸体、骸骨及可能传播检疫传染病的行李、货物、邮包等都必须接受卫生检疫。经卫生检疫机关许可,方准入境或者出境。

出入境的微生物、人体组织、生物制品、血液及其制品等特殊物品,也应当主动接受检疫。经卫生检疫机关许可,方准带入或带出,海关凭卫生检疫机关签发的有关证明放行。

(2) 国境卫生检疫机关根据国家规定的卫生标准,对国境口岸的卫生状况和停留在国境口岸的出入境交通工具的卫生状况实施卫生监督。这个规定是对国境口岸(包括口岸内的有关单位和个人)及交通工具提出的卫生法律要求,如国境口岸内的涉外宾馆供应公司应建立、健全卫生制度和卫生设施,必须对交通工具采取措施,控制啮齿动物、病媒昆虫数量,使其减少到不足为害的程度,饮用水、食品必须符合我国卫生标准,否则必须进行整顿、改进。

(3) 国境卫生检疫机关负责传染病检疫监测工作,主要监测的传染病为鼠疫、霍乱和黄热病三种。此外还有流行性感冒、疟疾、脊髓灰质炎、流行性斑疹伤寒、回归热及登革热。另外,依据我国政府有关规定,自1988年起将艾滋病纳入传染病监测管理。

经国境口岸出入境的有关人员,必须按规定在法定时间内(1年)到国境卫生检疫机关监测体检点接受传染病监测体检,领取证书。卫生检疫机关有权要求出入境人员出示传染病监测体检证明书、健康证书或者其他有关证书。

(4) 卫生处理。出入境交通工具以及货物、尸体有下列情况之一者,应当由卫生检疫机关实施消毒、防鼠、除虫或者其他卫生处理:① 来自检疫传染病疫区的;② 被检疫传染病传染的;③ 发现存在与人类健康有关的啮齿动物或者病媒昆虫,超过国家卫生标准的;④ 对出入境废旧物品和曾行驶于境外港口的废旧交通工具,视其污染程度而定,对污染严重的实施销毁;⑤ 凡出入境的尸体、骸骨,对不符合卫生要求的,且因患检疫传染病而死亡的病人尸体,实施火化,不得移运;⑥ 不符合卫生要求的出入境邮包。

中国出入境检验检疫局是我国负责出入境卫生检疫工作的政府机构。

七、进出口食品卫生检验检疫

依据《中华人民共和国食品卫生法》和《中华人民共和国出口食品卫生管理办法》等法规的规定,为了保证食品安全、防止食品污染和有害因素对人体的危害、保障人民身体健康,我国实行食品卫生监督制度,由出入境检验检疫部门负责进出口食品的卫生检验检疫工作。

食品卫生检验检疫的内容包括:① 细菌检验,保证沙门氏菌、志贺氏菌、猪丹毒、炭疽菌、肉毒杆菌、大肠杆菌等杂菌符合限量要求;② 真菌检验,对黄曲霉毒素等二十几种可致癌真菌毒素严格限量;③ 对包括有机氯农药滴滴涕、六六六等数百种农药残留量严格限量;④ 对食品添加剂(如防腐剂、发色剂、增香剂、发泡剂、赋形剂、漂白剂、乳化剂、增甜剂)的严格限量;⑤ 对铅、镉、锌、砷、汞等有毒有害金属的严格限量。有的国家对有些食品还要求检验抗生素、雌激素、荧光素、亚硝胺等有害物。所有食品中都不得有猪毛、苍蝇、鼠类、蟑螂、蚂蚁等恶性杂质。

此外,对陶瓷、搪瓷等食品用具检验铅、镉等有害元素的溶出量,检验铅笔、玩具表面油漆的含铅量,检验化妆品面霜中的含铅量等,也都属于卫生检验的范畴。

出口食品经检验检疫符合我国有关法规的规定,以及进口国的有关法令规定和外贸合同规定后,出具卫生证书、品质证书,才能放行出口。进口的食品、食品原料、食品添加剂、食品容器、包装材料和食品用工具及设备,必须符合国家卫生标准和卫生管理办法的规定。进口上述所列产品,由国境食品卫生监督检验机构进行卫生监督、检验。进口单位在申报检验时,应当提供输出国(地区)所使用的农药、添加剂、熏蒸剂等有关资料和检验报告。海关凭国境食品卫生监督检验机构的合格证书放行。

对不合格者,可以采用销毁、改作他用、重新加工、退回等相应处理措施。

八、进出口商品鉴定

商检机构办理进出口商品鉴定业务,须凭申请办理,不属于强制性检验。商检机构根据对外贸易、运输和保险合同规定的有关各方,即进口商品收货、用货单位和代理接运部门以及出口商品的生产者、供货单位和经营部门的申请,外国检验机构的委托,办理进出口商品鉴定业务,签发各种鉴定证书,供申请单位作为办理商品交接、结算、计费、理算、通关、计税、索赔或举证等的有效凭证。

进出口商品鉴定业务范围包括:

(1) 进出口商品质量鉴定。包括品质鉴定、数量鉴定、重量鉴定,而重量鉴定又办理衡器计重、水尺计重、容量计重、流量计计重等鉴定业务。此外,还有残损鉴定,包括舱口检视、载损鉴定、监视卸货、海损鉴定和残损鉴定五个项目。

残损鉴定是进出口商品重量鉴定的一个重要组成部分。在国际贸易的货物流通过程中,由于货物瑕疵、运输环节疏漏、人为因素损坏、意外灾害等,常常会使货物到达收货人手中时发生变质、短少、破损等问题,统称为残损。进出口货物发生残损时,贸易关系人可以向商检部门申请残损鉴定。

(2) 外商投资财产鉴定。包括价值鉴定、损失鉴定、品种质量和数量鉴定以及与外商投资财产有关的其他鉴定。

外商投资财产鉴定是指对境外(包括港、澳、台地区)的公司、企业、其他经济组织或个人(外商)在中国境内开办的外商投资企业,其他经济组织或个人(外商)在中国境内开办的外商投资企业及各种对外补偿方式中,国外投资者所投入财产的鉴定工作。

外商投资财产鉴定的内容包括:① 价值鉴定是对买卖、合资、入股、保险、纳税、信贷、转让和清算等各类经济、贸易活动中外商投资财产的现时价值进行鉴定;② 损失鉴定是对外商投资财产由自然灾害、意外事故引起损失的原因、程度及残余价值和损失清理费用的鉴定,以及对因抢救财产、防止灾害蔓延、事故扩大所采取的必要施救措施而造成损失所需费用的鉴定;③ 品种、质量、数量鉴定是对外商投资财产的品名、型号、质量、数量、规格、商标、新旧程度、出厂日期、制造国别及厂家等进行的鉴定。

商检机构出具的上述财产鉴定证明是证明投资各方投入财产价值量的有效依据,各地会计师事务所可凭此办理外商投资财产的验资工作。

(3) 集装箱鉴定。包括装箱鉴定、拆箱鉴定、承租鉴定、退租鉴定以及集装箱清洁和测温等单项鉴定。

(4) 其他鉴定业务。包括签封样品和检封样品、舱容丈量、熏蒸证明、销毁证明、产地证明、价值证明、发票鉴证等业务。

目前,我国进出口商品的鉴定工作,统一由检验机构或其指定的检验机构办理。为了引进国外先进的检验鉴定方法、标准和管理手段,进一步开发和利用国内外两个检验市场、两种资源,提高我国商检在国际检验市场竞争中的地位、综合实力及整体优势,经国家有关部门批准,也可与国外检验机构合作共同开展商品检验业务。

第四节 进出口商品检验检疫的模式与流程

我国进出口商品的检验程序主要包括报检、抽样、检验和签发证书四个环节。

一、报检

进出口报检是指对外贸易关系人向商检机构申请检验。凡属检验检疫范围内的进出口商品都必须报检。报检单位首次报检时须持本单位营业执照和政府批文办理登记备案手续,取得报检单位代码,其报检人员须经商检机构培训合格后领取"报检员证",凭证报检。代理报检单位须按规定办理注册登记手续,其报检人员须经检验检疫机构培训合格后领取"代理报检员证",凭证办理代理报检手续。

1. 报检范围

(1) 需向商检机构申报出口检验的范围。出口商品及其运载工具属下列情况之一者,必须向检验机构报检:① 列入《商检机构实施检验的进出口商品种类表》(以下简称《种类表》)内的出口商品。② 出口食品的卫生检验。③ 出口危险货物包装容器的性能鉴定和使用鉴定。④ 转运出口易腐烂变质食品、冷冻品的船舱、集装箱等运载工具的适载检验。⑤ 对外贸易合同(包括信用证、购买证等)规定由商检机构检验出证的出口商品。⑥ 出口动物产品的检疫和监督消毒。⑦ 其他法律或行政法规规定须经商检机构检验出证的出口商品。⑧ 与进口国政府有约定必须凭我国商检机构证书方准进口的商品。例如,澳大利亚为防止中国的病虫害传入澳洲,特规定从中国进口的红木家具或木箱等,需要中国商检机构签发的熏蒸证书;法国卫生当局对从中国进口的水产品,需要中国商检机构签发的食品卫生证书;日本厚生省对进口的鳗鱼、虾、肉类食品,实施重点抽查药物和农药残留量等措施,要求中国商检机构出具证明;俄罗斯海关对从中国进口的商品,需要凭中国商检机构签发的品质证书正本验放等。⑨《种类表》内出口商品包装容器的性能鉴定。⑩ 对外贸易关系人要求对出口商品检验、鉴定的其他项目。

(2) 需向检验机构申报进口检验的范围。国家对进口商品的检验实行统一管理、分工负责。法定检验的进口商品必须在规定期限内进行检验。未经检验者,不准安装投产,不准销售,不准使用。下列范围的进口商品必须报请商检机构进行检验:① 列入《种类表》内的进口商品。②《进口商品安全质量许可制度目录》(以下简称《目录》)内的商品。③ 外贸合同规定须凭商检机构检验证书计价结算的进口商品。④ 其他法律、行政法规规定必须由商检机构检验的进口商品。⑤ 其他需要由商检机构签发证书的进口商品。

《种类表》以外的进口商品和《目录》以外的进口商品到货后,由收用货单位自行检验,商检机构实行监督管理。但当收用货单位检验后发现商品的品质、规格等与合同不符,重量、数量短少,或者商品有残、损、溃、毁等情况,需要向国外发货人、承运人或保险人提出索赔的,收货人应依法申请商检机构复验或鉴定并取得相应的商检证书,据此向责任方提出索赔。

2. 报检的单证要求

凡是履行出口商品报检程序和手续的单位或个人统称为出口商品报检人。报检人应在商检机构规定的报检时间、报检地点履行报检手续,同时提供必要的文件、资料,并配合商检业务部门看货、抽取样品。报检人有权要求商检机构在规定期限内完成检验、出具证书。报检人对检验结果有异议时,有权依照有关程序提请复验。

报检人在报检时应填写规定格式的报检单,加盖报检单位印章,提供与出入境检验检疫有关的单证资料,并按规定交纳检验检疫费。

(1) 入境报检。入境报检时,应填写入境货物报检单并提供合同、发票、提单等有关单证。下列情况报检时还应按要求提供有关文件:① 凡实施安全质量许可、卫生注册或其他需审批审核的货物,应提供有关证明。② 品质检验还应提供国外品质证书或质量保证书、产品使用说明书及有关标准和技术资料;凭样成交的,须加附成交样品;以品级或公量计价结算的,应同时申请重量鉴定。③ 报检入境废物时,还应提供国家环保部门签发的进口货物批准证书和经认可的检验机构签发的装运前检验合格证书等。④ 申请残损鉴定的还应提供理货残损单、铁路商务记录、空运事故记录或海事报告等证明货损情况的有关单证。⑤ 申请重(数)量鉴定的还应提供重(数)量明细单、理货清单等。⑥ 货物经收、用货部门验收或其他单位检测的,应随附验收报告或检测结果以及重量明细单等。⑦ 入境的动植物及其产品,在提供贸易合同、发票、产地证书的同时,还必须提供输出国家或地区官方的检疫证书。需办理入境检疫审批手续的,还应提供入境动植物检疫许可证。⑧ 过境动植物及其产品报检时,应持货运单和输出国家或地区官方出具的检疫证书。运输动物过境时,还应提交国家检验检疫局签发的动植物过境许可证。⑨ 报检入境运输工具、集装箱时,应提供检疫证明,并申报有关人员的健康状况。⑩ 因科研等特殊需要输入禁止入境物时,必须提供国家检验检疫局签发的特许审批证明。⑪ 特殊物品入境时,应提供有关的批件或规定的文件。

(2) 出境报检。出境报检时,应填写出境货物报检单并提供对外贸易合同(售货确认书或函电)、信用证、发票、装箱单等必要的单证。下列情况报检时还应按要求提供有关文件:① 凡实施质量许可、卫生注册或须经审批的货物,应提供有关证明。② 出境货物须经生产者或经营者检验合格并加附检验合格证或检测报告;申请重量鉴定的货物,应加附重量明细单或磅码单。③ 凭样成交的货物,应提供经买卖双方确认的样品。④ 出境人员应向检疫机构申请办理国际旅行健康证明书及国际预防接种证书。⑤ 报检出境运输工具、集装箱时,应提供检疫证明并申报有关人员的健康状况。⑥ 生产出境危险货物包装容器的企业,必须向检验检疫机构申请包装容器的性能鉴定;生产出境危险货物的企业,必须向检验检疫机构申请危险货物包装容器的使用鉴定。⑦ 报检出境危险货物时,必须提供危险货物包装容器性能鉴定结果单和使用鉴定结果单。⑧ 申请原产地证明书和普惠制原产地证明书时,应提供商业发票等资料。⑨ 特殊货物出境时,应根据法律法规的规定提供有关的审批文件。

3．进口报检的时间要求

报检时间应以进口商品的品种为依据,并考虑合同中规定的索赔有效期限、品质保证期限以及规定的向商检机构报检的期限。

(1) 一般商品应该在货物到达报检地点 3 天内,向货物所在地的商检机构报检。

(2) 在口岸卸货时发现有残损、短少的进口商品,应当立即向口岸商检机构报检,以便在卸货地检验,确定残损、短少情况,判明原因和责任归属。

(3) 列入《种类表》内的进口商品以及必须经商检机构检验出证的《种类表》以外的进口商品,收用货部门或代理人均应在索赔有效期截止之前 1/3 的时间内,向货物所在地的商检机构报检。

(4) 延长索赔期。货物到达目的地时,索赔有效期已临近,来不及完成检验出证的报检人应提前向国外办理延长索赔的手续,以便在卖方责任终止前检验出具商检证书。

合同规定的索赔有效期限,有的是从进口时间算起,有的是从卸货完毕时间算起,具体有 30 天、35 天、90 天或 3 个月等;有的是以提单签发日期起 6 个月或品质规定 180 天、重量 150 天为限,这段时间包括航运时间、待泊时间和卸货时间。

(5) 对承运人提出索赔的期限。根据提单条款一般规定为 1 年,《海牙规则》和《海牙-维斯比规则》均规定为 1 年。《中国远洋运输公司提单条款》的规定也是 1 年。而《汉堡规则》规定为 2 年。一般是从货物卸毕日期算起。

(6) 对保险公司索赔的期限。《中国人民保险公司海洋运输货物保险条款》规定,索赔期限分责任起讫期限和索赔时效期限。责任起讫期限是指保险的责任期限,索赔时效期限是指向保险公司索赔的期限,具体期限见保险单中的规定。

(7) 其他。进口微生物、人体组织、生物制品、血液及其制品或种畜(禽)及其精液、胚胎、受精卵的,应当在入境前 30 天报检。进口其他动物的,应当在入境前 15 天报检。进口植物、种子、种苗及其他繁殖材料的,应当在入境前 7 天报检。出境货物最迟于报关或装运前 7 天报检。对于个别检验检疫周期较长的货物,应留有相应的检验检疫时间。出境的运输工具和人员应在出境前向口岸检验检疫机构报检或申报。需隔离检疫的出境动物在出境前 60 天预报、隔离前 7 天报检。

4．进口报检的地点要求

(1) 进口货物的残损鉴定在口岸申请报检。口岸商检机构在受理报检后,由于某些特殊情况不能在口岸完成检验鉴定任务,口岸商检机构可以办理易地检验、鉴定手续,在货物目的地的商检机构完成检验、鉴定任务。

(2) 大宗散装进口商品的鉴定及合同规定凭卸货口岸商检机构的品质、重量检验证书作为计算价格、结算货款的商品,应在口岸商检机构申请报检。

(3) 进口粮食、原糖、化肥、硫黄、矿砂等,按照国际贸易惯例,必须在目的地口岸承载货物的船舱内或在卸货过程中,按合同规定或者标准规定的抽样方法,抽取代表性样品进行检验。

(4) 进口的农产品、畜产品,经过国内转运后,容易造成水分挥发、散失或货物腐烂、变质,不能反映到货时的品质状况的,原则上应在卸货口岸进行报检。

(5) 进口化工原料和化工产品在分拨调运后,不宜按原发货批号抽取其代表性样品,应在货物到达口岸办理申请报检。

(6) 分拨数地的进口商品一批到货分拨到几个地方卸货的,应在口岸商检机构办理申请报检。因故不能在口岸进行检验的,应申请办理易地报检。

(7) 集装箱运输的进口商品在口岸拆箱后转运到内地的,应在口岸报检。未发现残损而且是易地的货物,可在拆箱地点报检。

5. 报检及证单的更改

报检人申请撤销报检时,应书面说明原因,经批准后方可办理撤销手续。报检后 30 天内未联系检验检疫事宜的,作自动撤销报检处理。

报检人申请更改证单时,应填写更改申请单,交附有关函电等证明单据,并交还原证单,经审核同意后方可办理更改手续。

品名、数(重)量、检验检疫结果、包装、发货人、收货人等重要项目更改后与合同、信用证不符的,或者更改后与进口、出口国家或地区法律法规规定不符的,均不能更改。

二、抽样

检验检疫机构在接受报检后,应及时派人到货物堆存地点进行现场检验鉴定,检验内容包括货物的数量、重量、包装及外观等项目。现场检验一般采取国际贸易中普遍使用的抽样法,个别特殊商品除外。抽样时须按规定的抽样方法和一定的比例随机抽样,以便样品能代表整批商品的质量。

进出口商品种类繁多、情况复杂,有时一批商品的数量很多甚至达几万吨,有的为了充分利用仓库而采用密集堆垛,有的散装商品采取露天存放等,这些都给抽样工作带来了困难。为了切实保证抽样工作的质量,同时便利对外贸易,必须针对不同商品的不同情况,灵活地采用不同的抽样方法。常用的抽样方法有:

(1) 登轮抽样。进口大宗商品,如散装粮谷、铁矿砂等,采取在卸货过程中登轮抽样的方法,可随卸货进度、按一定比例,抽到各个部位的代表性样品,然后取得代表性的检验样品。

(2) 甩包抽样。例如进口橡胶,数量很多,按规定以 10% 抽样,采取在卸货过程中每卸 10 包甩留 1 包供抽样用的方法,既可使抽样工作便利,又能保证样品的代表性。

(3) 翻垛抽样。出口商品在仓库中密集堆垛、难以在不同部位抽样时,如有条件应进行适当翻垛,然后进行抽样,这种方式要多花费一定的劳动力。

(4) 出厂、进仓时抽样。在仓容紧张、翻垛困难的情况下,对出口商品可事先联系安排在出厂或进仓时进行抽样,同时加强批次管理工作。

(5) 包装前抽样。为了避免出口商品抽样时的拆包损失,特别是用机器打包的商品,在批次分清的前提下,采取在包装前进行抽样的方法。

(6) 生产过程中抽样。有些出口商品,如冰蛋、罐头等,可在生产加工过程中,根据生产批次,按照规定要求随生产抽样,以保证代表性,检验合格后进行包装。

(7) 装货时抽样。出口大宗散装商品,有条件的可在装船时进行抽样。如当原油用管道装货时,可定时在管道中抽取样品。出口食盐时在装船阶段每隔一小时抽样一次,样品的代表性都很好。但采用这种方式时必须进行事先研究,出口商品的品质必须符合出口合同的要求,或是在按检验机构的实际检验结果进行结算的情况下才适用;否则,在装船后发生检验不合格的情况就难以处理了。

(8) 开沟抽样。出口散装矿产品,如硼石、煤炭等,都是露天大垛堆存,抽样困难且品质不够均匀,一般视垛位大小,挖掘 2～3 条深 1 米的沟,以抽取代表性样品。

(9) 流动间隔抽样。大宗矿产品抽样困难,可结合装卸环节,在输送带上定时抽取有足够代表性的样品。

不论采取上述何种形式的抽样,所抽取的样品必须遵循抽样的基本原则,即能代表整批商品的品质。

三、检验

1. 出口商品的检验方式

(1) 商检自验。商检机构在受理了对外贸易关系人对出口商品提出的品质、规格、数量、重量、包装、安全及卫生的检验鉴定申请后,自行派出检验技术人员进行抽样、检验鉴定,并出具商检证单,这种检验形式就是商检自验。但是,商检自行检验在对某些商品或商品某个项目的检验中并不排除需要申请人或有关单位提供某些帮助,例如检测的仪器设备、工具上的帮助,以及提供一些辅助性劳动力等。

(2) 共同检验。共同检验简称共验。商检机构在接受了对外贸易关系人对出口商品提出的检验申请后,与有关单位商定,由双方各派检验人员共同检验,最后出具检验结果证单;或者是商检机构与有关单位各承担商品某部分项目的检验鉴定,共同完成该批商品的全部项目的检验工作,最后出具检验鉴定证单。共同检验是组织社会力量实施检验的一种手段,有关单位在执行检验、鉴定任务时,应该严格按照合同、信用证或标准进行,并对检验结果负责。

(3) 出口检验。出口检验是指商检机构对准备装运出口的商品,按照外贸合同或信用证、标准等规定进行的检验。商检机构在接受了报检人的申请后,按照约定的时间,到货物堆存地点进行抽样、检验。经检验合格后,签发商检证单即可出口。

出口检验货物必须具备下列装运条件:① 货物是生产、加工完毕的,除散装货、裸装货以及汽车、拖拉机等整机货物以外,货物已包装完毕,外包装符合出口要求;② 外贸经营单位已对外签订外销合同,凭信用证支付货款的,已收到信用证,明确了检验依据。

(4) 预先检验。预先检验简称预验。预验是商检机构为了方便对外贸易,根据需要对某些经常出口的商品进行预先检验。受理预先检验的范围包括:尚未成交的出口商品;已成交签订了销售合同但尚未接到信用证(凭信用证支付货款的商品),不能确定转运条件的出口商品;必须在生产过程中实施检验以把好质量关,使成品质量有一定稳定性的出口商品。

出口商品预先检验的工作程序:商品经生产企业出厂检验合格和经营单位验收合格→出口经营单位或生产加工单位向商检机构提出对商品预先检验的申请→商品进行预先检验→商检机构签发"预验结果单"或"出口商品检验换证凭单"→申请出口换证或办理放行。

经过预先检验的出口商品,出口经营单位在确定了装运条件后持"出口商品检验换证凭单"或"预验结果单"向商检机构申请出口换证时,商检机构必须派人查验,凡商品的标记与号码或批号与合同或信用证中的规定相符,商品的品质、包装正常,方可按照检验换证凭单换发出口检验证书或放行单,办理放行出口。

(5) 产地检验。产地检验是商检机构为了配合生产加工单位和出口经营单位做好出口检验,派出检验人员到出口商品的生产产地进行检验。产地检验有两种形式:① 与出口检验相同。这种形式的产地检验,商品按出口要求生产、加工、包装完毕,经产地检验合格后,刷好标记号码,商品具备装运条件就可以装运出口。② 与出口预验相同。这种形式的产地检验,商品检验合格后运往口岸或出口装运点待运出口,在具备装运条件后,申请人再申请查验换证或办理放行出口。

产地检验主要适用于大宗出口的农产品,如棉花、粮谷、柑橘、苹果、核桃及花生等商品的检验。由于这些商品产地分散、生产季节性强,集中口岸检验有一定困难,而且有些商品要在产地发运,因此需要检验人员到商品产地进行检验。

(6) 内地检验。根据我国商检法规的规定,内地省市的出口商品需要由内地检验机构进行检验。经内地检验机构检验合格后,签发"出口商品检验换证凭单"。当商品的装运条件确定后,出口经营单位持内地检验机构签发的"出口商品检验换证凭单"向口岸检验机构申请查验放行。

(7) 口岸查验。口岸查验是指经产地检验机构检验合格、运往口岸待运出口的商品,运往口岸后申请出口换证时,口岸检验机构派人进行的查验工作。口岸查验分为:① 对一般商品的查验主要查对商品品名、数量、标记与号码或批号是否与"出口商品检验换证凭单"所列内容相符,查验货物包装有无破损、污染、水渍等不正常情况。检验中如果发现货物包装受损、可能影响商品质量的,或者查验中对商品质量有疑问的,或者根据国家商检局的规定需要查验商品品质的,都要开件抽查商品的品质。② 对易腐烂变质以及品质不稳定的商品,口岸商检机构除了查验商品的外包装情况,还要查验商品品质,而且必须批批开件抽查检验商品品质。其做法是:对于冷冻肉类、鲜蛋及蛋制品类、乳制品类、水产品类、肠衣类、鲜果类及蔬菜类等商品,主要查验软化、冻坏、色泽、气味、变质、霉烂、虫蛀、污染以及货温、车温或船舱温度等;对于皮鞋主要查验是否发霉以及原材料缝制方面有无缺陷等;对于电池主要查验电压;对于罐头主要查验有无膨听、变形、锈听及破损等。总之,根据不同商品、不同情况,按照规定进行有关的检验。

口岸查验中发现有漏检项目或需要重新进行检验的,口岸检验机构要补验漏检的项目,需要重新检验的要按照标准的规定重新检验。口岸查验中发现货物包装有问题或不合格,应及时通知有关单位加工整理,经重新整理或换包装后再进行查验。口岸查验中如果发现"出口商品检验换证凭单"有误,应与发货地的检验机构联系更正。

(8) 免验。根据我国《进出口商品免验办法》的规定,凡列入《种类表》和其他法律、行政法规规定须经检验机构检验的进出口商品,经收货人和发货人(以下简称"申请人")申请,国家检验部门审查批准,可以免予检验。

凡具备下列情况之一者,申请人可以申请免验:① 申请免验商品的生产企业,已经建立了完善的质量保证体系,并且获得中国出口商品质量保证体系认证,或者国家商检部门认可的外国有关组织实施考核并获得质量保证体系认证的。② 在国际上获质量奖(未超过三年时间)的商品。③ 经国家商检部门认可的国际有关组织实施质量认证,并经检验机构检验质量长期稳定的商品。例如,连续三年出厂合格率及检验机构检验合格率均为百分之百,并且没有质量异议的出口商品;连续三年检验机构检验合格率及用户验收合格率百分之百,并且获得用户良好评价的出口商品。

此外,对进出口一定数量限额内的非贸易性物品和进出口展品、礼品及样品,申请人凭有关主管部门批件、证明及有关材料,也可申请免验和办理放行手续。

涉及安全、卫生和有特殊要求的进出口商品不能申请免验。主要有:① 粮油食品、玩具、化妆品、电器等;② 列入进口商品安全质量许可证管理的商品;③ 品质易发生变化的商品或者散装货物;④ 合同要求按照商检证书所列成分、含量计价结汇的商品。

出口商品的免验,由申请人向商品所在地的商检机构提出申请,经商检机构初审合格后,才能向国家检验检疫局提出免验申请。进口商品的免验,由申请人向国家检验检疫局提出书面免验申请。国家检验检疫局受理申请后,组织专家审查组对申请免验的商品及其制造工厂的生产条件和有关资料进行审查,并对产品进行抽样测试。

专家审查组在审查及检验产品的基础上,提交书面审查报告,经国家检验部门批准,发给申请人免验证书并予以公布。获准免验进出口商品的申请人,凭有效的免验证书、合同、信用证,以及该批产品的厂检合格单和原始检验记录等,到当地商检机构办理放行手续,并交纳放行手续费。对需要出具商检证书的免检商品,检验机构可凭申请人的检验结果核发商检证书。

获准免验的进出口商品的生产企业应接受商检机构的监督管理。

2. 进口商品的检验方式

(1) 进口商品的自验。进口商品的收用货单位、经营单位或代理接运单位,按照《中华人民共和国进出口商品检验法》的规定,向商检机构报检的列入《种类表》内的进口商品和其他法律、法规规定须经商检机构检验的进口商品,以及对外贸易合同中指明凭商检机构检验的品质、重量检验或鉴定结果进行结算的进口商品,由商检机构自行派人执行抽样检验或鉴定并出具检验证单,这称为商检自验。进口商品经商检机构检验、鉴定后,对符合合同、标准及有关法律、法规规定的品质、规格、数量、卫生、安全、包装等技术条件的,签发"检验情况通知单"。如果进口商品经商检机构检验、鉴定后不符合合同、标准规定,签发商检证书后,由对外贸易关系人在索赔有效期内,向责任方提出索赔。对于外贸合同规定凭商检证书结算的进口商品,商检机构经检验后出具商检证书供买卖双方结算货款用。

(2) 进口商品的共同检验。商检机构受理对外贸易关系人提出的对进口商品进行品质、规格、数量、重量、安全、卫生、包装、残损等检验或鉴定后,商检机构确定与有关单位各派检验人员共同执行检验,或者由商检机构指定有关单位承担进口商品的部分项目检验、鉴定,商检机构承担抽样和其余部分项目的检验、鉴定,共同完成该批商品全部项目的检验、鉴定,由商检机构确认并汇总有关单位的检验结果,对外出具商检证书,这称为共同检验。对进口商品执行共同检验,不论有关单位承担多少检验项目,对外贸易关系人或收用货部门都要按规定向商检机构办理正式的报检手续,并提交有关单证、资料。进行共同检验时,商检机构必须严格按照合同、标准规定,对检验中出现的问题由其按照规定解决并做出最后结论。

如果有关单位不能按合同、标准和商检机构的规定要求进行检验、鉴定,商检机构可视情况,将共同检验改为商检自验。

(3) 装船前检验。装船前检验(Preshipment Inspection, PSI)是国际贸易中经常采用的一种检验方式,主要是根据各进口国或进口商的要求,对进口商品在出口国进行发运前的检验,以保证进口商品的品质、数量、包装等符合合同要求。我国一般对重要的进口商品和大中型成套设备进行装船前检验,订货公司在签订进口合同时,应约定对在该合同项下商品或设备的生产,由制造国进行监造或者在装运前进行预检验、监装。收货人应该依据外贸合同的约定,组织实施装船前的预检验、监造或监装。商检机构将根据需要和对外贸易关系人的申请派出技术人员参与这项工作。商检机构派检验人员参与装船前预检验,但这种检验不能代替买方对商品进口后按合同规定所进行的最终检验和验收,也不能免除卖方按合同规定和国际贸易惯例所应承担的风险,买方仍保留对外索赔的权利。商检机构派出检验人员出国参与对进口商品装船前检验,不等于免除进口商品或成套设备的法定检验。

根据合同规定对进口商品实施装运前的预先检验、监造或监装,主要有以下好处:① 可以防止质量低劣和不合格商品的进口,是对商品质量把关的一种积极做法;② 装船前预先进行检验、监造,可以将商品可能出现的一些问题,在商品的生产国得以解决,从而避免经济损失,保障人民的身体健康和安全。

四、签发证书

对于出口商品,经检验部门检验合格后凭出境货物通关单通关。若合同、信用证规定由检疫部门检验出证,或国外要求签发检验证书的,应根据规定签发所需证书。

对于进口商品,经检验后凭入境货物通关单通关。凡由收货单位自行验收的进口商品,如发现问题,应及时向商检机构申请复验。若复验不合格,商检机构即签发检验证书,以供对外索赔。

(1) 签发商检证书。商检机构在检验出口商品后,对检验合格的商品,按照对外合同、信用证、有关国际规定或者申请人的要求,可出具各类商检证书。证书的种类主要有:① 品质检验证书。这是出口商品交货结汇和进口商品结算索赔的有效凭证;是法定检验商品的证书,是进出口商品报关、输出输入的合法凭证;商检机构签发的放行单和在报关单上加盖的放行章与商检证书具有同等的通关效力;签发的检验情况通知单同样具有商检证书的性质。② 重量或数量检验证书。这是出口商品交货结汇、签发提单和进口商品结算索赔的有效凭证;出口商品的重量证书也是国外报关征税和计算运费、装卸费用的证明。③ 兽医检验证书。这是证明出口动物产品或食品经检疫合格的证明,适用于冻畜肉、冻禽、禽畜罐头、皮张、毛绒类、肠衣等出口商品,是对外交货、银行结汇和进口国通关输入的重要凭证。④ 卫生/健康证书。这是证明可供人类食用的出口动物产品、食品等经卫生检验或检疫合格的凭证,适用于肠衣、罐头、冻鱼虾、蛋乳制品等,是对外交货、银行结汇和通关验放的有效凭证。⑤ 消毒检验证书。这是证明出口动物产品经过消毒处理、保证安全卫生的凭证,适用于猪鬃、马尾、皮张、山羊毛、羽毛、人发等商品,是对外交货、银行结汇和国外通关验放的有效凭证。⑥ 熏蒸证书。这是用于证明出口粮谷、油籽、豆类、皮张等商品,以及包装用木材与植物性填充物等已经过熏蒸灭虫的凭证。⑦ 残损检验证书。这是证明进口商品残损情况的凭证,适用于进口商品发生残、短、渍、毁等情况,可作为收货人向发货人、承运人或保险人等有关责任方索赔的有效证件。

(2) 签发商检证单。检验机构为了便于出口商品在国内有关部门办理手续或方便检验机构之间沟通情况、简化检验程序,可签发有关商检证单,主要有:① 预验结果单。出口商品经检验机构预先检验合格后对内签发的证单,用于商品出口时向当地检验机构换证。② 出口商品检验换证凭单。出口商品经发运地的检验机构检验合格后对内签发的证单,商品出口时申请人凭此单向口岸检验机构申请出口检验换证。③ 出口商品放行单。法定检验商品经检验合格后对内签发的证单,海关凭此单对法定检验商品验放出口。④ 不合格通知单。出口商品经检验机构检验不合格时对内签发的证单,此单签发后出口商品不能放行出口。⑤ 海运出口危险货物包装容器性能检验结果单。检验机构对出口危险货物的包装容器性能鉴定合格后对内签发的证单,使用危险货物包装容器的单位向检验机构申请包装容器使用鉴定时须提供此单。⑥ 海运出口危险货物包装容器使用鉴定结果单。商检机构对海运危险货物的包装容器使用鉴定合格后对内签发的证单,供外贸经营单位装运出口危险货物和办理出口装运等手续用。⑦ 委托检验结果单。检验机构接受有关单位的委托申请,对商品进行检验后对内签发的证单,供申请人了解委托样品情况用。

五、放行

1. 法定检验出口商品的放行

商检机构对法定检验出口商品采用下列某一种形式放行:

(1) 在"出口商品报关单"上加盖"出口商品放行章",海关凭此验放货物。

(2) 出具"出口商品放行单"(供通关用),海关凭此单验放货物。直接在口岸报关的出口商品,经检验机构检验合格,出具"出口商品放行单";转向异地口岸报关的出口商品,也要有检验机构出具的"出口商品放行单"。

出口商品由内地运抵口岸的放行手续:① 内地商检机构直接检验在海运、空运口岸装运出或经铁路装运的货物,但货物或车皮封识完好的,可直接凭内地商检机构签发的"出口商品放行单"验放。② 内地商检机构签发"出口商品检验换证凭单"的出口商品,经口岸商检机构查验合格后换发"出口商品放行单"(章)。经当地商检机构预验后签发"预验结果单"的出口商品,须向当地商检机构办理正式放行手续。

(3) 检验机构签发注有"仅供通关用"字样的品质检验证书(副本),海关凭此验放货物。

出口货物不论是在内地还是在口岸,只要经商检机构检验合格后签发了检验证书,货物通关时海关都可以凭该检验证书放行。但是,对于下列商品,内地商检机构不能直接签发检验证书放行:① 易地口岸分批出口的商品;② 出口期限不明确的商品;③ 出口口岸不明确的商品;④ 内地商检机构检验,经铁路陆运到香港出口的鲜活商品;⑤ 内地商检机构检验,易地口岸海运出口的散装商品等。这些商品在出口时,口岸商检机构凭内地商检机构签发的"出口商品检验换证凭单"查验换证放行。

(4) 对独联体、东欧等国经铁路陆运出口的商品,经商检机构检验合格,凭随车"商检品质证书"(正本)放行。

2. 免验商品的放行

获准免验的进出口商品的申请人,在免验有效期内,凭免验证书、外贸合同、信用证及该商品的品质证书或厂检合格单等文件到商检机构办理放行手续,并交纳放行手续费。需要出具商检证书的出口免验商品,商检机构可以凭申请人提交的品质证明文件核发商检证书。对数量、重量、包装等项目按照有关规定进行检验后核发商检证书。

思考题

1. 什么是进出口检验检疫?
2. 我国主要的检验检疫机构有哪些?
3. 国外知名的检验机构有哪些?
4. 进出口检验检疫的流程有哪几个环节,每个环节的主要内容是什么?
5. 哪些商品是免检商品?它们的放行程序是什么?

▶ **案例**

检验检疫机构的两则通告

(一) 近期,黄岛口岸检验检疫机构在一周内连续检出 8 批来自韩国的环保不合格进口废纸,共计 178 个集装箱,重量 4 204.68 吨,货值 76.95 万美元。检验检疫人员现场查验时发现,这些进口废纸夹带废塑料、废木材、废金属、废编织袋、利乐包、易拉罐、铝塑纸、不干胶纸等其他夹杂物。经分拣,夹杂物含量在 0.74%~1.66%,不符合我国3月1日实施的新版《进口可用作原料的固体废物环境保护控制标准——废纸或纸板》中其他夹杂物含量不得超过 0.5% 的控制标准要求。检验检疫部门依法对该批货物做退运处理(山东出入境检验检疫局,2018 年 3 月 27 日)。

(二) 近日,欧盟食品饲料快速预警系统通报,荷兰一婴幼儿配方乳粉生产企业在自检中发现使用了一批疑似受到阪崎肠杆菌污染的乳清粉,导致三个品牌、五个批次的婴儿配方乳粉存在阪崎肠杆菌污染风险,相关产品已出口到中国、越南、沙特阿拉伯等国家。企业已对相关批次产品实施召回或自愿销毁。

国家质量监督检验检疫总局对此高度重视,获悉欧盟通报后立即组织开展核查。现已查明,欧盟通报所涉及产品中,对华出口的为 Lypack(注册号 NL Z0238 EC)生产的润贝婴儿配方乳粉(Rearing Baby),生产批号为 0000011087 和 0000011079。该货物目前在口岸监管仓库,尚未进入流通领域,检验检疫机构将会对该批货物依法处理;疑似受污染的其他批次产品没有对华出口,请境内消费者放心(国家质量监督检验检疫总局,2018 年 3 月 23 日)。

21世纪经济与管理规划教材

物流管理系列

第八章

报关与海关管理

本章要点

　　本章首先概述报关与海关的内容,介绍了主要的海关管理制度,一般进出口货物的报关程序,保税进出口货物的报关程序,其他进出口货物的报关程序等。

本章关键词

　　海关　海关制度　报关程序

第一节 报关制度

一、报关概述

1. 报关

报关是指进出口货物收发货人、进出境运输工具负责人、进出境物品所有人或其代理人向海关办理货物、运输工具、物品进出境手续及相关海关事务的过程。

进出口货物包括一般进出口货物、减免税货物、暂准进出口货物、保税货物、过境货物、转运货物、通运货物和其他进出口货物，以及通过管道、电缆输送的进出境的水、油、电和无形的货物，如附着在货物载体上的软件等。

进出境运输工具主要指用以载运人员、货物、物品进出境，在国家间运营的各种境内或境外的船舶、航空器、车辆和驮畜等。

申请和接受货物、物品和运输工具办理进出境手续的整个过程，通常称为报关。报关的全过程是：申报→接受申报→查验→征税→放行→结关。

（1）申报。一切进出境货物、物品和运输工具都必须由收发货人或其代理人在进出境时，持海关规定的单证向海关申报。

（2）接受申报。海关接受申报，并审核递交的单证是否齐全、准确、有效、清楚。

（3）查验。进出境货物、物品、运输工具，除经海关总署特准免验的以外，由海关根据情况进行查验确定实际进出口与单证申报的是否相符，检查有无瞒报、伪报和申报不实等走私违规情形。

（4）征税。进出境货物、物品、运输工具经海关查验以后，除海关特准免税的以外，进出口货物、物品必须交纳税款或提供担保，委托银行代缴。

（5）放行。海关在放行前，要全面审核是否办完、办妥，然后依据不同情况做出不同处理。一切手续完备，情况正常，海关即在单证上签印放行。

（6）结关。当进出境货物、物品、运输工具的所有海关手续（包括登记备案、审核报关单证、查验、征税、销案及结案等）全部履行后，方准办理结关手续，解除海关监管。

2. 报关员

报关员是指经报关单位向海关备案，专门负责办理所在单位报关业务的人员。

自2014年起，海关不再组织报关员资格全国统一考试，改由中国报关协会组织对拟从业人员实行水平测试并颁发证书。报关员的义务与权利如下：

（1）报关员的义务。① 提供齐全、正确、有效的单证，准确、清楚、完整地填制海关单证，并按有关规定办理报关业务及相关手续。② 持报关员卡办理报关业务，海关核对时应当出示。③ 海关在查验进出口货物时，配合海关查验。④ 配合海关对涉嫌走私违规案件的查处。⑤ 协助本企业完整保存各种原始报关单证、票据、函电等资料。⑥ 妥善保管海关核发的报关员卡和相关文件。⑦ 按照规定参加海关组织的报关业务岗位培训。

（2）报关员的权利。① 代表所属单位办理报关业务。② 向海关查询所办理的报关业务情况。③ 拒绝海关工作人员的不合法要求。④ 对海关做出的处理决定享有申诉的权利。⑤ 依法申请行政复议或者提起行政诉讼。⑥ 合法权益因海关违法行为受到损害的,可依法要求赔偿。⑦ 有权根据国家法律、法规对海关工作进行监督,并有权对海关工作人员的违法、违纪行为进行检举揭发和控告等。

二、海关概述

1. 海关的性质

《中华人民共和国海关法》(以下简称《海关法》)第二条规定:中华人民共和国海关是国家的进出关境监督管理机关。这一规定明确了海关的性质,包括三层含义:

(1) 海关是国家行政机关。海关对内对外代表国家行使行政管理权,而不代表某个地方或者某个部门的局部利益。

(2) 海关是进出关境监督管理机关,依照有关法律、行政法规,代表国家制定具体的行政规章和行政措施,对特定领域的活动实施监督管理。海关监督管理的范围是进出关境及与之有关的活动、场所,监督管理的对象是所有进出关境的运输工具、货物和物品。

(3) 海关的监督管理活动是国家行政执法活动。海关的执法依据是《海关法》和其他有关法律、行政法规。海关总署也可以根据法律和国务院的法规、决定、命令制定规章,作为执法依据的补充。省、自治区、直辖市人民代表大会和人民政府不得制定海关法律规范,其制定的地方法规、规章也不是海关执法的依据。

2. 海关的任务

依据《海关法》,海关的基本任务有四项:监督管理进出关境的运输工具、货物、行李物品、邮递物品和其他物品;征收关税和其他税费;查缉走私;编制海关统计报表。海关的任务简称为监管、征税、查私、统计。

(1) 监管。海关监管是海关四项基本任务的基础,是由海关运用国家赋予的权力,通过报关登记、审核单证、查验放行、后续管理、查处违法行为等环节,对进出境的各运输工具、货物、物品实施有效的监督管理。

随着对外开放,我国对外贸易迅速发展,形成了多种贸易方式并存的新格局。海关在认真总结多年货运监管,特别是改革开放以来的经验和借鉴国际通行做法的基础上,逐步建立起一套前期管理、现场监管、后续管理三位一体的科学化与现代化的海关监管体系和相应的规章制度。

(2) 征税。关税是海关依据《中华人民共和国关税条例》《中华人民共和国进出口税则》有关法规,对准许进出口的货物、进出境的物品征收的流转税。征收关税是指对贸易性货物征收进口关税、出口关税和对非贸易性的行邮物品征收进口关税。

(3) 查私。查私是海关为保证顺利完成监管和征税任务而采取的保障措施,是海关依照法律赋予的权力,在海关监管场所和"设关地"附近的沿海、沿边规定地区,为发现、制止、打击、综合治理走私活动而进行的一种调查和惩处活动。

海关查私的目标是制止和打击一切非法进出口货物、物品的行为,维护国家的主权和利益,保障社会主义现代化建设的顺利进行。

(4) 统计。根据2006年3月1日实行的《中华人民共和国海关统计条例》,海关的统计任务是对进出口货物贸易进行统计调查、统计分析和统计监督,进行进出口监测预警,编制、管理和公布海关统计资料,提供统计服务。

海关统计是国民经济统计的组成部分。海关统计的范围是实际进出关境并引起境内物资存量增加或者减少的货物,进出境物品超过自用、合理数量的,列入海关统计。

近年来,国家通过有关法律、行政法规赋予海关一些新的职责,如知识产权内的对反倾销、反补贴的调查,保障社会安全、缉毒、反偷渡、战略武器控制等也是海关的任务。

3. 海关的权力

为了保证海关能充分履行自身的职能,有效维护国家的主权和利益,国家通过立法赋予海关对进出关境运输工具、进出口货物、进出境物品的监督管理权。海关权力属于行政权,其行使有一定的范围和条件且应当接受执法监督,具体如表 8-1 所示。

表 8-1 海关权力一览

序号	海关权力	内容
1	检查权	(1) 检查并查验进出境运输工具、货物、行李物品、邮递物品 (2) 在监管区内和附近沿海、沿边地区,检查有走私嫌疑的运输工具和场所 (3) 在监管区内和附近沿海、沿边地区,检查走私嫌疑人的身体
2	查阅权	(1) 监管与查阅区内进出境人员的证件 (2) 监管与查阅区内外与进出境运输工具、货物、物品有关的合同、发票、账册、单据、记录、文件、业务函电、录音录像制品和其他资料
3	查问权	查问有关违反《海关法》及其他有关法律法规嫌疑人
4	复制权	复制与进出境运输工具、货物、物品有关的合同、发票、账册、单据、记录、文件、业务函电、录音录像制品和其他资料
5	调查权	调查违反《海关法》或其他有关法律法规当事人或嫌疑人的违法行为,调查被稽查人在金融机构的存款账户
6	扣留权	(1) 扣留违反《海关法》或其他有关法律法规而进出境的运输工具、货物和物品 (2) 扣留与上述内容有关的合同、发票、账册、单据、记录、文件、业务函电、录音录像制品和其他资料
7	封存、质押权	(1) 封存有关账簿、凭证、进出口货物等 (2) 向有关当事人收取等值保证金或抵押物
8	追缉权	对违抗海关监管而逃逸的进出境运输工具和个人连续追至海关监管区与海关附近沿海、沿边规定地区以外,并可将其带回处理
9	处罚权	(1) 依法没收违法进出境货物、物品及走私所得,并可变价缴库 (2) 对违法行为处以规定幅度内的罚款 (3) 对违法情事的报关企业和报关员处以暂停或取消报关资格
10	佩带和使用武器权	海关为履行职责,可以依法佩带武器,并可在履行职责时使用武器
11	强制执行权	(1) 可依法采取强制手段,迫使当事人履行法定义务,如强制扣税、强制履行海关处罚决定等 (2) 缉私警察对有关嫌疑人可行使刑事诉讼所规定的强制措施,如侦查、拘留、逮捕、预审等

4. 海关的机构

(1) 海关系统的最高领导部门——海关总署。海关总署是中国海关的领导机关,是中华人民共和国国务院下属的正部级直属机构,在国务院的领导下统一管理全国海关机构、人员编制、经费物资和各项海关业务。

海关总署的主要职能是研究并拟定海关工作的方针、政策、法律、法规和发展规划,组织实施和监管检查;开展海关领域的国际合作与交流;承办国务院交办的其他事项等。

(2) 直属海关。直属海关是指直接由海关总署领导,负责管理一定区域范围内海关业务的海关。直属海关就本关区的海关事务独立行使职责,向海关总署负责。

直属海关承担在关区内组织开展海关各项业务和集中审单作业,组织实施对关区各项业务的执法检查、监督和评估;按规定程序及权限办理各项业务的审核、审批、转报和注册备案手续等;全面贯彻执行海关各项政策、法律、法规、管理制度和作业规范的重要职责。直属海关起着沟通海关总署与隶属海关的桥梁作用。

(3) 隶属海关。隶属海关是指由直属海关领导,负责办理具体海关业务的海关,是海关进出境监督管理职能的基本执行单位,一般设在口岸和海关业务集中的地点。根据各地海关业务的实际需要,在隶属海关下还可以设立下属海关。

隶属海关及其下属海关的职能主要是开展接单审核、税费征收、查验和放行的具体通关业务;受理辖区内海关监管场所、承运海关监管货物业务的申请;对各类进出境货物、运输工具等实施海关监管,对各类海关监管场所进行实际控制;办理辖区内报关员通关注册备案业务等。

(4) 海关缉私警察机构和缉私体制。海关缉私警察是专门打击走私犯罪活动的警察队伍,负责对走私犯罪案件的侦查、拘留、执行逮捕和预审工作。

第二节 海关管理制度

一、海关管理制度概述

1. 海关管理

海关管理是指海关代表国家依据相关的法律法规对进出境的运输工具、货物和物品实行监督管理,从而直接或间接产生法律后果的行政管理活动。广义上的海关管理还包括海关自身事务的管理。正确理解海关管理的含义,需要注意以下几点:

(1) 海关管理行为的主体是海关。海关属于国家行政管理机关,代表国家行使权力。在进出境活动中依法对进出境的运输工具、货物和物品进行监督管理。

(2) 海关管理的对象。海关管理的对象是指海关依法行使管理职权所指向的目标或作用的客体,即进出境的物与管理相对人的行为。通常把进出境的运输工具、货物、物品及包含在进出境货物中的非物质财富(知识产权)等称为直接对象。人的行为即在进出境管理活动中管理相对人产生后果的合法行为或违法行为。海关管理对象的范围如表8-2所示。

表 8-2 海关管理对象的范围

进出境货物	(1) 贸易性商品 (2) 以货物为载体的包含在其中的非物质财富	按货物报关(由进出口货物收发货人或其代理人办理)
进出境物品	(1) 企业或单位通过货物运输渠道进出境的非贸易性物品 (2) 人员通过携带、托运或邮递进出境的非贸易性自用物品 (3) 进出境船舶、航空器、列车汽车及其他运输工具	按物品报关(所有人或代理人办理)
进出境运输工具	境内承运海关监管货物、物品的运输工具	按运输工具报关(承运人或代理人办理)

(3) 海关管理的本质特征是依法行政。海关是国家行政管理机关,以国家的名义依法对进出境业务活动进行监督管理,其管理活动属于行政管理。海关管理的依据是相关的法律法规,它必须遵循法律所规定的条件、程序、方式和形式,在法律规定的范围内实施管理。

2. 海关管理制度

海关管理制度是指调整海关管理活动的全部法律规范的总称。这里的法律规范包含三个层次,即国家最高权力机关制定的《海关法》;由国务院根据《海关法》和其他法律而制定的行政法规。

海关管理制度主要包括海关统计制度、海关稽查制度、知识产权海关保护制度、海关行政处罚制度、海关事务担保制度等。

(1) 海关统计制度。海关统计是依法对进出口货物贸易的统计,是国民经济统计的组成部分。海关统计以实际进出口货物作为统计和分析的对象,通过收集、整理、加工处理进出口货物报关单或经海关核准的其他申报单证,对进出口货物的品种、数(重)量、价格、国别(地区)、经营单位、境外目的地、境内目的地、境内货源地、贸易方式、运输方式、关别等项目分别进行统计和综合分析,全面、准确地反映对外贸易的运行态势,及时提供统计信息和咨询。

统计调查、统计分析和统计监督是海关统计的基本职能;监测预警是海关统计决策服务和监督监测职能的进一步深化;编制、管理和公布海关统计资料是《中华人民共和国统计法》赋予统计工作的职责;统计服务体现了海关统计工作的职能定位。

(2) 海关稽查制度。海关稽查是海关在规定的期限内对被稽查人的会计账簿、会计凭证、报关单证及其他有关资料和有关进出口货物进行核查,监督被稽查人进出口活动的真实性和合法性。

海关稽查的对象有:① 从事对外贸易的企业、单位;② 从事保税加工业务的企业;③ 经营保税物流及仓储业务的企业、单位;④ 使用或经营减免税进口货物的企业;⑤ 报关企业。

海关对被稽查人实施稽查所涉及的进出口活动包括:① 进出口申报;② 进出口关税和其他税费的缴纳;③ 进出口许可证的交验;④ 与进出口货物有关资料的记载和保管;⑤ 保税货物的进口、使用、储存、加工、销售、运输、展示和复出口;⑥ 减免税进口货物的使用和管理;⑦ 其他进出口活动。海关通过常规稽查、专项稽查、验证稽查等稽查方式对上述稽查对象和活动进行稽查。

(3) 知识产权海关保护制度。知识产权是人们利用自己的知识,主要基于脑力劳动所创造的智力成果而依法享有的一种权利。知识产权海关保护制度是指海关依法禁止侵犯知识产权的货物进出口的措施,在世界贸易组织管辖的《与贸易有关的知识产权协定》中被称为知识产权的边境措施。

《与贸易有关的知识产权协定》将与贸易有关的知识产权范围确定为七部分,即著作权与邻接权、商标权、地理标志权、工业品外观设计权、专利权、集成电路图设计权、未披露信息专有权。

我国海关在知识产权海关保护的具体执法中分为"依职权保护"和"依申请保护"两种模式。依职权保护模式是以知识产权权利人将其知识产权向海关总署备案为前提。海关在对进出口货物实施监管的过程中发现货物涉嫌侵犯在海关总署备案的知识产权时,可主动终止货物的通关过程并立即书面通知知识产权权利人,并根据知识产权权利人的申请对侵权嫌疑货物实施扣留。依申请保护是指知识产权权利人在发现侵权嫌疑货物即将进出口时,根据《中华人民共和国知识产权海关保护条例》第十二、十三和十四条向海关提出采取保护措施的申请,由海关对侵权嫌疑货物实施扣留。

(4) 海关行政处罚制度。海关行政处罚是指海关根据法律授予的行政处罚权力,对公民、法人或者其他组织违反海关法律、行政法规,依法不追究刑事责任的走私行为和违反海关监管规定的行为,以及法律、行政法规规定由海关实施行政处罚的行为实施的一种行政制裁。

海关行政处罚的基本原则包括公正与公开原则、法定原则、处罚与教育相结合的原则、救济原则等。海关行政处罚主要对依法不追究刑事责任的走私行为、违反海关监管规定的行为进行处罚,处罚形式不一,主要有:① 警告;② 罚款;③ 没收走私货物、物品、运输工具及违法所得;④ 撤销报关等企业的注册登记,取消报关从业资格,暂停从事有关业务或者执业;⑤ 取缔未经注册登记和未取得报关从业资格而从事报关业务的企业与人员的有关活动。

(5) 海关事务担保制度。海关事务担保是指与海关管理有关的当事人在向海关申请从事特定的经营业务或办理特定的海关手续时,其本人或海关认可的第三人向海关提交保证金或实物,保证在一定期限内履行其承诺的义务的法律行为。

《海关法》第六十七条对担保主体资格做了规定,即具备履行海关事务担保能力的法人、其他组织或者公民可以成为担保人,法律规定不得为担保人的除外。这一规定包括了三层含义:一是担保人要具备履行海关事务的担保能力;二是担保人可以是法人、其他组织或者公民;三是法律规定不得为担保人的除外。

第三节 一般进出口货物的报关程序

一、一般进出口货物概述

1. 定义

一般进出口货物是一般进口货物和一般出口货物的合称,是指在进出境环节缴纳了应征的进出口税费并办结了所有必要的海关手续,海关放行后不再进行监督管理,可以直接进入生产和消费流通领域的进出口货物。其报关程序由进出口申报、配合检验、缴纳税费、提取或装运货物四个环节构成。

报关程序是指进出口货物的收发货人、进出境运输工具的负责人、进出境物品所有人或其代理人按照海关的规定，办理货物、运输工具、物品进出境及相关海关事务的手续和步骤。从海关方面来看，其业务程序是：接受申报→直验货物→征收关税→结关放行。从进出口货物收发货人方面来说，其相应的报关程序为：提出申报→配合查验→缴纳税费→提取货物或装运出口。

2. 一般进出口货物的申报

（1）申报地点。根据现行海关法规的规定，进出口货物的报关地点应遵循以下三个原则：① 进出境地原则。在正常情况下，进口货物应当由收货人或其代理人在货物的进境地向海关申报，并办理有关进口海关手续；出口货物应当由发货人或其代理人在货物的出境地向海关申报，并办理有关出口海关手续。② 转关运输原则。出于进出口货物的批量、性质、内在包装或其他一些原因，经收发货人或其代理人申请并征得海关同意，进口货物和出口货物均可以在设有海关的启运地办理有关进出口海关手续。这些货物的转关运输，应当符合海关监管要求，必要时海关可以派员押运。③ 指定地点原则。经电缆、管道或其他特殊方式输送进出境的货物，经营单位应当按海关的要求，定期向指定的海关申报并办理有关进出口海关手续。这些以特殊方式输送进出境的货物，输送路线长，往往需要跨越几个海关甚至几个省份，而且输送方式特殊，一般不会流失，有固定的计量工具，如电表、油表等。因此，上一级海关的综合管理部门协商指定由其中一个海关管理，经营单位或其代理人可直接与该海关联系申报。

（2）申报日期与期限。申报日期是指申报数据被海关接受的日期。① 在不使用电子数据报关、只提供纸质报关单申报的情况下，海关工作人员在报关单上做登记处理的日期，即为海关接受申报的日期。② 以电子数据报关单方式申报的，申报日期为海关计算机系统接受申报数据时记录的日期，该日期将反馈给原数据发送单位，或公布于海关业务现场，或通过公共信息系统发布。电子数据报关单经海关计算机检查被退回的，视为海关不接受申报，进出口货物收发货人或其代理人应当按要求修改后重新申报，申报日期为海关接受重新申报的日期。③ 海关已接受申报的报关单电子数据经人工审核后，需要对部分内容进行修改的，进出口货物收发货人或受委托的报关企业应当按海关规定进行修改并重新发送，申报日期仍为海关原接受申报的日期。

不论是以电子数据报关单方式还是以纸质报关单方式申报，海关以接受申报数据的日期为申报的日期。

申报期限是指货物运到口岸后，法律规定收发货人或其代理人向海关申报的时间限制。

（3）申报单证。准备好报关用的单证，是保证进出口货物顺利通关的基础。报关单位及其报关员必须在向海关申报进出口货物之前，认真准备好报关的必备单证。一般情况下，报关的必备单证可分为基本单证、特殊单证和预备单证。

根据海关规定，报关员填写的"进（出）口货物报关单"的式样为：① 一般贸易进出口货物，填写白色的报关单；② 进料加工的进出口货物，填写粉红色的报关单；③ 来料加工装配和补偿贸易的进出口货物,填写浅绿色的报关单;④ 外商投资企业的进出口货物,填写浅蓝色的报关单;⑤ 出口后需国内退税的货物,填写浅黄色的报关单。

一般进出口货物应填制报关单一式三联,俗称基本联,其中第一联为海关留存联,第二联为海关统计联,第三联为企业留存联。在已实行报关自动化系统、利用计算机报关进行数据录入的口岸报关,报关员只需填写一份报关单,交指定的预录入中心将数据输入计算机。在其他方式下,按贸易方式的不同填制不同份数的报关单:①来料加工和进料加工贸易货物,进口货物打印四联,除基本联外,第四联为海关核销联;出口货物收汇的,打印五联,除基本联外,第四联为海关核销联,第五联为出口收汇核销联。②其他贸易货物、进口不需付汇的,打印基本联;进口需付汇的,打印四联,除基本联外,第四联为退税联或出口收汇核销联。不需退税或出口收汇的,打印基本联;需退税或出口收汇的,打印四联,除基本联外,第四联为退税联或出口收汇核销联。

(4)滞报金。进口货物收货人未按规定期限向海关申报而产生滞报的,由海关按规定征收滞报金。

滞报金的计算与征收。进口货物滞报金应按日计征,以运输工具申报进境之日起第15日为起征日,以海关接受申报之日为截止日,起征日和截止日均计入滞报期间。

进口货物自运输工具申报进境之日起超过3个月还没有向海关申报,其进口货物由海关提取变卖处理的,其滞报金的征收,以运输工具申报进境之日起第15日为起始日,以该3个月的最后一日为截止日。

转关运输货物在进境地申报的,以载运进口货物的运输工具申报进境之日起第15日为起征日;在指运地申报的,以自货物运抵指运地之日起第15日为起征日。

进口货物收货人向海关传送报关单电子数据申报后,未在规定期限或核准的期限内递交纸质报关单的,海关予以撤销电子数据报关单处理,进口货物收货人重新向海关申报,由此产生滞报的,以运输工具申报进境之日起第15日为起征日,以海关重新接受申报之日为截止日。

进口货物收货人申报并经海关依法审核,必须撤销原电子数据报关单并重新申报而产生滞报的,经进口货物收货人申请并经海关审核同意,滞报金的征收,以撤销原电子数据报关单之日起第15日为起征日,以海关重新接受申报之日为截止日。

滞报金的日征收金额为进口货物完税价格的0.5‰,以人民币"元"为计征单位,不足人民币1元的部分免于计征。

征收滞报金的计算公式为:

滞报金金额=进口货物完税价格×0.5‰×滞报期间(滞报天数)。

滞报金的起征额为人民币50元,不足50元的可以免征。

"海关滞报缴款通知"如附件8-1所示。

附件 8-1

```
                    _____海关滞报缴款通知
                                                    编号：
_____公司：
      你公司于_____年_____月_____日在我关报关进口的_____,报关单
号_____,已滞报_____天,产生滞报金_____元人民币。请你公司收到此通
知后,速到海关办理缴纳滞报金手续。
                                            经办人：
                                            中华人民共和国_____海关(印章)
                                                    年    月    日

                          第一联:企业存留

                    _____海关滞报缴款通知
                                                    编号：
_____公司：
      你公司于_____年_____月_____日在我关报关进口的_____,报关单
号_____,已滞报_____天,产生滞报金_____元人民币。请你公司收到此通
知后,速到海关办理缴纳滞报金手续。
                                            经办人：
                                            中华人民共和国_____海关(印章)
                                                    年    月    日

      兹收到报关单编号为_____的《_____海关滞报金缴纳通知》(编号
_____)正本一份。
                                            签收单位：
                                            签 收 人：
                                            日    期：

                          第二联:海关存留
```

3. 一般进出口货物的申报步骤

(1) 进口需接到进口提货通知,出口需备齐出口货物。进口货物的收货人或代理人接到运输单位寄交的"提货通知单",即表示欲进口的货物已经到达港口、机场、车站或其他运输地点,收货人应当立即准备向海关办理报关手续,或委托报关企业向海关申请办理报关手续。

(2) 办理委托报关手续。需要委托报关企业向海关办理申报手续的,在货物进口或出口之前,应在进出口口岸向报关企业办理委托报关手续。报关企业凭委托方的报关委托书或报关委托协议接受报关委托。进出口货物收发货人应当向报关企业提供所委托报关事项的真实情况。报关企业接受进出口收发货人的委托,在办理报关手续时,应当对委托人所提供情况的真实性、完整性进行合理审查。代理报关委托书、委托报关协议分别如附件 8-2 和附件 8-3 所示。

附件 8-2

代理报关委托书

编号：

我单位现＿＿＿＿＿＿（A. 逐票 B. 长期）委托＿＿＿＿＿＿＿＿＿＿公司代理＿＿＿＿＿＿＿（A. 填单申报 B. 辅助查看 C. 垫缴税款 D. 办理海关证明联 E. 审批手册 F. 核销手册 G. 申办减免税手续 H. 其他）等通关事宜。详见委托报关协议。

我单位保证遵守《海关法》和国家有关规定，保证所提供的情况真实、完整、单货相符。否则，愿承担相关法律责任。

本委托书有效期自签字之日起至＿＿＿＿＿＿年＿＿＿＿月＿＿＿＿日止。

委托方(盖章)：

法定代表人或其授权签署代理报关委托书的人(签字)：

年　月　日

附件 8-3

委托报关协议

为了明确委托报关具体事项和各自责任，双方经平等协商签订如下：

委托方		被委托方		
主要货物名称		*报关单编码	NO.	
HS 编码		收到单证日期	年　月　日	
货物总价		收到单证情况	合同□	发票□
进出口日期			装箱清单□	提(运)单□
提单号			加工贸易手册□	许可证单□
贸易方式			其他	
原产地/货源地		报关收费	人民币：	元
其他要求		承诺说明：		
背面所列通用条款是本协议不可分割的一部分，对本协议的签署构成对背面所列通用条款的同意。		背面所列通用条款是本协议不可分割的一部分，对本协议的签署构成了对背面通用条款的同意。		
委托方业务签章： 经办人： 联系电话： 年　月　日		被委托方业务签章： 经办报关员签章： 联系电话： 年　月　日		

（白联：海关存留；黄联：被委托方存留；红联：委托方留存）　　　　中国报关协会监制

（3）准备申报单证。申报单证可以分为报关单和随附单证两大类。报关单是报关员按照海关规定格式填制的申报单，包括进出口货物报关单和带有进出口货物报关单性质的单证。随附单证包括基本单证和特殊单证。

"进(出)口货物报关单"是进出口货物的收发货人、报关企业向海关递交的申报货物情况的法律文书,是海关依法监管货物进出口的重要凭证。报关单位必须如实、认真地填写,并对报关单的真实性、合法性负责,承担相应的法律和经济责任。

(4)申报前看货取样。进口货物的收货人在向海关申报前,为了确定货物的品名、规格、型号等,可向海关提出查看货物或提取货样的书面申请。海关审核同意的,派员到场监管。

(5)向海关申报。

第一,电子数据申报。进出口货物收发货人或其代理人可以通过终端申报方式、委托EDI方式、自行EDI方式、网上申报方式四种电子申报方式中的一种,将报关单内容录入海关计算机系统,生成电子数据报关单。进出口货物收发货人或其代理人收到海关发送的"接受申报"报文和"现场交单"或"放行交单"通知后,即表示电子申报成功;否则,其应修改报关单内容后重新申报。

第二,提交纸质报关单及随附单证。海关审结电子数据报关单后,进出口货物收发货人或其代理人应当自接到海关"现场交单"或"放行交单"通知之日起10日内,持打印的纸质报关单并备齐规定的随附单证,到货物所在地海关提交书面单证,办理相关海关手续。

第三,修改申报内容或撤销申报。海关接受进出口货物申报后,电子数据和纸质的进出口货物报关单不得修改或撤销;确有正当理由的,经进出口货物收发货人或其代理人向原接受申报的海关提出申请、海关审核批准的,可以修改或撤销。

二、一般进出口货物查验

进出口货物查验简称查验,是指海关为确定进出口货物收发货人向海关申报的内容是否与进出口货物的真实情况相符,或者为确定商品的归类、价格、原产地等,依法对进出口货物进行实际核查的执法行为。查验是国家赋予海关的一种依法行政的权力。除海关总署特准可以免验的以外,进出口货物都应接受海关的查验。

1. 查验地点

海关查验货物应当在海关监管区内实施,即在进出口口岸码头、站、机场、邮局或海关的其他监管场所进行。因货物易受温度、静电、粉尘等自然因素影响,不宜在海关监管区内实施查验的,或有其他特殊原因而需要在海关监管区外查验的,经进出口货物收发货人或其代理人书面申请,海关可以派员到海关监管区外实施查验,进出口货物收发货人或其代理人应当按照规定向海关缴纳规费。

2. 查验方法

(1)按照查验程度,海关查验可以分为彻底查验和抽查。彻底查验是指对一票货物逐件开拆包装、验核货物实际状况的查验方法;抽查是指按照一定比例有选择地对一票货物中的部分货物验核实际状况的查验方法。

(2)按照操作方式,海关查验可以分为人工查验和机检查验。① 人工查验包括外形查验和开箱查验。外形查验是指对外部特征直观、易于判断基本属性的货物的包装、唛头和外观等状况进行验核;开箱查验是指将货物从集装箱、货柜车厢等箱体中取出并拆除外包装后,对货物实际状况进行验核。② 机检查验是指以利用技术检查设备为主,对货物实际状况进行验核。海关可以根据货物情况和实际执法需要,确定具体的查验方式。

3. 被查验货物损坏的赔偿

海关查验进出口货物造成损坏时,进出口货物的收发货人或其代理人可以要求海关予以赔偿。

(1) 赔偿的范围。按《海关法》第九十四条规定:"海关在查验进出境货物、物品时,损坏被查验的货物、物品的,应当赔偿实际损失。"这里所说的"实际损失"是指:"由于海关官员的责任造成被查验货物、物品损坏的,海关应该依照本办法的规定赔偿当事人的直接经济损失。"赔偿直接经济损失的金额,根据被损坏的货物、物品或其他部件受损程度或修理费用确定,必要时可凭公证机构出具的鉴定证明确定。

(2) 不予赔偿的范围。在下述情况下,海关对被查验货物造成的损失不予赔偿:① 由于收发货人或其代理人搬移、开拆、重封包装或保管不善造成的损失;② 易腐及易失效货物、物品在海关正常工作程序所需时间(含扣留或代保管期间)内发生的变质或失效,当事人未事先向海关声明的;③ 海关正常检查产生的不可避免的磨损;④ 在海关查验之前已发生的损坏和在海关查验之后发生的损坏;⑤ 因不可抗力而造成货物、物品的毁坏和损失。

(3) 海关赔偿的程序和方式。若海关关员在查验货物、物品时,损坏被查验的货物、物品,应如实填写"中华人民共和国海关查验货物、物品损坏报告书"(以下简称"损坏报告书")一式两份,由查验人员和当事人双方签字,一份交当事人,一份留海关存查。海关依法进行开验、复验或者提取货样,应会同有关货物、物品保管人共同进行;如造成货物、物品损坏,查验人员应请在场的报关人员作为见证人在"损坏报告书"上签字,并及时通知货主。

进出口货物的收发货人或其代理人在收到"损坏报告书"后,可与海关共同协商确定货物、物品的受损程度。受损程度确定后,以海关审定的完税价格为基数确定赔偿金额。报关人和海关对赔偿金额有争议的,可向法院起诉,由法院裁定和判决赔偿金额。

赔偿金额确定后,由海关填发"中华人民共和国海关损坏货物、物品赔偿通知单"(以下简称"通知单"),报关人自收到"通知单"之日起 3 个月内凭"通知单"向海关领取赔款,或将银行账号通知海关划拨,逾期海关不予赔偿,赔款一律用人民币支付。海关查验货物、物品后交给货主时,货主如没有提出异议则视为货物、物品完好无损,以后发现损坏的,海关不负赔偿责任。

赔偿的方式通常有金钱赔偿、恢复原状、返还原物,以及消除影响、恢复名誉和赔礼道歉等。

三、一般进出口货物的放行

一般进出口货物的放行是指进出口货物在办结向海关申报、接受查验、缴纳税费等手续后,由海关在货运单据上签印放行。进出口货物的收发货人或其代理人凭海关签印放行的货运单据提取进口货物或将出口货物装至运输工具并运离出境。一般进出口货物放行的手续为:海关进出境现场放行→货物结关→提取货物或装运货物→签发报关单证明联。

海关放行的基本形式有三种:征税放行、海关事务担保放行、信任放行。

1. 征税放行

进出口货物在取得海关放行前,如属应税货物,应由海关的税收部门按照《中华人民共和国关税条例》和《中华人民共和国进出口税则》的规定,对进出口货物征收有关关税和代征税后,签印放行。

2. 海关事务担保放行

这是当事人申请提前放行货物的担保。在货物进出境通关的过程中,海关对报关人的申报提出质疑或确认报关人申报需补充相关单证,报关人无法在短期内满足海关要求但需要海关先行放行货物时,可向海关提出担保申请,提供与应纳税款相适应的担保,海关据此可以先行放行货物。担保放行主要有下列情形:① 进出口货物的商品归类存在争议的,等待海关归类部门的归类结果;② 进出口商品的完税价格存在争议的,报关人需提供成交价格证明或与海关进行价格磋商;③ 原产地尚未确定;④ 有效报关单证尚未提供的,如需发货人提供货物成分、含量说明等。国家对进出境货物有限定性规定、应当提供许可证而不能提供的,以及法律法规规定不得担保放行的其他货物,海关不得办理担保放行。

3. 信任放行

信任放行是海关为适应外向型经济发展的需要,在有效监管的前提下,对监管模式进行改革的一项措施。海关根据进出口企业的通关信誉、管理水平等因素对其进行评估分类。对被海关确认为高信用的各类企业给予通关便利,采取集中报关、预先报关、信任放行等优惠措施,这些企业的进出口货物在口岸进出口时被径直放行,事后一定时期内通过分批或集中定期纳税来完备海关手续。

四、海关通关作业模式

海关近年来推出了一系列的监管创新,在借助信息化技术和手段的基础上,海关提出了区域通关一体化的监管机制,实行了"属地申报,口岸验放""属地申报,属地放行"等简化通关作业程序的做法。

电子报关是指进出口货物的收发货人或其代理人,按照《中华人民共和国海关进出口货物报关单填制规范》(以下简称《规范》)的有关要求,向海关传送报关单电子数据,并备齐随附单证的申报方式。

一般情况下,进出口货物收发货人或其代理人应当采用纸质报关单和电子数据报关单形式向海关申报;某些特殊情况下,进出口货物收发货人或其代理人可以单独使用纸质报关单向海关申报;特定条件下,进出口货物收发货人或其代理人可以单独使用电子数据报关单向海关申报。

电子申报一般通过终端申报、EDI申报、网上申报等方式进行。

五、区域通关一体化

区域通关一体化是指在充分尊重市场和物流规律的基础上,各海关打破关区界限,建立区域通关中心,打造统一的申报平台、风险防控平台、专业审单平台和现场作业平台,形成"一个中心,四个平台"的区域通关一体化专业架构,进一步提升贸易便利化水平,实现区域内企业自主选择申报纳税和验放地点,实现区域内海关高效统一执法和全程对接服务,有力推动区域经济的全面协调发展。

区域通关一体化作业模式如下:

(1)"属地申报,口岸验放"模式。该模式是指符合海关规定条件的守法水平较高的企业,在进出口货物时,可以自主选择向属地海关申报,并在口岸海关办理货物验放手续的通关模式。

(2)"属地申报,属地放行"模式。该模式是指符合海关规定条件的高资信企业在进出口货物时,可以自主选择向属地海关申报,并在属地海关办理货物放行手续。

(3)通关作业无纸化。它是指海关运用信息化技术改变海关验核进出口企业递交的纸质报关单及随附单证的做法,直接对企业通过中国电子口岸录入申报的报关单及随附单证的电子数据进行无纸审核、验放处理。

第四节 保税进出口货物的报关程序

一、保税货物的报关

保税货物报关的基本程序是:备案申请保税→进出境报关→报核申请结关。

1. 备案申请保税(前期阶段)

保税货物进口前,经营保税货物的单位向海关提出将要进口货物的保证申请,只有海关给予批准,所进口货物才能保税。这有利于海关对企业申请进口的保税货物进行审核、备案,便于海关今后的监管和统计。

2. 进出境报关(中期阶段)

所有经海关核准保税的货物在进出境时,都必须和其他货物一样,进入进出境报关阶段。一般进出口货物的进出境报关阶段包括四个环节:申报→配合查验→缴纳关税→海关放行。

3. 报核申请结关(后期阶段)

根据企业在海关的备案,当加工合同完成后或存储货物复运出境后,企业向海关申请对进口的保税货物进行核销结关。

保税货物的报关与一般进出口货物不同,它不是在某一时间内办了进口或出口手续后就完成了报关,而是要办理进境、储存或加工、复运出境全过程的各种海关手续,才真正完成了保税货物的报关。

二、保税加工货物的报关

随着国际产业分工的细化和产业转移的推进,一件最终产品的各个环节在空间上日益分离,导致国际贸易中完全由一国生产的工业制成品越来越少,加工贸易成为国际贸易的主要方式。

保税加工货物是指经海关批准未办理纳税手续进境,在境内加工、装配后复运出境的货物,通常又称加工贸易保税货物。保税加工货物包括:① 专为加工、装配出口产品而从国外进口且海关准予保税的原材料、零部件、元器件、包装物料、辅助材料等(简称料件);② 用进口保税料件生产的成品、半成品;③ 在保税加工生产过程中产生的副产品、残次品、边角料和剩余料件。

电子化手册管理模式下报关的基本程序是:商务审批→合同备案→进出口报关→合同报核。

1. 商务审批

加工贸易业务须经商务主管部门审批才能进入海关备案程序。审批内容包括加工贸易合同和加工贸易经营范围。

加工贸易经营企业到商务主管部门办理合同审批及加工贸易企业与海关联网监管的申请手续。经审批后,凭商务主管部门出具的"加工贸易业务批准证书""加工贸易企业经营状况和生产能力证明"及商务主管部门审批同意的加工贸易合同到海关备案,并建立电子账册、电子化手册。

2. 合同备案

加工贸易合同备案是指加工贸易企业持合法的加工贸易合同到主管海关备案,申请保税并建立加工贸易电子化手册或其他准予备案的凭证的行为。合同备案的一般步骤为:合同审批→合同备案→开设台账→核发手册。具体来看:① 将合同相关内容预录入与主管海关联网的计算机系统。② 由海关审核确定是否准予备案。准予备案的,由海关确定是否需要开设加工贸易银行保证金台账。③ 需要办理开设台账手续的,应向银行(中国银行、中国工商银行)办理台账保证金专用账户设立手续。已设立台账保证金专用账户的企业,凭"海关注册登记证明"向银行进行一次性备案登记。④ 不需要开设台账的,直接向海关领取加工贸易手册或其他备案凭证。

3. 进出口报关

电子化手册管理模式下的保税加工货物报关,适用进出口报关阶段程序,包括进出境货物报关、深加工结转货物报关和其他保税加工货物报关。

(1) 进出境货物报关。保税加工货物进出境由加工贸易经营单位或其代理人凭电子化手册编号或持有其他准予合同备案的凭证向海关申报。加工贸易保税货物进出口报关与其他货物进出口一样,也要经过申报→配合检验→缴纳税费→提取货物或装运货物各个环节。

(2) 深加工结转货物报关。该程序要经过计划备案→收发货登记→结转报关三个环节。

(3) 其他保税加工货物报关。其他保税加工货物是指生产过程中产生的剩余料件、边角料、残次品、副产品、受灾保税货物,以及经批准不再出口的成品、半成品和料件等。

4. 合同报核

合同报核是指加工贸易经营企业加工复出口并对未出口的货物办理有关海关手续后,凭规定单证向海关申请解除监管,经海关审查核实符合海关规定的,予以办理解除监管手续的海关行政许可事项。报核凭证包括:① 企业合同核销申请表;② 进出口货物报关单;③ 核销核算表;④ 其他海关需要的材料。

基本报核步骤:① 整理单据。合同履约后,应及时收集、整理与核对登记手册和报关单。② 计算单耗。根据有关账册记录、生产工艺资料等计算此合同的实际单耗,并填写核销核算表(与备案单耗不一致的,应在最后一批成品出口前进行更正)。③ 填核销预录入申请单,办理预录入手续。④ 携带所有报核的单证到主管海关报核,并填写报核签收回联单。

三、出口加工区进出货物报关程序

出口加工区是经国务院批准在中华人民共和国境内设立的、由海关对保税加工进出口货物进行封闭式监管的特定区域。

出口加工区内企业在进出境货物前,应向出口加工区主管海关申请设立电子账册,包括"加工贸易电子账册"(H账册)和"企业设备电子账册"。企业凭经海关审核通过的电子账册办理进出境和进出区货物报关手续。

(1) 出口加工区与境外之间进出货物报关实行备案制,由货主或其代理人填写"出口加工区进(出)境货物备案清单",向主管海关备案。对于跨关区进出境的出口加工区货物,一般按转关运输中的直转方式办理转关,但下列情况可不按转关运输方式办理:① 出口加工区内企业跨关区进口车辆、邮递物品、个人随身携带物品;② 从保税区或保税仓库提取货物进区;③ 在异地口岸拼箱出口货物出区等。

(2) 对于同一关区内的出口加工区进出境货物、一般按直通式报关。

① 进境。货物到港后,收货人或其代理人向口岸海关录入转关申报数据,并持"进口转关货物申报单""汽车载货登记簿",向口岸海关物流监控部门办理转关手续,口岸海关审核同意企业转关申请后,向出口加工区海关发送转关申报电子数据,并对运输车辆进行加封。

货物运抵出口加工区后,收货人或其代理人向出口加工区海关办理转关核销手续,出口加工区海关物流监控部门核销"汽车载货登记簿",并向口岸海关发送转关核销电子回执;同时,收货人或其代理人录入"出口加工区进境货物备案清单",并凭运单、发票、装箱单、电子账册编号,法定商检商品和国家另有规定的还须凭检验检疫机构出具的"入境货物报关单"以及有关许可证件等单证,向出口加区海关办理进境备案报关手续;出口加工区海关审核有关报关单证,确定是否查验,对不需要查验的货物予以放行;对需要查验的货物,由海关实施验货后,再办理放行手续。出口加工区海关向区内企业签发有关备案清单证明联。

② 出境。发货人或其代理人录入"出口加工区出境货物备案清单",凭运单、发票、装箱单、电子账册编号等单证,向出口加工区海关办理出境备案申报;在出口加工区海关办理出关申报数据,并持"出口加工区出境货物备案清单""汽车载货登记簿",向出口加工区海关物流监管部门办理出转关手续,出口加工区海关审核同意企业转关申请后,向口岸海关发送转关申报电子数据,并对运输车辆进行加封。

货物运抵出境地海关后,发货人或其代理人向出境地海关办理转关核销手续,出境地海关核销"汽车载货登记簿",并向出口加区海关发送转关核销电子回执;货物实际离境后,出境地海关核销载货清单(通称舱单),并反馈出口加工区海关,出口加工区海关凭以签发备案清单证明联。

第五节　其他进出口货物的报关程序

一、减免税货物的报关

减免税货物是指海关根据国家政策规定准予减免税进境,并使用于特定地区、特定企业、特定用途的进口货物。其中,特定地区是指我国关境内由行政法规规定的特别限定区域,包括保税区、出口加工区;特定企业是指由国务院行政法规专门规定的企业,包括外商投资企业;特定用途是指国家规定可以享受减免税优惠的进出口货物,只能用于行政法规专门规定的用途,包括国家鼓励发展的内外资项目、科教用品。特定地区、特定企业、特定用途三个条件不必同时满足,只需满足其中一个条件即可,由于减免税货物有地区、企业和用途的限制,海关应当对其进行后续管理。

减免税货物的报关程序包括三个阶段:货物进口前的减免税申请、进出境报关、申请解除海关监管。

1. 货物进口前的减免税申请

"进出口货物征免税证明"是货物进口时申报按减免税方式报关的基本凭证。

(1)保税区减免税货物进口申请的程序为:备案登记→申领"进出口货物征免税证明"→核发"进出口货物征免税证明"。

(2)出口加工区减免税货物进口申请的程序为:备案登记→建立企业设备电子账册→海关在电子账册中进行登记。

2. 进出境报关

在减免税货物运抵口岸后,收货人或其代理人应向海关办理进口报关手续。减免税货物与一般进出口货物的报关程序基本一致,由进口申报、陪同查验、缴纳税费和提取货物四个环节构成。

3. 申请解除海关监管

(1)监管期限届满申请解除海关监管。减免税货物限于特定地区、特定企业、特定用途,一般情况下解除海关监管的前提条件是减免税货物监管期限届满,经有关企业的申请,海关核准后核发"减免税货物解除监管证明"。至此,减免税货物办结全部海关手续,海关解除对货物的监管。

(2)监管期限未届满申请解除海关监管。减免税货物在监管期限内要求在国内销售、转让、放弃或退运境外的,应视不同情况,到海关办理相应手续方可解除海关监管。

(3)破产清算时,企业减免税货物的处理。在企业进入破产清算程序时,对于还处在海关监管期内的减免税货物,企业应首先向主管海关申请,经主管海关同意并缴纳应纳税费获得解除监管证明,然后才能够处理该货物。当初未申领许可证的,凭人民法院的判决或仲裁机关的仲裁证明,可以免于补办进口许可证,按规定补缴税款后,海关即可签发该货物解除监管证明。

二、暂时进出口货物的报关

（1）暂时进口货物的进境申报。暂时进口货物进境时应持填好的"进口货物报关单"向入境地海关申报，并提交主管部门暂时进境的批准文件、商业及货运单据，按海关规定缴纳保证金或提供担保。海关审核相关申报单证无误后验放货物。海关应将一份进口报关单退交申报人作为今后货物复运出境的依据，同时留存一份进口报关单和货物清单备案。

（2）暂时进口货物的复运出境。暂时进口货物在复运出境时，申报人应填写"出口货物报关单"向出境地海关申报，并提供原进口时的货物报关单和货物清单。海关审核后验放货物出境。海关将一份出口报关单退交申报人，申报人凭此向原进境地海关办理销案手续，而后海关退还保证金。

（3）暂时出口货物的出境申报及复运进境。暂时出口货物出境时应向海关提交出口报关单、主管部门的暂时出境批准文件、商业及货运单据等向出境地海关申报。需征出口税的，应按海关规定缴纳保证金或提供担保。

三、进口转关运输货物的报关

1. 提前报关转关

（1）进口货物收货人或其代理人在进境地海关办理进口货物转关手续前，在指运地海关填报录入"进口货物报关单"电子数据进行申报。指运地海关提前受理电子申报后，计算机自动生成、打印"进口转关货物申报单"，并传输至进境地海关。

（2）货主在申报电子数据后，5日内持必要单据和"进口转关货物申报单"编号向进境地海关申请办理转关手续，逾期未办理的，指运地海关撤销已录入的电子数据。需提交的单据有"进口转关货物核放单"（广东省内公路运输的出境汽车应报交"进境汽车载货清单"）、承运人资格证明（"汽车载货登记簿"或"船舶监管簿"）及提货单。

（3）进境地海关办理相关手续，并对装有相关货物的集装箱或运输工具施加海关关锁、在"汽车载货登记簿"或"船舶监管簿"上批注签章，对转关货物执行实际放行。

（4）货物运抵指运地海关监管场所后，指运地海关验核货物并向进境地海关发送转关货物的核销回执。

（5）货主向指运地海关提交纸质的报关单及其他单据，按照正常的报关程序报关。

2. 直接转关

（1）货物的收货人或其代理人自运输工具申报进境之日起14日内，在进境地海关录入转关申报数据，持有关单证直接办理转关手续。需提交的单据有"进口转关货物申报单"、承运人资格证明（"汽车载货登记簿"或"船舶监管簿"）及提货单。

（2）在海关指定的时间内运抵指运地，自货物到达指运地之日起14日内，进口货物的收货人或其代理人向指运地海关办理申报，逾期按规定缴纳滞报金。指运地海关办理进口手续后，按规定向进境地海关退寄回执。

3. 中转转关

中转转关也是进口货物提前在指运地报关后,再由承运人办理转关。

(1) 具有全程提运单、需换装境内运输工具的进口中转转关货物,其收货人或其代理人向指运地海关办理进口报关手续。

(2) 由境内承运人或其代理人在5日内向进境地海关提交单据,批量办理转关手续。需提交的单据有"进口转关货物申报单""进口货物中转通知书",以及按指运目的港分列的运输工具纸质舱单(空运方式提交联程舱单)。

四、无代价抵偿进口货物的报关

无代价抵偿进口货物又称索赔进口货物,是指进口货物在征税或免税放行后,发现货物有残损、短少或品质不良、规格不符等问题,而由承运人、发货人或保险公司免费补偿或更换的同类货物。

无代价抵偿货物进口时,原进口单位或代理人应填写"进口货物报关单",向进境地海关申报,并提供下列单证:① 原"进口货物报关单";② 原进口货物税款缴纳证明或"进出口货物免税证明";③ 进出口商检机构出具的原进口货物残损、短少或品质不良、规格不符的检验证明,以及买卖双方的索赔协议或其他有关证明;④ 原进口货物退运出境的出口货物报关单或交由海关处理的货物放弃处理证明等。进境地海关审核无误后,按无代价抵偿进口货物管理规定予以征税或免税,验放有关货物。

五、展览品的报关

1. 进出境展览品的范围

进出境展览品包括:在展览会中展示或示范用的货物、物品,为示范所展出的机器或器具所需的物品,展览者设置临时展台的建筑材料及装饰材料,供展览品做示范宣传的电影片、幻灯片、录像带、说明书和广告等。

展览品属海关同意的暂时进口货物,进口时免交进口关税和其他税费、免领进口许可证,必须复运出境。出境展览的,须提供担保;属敏感物项的,须提供许可证。

以下货物虽然在展览活动中使用,但不按进口展览品对待:① 展览会期间出售的小卖品,属于一般进出口货物范围;② 展览会期间使用的含酒精饮料、烟叶制品、燃料,虽然不按一般进出口货物管理,但海关对这些商品一律征收关税;③ 属于参展商随身携带进境的含酒精饮料、烟叶制品,按进境旅客携带物品的有关规定管理。

2. 展览品的进出境申报

(1) 进境申报。① 举办国际展览会,在展览品进境20个工作日前,由展览会主办单位或参展单位持批准文件连同展览品清单或有关部门备案证明等相关单证一起送展出地海关办理登记备案手续,并提供担保。② 进境展览品由主办单位或其代理人在展出地海关申报进口;从非展出地进口的,以转关运输方式运至展出地海关报关。③ 展览品涉及检验检疫、知识产权管制的,应提供相关许可证。④ 海关一般在展览会举办地对展品开箱检查,海关查验时,展览品所有人或其代理人应当到场。⑤ 展览品在开箱进展馆前应通知海关,未经海关许可,不得开箱。

(2) 出境申报。① 展览品出境在境外展览，由参展单位向出境地海关提交国家主管部门的批准文件展览品清单一式两份报关。② 属于应征出口税的，向海关缴纳相当于税款的保证金。③ 属于核用品、核两用品及相关技术的出口管制商品，提交出口许可证。小卖品、展卖品，按一般出口货物申报；属于许可证管理的，提交出口许可证。海关对出境展览品开箱查验核对后，将一份清单封入"关封"交还申报人，申报人凭此办理展览品复运进境申报手续。展览品的暂准进出境期限为6个月，即自展览品进出境之日起6个月内复运进(出)境，延长期限不超过6个月。

3. 展览品的核销阶段

(1) 复运进出境展览品的暂准进出境期限届满，展览品所有人或其代理人应将展览品复运进出境，凭海关签发的报关单证明联到海关办理核销手续并取回保证金。

(2) 转为正式进出口。进境展览品在展览期间被购买的，由展览会主办单位或其代理人向海关办理进口申报、纳税手续，属许可证管理的还应提交许可证。出境展览品在境外参加展览会后被销售的，由海关核对展览品清单后要求有关主体补办正式出口手续。

(3) 展览品放弃或赠送。展览品放弃给海关的，海关把展览品变卖后将所得上交国库。受赠人应当根据进口礼品或经贸往来赠送品的相关规定向海关办理进口展览品赠送手续。

(4) 展览品损坏、丢失、被窃。展览品毁坏的，海关根据毁坏程度估价征税；因不可抗力造成损毁或灭失的，海关核准后，视同该货物已经复运进出境，减征或免征进口税；展览品丢失或被窃，海关按进口同类货物征税，凭公安部部门的证明，可不再交验许可证。

六、集装箱箱体的报关

1. 暂时进出境集装箱的报关

(1) 境内生产的集装箱及我国运营人购买进口的集装箱投入国际运输前，运营人应当向其所在地海关办理登记手续。无论是否装载货物，海关准予暂时进境和异地出境，运营人或其代理人无须对箱体单独向海关办理报关手续，进出境时也不受规定期限的限制。

(2) 对从事国际贸易运输而暂时进境的外国集装箱（包括租借使用的），海关视同暂时进口货物管理。境外集装箱箱体暂时进境，无论是否装载货物，承运人或其代理人应当对箱体单独填写"进口货物报关单"，向进境地海关申报进境集装箱的数量、尺寸、箱号等，并提供海关认可的担保。暂时进境集装箱复运出境时，不论装货与否，承运人或其代理人应当对箱体单独填写"出口货物报关单"，向出境地海关申报出境集装箱的数量、尺寸、箱号等，出境地海关核实后，将一份"出口货物报关单"退交申报人，申报人凭此向原进境地海关办理核销手续并取回保证金。

2. 暂时进出境集装箱的海关监管

(1) 暂时进境集装箱应当于入境之日起6个月内复运出境。因特殊情况不能复运出境的，向暂时进境的海关提出延期申请，经海关核准后可以延期，但延期不得超过3个月。

(2) 暂时进境集装箱在规定期限内不能复运出境的，应按进口集装箱向海关办理进口报关手续，并缴纳进口税费。

(3) 进出境集装箱的承运人、保管人应将集装箱存放在海关同意的场所，并负责保护集装箱封志的完整。未经海关同意,不得擅自开启封志,装入或取出货物。

第六节　进出口货物报关单的填制

中华人民共和国海关进口货物报关单和中华人民共和国海关出口货物报关单如下。

中华人民共和国海关进口货物报关单

预录入编号：　　　　　　　海关编号：

进口口岸		备案号		进口日期		申报日期	
经营单位		运输方式		运输工具名称		提运单号	
收货单位		贸易方式		征免性质		征税比例	
许可证号		起运国(地区)		装货港		境内目的地	
批准文件		成交方式		运费		保费		杂费	
合同协议号		件数		包装种类		毛重(公斤)		净重(公斤)	
集装箱号		随附单据			用途			
标号唛码及备注							
项号	商品编号	商品名称、规格型号	数量及单位	原产地(地区)	单价	总价	币制	征免
税费征收情况								
录入员　　　录入单位	兹声明以上申报无讹并承担法律责任	海关审单批注及放行日期(签章)	
		审单	审价
报关员	申报单位(盖章)	征税	统计
单位地址			
		查验	放行
邮编　　　　电话	填制日期		

中华人民共和国海关出口货物报关单

预录入编号：　　　　　　　海关编号：

出口口岸		备案号		出口日期		申报日期	
经营单位		运输方式		运输工具名称		提运单号	
收货单位		贸易方式		征免性质		结汇方式	
许可证号		运抵国(地区)		指运港		境内货源地	
批准文件		成交方式		运费		保费	杂费
合同协议号		件数		包装种类		毛重(公斤)	净重(公斤)
集装箱号		随附单据				生产厂家	
标号唛码及备注							
项号	商品编号	商品名称、规格型号	数量及单位	最终目的国(地区)	单价	总价	币制	征免
税费征收情况								
录入员　　录入单位	兹声明以上申报无讹并承担法律责任	海关审单批注及放行日期(签章)	
		审单	审价
报关员	申报单位(盖章)	征税	统计
单位地址		查验	放行
邮编　　电话	填制日期		

一、报关单填制的一般要求

进出口货物报关单是向海关报告进出口货物情况，申请海关审查、放行货物的法律文书，在对外经济贸易活动中具有十分重要的法律地位。它既是海关监管、征税、统计以及开展稽查和调查的重要依据，也是加工贸易进出口货物核销、出口退税和外汇管理的重要凭证，又是海关处理走私、违规案件，以及税务、外汇管理部门查处骗税和套汇犯罪活动的重要书证。报关单填写的质量如何，直接关系到报关效率、企业的经济效益和海关的征、减、免、验、防等工作环节。因此，填写进出口货物报关单时，要注意以下几点：

(1) 报关单的填报必须真实，不得出现差错，更不能伪报、瞒报及虚报。要做到两个相符：一是单证相符，即报关单与合同、批文、发票、装箱单等相符；二是单货相符，即报关单中所报内容与实际进出口货物情况相符。

(2) 报关单填报要准确、齐全，字尽可能大。如用笔写，字迹要清楚、整洁，不可用铅笔和红墨水。若有更改，则必须在更改项目上加盖校对章。

(3) 不同合同、不同运输工具名称、不同征免性质、不同许可证号的货物，不能填在同一份报关单上。同一张报关单上可以允许填写不超过五项海关统计商品编号的货物，但应逐项填报清楚。

(4) 不同贸易方式的货物，须用不同颜色的报关单填报。

(5) 报关单有关项目有海关规定的统计代码时，除了填写有关项目，还应填写有关项目的海关统计代码。这是实行报关自动化而必须填写的。

(6) 预录入报关单与手工报关单具有同等的法律效力，报关员在报关单上签字盖章前，应认真核对，防止录错。

(7) 向海关申报的进出口货物报关单，若事后出于各种原因，出现原来填写的内容与实际货物有出入的情况，需向海关办理更正手续，填写报关单更正单，对原来填写的项目进行更改，更改内容必须清楚，一般情况下，错什么就改什么。但是，如果更改的项目涉及货物数量的变化，那么除应对有关货物的数量进行更改外，与数量有关的项目也应做相应的更改，如件数、重量、金额及体积等。如一张报关单上有两种以上的货物，更正单应具体列明更改哪一项货物。

总之，报关员必须按照《海关法》《海关统计制度》和《海关报关员管理规定》等有关规定，完整、准确地填制报关单。报关员对进出境货物的品名、数量、规格、价格、原产国别、贸易方式、消费国别、贸易国别或者其他应当申报的项目填写不准确或不填报以致影响海关统计准确性的，按申报不实处以 5 万元以下的罚款，并可暂停或取消报关员的报关资格。对构成走私、偷逃税的，按《海关法》的有关规定予以处理。

二、进出口货物报关单填制内容和要求

无论是"中华人民共和国海关进口货物报关单"还是"中华人民共和国海关出口货物报关单"，每种报关单均有 47 个栏目，为便于报关单位（人）准确填报和便于海关接受申报时审核有关数据，海关对外发布了《中华人民共和国海关进出口货物报关单填制规范》，统一规定了各栏目的填写要求。本节在介绍进出口货物报关单填制要求时，一般采用"报关单"和"进口报关单""出口报关单"的提法；需要分别说明不同要求时，则分别采用以下用语：

(1) 报关单录入凭单。指申报单位按海关规定的格式填写的凭单，用作报关单预录入的依据（可将现行报关单放大后使用）。

(2) 预录入报关单。指预录入单位录入、打印，并联网将录入数据传到海关，由申报单位向海关申报的报关单。

(3) EDI 报关单。指申报单位采用 EDI 方式向海关申报的电子报文形式的报关单，

以及事后打印、补交备核的书面报关单。

(4) 报关单证明联。指海关在核实货物实际进、出境后按报关单格式提供的证明,用作企业向税务部门、外汇管理部门办理有关手续的证明文件。

进出口货物报关单各栏目的填制规范如下:

(1) 预录入编号。预录入编号指申报单位或预录入单位对该单位填制录入的报关单编号,用于该单位与海关之间引用其申报但尚未批准放行的报关单。报关单录入申报的海关决定编号规则,计算机自动打印。

(2) 海关编号。海关编号指海关接受申报时给予报关单的编号。海关编号由各海关在接受申报环节确定,应标记在报关单的每一联上。

报关单海关编号为9位数码,其中前2位为分关(办事处)编号,第3位由各关自定义,后6位为顺序编号。各直属海关对进口报关单和出口报关单应分别编号,并确保在同一公历年度内,能按进口和出口唯一地标识本关区的每一份报关单。

各直属海关的理单岗位可以对归档的报关单另行编制理单归档编号。理单归档编号不得在部门以外用于报关单标识。

(3) 进口口岸/出口口岸。进口口岸/出口口岸指货物实际进(出)我国关境口岸海关的名称。本栏目应根据货物实际进(出)口的口岸海关,选择填报《关区代码表》中相应的口岸海关名称及代码。

加工贸易合同项下货物必须在海关核发的《登记手册》限定或指定的口岸海关办理手续,《登记手册》限定或指定的口岸与货物实际进出境口岸不符的,应在向合同备案主管海关办理《登记手册》的变更手续后填报。

进口转关运输货物应填报货物进境地海关的名称及代码,出口转关运输货物应填报货物出境地海关的名称及代码。按转关运输方式监管的跨关区深加工结转货物,出口报关单填报转出地海关的名称及代码,进口报关单填报转入地海关的名称及代码。

(4) 备案号。备案号指进出口企业在海关办理加工贸易合同备案或征税、减税、免税审批备案等手续时,海关给予《进料加工登记手册》《来料加工及中小型补偿贸易登记手册》《外商投资企业履行产品出口合同进口料件及加工出口及加工出口成品登记手册》(以下简称《登记手册》)、《进出口货物征免税证明》(以下简称《征免税证明》)或其他有关备案审批文件的编号。

一份报关单只允许填报一个备案号。具体填报要求如下:① 加工贸易合同项下货物,除少量低价值辅料按规定不使用《登记手册》以外,必须在报关单备案栏目填报《登记手册》的12位编号。加工贸易成品凭《征免税证明》转为享受减免税进口货物的,进口报关单填报《征免税证明》编号,出口报关单填报《登记手册》编号。② 凡涉及减免税备案审批的报关单,本栏目填报《征免税证明》编号,不得为空。③ 无备案审批文件的报关单,本栏目免予填报。

备案号长度为12位,其中第1位是标记代码。备案号的标记代码必须与"贸易方式"及"征免性质"栏目相对应。例如,贸易方式为来料加工,备案号的标记代码应为"B"。

(5) 进口日期/出口日期。进口日期指运载所申报货物的运输工具申报进境的日期,本栏目填报的日期必须与相应的运输工具进境日期一致;出口日期指运载所申报货物的运输工具办理出境手续的日期,本栏目供海关打印报关单证明联用,预录入报关单及EDI报关单均免于填报。

无实际进出境的报关单填报办理申报手续的日期。本栏目为6位数,顺序为年、月、日各2位。

(6) 申报日期。申报日期指海关接受进(出)口货物的收发货人或其代理人申请办理货物进(出)口手续的日期。预录入及EDI报关单填报向海关申报的日期与实际情况不符时,由审单人员按实际日期修改批注。本栏目为6位数,顺序为年、月、日各2位。

(7) 经营单位。经营单位指对外签订并执行进出口贸易合同的中国境内企业或单位。本栏目应填报经营单位名称及经营单位编码。经营单位编码为10位数,指进出口企业在所在地主管海关办理注册登记手续时,海关给企业设置的注册登记编码。

特殊情况下确定经营单位的原则为:① 援助、赠送、捐赠的货物,填报直接接收货物的单位;② 进出口企业之间相互代理进出口,或没有进出口经营权的企业委托有进出口经营权的企业代理进出口的,填报代理方;③ 外商投资企业委托外贸企业进口投资设备、物品的,填报外商投资企业。

(8) 运输方式。运输方式指载运货物进出海关所使用的运输工具的分类。本栏目应根据实际运输方式按海关规定的《运输方式代码表》选择填报相应的运输方式。特殊情况下运输方式的填报原则为:① 非邮政方式进出口的快递货物,按实际运输方式填报。② 出入境旅客随身携带的货物,按旅客所乘运输工具填报。③ 进口转关运输货物,按载运货物抵达进境地的运输工具填报;出口转关运输货物,按载运货物驶离出境地的运输工具填报。④ 无实际进出境的,根据实际情况选择填报。《运输方式代码表》中,运输方式"0"代表非保税区运入保税区和保税区退区,"1"代表境内存入出口监管仓库和出口监管仓库退仓,"7"代表保税区运往非保税区,"8"代表保税仓库转内销,"9"代表其他运输。

(9) 运输工具名称。运输工具名称指载运货物进出境的运输工具名称或编号。本栏目填报内容应与运输部门向海关申报的载货清单所列相应内容一致。一份报关单只允许填报一个运输工具名称。具体填报要求为:① 江海运输填报船舶呼号(来往港澳小型船舶为监管簿编号)。② 汽车运输填报该跨境运输车辆的国内行驶车牌号码。③ 铁路运输填报车次或车厢号以及进出境日期。④ 航空运输填报分运单号,无分运单的,本栏目为空。⑤ 邮政运输填报邮政包裹单号。⑥ 进口转关运输填报转关标志"@"及转关运输申报单编号,出口转关运输只需填报转关运输标志"@"。⑦ 其他运输填报具体运输方式名称,如管道、驮畜等。⑧ 无实际进出境的加工贸易报关单按以下要求填报:加工贸易深加工结转及料件结转货物,应先办理结转进口报关,并在结转出口报关单本栏目填报转入方关区代码(2位)及进口报关单号,即"转入××(关区代码)××××××××××(进口报关单号)",按转关运输货物办理结转手续的,按上列第⑥项规定填报。

加工贸易成品凭《征免税证明》转为享受减免税进口的货物,应先办理进口报关手续,并在出口报关单本栏目填报转入方关区代码(2位)及进口报关单号。上述规定以外无实际出入境的,本栏目为空。

(10) 提运单号。提运单号指进出口货物提单或运单的编号。本栏目填报的内容与运输部门向海关申报的载货清单所列内容一致。

一份报关单只允许填报一个提运单号,一票货物对应多个提运单时,应分单填报。具体填报要求为:① 江海运输填报进口运单号或出口运单号。② 汽车运输免于填报。③ 铁路运输填报运单号。④ 航空运输填报分运单号,无分运单的填报总运单号。⑤ 邮政运输填报邮政包裹单号。⑥ 无实际进出境的,本栏目为空。⑦ 进出口转关运输应填报货物入境时的提运单号;出口转关运输无法确定提运单号时,本栏目可以为空。

(11) 收货单位/发货单位。收货单位指已知的进口货物在境内的最终消费、使用单位,包括自行从境外进口货物的单位,以及委托有外贸进出口经营权的企业进口货物的单位;发货单位指出口货物在境内的生产或销售单位,包括自行出口货物的单位,以及委托有外贸进出口经营权的企业出口货物的单位。本栏目应填报收货、发货单位的中文名称或其海关注册编码。

加工贸易报关单的收货、发货单位应与《登记手册》的"货主单位"一致。

(12) 贸易方式。贸易方式栏目应根据实际情况,并按海关规定的《贸易方式代码表》选择填报相应的贸易方式简称或代码。

一份报关单只允许填报一种贸易方式。在特殊情况下,加核贸易报关单填报要求为:① 少量低值辅料(即5 000美元以下、78种以内的低值辅料)按规定不使用《登记手册》的,辅料进口报关单填报"进料对口";使用《登记手册》的,按《登记手册》上的贸易方式填报。② 三资企业按内外销比例为加工内销产品而进口的料件或进口供加工内销产品的料件,进口报关单填报"一般贸易";三资企业为加工出口产品全部使用国内料件的出口合同,成品出口报关单填报"一般贸易"。③ 加工贸易料件结转或深加工结转货物,按批准的贸易方式填报。④ 加工贸易料件转内销货物及按料件补办进口手续的转内销成品,进口报关单填报(来料或进料)料件内销。⑤ 加工贸易出口成品因故退运进口及复出口,以及复运出境的原进口的,填报与《登记手册》备案相应的退运(复出)贸易方式简称或代码。⑥ 备料《登记手册》中的料件结转入加工出口《登记手册》的,进出口报关单均填报"进料余料结转"。⑦ 保税工厂加工贸易进出口货物,根据《登记手册》填报相应的来料或进料加工贸易方式。

(13) 征免性质。征免性质指海关对进出口货物实施征税、减税、免税管理的性质类别。本栏目应按照海关核发的《征免税证明》中批注的征免性质填报,或者根据实际情况,按海关规定的《征免性质代码表》选择填报相应的征免性质简称或代码。

加工贸易报关单本栏目应按海关核发的《登记手册》中批注的征免性质填报相应的征免性质或代码。特殊情况下的填报要求为:① 保税工厂经营的加工贸易,根据《登记手册》填报"进料加工"或"来料加工"。② 三资企业按内外销比例为加工内销产品而进口的料件,填报"一般征税"或其他相应征免性质。③ 加工贸易转内销货物,按实际应享受的征免性质填报,如一般征税、科教用品、其他法定等。④ 料件退运出口、成品退运进口货物,填报"其他法定"。⑤ 加工贸易结转货物,本栏目为空。

一份报关单只允许填报一种征免性质。

(14) 征税比例/结汇方式。征税比例仅用于"非对口合同进料加工"贸易方式下(代码为0715)进口料件的进口报关单,填报海关规定的实际应征税比率,例如5%填报5,15%填报15。出口报关单应填报结汇方式,即出口货物的发货人或其代理人收结外汇的方式。本栏目应按海关规定的《结汇方式代码表》,选择填报相应的结汇方式名称或代码。

(15) 许可证号。应申领进(出)口许可证的货物,必须在许可证号栏目填报商务部及其授权发证机关签发的进(出)口货物许可证的编号,不得为空。一份报关单只允许填报一个许可证号。

(16) 起运国(地区)/运抵国(地区)。起运国(地区)指进口货物起始发出的国家(地区);运抵国(地区)指出口货物直接运抵的国家(地区)。对发生运输中转的货物,如中转地未发生任何商业性交易,则起运地、运抵地不变;如中转地发生商业性交易,则以中转地作为起运国(地区)/运抵国(地区)填报。本栏目应按海关规定的《国别(地区)代码表》,选择填报相应的起运国(地区)或运抵国(地区)中文名称或代码。

无实际进出境的,本栏目填报"中国"(代码142)。

(17) 装货港/指运港。装货港指进口货物在运抵我国关境前的最后一个境外装运港;指运港指出口货物运抵境外的最终目的港,最终目的港不可预知的,可按尽可能预知的目的港填报。本栏目应根据实际情况,按海关规定的《港口航线代码表》选择填报相应的港口中文名称或代码。

无实际进出境的,本栏目填报"中国境内"(代码0142)。

(18) 境内目的地/境内货源地。境内目的地指已知的进口货物在国内的消费地、使用地或最终运抵地;境内货源地指出口货物在国内的产地或原始发货地。本栏目应根据进口货物收货单位、出口货物生产厂家或发货单位所属国内地区,并按海关规定的《国内地区代码表》选择填报相应的国内地区名称或代码。

(19) 批准文号。进口报关单本栏目用于填报《进口付汇核销单》编号。出口报关单本栏目用于填报《出口收汇核销单》编号。

(20) 成交方式。成交方式栏目应根据实际成交价格条款,按海关规定的《成交方式代码表》选择填报相应的成交方式代码。

无实际进出境的,进口填报 CIF 价,出口填报 FOB 价。

(21) 运费。运费栏目用于成交价格中不包含运费的进口货物或成交价格中含有运费的出口货物,应填报该份报关单所含全部货物的国际运输费用。可按运费单价、总价或运费率三种方式之一填报,同时注明运费标记,并按海关规定的《货币代码表》选择填报相应的币种代码。

运保费合并计算的,运保费填报在本栏目。运费标记"1"表示运费率,"2"表示每吨货物的运费单价,"3"表示运费总价。例如5‰的运费率填报 5,24 美元的运费单价填报 502/24/2,7 000 美元的运费总价填报 502/7 000/3。

(22) 保费。保费栏目用于成交价格中不包含保险费的进口货物或成交价格中含有保险费的出口货物,应填报该份报关单所含全部货物国际运输的保险费用。可按保险费总价或保险费率两种方式之一填报,同时注明保险费标记,并按海关规定的《货币代码表》选择填报相应的币种代码。运保费合并计算的,运保费填报在运费栏目中。

保险费标记"1"表示保险费率,"3"表示保险费总价。例如,3‰的保险费率填报 0.3,10 000 港元保险费总价值填报 110/10 000/3。

(23) 杂费。杂费指成交价格以外的、应计入完税价格或应从完税价格中扣除的费用,如手续费、佣金、回扣等,可按杂费总价或杂费率两种之一填报,同时注明杂费标记,并按海关规定的《货币代码表》选择填报相应的币种代码。

应计入完税价格的杂费填报正值或正率,应从完税价格中扣除的杂费填报负值或负率。杂费标记"1"表示杂费率,"3"表示杂费总价。例如应计入完税价格的1.5%的杂费率填报1.5,应从完税价格中扣除的1%的回扣率填报-1,应计入完税价格的500英镑杂费总价填报303/500/3。

(24) 合同协议号。合同协议号栏目应填报进(出)口货物合同(协议)的全部字头和号码。

(25) 件数。件数栏目应填报有外包装的进(出)口货物的实际件数。特殊情况下的填报要求为:① 舱单件数为集装箱(标箱)的,填报集装箱;② 舱单件数为托盘的,填报托盘数。本栏目不得填报0,裸装货物填报1。

(26) 包装种类。包装种类栏目应填报进(出)口货物的实际外包装种类,按海关规定的《包装种类代码表》选择填报相应的包装种类代码。

(27) 毛重(千克)。毛重(千克)指货物及其包装材料的重量之和。本栏目填报进(出)口货物实际毛重,计量单位为千克,不足1千克的填报1。

(28) 净重(千克)。净重(千克)指货物的毛重减去外包装材料后的重量,即商品本身的实际重量。本栏目填报进(出)口货物的实际净重,计量单位为千克,不足1千克的填报1。

(29) 集装箱号。集装箱号是在每个集装箱箱体两侧标记的全球唯一的编号。本栏目用于填报和打印集装箱编号及数量。集装箱数量四舍五入填报整数,非集装箱货物填报0。例如,TEXU 3605231 * (1) 表示1个标箱;TEXU 3605231 * 2(3) 表示2个集装箱,折合为3个标箱,其中一个箱号为TEXU 3605231。

在多于一个集装箱的情况下,其余集装箱标号打印在备注栏或随附单据上。

(30) 随附单据。随附单据指随进(出)口货物报关单一并向海关递交的单证或文件。合同、发票、装箱单、许可证等必备的随附单证不在本栏目填报,本栏目应按海关规定的《监管证件名称代码表》选择填报相应证件的代码。

(31) 用途/生产厂家。进口货物应根据进口货物的实际用途,按海关规定的《用途代码表》选择填报相应的用途代码,如"以产定进"填报"13";生产厂家指出口货物的境内生产企业。本栏目必要时应手工填写。

(32) 标记唛码及备注。① 标记唛码中填写除图形以外的文字、数字;② 受外商投资企业委托代理进口设备、物品的,填写外贸企业名称;③ 加工贸易结转货物及凭《征免税证明》转内销货物,对应的备案号应填报在本栏目,即"转出至××××××××××号手册";④ 其他申报时必须说明的事项。本栏目下部供填报随附单据栏中监管证件的编号,具体填报要求为:监管证件代码加":",加监管证件号码;一份报关单多个监管证件的,应连续填写。一票货物多个集装箱的,在本栏打印第一个集装箱号(最多160字节,其余集装箱号手工抄写)。

(33) 项号。项号栏目分两行填报及打印:第一行打印报关单中的商品排列序号;第二行专用于贸易已备案的货物,填报和打印该项货物在《登记手册》中的项号。

加工贸易合同项下进出口货物,必须填报与《登记手册》一致的商品项号,所填报项号用于核销对应项号下的料件或成品数量。特殊情况下的填报要求为:① 深加工结转货物,分别按照《登记手册》中的进口料件项号和出口成品项号填报;② 料件结转货物,出口报关单按照转出《登记手册》中进口料件的项号填报,进口报关单按照转进《登记手册》中进口料件的项号填报;③ 料件复出境货物,出口报关单按照《登记手册》中进口料件的项号填报;④ 成品退运货物,退运入境报关单和复运出境报关单按照《登记手册》中原出口成品的项号填报;⑤ 加工贸易料件转内销货物及按料件补办进口手续的转内销成品,应填制进口报关单,本栏目填报《登记手册》中进口料件的项号;⑥ 加工贸易成品《征免税证明》转为享受减免税进口货物的,应先办理进口报关手续,进口报关单栏目填报《征免税证明》中的项号,出口报关单栏目填报《登记手册》中原出口成品的项号,进出口货物报关单货物数量应一致。

(34) 商品编号。商品编号指按海关规定的商品分类编码确定的进(出)口货物的商品编号。加工贸易《登记手册》中商品编号与实际商品编号不符的,应按实际商品编号填报。

(35) 商品名称、规格型号。商品名称、规格型号栏目分两行填报及打印:第一行打印进(出)口货物规范的中文商品名称;第二行打印规格型号,必要时可加注原文。

具体填报要求为:① 商品名称及规格型号应据实填报,并与所提供的商业发票相符。② 商品名称应当规范,规格型号应当足够详细,以能满足海关归类、审价及监管的要求为准。禁止、限制进出口等实施特殊管制的商品,其名称必须与交验的批准证件上的商品名称相符。③ 加工贸易等已备案的货物,本栏目填报录入的内容必须与备案登记中同项号下货物的名称与规格型号一致。

(36) 数量与单位。数量与单位指进(出)口商品的实际数量及计量单位。本栏目分三行填报及打印,具体填报要求为:① 进出口货物必须按海关法定计量单位填报,法定第一计量单位及数量打印在本栏目第一行。② 凡海关列明第二计量单位的,必须报明该商品第二计量单位及数量,打印在本栏目第二行,无第二计量单位的,本栏目第二行为空。③ 成交计量单位与海关法定计量单位不一致的,还需填报成交计量单位及数量,打印在商品名称、规格型号栏下方(第三行),成交计量单位与海关法定计量单位一致的,本栏目第三行为空。

加工贸易等已备案的货物,成交计量单位必须与备案登记中同项号下货物的计量单位一致,不相同的必须修改备案或转换一致后填报。

(37) 原产国(地区)/最终目的国(地区)。原产国(地区)指进口货物的生产、开采或加工制造国家(地区);最终目的国(地区)指已知的出口货物的最终消费、使用或进一步加工制造国家(地区)。本栏目应按海关规定的《国别(地区)代码表》选择填报相应的国家(地区)名称或代码。

加工贸易报关单特殊情况下的填报要求为:① 料件结转货物,出口报关单填报"中国"(代码为142),进口报关单填报原料件生产国。② 深加工结转货物,进出口报关单均填报"中国"(代码为142)。③ 料件复运出境货物,填报实际最终目的国;加工出口成品因故退运境内的,填报"中国"(代码为142);复运出境时填报实际最终目的国。

(38) 单价。单价栏目应填报统一项号下进(出)口货物实际成交的商品单位价格。无实际成交价格的,本栏目填报货值。

(39) 总价。总价栏目应填报统一项号下进(出)口货物实际成交的商品总价。无实际成交价格的,本栏目填报货值。

(40) 币制。币制指进(出)口货物实际成交价格的币种。本栏目应根据实际成交情况,按海关规定的《货币代码表》选择填报相应的货币名称或代码;如《货币代码表》中无实际成交币种,需转换后填报。

(41) 征免。征免指海关对进(出)口货物进行征税、减税、免税或特案处理的实际操作方式。本栏目应按照海关核发的《征免税证明》或有关政策规定,对报关单所列每项商品选择填报海关规定的《征减免税方式代码表》中相应的征减、免税方式。

加工贸易报关单应根据《登记手册》中备案的征免规定填报。

(42) 税费征收情况。税费征收情况栏目供海关批注进(出)口货物税费征收及减免情况。

(43) 录入员。录入员栏目用于预录入和 EDI 报关单,打印录入人员的姓名。

(44) 录入单位。录入单位栏目用于预录入和 EDI 报关单,打印录入单位名称。

(45) 申报单位。申报单位栏目指报关单左下方用于填报申报单位有关情况的总栏目。申报单位指对申报内容的真实性直接向海关负责的企业或单位。自理报关的,应填报进(出)口货物的经营单位名称及代码;委托代理报关的,应填报经海关批准的专业或代理报关企业名称及代码。本栏目还包括报关单位地址、邮编和电话等分项目,由申报单位的报关员填报。

(46) 填制日期。填制日期指报关单的填制日期。预录入和 EDI 报关单由计算机自动打印。本栏目为 6 位数,顺序为年、月、日各 2 位。

(47) 海关审单批注栏。海关审单批注栏指供海关内部作业时签注的总栏目,由海关关员手工填写在预录入报关单上,其中"放行"栏填写海关对接受申报的进出口货物做出放行决定的日期。

思考题

1. 海关管理制度的主要内容是什么?
2. 简述一般进出口货物的报关程序。
3. 进出口货物和加工贸易进出口货物的报关程序有什么不同?
4. 填制进出口货物报关单的一般要求。
5. 保税货物的定义及特征。保税仓库、保税工厂、保税集团及保税区进出口货物是如何通关的?
6. 展览品如何进行进出境申报?

案例一

深圳海关利用风险分析技术连续查获出口假冒香烟

2014年7月21日,昆明伟秀商贸有限公司向深圳海关隶属大鹏海关申报出口一批卫生瓷洁具和烟灰缸。海关查验人员通过检查设备对装载该批货物的集装箱进行扫描,在集装箱中后部发现大量形状规则的砖状物,而砖状物周围堆满了疑进行遮盖的卷筒状物体。从扫描图像上看,实际出口的货物与申报的货物明显不符。于是,海关查验人员立即进行开箱检查,发现卷筒状物体是一批无纺布,而掩藏在布匹中的砖状物则是一条条标有"Marlboro"商标的香烟,共45 300条(约906万支)。海关根据经验,断定该批货物可能是假冒产品,立即联系"Marlboro"商标权利人美国菲利普•莫里斯公司,经鉴定该批香烟全部是假冒产品。

近年来,针对经由深圳口岸出口假冒香烟数量较大的情况,深圳海关通过数据比对和情报分析,总结出假烟出口的四个重要风险点:①重点渠道,一般贸易方式下经海运和陆路运输是假烟出口的主渠道;②重点商品,因不涉及关税和许可证管理而较容易获得低风险快速通关,卫生洁具、锅具、工艺品等经常被用于伪报出口假烟的商品名称;③重点企业,短期内申报量突增的外地企业出口假烟的情况较多;④重点航线,经由东南亚、中东、欧洲、中国香港等地的航线运输出口假烟的可能性较大。经过海关有针对性地开展精确打击和集中整治,深圳口岸出口假烟的情况一度得到缓解。但面对本次查获的数量巨大的假烟案件,深圳海关意识到假烟出口的势头可能会再现,于是立即向关区内各口岸发布风险预警提示,要求现场加大使用检查设备对出口集装箱进行机检查验。

布控很快取得成效。2014年7月31日和8月1日,深圳海关隶属蛇口海关分别查获江西省永丰县鑫源贸易有限公司以"锅具"名义申报出口的假冒"Marlboro"香烟906万支和黑龙江省密山市吉昌贸易有限责任公司以"滑板车"名义申报出口的假冒"Marlboro"香烟946万支。至此,深圳海关在短短12天内共查获出口假烟2 758万支。2015年1月,深圳海关将罚没假烟进行了公开销毁。

启示:此案是海关利用风险分析技术有效提升知识产权执法效能的典型案例。假冒香烟是困扰我国执法的一个焦点问题。违法分子采取伪报货物名称、夹藏和伪装货物等手法,逃避海关知识产权执法。针对复杂的口岸监管环境,深圳海关不但在实践中探索和积累了运用风险分析技术查缉假烟出口的成功经验,而且在新的执法实践中成功地予以应用,短时间内连续查获大量假烟。此案对我国海关运用风险分析技术,提高进出口侵权货物的查获率具有重要的借鉴意义。

资料来源:法制网:海关总署发布2014年知识产权海关保护典型案例,http://www.legaldaily.com.cn/index/cotent/2015-04/26/content-6059029.htm? node=30908,访问时间:2019年3月1日。有改动。

▶ **案例二**

东北地区海关区域通关一体化

东北地区海关区域通关一体化改革自 2015 年 4 月 26 日启动后,4 万余家外贸企业直接受益。企业自主选择向经营单位注册地海关、货物实际进出境地海关或其直属海关集中报关点办理申报、纳税和查验放行手续,由此享受到"四省(区)如一家""六关如一关"的通关便利。

对于改革带来的通关便利,吉林省一汽大众汽车有限公司深有感触。该公司通过区域通关一体化方式,从大连海关直接申报进口并放行货物。"以往,我们通过传统的转关方式通关。自海关通关一体化改革以来,我们公司有超 1 000 标箱的集装箱在大连报关、验放,每票货物节约两天左右的时间,通关成本也降低了不少。"公司进出口部副经理赵悦说。

同样享受到异地报关便利的大连瑞新国际物流公司报关部经理曲雅杰介绍,在大连海关单证中心申报进口一批汽车零部件,几分钟后,这批货物在内蒙古满洲里口岸顺利入境;而在以前,像这样跨区域进出口的货物,还要到当地海关办理手续。得益于东北三省和内蒙古自治区开始实行的海关区域通关一体化改革,企业可自主选择四省区任何一个海关报关和入境,非常方便。

目前,海关总署全面开通了全国区域通关一体化跨区域互联互通系统,将海关区域通关五大板块(东北地区、京津冀、长江经济带、泛珠四省区、丝绸之路经济带)合并为全国统一模式。

大连、沈阳、长春、哈尔滨、呼和浩特、满洲里 6 个海关作为东北地区海关区域通关一体化改革板块,与京津冀、长江经济带、泛珠四省区和丝绸之路经济带海关构成了"3+2"的全国海关区域通关一体化格局。

资料来源:武晋军. 报关实务[M].3 版.北京:电子工业出版社,2016。

21世纪经济与管理规划教材

物流管理系列

第九章

国际物流信息系统与标准化

本章要点

  本章介绍了国际物流信息技术的整体发展状况;描述了国际物流中几种重要技术和系统的应用情况,如EDI、条码技术、射频技术、全球卫星定位系统和地理信息系统等;详尽阐释了国际物流信息系统的设计,并且讨论了国际物流信息系统的标准化问题。

本章关键词

  国际物流信息 国际物流信息系统 标准化

第一节　国际物流信息系统概述

一、物流信息和国际物流信息

1. 物流信息

物流信息是指与物流活动相关的信息,是反映物流各种活动内容的知识、资料、图像、数据及文件的总称。物流信息的内涵狭义上是指直接产生于物流活动的信息;广义上还包括对物流活动有用的、来自商品交易活动甚至生产活动的信息。

物流活动的管理和决策是建立在对信息准确而全面的把握基础之上的,物流作业活动的效率化同样离不开信息的支持,如运输工具的选择、运输线路的确定、在途货物的跟踪、订单的处理、库存状况的掌握、配送计划的制订、物品的分拣等,都需要详细和准确的物流信息。在现代经营管理活动中,物流信息与商品交易信息、市场信息相互交叉、融合,彼此有着密切的联系。广义的物流信息不但能起到联结、整合从生产厂家到最终消费者的整个供应链的作用,而且在应用现代信息技术的基础上能实现整个供应链活动的效率化。也就是说,物流信息不仅对物流活动有支持保证的功能,还具有联结、整合整个供应链和使整个供应链活动效率化的功能。

2. 国际物流信息

国际物流信息流是指信息供给方与需求方进行信息交换和交流而产生的信息流动,它表明商品品种、数量、时间、空间等各种需求信息在同一个国际物流系统内,以及在不同的物流环节中所处的具体位置。在国际物流系统中,信息的种类多、地域跨度大,涉及面广、动态性强,尤其是在国际物流作业的过程中,物流信息受自然因素和社会因素的影响较大。与国内物流信息相比,国际物流信息具有以下特点:

(1) 国际物流信息分布广、数量大、品种多。信息的产生、加工、传播和应用在时间、空间上不一致,方式也不同。国际物流信息超过国家间地理边界,不仅涉及国际物流内部作业的各个层次、各方位和各环节,这与相关各国的经济政策、自然环境、发展战略和外贸管理制度有着密切的关系。

(2) 国际物流信息的时效性很强,信息价值的衰减速度快。由于国际物流涉及的范围十分广泛,不同于国内物流局限于国境内那样比较容易控制,国际物流的动态性很强,过晚或过早到来的不合时机的物流信息都容易加大国际物流成本,这对国际物流信息管理的及时性和灵活性提出了很高的要求,在运输、储存、配送、搬运、生产及销售等各个环节,及时、准确地提供相关的国际物流信息是十分必要的。

(3) 国际物流信息流具有双向反馈的作用。国际物流运动的过程极其漫长,货物和商品流动的周期很长,如果没有信息流,将会形成一个单向的、难以调控的、半封闭的国际物流系统。而信息流具有双向反馈的作用,可以使国际物流系统易于协调、控制,使其合理、高效地运转,以达到最大限度地降低国际物流总成本、提高国际物流经济效益的目的。

(4) 国际物流信息流具有动态追踪性。由于国际物流是国际商品流动的过程,因此要对国际物流信息进行动态追踪。这样不仅可以随时掌握国际物流的行踪,增大国际物流过程中物流状态的透明度,还可以达到使国际物流的风险和损失降到最低、获取最大效益的目的。

(5) 国际物流信息的标准化趋势。企业竞争优势的获得需要供应链参与企业间的相互协调合作,而协调合作的手段之一是信息的及时交换和共享。企业为了实现不同系统间信息的高效交换与共享,必须按照国际或国家对信息的标准化要求处理信息。例如,采用统一的条码标准,把物流信息标准化和格式化,利用 EDI 在相关企业间进行传送,真正实现信息共享。

二、物流信息系统和国际物流信息系统

1. 物流信息系统

信息系统是一种由人、计算机(包括网络)和管理规则组成的集成化系统。该系统利用计算机软硬件、手工规程、分析、计划、控制和决策用的模型、数据库,为企业和组织的作业、管理与决策提供信息支持。

物流信息系统是企业管理信息系统的一个重要的子系统,是通过对与企业物流相关的信息进行加工处理来实现对物流的有效控制和管理,并为物流管理人员及其他企业管理人员提供战略与运营决策的人机系统。物流信息系统是提高物流运作效率、降低物流成本的重要基础设施。

2. 国际物流信息系统

国际物流系统是由多个子系统组成的复杂系统,国际物流信息成为各个子系统间沟通的关键,在国际物流活动中起着中枢神经的作用。因此,没有功能完善的信息系统,国际物流和跨国经营将寸步难行。国际物流信息系统的基本功能可以归纳为以下几个方面:

(1) 信息的采集。国际物流信息系统首先要做的是用某种方式记录国际物流系统内外的有关数据,集中起来并转化为国际物流信息系统能接受的形式输入系统中。

(2) 信息的处理。国际物流信息系统的基本目标,就是将输入的数据转化、加工、处理成为物流信息。国际物流信息的处理既可以是简单的查询、排序,也可以是模型求解的预测。信息处理能力的强弱是衡量国际物流信息系统能力的一个重要方面。

(3) 信息的储存。数据进入系统之后,经过整理和加工,成为支持国际物流系统运行的物流信息。这些信息需要暂时储存或永久保存,以供应用。

(4) 信息的传输。物流信息来自国际物流系统内外有关单元,又为不同的物流职能所利用,因而克服空间障碍的信息传播是国际物流信息系统的基本功能之一。

(5) 信息的输出。国际物流信息系统的目的是为各级物流人员提供相关的物流信息。为了便于人们理解物流信息,系统输出的形式应力求易读易懂、直观醒目,这是评价国际物流信息系统的主要标准之一。

第二节 国际物流信息技术的应用

物流信息技术(Logistics Information Technology)是现代信息技术在物流各个作业

环节中的综合应用,是现代物流区别于传统物流的根本标志,也是物流技术中发展最快的领域,尤其是计算机网络技术的广泛应用使物流信息技术达到了较高的应用水平,物流信息技术的发展改变了供应链管理方式。根据物流的功能和特点,物流信息技术包括计算机技术、网络技术、信息分类编码技术、条码技术、射频识别技术、电子数据交换技术、全球定位系统、地理信息系统、智能技术等。

一、电子数据交换技术

1. 概念

电子数据交换技术是指能将如订单、发货单、发票等商业文档在企业间通过通信网络自动地传输和处理的技术。供应商、零售商、制造商和客户等在各自的应用系统之间通过公共 EDI 网络,自动交换和处理商业单证。

电子数据交换技术有多方面的优势:① 减少了纸张文件的消费;② 减少了许多重复劳动,提高了工作效率;③ 使得贸易双方能够以更迅速、更有效的方式进行贸易,大大简化了订货过程或存货过程;④ 可以改善贸易双方的关系,厂商可以准确地估计日后商品的需求量,货运代理商可以简化大量的出口文书工作,商业用户可以提高存货的效率,提高其竞争能力。

2. 电子数据交换技术的应用

(1) 商业贸易领域。在商业贸易领域,EDI 技术可以将不同制造商、供应商、批发商和零售商等商业贸易主体之间各自的生产管理、物料需求、销售管理、仓库管理、商业订货系统有机地结合起来,从而使这些企业大幅提高经营效率并创造更高的利润。

(2) 运输业领域。在运输行业,集装箱运输电子数据交换业务可以将海运、空运、陆路运输等环节以及外轮代理公司、港口码头、仓库、保险公司等商业主体之间各自的应用系统联系在一起,可以有效地提高货物运输能力,实现物流控制电子化。

(3) 通关自动化。在外贸领域,EDI 技术可以将海关、商检、卫检等口岸监管部门与外贸公司、来料加工企业、报关公司等相关单位紧密地联系起来,从而可以避免企业多次往返多个外贸管理部门进行申报、审批等,从而大大简化了进出口贸易程序,提高了货物通关速度。

(4) 其他领域。在税务、银行、保险等领域,EDI 技术同样具有广泛的应用前景。通过 EDI 和电子商务技术,可以实现电子报税、电子资金划拨等多种应用。

二、条码技术

1. 概念

条码是一种信息代码,是由一组宽度不同、反射率不同的条和空按规定的编码规则组合起来,用以表示一组数据的符号。这种黑色的、粗细不同的线条表示一定的数据、字母信息和某些符号。条码一词来自英语的"bar code"。人们根据其构成图形的外观结构称其为"条码"和"条形码"等,它是一种用光电扫描阅读设备识读并实现数据输入计算机的特殊代码。目前在世界上应用的码制达 100 多种,较为常见的有 EAN 码、UPC 码、三九码、库德巴码、二五码和交叉二五码等。

将条码用于实践就形成了条码技术。条码技术是一项信息处理技术、一项旨在解决大量信息自动进入数据库的登录问题的智能技术,是信息集散的有力工具。条码技术包括编码技术、符号技术、识别与应用系统设计技术等,主要用于自动识别和计算机数据输入。条码技术中使用的主要设备是条码刷制器、条码打印机、条码扫描笔、台式及手持式扫描器、条码译码器(在线式、便携式、无线便携式)等设备。这些设备通常与计算机终端和自动扫描器连接在一起,以实现数据录入和自动化操作。

2. 条码技术的应用

条码技术具有以下优点:

(1) 可读性强。如果印刷的条码不超过规定的误差范围,那么其首读率几乎可达100%。

(2) 可靠性高。如果增强软件功能,条码识别的可靠性更高。

(3) 经济性好。

(4) 点对点性。用于不同过程中的不同点上,条码可以被反复、不断地扫描。

(5) 信息对应性好。由于条码可以印刷在各种商品的包装上,可以使物流信息和物流的对应得到较完美的解决,不会发生混乱。

(6) 柔性好。条码具有特殊的灵活性。例如,条码标签可以为各种扫描装置所识别;可以外购或由用户直接将条码印刷在加工件、运输包装件上;用户印刷条码标签可以使用点阵式、热传导式、热敏式、激光或喷墨等各种印刷机械实现,只需配置简单的应用程序。

条码技术应用广泛,配合先进的计算机技术及自动识别技术,可以提高管理水平,降低工作强度,减少人力投入,提高用户的运作效率。用户可以根据这些记录进行统计分析以预测未来需求和制订计划等。条码技术主要应用于以下几方面:

(1) 计算机一体化制造系统(Computer Integrated Manufacturing System,CIMS)。包括物资的储运、废次品运输与处理、工序控制和生产装配跟踪、机械手控制、再加工、检验测试和质量控制、工具跟踪管理、单据反馈控制、市场信息分析及经营决策等。

(2) 国际贸易、国际物流的各个环节。包括进出口货物的订货业务、大型国际配送/加工中心的货物分拣、外贸商品检验以及国际出口单证业务等。

三、射频技术

1. 概念

射频技术(Radio Frequency Identification,RFID)的基本原理是电磁理论。射频系统的优点是不局限于视线,识别距离比光学系统远。射频识别卡具有读写能力,可携带大量数据,难以伪造,且有智能。射频识别系统的传送距离由许多因素决定,如传送频率、天线设计等。对于应用RFID识别的特定情况应考虑传送距离、工作频率、标签的数据容量、尺寸、重量、定位、相应速度及选择能力等。

2. RFID的应用

RFID适用于物料跟踪、运载工具和货架识别等要求非接触数据采集与交换的场合,由于RFID标签具有可读写能力,对于需要射频改变数据内容的场合尤为适用。

近年来,便携式数据终端(PDT)的应用多了起来。PDT可把所采集的有用数据储存起来或传送到一个管理信息系统,它与适当的扫描器相连可有效地应用于许多自动识别的场合。

操作时先扫描位置标签,货架号码、产品数量即输入到 PDT,再通过 RFID 技术把这些数据传送到计算机管理系统,可以得到客户产品清单、发票、发运标签、所存产品代码和数量等信息。

Sanford C. Bernstein 公司零售业分析师估计,通过采用 RFID 技术,沃尔玛每年可以节省 83.5 亿美元,其中大部分是因不需要人工查看进货的条码而节省的劳动力成本。尽管另外一些分析师认为 83.5 亿美元这个数字过于乐观,但毫无疑问,RFID 有助于解决零售业两个最大的难题——商品断货和损耗(因盗窃和供应链混乱而损失的产品)。单单盗窃一项,沃尔玛一年的损失差不多有 20 亿美元,如果一家合法企业的营业额能达到这个数字,就可以在美国 1000 家最大企业的排行榜中列第 694 位。研究机构估计,这种 RFID 技术能帮助把失窃率和存货水平降低 25%。

四、全球定位系统

1. 概念

全球定位系统(Global Positioning System,GPS)是利用分布在距地面约 2 万千米高空的多颗卫星对地面目标的状况进行精确测定以进行定位、导航的系统,主要用于船舶和飞机导航、对地面目标的精确定时和精密定位、地面及空中交通管制、空间与地面灾害检测等。20 世纪 90 年代以来,全球定位系统在物流领域得到了越来越广泛的应用。

自 1957 年 10 月世界上第一颗人造卫星升空至今,世界发达国家和有关国际组织相继建成了多个全球定位系统,主要有美国国防部的 GPS 系统、俄罗斯的 GLONASS 系统、国际海事卫星组织的 INMARSAT 系统。

2. 全球定位系统的应用

全球定位系统是产生于 20 世纪的一项高新技术,在 21 世纪将会被广泛地应用到许多领域。在物流领域,全球卫星定位系统将会越来越普遍地应用于各个环节。

(1) 用于军事物流。全球卫星定位系统首先是出于军事目的而建立的,在军事物流(如后勤装备的保障等)方面的应用相当普遍。尤其是美国,其在世界各地驻扎的大量军队无论是在战时还是在和平时期都对后勤补给提出了很高的需求,在战争中,如果没有 GPS,美军的后勤补给就会变得一团糟。我国军事部门也在运用 GPS,但应时刻注意美国政府的 GPS 政策和 GPS 安全性。

(2) 用于汽车自定位、跟踪调度、陆地救援。根据 Analysys 易观数据,中国车载导航系统的出货量在 2015 年第四季度达到峰值,接近 130 万台,环比增长率达 44.4%。未来中国前装车载导航厂商将继续在无线通信技术、人机交互等方面进行创新研发,最终实现车载智能终端的实时联网、自然语言的精确识别与理解、复杂场景下多轮语音的交互等。因此,车载导航将成为未来全球卫星定位系统应用的主要领域之一。

(3) 用于内河及远洋船队最佳航程和安全航线的测定、航向的实时调度、监测及水上救援。在我国,全球定位系统最先用于远洋运输的导航。我国跨世纪的三峡工程已规划利用全球定位系统来改善航运条件、提高航运能力。

(4) 用于空中交通管理、密集进场着陆、航路导航和监视。国际民航组织提出，21 世纪将用未来导航系统(Future Air Navigation System，FANS)取代现行航行系统。它是一个以卫星技术为基础的航空通信、导航、监视和空中交通管理系统，利用全球卫星导航系统实现了飞机航路、终端和进场导航。目前，GPS 只能作为民用导航的补充手段，待完好性监控报警问题解决后，将过渡为唯一的导航手段。该系统的使用可降低机场的飞机起降时间间隔，使起降路线灵活多变，使更多的飞机以最佳航线和高度飞行，还可减少飞机误点，增大飞机起降的安全系数。

(5) 用于铁路运输管理。我国铁路开发的基于 GPS 的计算机管理信息系统，可以通过 GPS 和计算机网络实时收集全路列车、机车、车辆、集装箱及所运货物的动态信息，可以实现列车、货物追踪管理。只要知道货车的车种、车型、车号，就能立即从近 10 万千米的铁路网上流动着的几十万辆货车中找到目标货车，还能得知这辆货车现在在何处运行或停在何处，以及所有的车载货物发货信息。铁路部门运用这项技术，可以大大提高路网及其运营的透明度，为货主提供更高质量的服务。

五、地理信息系统

1. 地理信息系统的概述

地理信息系统(Geographic Information System，GIS)是 20 世纪 60 年代开始迅速发展起来的地理学研究新成果，是多学科交叉的产物。它以地理空间数据为基础，采用地理模型分析方法，适时地提供多种空间的动态的地理信息，是一种为地理研究和地理决策服务的计算机技术系统。

GIS 的基本功能是将表格型数据(无论是来自数据库、电子表格文件还是直接在程序中输入)转换为地理图形显示，然后对显示结果进行浏览、操作和分析。其显示范围可以从洲际地图到非常详细的街区地图。

2. 地理信息系统的应用

GIS 应用于物流分析，主要是指利用 GIS 强大的地理数据功能来完善物流分析技术。国外企业已经开发出利用 GIS 为物流分析提供专门分析的工具软件。

完整的 GIS 物流分析软件集成了车辆路线模型、网络物流模型、分配集合模型和设施定位模型等。

(1) 车辆路线模型。用于解决一个起始点、多个终点的货物运输中，如何降低物流作业费用并保证服务质量的问题，包括决定使用多少辆车、每辆车的行驶路线等。

(2) 网络物流模型。用于解决寻求最有效的分配货物路径问题，也就是物流网点布局问题。例如，将货物从 n 个仓库运送到 m 个商店，由于每个商店都有固定的需求量，因此需要确定从哪个仓库提货送到哪个商店才能使得运输成本最低。

(3) 分配集合模型。可以根据各个要素的相似点把同一层上的所有或部分要素分为几个组，用以解决确定服务范围和销售市场范围等问题。例如，某一公司要设立 x 个分销点，要求这些分销点覆盖某一地区，而且使每个分销点的顾客数目大致相等。

（4）设施定位模型。用于确定一个或多个设施的位置。在物流系统中，仓库和运输线共同组成了物流网络，仓库处于网络的节点上，节点决定着路线。如何根据仓库的实际需要并结合经济效益等原则，在既定区域内设立多个仓库，运用此模型能很容易地解决每个仓库的位置、模型以及仓库之间的物流关系等。

第三节　国际物流信息系统的设计

一、系统总体设计

在总体设计中，将过程模型转化为模块结构图，设计数据结构模型和系统平台，得到的是不依赖于任何具体的物理平台的、具有良好可移植性的系统方案。

1. 系统模块结构设计

系统模块结构设计按照结构化系统分析与设计的基本思想，根据数据流图和数据字典，借助一套标准的设计准则和图表工具，按照自上而下的原则，逐层把整个系统划分为若干个大小适当、功能明确、具有相对独立并容易实现的子系统，从而把复杂系统的设计转换为多个简单模块的设计，然后自下而上地逐步设计。组成系统的子模块之间彼此独立、功能明确，系统能够对大部分模块进行单独维护和修改。因此，合理进行系统划分和定义及数据协调是结构化设计的主要内容，子系统划分遵循以下原则：

（1）子系统具有相对独立性。子系统的划分必须使得子系统内部功能、信息等各方面的凝聚性较好，子系统之间数据的依赖性尽量小。

（2）数据冗余较小。子系统划分的结果应使数据冗余较小，否则可能引起相关的功能数据分布在各个不同的子系统中，大量的原始数据需要调用，大量的中间结果需要保存和传递，大量计算工作需要重复进行。数据冗余不但给软件编制工作带来很大的困难，而且使系统的工作效率降低。

（3）考虑管理与开发的需要。为了适应现代管理的发展，对于老系统的缺陷，在新系统的研制过程中应设法加以弥补。只有这样才不但能更准确、更合理地完成现存系统的业务，而且能支持更高层次的管理决策。子系统的划分应该考虑到管理信息系统开发分期、分步进行的特点。

（4）各类资源的充分利用。一个适当的系统划分应该既考虑到有利于各种设备资源在开发过程中的搭配使用，又考虑到各类信息资源的合理分布和充分使用，以减轻系统对资源的过分依赖，减少输入、输出、通信等设备的压力。

2. 功能模块结构

系统采用自上而下、逐层分解的方法，把整个物流信息系统的功能划分为若干子系统，用多层的、倒置的树形结构图表示系统功能的结构。图 9-1 为物流信息系统的基本划分。

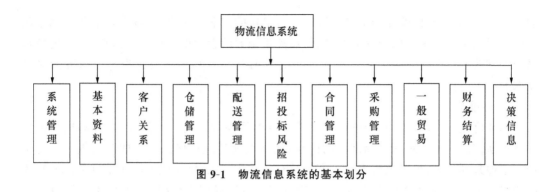

图 9-1 物流信息系统的基本划分

二、系统实施

系统实施的主要活动是根据系统设计所提供的控制系统结构图、数据库设计、系统配置方案及详细的设计资料，编制和调试程序，创建完整的管理系统，并进行系统调试、新旧系统切换等工作，将逻辑设计转化为物理实际系统。

系统实施的主要内容和步骤如下：

（1）购置和安装设备，建立网络环境。该项工作是依据系统设计中给出的管理信息系统的硬件结构和软件结构购置相应的硬件设备与系统软件，建立系统的软件、硬件平台。一般情况下，中央计算机房还需要专业化的设计及施工，为了建立网络环境，要进行结构化布线、网络系统的安装与调试。

（2）程序设计。程序设计也称软件开发。计算机程序设计的目的是实现系统分析和设计中提出的管理模式与业务应用。在进行软件开发之前，开发人员要学习所需的系统软件，包括操作系统、数据库系统和开发工具。

（3）测试系统。在进行计算机程序设计之后，需要进行系统的调试。实际上，开发人员在编写计算机程序的过程中，一直在进行调试，修改程序中的错误。在调试完成后，还必须进行专门的系统测试。通过系统的调试与测试，开发人员可以发现并改正隐藏在程序内部的各种错误，以及模块之间协同工作所存在的问题。

（4）系统转换。系统转换包括进行基本数据的准备、数据的编码、系统的参数设置、初始数据的录入等多项工作。系统在正式交付使用之前必须进行一段时间的试运行，以进一步发现并更正系统存在的问题。在系统切换和交付使用的过程中，每项工作都有很多人员参与，而且会涉及多个业务部门。因此，该阶段的组织管理工作非常重要，要做好系统转换计划，控制工作的进度，检查工作的质量，及时地做好各方面的协调，保证系统的成功转换和交付使用。

第四节 国际物流标准化

一、标准化与国际物流标准化介绍

信息技术是信息社会的重要标志之一。随着信息社会的到来，信息资源的开发、信息的生产处理和分配,已经成为世界经济中增长最快的产业之一,信息技术标准化也越来越受到人们的重视。随着电子商务的发展,物流系统的信息化要求也日益迫切,在物流信息系统的建设中,通过标准化来实现系统间的数据交换与共享已经成为电子商务的必然要求。

1. 标准化

标准化是对产品、工作、工程或服务等普遍的活动规定统一的标准,并且对这个标准进行贯彻实施的整个过程。标准化的内容,实际上就是经过优选之后的共同规则。为了推行这种共同规则,世界上大多数国家都设有标准化组织,例如英国标准化协会(BSI)、我国的国家质量监督检验检疫总局等。在国际上,国际标准化组织(ISO)负责协调世界范围的标准化问题。

2. 国际物流标准化

(1) 国际物流标准化定义。

国际物流标准化是指以国际物流为一个大系统,制定系统内部设施、机械装备、专用工具等各个子系统的技术标准;制定系统内各分领域(如包装、装卸、运输、仓储等方面)的工作标准;以国际物流大系统为出发点,研究各分系统和分领域中技术标准与工作标准的配合性,并按照配合性要求,统一整个国际物流系统的标准;研究国际物流系统与其他相关系统的配合性,进一步谋求国际物流大系统标准的统一。

(2) 国际物流标准化特点。

与一般标准相比,物流标准化的主要特点有以下几方面:

第一,物流系统的标准化涉及面广,对象也不像一般标准化系统那样单一,而且包括机电、建筑、工具、工作方法等许多种类。虽然处于一个大系统中,但缺乏共性,从而造成标准种类繁多、标准内容复杂,也给标准的统一性及配合性带来很大的困难。

第二,物流标准化系统属于二次系统。这是由于物流及物流管理思想诞生较晚,组成物流大系统的各个分系统,在没有归入物流系统之前早已分别实现了本系统的标准化,并且经过多年的应用而不断地发展和巩固,很难改变。在推行物流标准时,必须以此为依据,虽然在个别情况下可将有关旧标准推翻,在物流系统标准化的基础上建立物流标准化系统,但必然是从适应及协调角度建立新的物流标准化,而不可能全部创新。

第三,物流标准化更要求体现科学性、民主性和经济性。科学性、民主性和经济性是标准的"三性"。由于物流标准化的特殊性,必须非常突出地体现"三性",才能搞好标准化工作。科学性是要体现现代科技成果,以科学试验为基础,在物流中还要求与物流的现代化(包括物流技术与物流管理)相适应,要求将现代科技成果应用于物流大系统;否则,即使各种具体的硬技术水平再高也是空的,甚至还会起反作用。所以,这种科学性不仅反映科学技术本身的水平,还表现在其相互协调与适应能力方面,使综合的科技水平最优。

民主标准的制定,应采用协商一致的方法,广泛考虑各种现实条件,广泛听取意见,而不能过分倚重某一国家,如此才能使标准更具权威性且易于贯彻执行。物流标准化由于涉及面广,因此要想达到协调和适应,实现民主决定问题、不过分偏向某一方面意见、使各分系统都能采纳接受就更具重要性。

经济性是标准化的主要目的之一,是标准化生命力的决定因素。物流过程不能像深加工那样引起产品的大幅度增值,即便通过流通加工等方式,增值也是有限的。物流费用多开支一分,就会影响到一分的效益,但是物流过程又必须投入大量的资源,如果不注重标准的经济性,片面地强调反映现代科学水平,片面地顺从物流习惯及现状,必然会引起物流成本的增加,会使标准失去生命力。

第四,物流标准化有非常强的国际性。由经济全球化趋势所带来的国际交往大幅增加,而所有的国际贸易最终靠国际物流来完成。各个国家都很重视本国物流和国际物流的衔接,在本国物流管理发展初期就力求使本国物流标准与国际物流标准体系一致;若不如此,不但会加大国际交往的技术难度,而且更重要的是在本来就很高的关税及运费基础上会增加因标准化系统不统一而造成的效益损失,使外贸成本增加。因此,物流标准化的国际性也是物流标准与一般产品标准的重要区别。

第五,贯彻安全与保险的原则。物流安全也是非常突出的问题,往往一个安全事故会使一个公司损失殆尽,几十万吨的超级油轮、货轮遭受灭顶损失的事例也并不少见。当然,除了经济方面的损失,人身伤害也是物流中经常出现的,如交通事故的伤害,物品对人的碰撞伤害,危险品的爆炸、腐蚀、毒害等。所以,物流标准化的另一个特点是在物流标准中对物流安全性、可靠性的规定,以及为安全性、可靠性统一技术标准和工作标准。

物流保险的规定也是与安全性、可靠性有关的标准化内容。在物流中,尤其是在国际物流中,都有世界公认的保险险别与保险条款。虽然许多规定并不是以标准化形式而是以立法形式出现的,但其共同约定、共同遵循的性质是通用的,是具有标准化内涵的,其中不少手续、文件等有具体的标准化规定,保险费用等的计算也受标准规定的约束,因而物流保险的相关标准化工作也是物流标准化的重要内容。

二、国际物流标准化方法

从世界范围来看,物流体系的标准化在各个国家均处于初始阶段。在初始阶段,标准化的重点在于制定标准规格尺寸以实现全物流系统的贯通,取得提高物流效率的初步成果。所以,这里介绍的一些物流标准化方法,主要指初步规格化的方法及做法。

1. 确定物流的基础模数尺寸

物流基础模数尺寸的作用和建筑模数尺寸的作用大体相同。基础模数一旦确定,设备的制造、设施的建设、物流系统中各个环节的配合协调、物流系统与其他系统的配合就有所依据。目前,国际标准化组织中央秘书处及欧洲各国基本认定 600 mm×400 mm 为基础模数尺寸。

以该标准作为基础模数尺寸的原因可以归结如下:由于物流标准化系统较之其他标准系统建立较晚,因此确定基础模数尺寸主要考虑目前对物流系统影响最大且最难改变的事物,即输送设备。采取"逆推法",由输送设备的尺寸推算最佳的基础模数。当然,在确定基础模数尺寸时也考虑了现在已通行的包装模数和已使用的集装设备,并从行为科学的角度研究了人及社会的影响。从其与人的关系看,基础模数尺寸是最适合人体操作的最高限尺寸(见图 9-2)。

2. 确定物流模数

物流模数作为物流系统各环节标准化的核心,是形成系列化的基础。依据物流模数

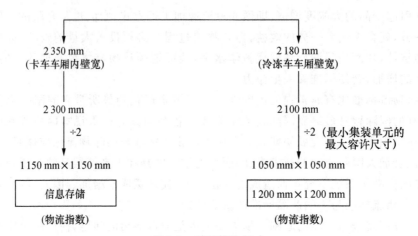

图 9-2 基础模数尺寸

进一步确定有关系列的大小及尺寸,再从中选择全部或部分,确定为定型的生产制造尺寸,这就完成了某一环节的标准系列。

由物流模数体系,可以确定各环节系列尺寸(见图 9-3)。

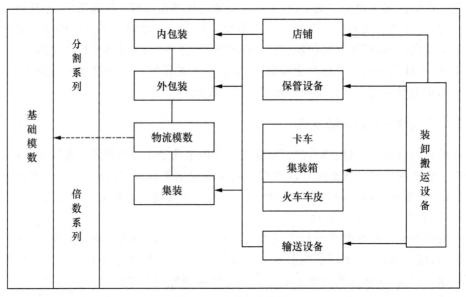

图 9-3 系列尺寸推导

目前,国际物流模数尺寸的标准化正在研究及制定中,但与物流有关的许多设施、设备的标准化大多早已发布,并由专门的专业委员会负责制定新的国际标准。国际标准化组织对物流标准化的研究工作还在进行中,对于物流标准化的重要模数尺寸已大体取得一致意见或拟订出初步方案。

作为物流标准化的基础和物流标准化首先要确定的数据,几个基础模数尺寸如下:

(1) 物流基础模数尺寸:600 mm×400 mm。

(2) 物流模数尺寸(集装基础模数尺寸):1 200 mm×1 000 mm 为主,允许 1 200 mm×

800 mm 和 1 100 mm×1 100 mm。

（3）物流基础模数尺寸与集装基础模数尺寸的配合关系如图 9-4 所示。

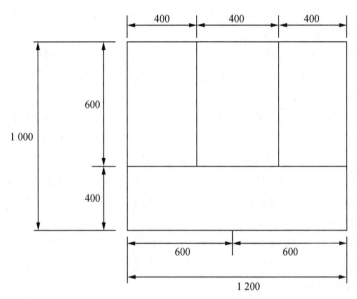

图 9-4　模数尺寸配合关系(单位:mm)

虽然上述模数尺寸尚未正式颁布实施，但是目前来看已成定局，许多国家以此为基准修改本国物流的有关标准，以便与国际发展趋势吻合。例如，英国、美国、加拿大、日本等已打算放弃本国原来使用的模数尺寸，而改用国际的模数尺寸。日本等一些国家在采用 1 200 mm×1 000 mm 模数尺寸系列的同时，还发展了 1 100 mm×1 100 mm 正方形的集装模数，并已经形成本国的物流模数系列。

日本是对物流标准化较重视的国家之一，标准化的发展速度也很快。日本政府工业技术院委托日本物流管理协会花了四年时间对物流机械、设备的标准化进行调查研究，目前已提出日本工业标准(JIS)关于物流方面的若干草案，包括物流模数体系、集装的基本尺寸、物流用语、物流设施的设备基准、输送用包装的系列尺寸(包装模数)、包装用语、大型集装箱、塑料制通用箱、平托盘、卡车车厢内壁尺寸等。

我国虽然尚未从物流系统角度全面开展各环节的标准化工作，也尚未研究物流系统的配合性等问题，但是已经制定了一些分系统的标准。其中，汽车、叉车、吊车等全部实现了标准化，包装模数及包装尺寸、托运平托盘也制定了国家标准，还参照国际标准制定了运输包装部位标示方法的国家标准。其中，联运通用平托盘外部尺寸系列规定优先选用两种尺寸：一种是 TP2，具体尺寸为 800 mm×1 200 mm；另一种是 TP3，具体尺寸为 1 000 mm×1 200 mm。还可选用一种 TP1，具体尺寸为 800 mm×1 000 mm。托盘高度基本尺寸为 100 mm 与 70 mm 两种。

三、识别与标记

1. 传统的识别与识别的标准方法

在物流系统中，识别系统是必要的组成部分之一，识别系统也是最早实现标准化的系统之一。在物流领域,识别标记主要用于货物的运输包装。传统的标准化,将包装标记分为三类,即识别标记、储运指示标记和危险货物标记。

(1) 识别标记。包括主要标记、批数和件数号码标记、目的地标记、体积重量标记、输出地标记、附加标记和运输号码标记。

(2) 储运指示标记。包括向上标记、防湿防水标记、小心轻放标记、由此起吊标记、由此开启标记、重心点标记、防热标记、防冻标记及其他诸如"切勿用钩""勿近锅炉""请勿斜放、倒置"标记等。

(3) 危险货物标记。包括爆炸品标记、氧化剂标记、无毒不燃压缩气体标记、易燃压缩气体标记、有毒压缩气体标记、易燃物品标记、自燃物品标记、遇水燃烧物品标记、有毒品标记、剧毒品标记、腐蚀性物品标记和放射性物品标记等。

在实际工作中遇到这类问题时,可以按中华人民共和国国家标准《危险货物包装标志》《包装储运指示标志》等为依据。如果是进行进出口的国际海运,可依据国际标准化组织发布的《国际海运危险品标志》识别。

采用标记的识别方法,最重要的是引起人们的注意,在实际工作中起着简明扼要的提示作用,因此标记必须牢固、明显、醒目、简要、方便阅视和正确,以便一眼即掌握要领或易于发现错误而及时纠正。

传统标记方法简单、直观,这是很大的优点。但是,正因为如此,限制了标记的内容,有许多应标记的项目不能被标记上。标记过于简单,也往往使人难以掌握得清楚、透彻。此外,一般由人来识别标记,往往是出现识别错误、造成处置失当的原因。人受识别反应速度所限,难以对大量、快速、连续运动中的货物做出准确识别。

2. 自动识别与条码标志

"自动识别+条码"是"人工识别+标志"的一大进步,这种技术使识别速度提高几十倍甚至上百倍,使识别的准确程度很高,是物流系统的重要发展。

"自动识别+条码"之所以能广泛实施,关键在于条码的标准化,使自动识别的电子数据可以成为共享的数据,这样才能提高效率。

与一般的图记标志不同的是,条码有大得多的数据存储量,可以将与物流有关的信息都包含在内,这是图记标志所不可比拟的。条码的重大缺陷是缺乏直观性,只能和自动识别系统配套使用,而无法人工识别。因此,条形码的提示、警示作用远不如图记标志。

四、自动化仓库标准

1. 名词术语的统一解释

这是自动化仓库的基础标准,统一使用词汇之后,可以避免设计、建造和使用时的混乱。一般而言,该标准大体由以下几部分内容组成:

(1) 自动化仓库的设施、建筑、设备的统一名称。包括种类、形式、构造、规格、尺寸及性能等。

(2) 自动化仓库内部定位名称。例如,日本工业标准(JIS B8940)用以下语言定位:

W 方向:与巷道机运行方向垂直的方向。

L 方向:与巷道机运行方向平行的方向。

排:沿 W 方向货位数量定位。
列:沿 L 方向货位数量定位。
层:沿货架高度方向货位数量定位。
(3) 操作、运行指令、术语等。

2. 立体自动化仓库设计通用规则

该规则包括适用范围、用语含义解释、货架、堆垛起降机、安全装置、尺寸、性能计算、表示方法等。

3. 立体自动化仓库安全标准

该部分规定了安全设施、措施、表示符号等。例如,防护棚网标准、作业人员安全规则、操作室安全规则、设备自动停止装置、设备异常时的保险措施、紧急停止装置及禁止入内等表示符号。

4. 立体自动仓库建设设计标准

该标准与一般建筑设计标准的区别在于,要根据物流器具特点确定模数尺寸。标准还包括面积、高度、层数的确定,建筑安全、防火、防震规定,仓库门、窗尺寸及高度确定等。

思考题

1. 什么是国际物流信息系统?其主要功能有哪些?
2. 结合国际物流信息技术的发展描述物流信息系统的作用。
3. 与一般的信息系统相比,物流信息系统有哪些不同点?
4. 什么是 EDI?结合实际,谈谈 EDI 在我国外贸行业中的应用。
5. 简单介绍条码技术在国际物流中的应用。
6. 简述物联网技术在国际物流中的应用。
7. 物流信息系统建设的步骤有哪些?
8. 结合其他行业的经验,简述国际物流标准化的重要意义。

案例一

用统一编码筑巢物联网

2013 年 5 月,"国家物联网标识管理公共服务平台"项目得到正式批复。该项目由中国科学院计算机网络信息中心牵头,联合工业和信息化部电子科学技术情报研究所、工业和信息化部电信研究院、中国物品编码中心三家单位,建立物联网标识统一管理和公共服务平台。2013 年 10 月,国家发改委要求各地组织开展 2014—2016 年国家物联网重大应用示范工程区域试点,支持各地结合经济社会发展实际需求,在工业、农业、节能环保、商贸流通、交通能源、公共安全、社会事业、城市管理、安全生产等领域,组织实施一批示范效果突出、产业带动性强、区域特色明显、推广潜力大的物联网重大应用示范工程区域试点项目,推动物联网产业有序、健康地发展。

物联网统一编码是根据物联网的编码现状,总结提炼出具有共性的特征,在兼顾各种标识方法特点的情况下提出科学、合理、符合我国国情并能够满足我国当前物联网发展需要的一套自主掌控、兼顾科学性与实用性、数据结构灵活可扩展、适合物联网应用需求的、科学的"物"的编码方案和统一的数据结构。

随着物联网应用的不断深入，跨系统、跨平台、跨地域之间的信息交互、异构系统之间的协同和信息共享会逐步增多，建立统一的物联网编码标识体系已成为全球共识。

2015年9月15日，由中国物品编码中心主导完成的我国首次自主可控的物联网编码国家标准《物联网标识体系 物品编码Ecode》正式发布，标准号为GB/T 31866-2015。

Ecode编码可存储于一维码（code 128编码等）、二维码（QR码、DM码、汉信码）、RFID标签（ISO/EC 18000-63, ISO/IEC 18000-3）等各种类型的载体中。在这些标签中的承载要遵循严格的数据协议，以便能够将Ecode标签与其他标签区分开。

Ecode既能实现物联网环境下对"物"的唯一编码，又能针对当前物联网中多种编码方案共存的现状，兼容各种编码方案，是适用于物联网各种物理实体、虚拟实体的编码。Ecode是构建我国互联互通的国家物联网标识公共服务平台的基础，也是物联网标识体系的核心标准。

资料来源：张旭，马应召，赵建萍. 用统一编码筑巢物联网[J]. 中国自动识别技术，2014(01)。

案例二

北斗卫星助力京东物流信息跟踪

中国北斗卫星导航系统（BeiDou Navigation Satellite System, BDS）是中国自行研制的全球卫星导航系统，是继美国GPS、俄罗斯GLONASS、欧盟GALILEO后，联合国卫星导航委员会认定的第四大核心供应商。2012年12月27日，国家正式宣布北平卫星导航系统试运行启动，标志着中国自主卫星导航产业进入崭新的发展阶段。

京东集团建设的"基于北斗的电子商务云物流信息系统项目"，在北京市经信委的大力支持下于2013年正式启动。该项目以北斗导航应用技术为基础，通过建设现代电子商务配送和服务体系，带动物流行业的流程升级，提升物流行业整体的服务水平和产业环境。这是中国最早推动北斗卫星导航民用项目之一。

该项目意义何在？其实，随时跟踪订单运送状态已经成为不少消费者网购的习惯，京东早在2012年就对自营的中小件商品实现了订单轨迹功能；然而，大件商品的订单由于商品本身的特殊性等，一直采用专业的第三方承运商配送，订单轨迹数据采集困难。无论是消费者还是电商行业，都迫切希望早日实现订单轨迹的全流程跟踪和展示，但此前国内电商在该领域的技术应用仍然是一片空白。

京东一直以技术创新驱动业务的发展，2016年成长为中国最大的自营电商企业。自2013年9月开始，京东在传站、摆渡、干支线等运输所有环节的车辆（包含货车、挂车等多个车型）上替换/全新安装北斗导航设备，并结合京东自有物流的大数据优势，进行北斗导航系统电商化应用的探索。例如，实时监控车辆速度和路线，保障驾驶安全；同时，结合北斗卫星导航系统的地理位置数据，京东还进行了深入的数据分析和挖掘，定制了仓储和站点上门接货的位置信息，设定了京东定制的服务线路，实现了物流运营时效的提升、运营成本的管控加强、消费者的透明追踪。

通过详细的产品调研和深入的内部研发,京东的第三方配送大件订单轨迹功能于2015年8月正式上线,开创了行业先河。具体来说,依托强大的北斗卫星导航技术,系统可每30秒采集一次地理位置信息,每2分钟上传一次服务器。这样,用户可以直观、清晰地看到订单的实时位置,而不再依赖物流各个站点的上传数据,购物更加高效、透明。目前,京东大件订单的配送已经覆盖全国约2 300个区县、26万个行政村,全国区县覆盖率超过80%,即使是居住在偏远地区的用户也能享受到由大件订单轨迹系统带来的优质用户体验。

资料来源:Donews,http://www.donews.com/net/201607/2934332.shtm,访问时间:2019年2月5日。有改动。

第十章

国际物流服务

本章要点

本章首先介绍了国际货运代理的相关内容,包括其服务对象、内容和作用,简述了国际货运代理的价格和合同的制定,并探讨了货运代理人的法律地位和责任。其次从实务角度分析了国际货运代理的物流运作和国际船舶代理业务。最后就第三方物流服务这一目前国际物流服务领域的热点问题进行了论述。

本章关键词

国际货运代理　国际货运代理物流运作　国际船舶代理　第三方物流服务

第一节　国际货运代理

一、国际货运代理的性质

国际货运代理来自英文"freight forwarder"一词。国际货运代理协会联合会给国际货运代理下的定义是:国际货运代理是根据客户的指示,并为客户的利益而揽取货物运输的人,其本身并不是承运人。国际货运代理也可以依自身条件,从事与运输合同有关的活动,如储货(含寄存)、报关、验收及收款等。《中华人民共和国国际货物运输代理业管理规定》给国际货运代理下的定义是:接受进出口货物收货人、发货人的委托,以委托人的名义或者自己的名义,为委托人办理国际货物运输及相关业务并收取服务费用的行业。

从国际货运代理的基本性质来看,它主要是接受委托人的委托,就有关货物运输、转运、仓储、保险,以及与货物运输有关的各种业务提供服务的一个机构。国际货运代理是一种从事承运工作的中间代理人,其本质就是"货物中间人",在以发货人和收货人为一方、承运人为另一方的两者之间行事。国际货运代理作为"货物中间人",既是发货人或收货人的代理,可以以代理人的名义及时订舱、洽谈公平费率,于适当时候办理货物递交;也可以以委托人的名义与承运人结清运费,并向承运人提供有效的服务。国际货运代理的这种中间人性质在过去尤为突出。

然而,随着国际物流和多种运输形式的发展,国际货运代理的服务范围不断扩大,其在国际贸易和国际运输中的地位越来越重要。在实践中,对于所从事的业务,国际货运代理正在越来越高的程度上承担着承运人的责任,这说明国际货运代理的角色已发生很大的变化。许多国际货运代理企业拥有自己的运输工具,用来从事国际货运代理业务,包括签发多式联运提单,有的甚至还开展物流业务,这实际上已具有承运人的特点。将来,越来越多的国际货运代理会建立自己的运输组织,并以承运人身份承担责任的方式谋求更广阔的业务发展。国际货运代理的双重身份(代理人与当事人并存)的局面仍会继续存在。

目前,国际货运代理更注重在"产品"开发上集中财力、物力以提高效益,如改善服务、开辟新航线、提供新的联运方式、开拓国际物流和增值服务等。

二、国际货运代理的服务内容

国际货运代理的业务范围很广泛,主要是接受客户的委托,完成货物运输的某一个环节或与此有关的各个环节的任务。除非客户(发货人或收货人)想亲自参与各种运输过程和办理手续,否则国际货运代理可以直接或通过分支机构及其雇用的某个机构为客户提供各种服务,也可以利用海外代理提供服务。

国际货运代理在国际贸易运输方面具有广博的专业知识、丰富的实践经验和卓越的办事能力,熟悉各种运输方式、运输工具、运输路线、运输手续和各种不同的社会经济制度、法律规定、习惯做法等,精通国际货物运输中各个环节的种种业务,与国内外各有关机构(如海关、商检、银行、保险、仓储、包装和各种承运人等)有着广泛的联系,并且在世界各地建有客户网络和自己的分支机构,这使得他们在国际货物运输中起着任何其他人都取代不了的作用。

国际货运代理的服务对象包括发货人(出口商)、收货人(进口商)、海关、承运人、班轮公司、航空公司,在物流服务中还包括工商企业等。为此,国际货运代理要细分市场、识别客户需求,以便确定相应的服务内容。

在实务中,国际货运代理可根据不同的对象确定某项或若干项服务,根据客户的需求并结合自身实际,确定具体可涵盖的服务内容的深度和广度。

1. 国际货运代理为发货人提供的服务

就出口方面而言,国际货运代理可提供的服务项目主要有:

(1) 为出口商(发货人)选择运输路线、运输方式(海运、陆运、空运、邮政、多式联运)和适当的承运人,并争取优惠运价。

(2) 为所选定的承运人揽货并办理订舱,如为集装箱运输办理订箱。

(3) 从货主的存货地点提取货物并送往指定的港、站。

(4) 根据信用证条款和有关主管部门的规定缮制各种有关的单证。

(5) 根据货主的委托,办理打包、存仓、报检、保险及装箱理货等有关事务。

(6) 货物集港(或集站)后办理报关并进行监装(指装船或拼箱货的装箱)。

(7) 货交承运人后,凭大副收据换取已签署的正本海运提单,并交付发货人。例如,为集装箱运输,于整箱交付承运人或拼箱交付货运站(CFS)后应取得场站收据(D/R),凭此换取集装箱提单或多式联运提单。

(8) 办理议付结汇(根据委托而定)。

(9) 支付运费和其他费用。

(10) 根据委托安排货物转运(转运是指从国内始发地将货物转运至出境地)。

(11) 记录货物残短或灭失情况(如发生灭失或残短)。

(12) 协助发货人向有关责任方进行索赔。

(13) 与委托方进行结算。

(14) 提供货运信息、资料和咨询服务等。

就进口方面而言,国际货运代理可提供的服务项目主要有:

(1) 向收货人通报有关的货物动态。

(2) 接受并核查有关的运输单据。

(3) 货物到达目的港(地)后办理接货、监卸。例如,为集装箱运输的整箱货办理接箱,为拼箱货在货运站(CFS)办理提货等事宜。

(4) 办理报关、纳税、结关。

(5) 向承运人支付运费(如属到付运费)。

(6) 根据委托安排存仓或转运(指从进境地将货物转运至指运地)或分拨。

(7) 向收货人交付货物并进行结算。

(8) 必要时协助收货人向有关责任方办理索赔事宜。

2. 国际货运代理为海关提供的服务

货运代理一般具有报关人资格,能够代办进出口货物报关业务。当货运代理作为报关人办理进出口货物的海关手续时,他不仅代表客户,还要对海关负责,在法定的单证中正确申报货物的金额、数量和品名,以便政府对进出口货物实施监管,确保关税不受损失。

代办进出口货物报关已成为货运代理的一项必不可少的业务。如果货运代理没有报关人资格,不能代办进出口货物报关业务,他就无法提供从租船订舱到将货物运抵目的港并交给收货人的全程运输代理服务,其服务质量和效率将要大打折扣。

3. 国际货运代理为承运人提供的服务

国际货运代理为承运人及时地订好足够的舱位,认定对承运人和发货人都公平合理的费率,安排在适当的时间交货,以发货人的名义解决与承运人的运费结算等问题。

4. 国际货运代理为班轮公司提供的服务

货运代理与班轮公司的关系随业务的不同而不同。货运代理为班轮公司争取货源,订好足够的舱位,安排在适当的时间交货,并以发货人的名义解决与承运人运费账务等问题。近年来,由货运代理提供的拼箱服务,即拼箱货的集运服务已建立了他们与班轮公司及其他承运人(如铁路)之间的一个较为密切的联系。

5. 国际货运代理为航空公司提供的服务

国际货运代理在空运业务中,充当航空公司的代理,并在国际航空运输协会以空运货物为目的而制定的规则中,被指定为国际航空运输协会的代理。在这种关系中,国际货运代理利用航空公司的服务手段为货主服务,并由航空公司支付其佣金。同时,国际货运代理也可将用于空运的方式,建议给发货人或收货人,继续为他们服务。

6. 转运代理服务

国际货运代理作为转运代理,主要负责选择样品、再包装、二次货运代理。

7. 作为委托人,提供拼箱服务

随着国际贸易中集装箱运输的增长,货运代理业务中引进了拼箱服务。在这种服务中,货运代理把同一地多个发货人发往同一目的地的小件货物集中起来,作为整箱货发运到目的地,交给货运代理在当地的代理,并通过他们把单票货物分交给各个收货人。货运代理将签发的提单——"分提单"或其他类似的收据,交给每一票货的发货人,货运代理的代理在目的地凭提单将货交给收货人。

拼箱货的发货人和收货人不直接与承运人联系。对于承运人来说,发货地的货运代理是发货人,而在目的地的货运代理的代理是收货人。因此,承担集运货物的承运人给货运代理签发的是"全程提单"或货运单。如果发货人、收货人有特殊要求,货运代理也可以在出运地提货、在目的地交付,即提供门到门的服务。

8. 作为经营人,提供多式联运服务

货运代理作为多式联运经营人,收取货物并签发多式联运提单,在一个单一的合同下承担承运人的风险责任,组织货物运输和保管,通过多种运输方式进行门到门的货物运输,为货主提供一揽子的运输服务。在运输中,他可以与其他承运人或代理分别谈判并签订合同,但是这些分拨合同不会影响多式联运合同的执行,即不会影响对发货人的义务和在多式联运过程中对货损及灭失所承担的责任。

9. 提供物流服务

提供物流服务是国际货运代理满足客户的更高要求、提高市场竞争力、顺应国际发展的一种新趋势。国际货运代理必须具备提供物流服务的技能。物流服务是一项从生产到消费的高层次、全方位、全过程的综合性服务。与多式联运相比，物流服务不但提供一条龙的运输服务，而且延伸到运输前、运输中、运输后的各项服务。总之，凡与运输相关的、客户需要的服务，均为其服务的内容，而且要求做到高速度、高效率、低成本、少环节、及时、准确。这就要求国际货运代理熟悉客户的业务，了解客户生产乃至销售的各个环节，主动为客户设计、提供客户所需，从而在运输的延伸服务中获得附加值。

三、国际货运代理的作用

在社会信息高度发展的今天，信息不受行业、地区和国界的限制，货运代理掌握信息后就能为委托方提供优质服务。货运代理不拥有硬件（如运输工具、仓库等），但可以利用经营管理和服务网络，通过货运代理及其雇用的其他代理机构为客户服务，也可以利用海外代理提供服务。国际货运代理被认为国际运输的组织者，也被誉为国际贸易的桥梁和国际货物运输的设计师。

国际货运代理协会联合会把货运代理的作用归纳为以下六个方面：

（1）能够提供优质服务，为委托人办理国际货物运输中每一个环节的业务（如货物的承揽、交运、拼装、集运、接卸、交付），接受委托人的委托，办理货物的保险、海关、商检、卫检、动植检及进出口管制等手续。

（2）能够把小批量的货物集中为成组货物进行运输，既方便了货主，又方便了承运人。对于货主，这可以取得优惠运价而节省运杂费用，降低货物运输成本；对于承运人，能够简化揽货业务，降低接收货物费用，获得比较稳定的货源。

（3）能够根据委托人托运货物的具体情况，综合考虑运输中的安全、时间、运价等各种因素，使用最适合的运输工具和运输方式，选择最佳的运输路线和运输方案，协调货主、承运人及其与仓储保管人、保险人、银行、港口、机场、车站、海关、商检和卫检等有关机构的关系，把进出口货物安全、迅速、准确、节省、方便地运往目的地。

（4）能够利用发达的服务网络和先进的信息技术手段，保持货物运输关系人之间的有效沟通，掌握货物的全程运输信息，对货物运输的全过程进行准确跟踪和控制，随时向委托人报告货物在运输途中的状况。

（5）能够就运费、包装、单证、结关、检验及金融等方面提供咨询，并对国外市场的价格和销售情况提供信息与建议，协助委托人设计、选择适当的处理方案，避免、减少不必要的风险、周折和浪费。

（6）不但能够组织和协调运输，而且能够开发新运输方式、新运输路线以及制定新的费率。

总之，国际货运代理是整个国际货物运输的设计师和组织者，特别是在国际贸易竞争激烈、社会分工越来越细的情况下，他们的地位越来越重要、作用越来越明显。目前在我国，80％以上的外贸进出口货物是通过货运代理来组织、安排运输的。

四、国际货运代理服务价格的确定

国际货运代理通过细分市场，根据客户需求确定服务内容、开发服务产品后，还应确定合理的服务价格，进行成本控制。寻找新的成本节约途径，有助于提高服务在市场中的竞争力。

价格的合理与否、是否有竞争性直接影响到货物的揽取，所以合理的定价机制非常重要，有助于建立产品的市场定位。定价方式多种多样，有成本利润法、市场渗透法、撇脂价格法等。定价方式的采纳一般要看市场的供求关系和企业自身在市场中的定位目标。一般而言，市场定价是最常用的手段之一。价格的确定要采取一定的灵活度，灵活度可以根据市场环境的变动和客户需求的差异性、具体成本因素等众多方面来综合考虑。

价格的稳定性和灵活性是定价中要考虑的两个方面，作为货运代理企业，应通过各种手段使价格水平保持在一个比较合理的水平内，使这个行业的基本利润和再发展所需的资金有一定的保障，涉及主要收费项目的调整应充分利用各种协会、组织并联合货运代理同行协商解决。过分激烈的竞争甚至是内部恶性竞争无疑会削弱货运代理行业的整体竞争力。因此应提倡在系统内部和系统外部建立价格协调机制，有条件的企业可在内部推出一些指导价格，尤其要反对系统内部同行之间不必要的价格战，但暴利行为也不利于与客户建立长期的关系。

五、货运代理合同的签订

委托人和货运代理之间是委托与被委托的关系。这种委托代理关系，必须由一方提出（书面）、经另一方接受（书面）才能成立。长期的委托代理关系应签订协议或合同，委托方的要求（指示）和被委托方的义务应在协议或合同中做出明确的规定。临时的委托代理关系应由委托人填写委托申请单。《中华人民共和国国际货物运输代理业管理规定实施细则》第三十六条规定，国际货运代理企业作为代理人接受委托办理有关业务，应当与进出口收货人、发货人签订书面委托协议。双方发生业务纠纷，应当以所签书面协议作为解决争议的依据。国际货运代理企业作为独立经营人，应当向货主签发运输单证。货运代理与业主发生业务纠纷，应当以所签运输单证作为解决争议的依据；与实际承运人发生业务纠纷，应当其与实际承运人所签运输合同作为解决争议的依据。

确定客户服务内容与价格后，便可以考虑与客户签订货运代理合同。合同即意味着合意，合同成立的先决条件是：双方同意、订立合同方有法律能力、无欺诈行为、订立内容合法。签订货运代理合同应遵守有关货运代理业务的法律法规。

在订立一般合同时，货主、货运代理或承运人的责任区分依照适用的标准交易条款、所在国立法和国际公约。一般合同不一定要以正式文件表达，合同成立可能基于一种或多种单证，包括货主的托运指示（托运运单等），报价，担保或其他合同，提单、运单等，隐含承诺或指示的任何通信。

特殊合同一般都有标准和固定的格式。在签署特殊合同之前，一定要仔细且全面地审核合同并考虑到客户在质量方面的期望和要求，审阅过程应以文件形式保留下来并归档，以便相应的授权人和部门能及时获得单证。

《中华人民共和国国际货物运输代理业管理规定实施细则》明确规定了货运代理既可以作为进出口货物收发货人的代理人也可以作为独立经营人从事货运代理业务。依据我国立法,涉及货运代理业务的合同主要分为两大类:代理人合同和契约承运合同。由于当事人和代理人在立法上涉及的责任与风险迥异,在实际订立合同时一定要注意两者之间的区别。

1. 代理人合同

作为代理人,货运代理应以代理人名义为客户组织货源出运并收取一定的佣金,其基本职责是谨慎行事,选择分包方(如航运公司和仓储公司等)。如果货运业务中发生问题,货运代理作为中介人必须采取合理措施、有效手段保护客户或委托人的利益;如有疑虑,则应及时征求委托人的意见。

2. 契约承运合同

一般来说,纯粹代理业务风险较低,但获利能力也较低。随着国际物流的发展和运输环境的改变,在很多国家,货运代理已经更多地充当契约承运人的角色,为客户以自己的名义提供运输和一系列相关增值服务。风险则通过保险来规避。当然,要以承运人身份为客户提供服务,先决条件往往是建立良好的客户网络。

契约承运合同一般规定托运人和承运人的责任,合同成立的方式一般为托运单、提单、运单等。作为当事人,承运人可以利用自己或第三方的设施安排货运,并向托运人收取一定费用。很多国际公约对实际承运人和契约承运人有区分,但由于在某些国家货运代理有权自行订立契约而无须告知客户,因此在实际业务中往往会存在一些法律上的风险。根据具体业务情况,契约承运人又称无船承运人或多式联运承运人。这种业务模式一般包括:签署货代提单;部分承担承运人义务,如陆路拖车运输;用自己的承运工具承担头程或/和二程运输。

六、货运代理的法律地位和责任

在货运代理中,不论代理人是以委托人的名义还是以自己的名义,只要是为了委托人的利益与第三人订立合同或从事其他法律行为,货运代理处于代理人地位,其行为后果最终由委托人承担。货运代理的业务是多方面的,但作为代理人对被代理人承担的最基本义务是谨慎、勤勉地照管被委托的货物及遵守委托人的指令,这与传统代理理论中代理人对被代理人的义务是吻合的。由于货运代理的复杂性,在不同情况下,货运代理处于不同的法律地位,从而承担不同的责任。

1. 一般代理

货运代理以委托人名义与第三方订立合同,理所应当取得代理的法律地位,其行为所产生的法律后果由委托人承担。同时,代理人应尽其义务,若由于过失或疏忽未履行义务或履行义务不当,货运代理应对委托人承担责任。

2. 隐名代理

属于英美法系中的隐名代理,相当于大陆法系中直接代理的一种形式,表现为代理人不公开委托人的身份,而以自己的名义与他人订立合同,但在合同中声明其作为代理人。这种形式在货运代理实务中较为多见。根据《中华人民共和国国际货物运输代理业管理规定》精神及国际流行做法,应当肯定货运代理作为代理人的法律地位,并承担相应的责任。

3. 间接代理

关于间接代理人的法律地位和责任,大陆法系认为,代理人在间接代理情况下与第三方订立的合同,当事人是代理人与第三方,而不是委托人和第三方。委托人不能仅凭该合同直接向第三方主张权利,只有当代理人将其从这份合同中所取得的权利义务转让给委托人后,委托人才能向第三方主张权利,并最终承担间接代理的行为后果,而代理人承担与第三方订立合同所产生法律后果的直接责任。英美法系有一种不披露代理关系的代理,相当于大陆法系的这种间接代理。英美法系也认为在不披露代理关系订立的合同中,代理人应当对该合同负责。但与大陆法系不同的是,未经披露的委托人无须经过代理人把权利转移给他,就可以直接向第三方主张权利,这是委托人的介入权。而第三方一经发现未经披露的委托人,也可以直接向第三方主张权利。

《中华人民共和国国际货物运输代理业管理规定实施细则》允许货运代理人以自己的名义为委托人服务,即肯定了间接代理。但具体到间接代理下货运代理对委托人和第三方承担的责任范围,以及委托人是否享有介入权,现行法律没有明确规定,只能理解为代理人对内(委托人)对外(第三方)均承担合同的直接责任。其法律后果有两种:一方面,当委托人不能如期提供货物等,造成滞期费等损失,第三方只能向代理人提出赔偿要求。当然,代理人可以按照委托代理协议向委托人追究责任,但若委托人信誉不佳或破产,则会使代理人承担无法转移责任的风险。另一方面,如果第三方违约,代理人有义务直接向第三方提出索赔,并承担索赔不当时对委托人造成损失的责任。有鉴于此,在目前我国代理立法尚不完善的情况下,建议代理人进行货运代理时,尽量避免采取间接代理形式,从而避免承担过多的风险与责任。

4. 连环代理

在连环合同中,货运代理作为独立经营人出现,与前三种以代理人身份出现有很大不同。在前三种情况下,货运代理人为委托人服务收取的是代理费或佣金;但是,货运代理人签订连环合同的目的是赚取合同差价,不具有代理人的法律地位,由此产生不同的义务与责任。对于货运代理企业与托运人签订的运输合同而言,货运代理企业承担承运人的义务;对于货运代理企业与承运人签订的合同而言,货运代理企业承担托运人的义务。如此双重身份使任何合同的不能履行,都可能构成货运代理企业的责任。

5. 其他代理

在这种情况下,货运代理人同样是作为独立经营人出现,并承担运输合同中承运人的义务。若在运输过程中,因操作人员疏忽而造成货物损坏或丢失,则货运代理人应承担损坏赔偿责任。

以上根据货运代理人从事不同的业务内容以及采取不同的业务手段,对其法律地位及责任进行了具体分析。据此,货运代理人在从事代理业务时,应当明确责任、降低风险,以避免不应有的损失的发生。同时,我国也应当进一步加强货运代理方面的立法,促进货运代理业的健康发展。

第二节　国际货运代理物流运作

一、FOB 贸易术语条件下的物流运作

在采用 FOB 术语签订买卖合同之后,买卖双方在装运港交接货物,卖方只负责按合同将货物装上买方指定的船,而买方负责包括租船订舱等运输活动,将货物运回目的港。

买卖双方应当按照如下的过程完成商品的交付,其中许多业务需要委托代理人办理。

(1) 买方根据货物的具体情况决定租船或者订舱,并向进口地船舶代理人发出订立国际海洋货物运输合同的请求。

(2) 进口地船舶代理人向海运承运人发出订立国际海洋货物运输合同的请求。

(3) 海运承运人确认合同订立,并告知船名、航次及到达装货港的大致时间。

(4) 进口地船舶代理人将船名、航次及到达装货港的大致时间等信息转告买方。

(5) 买方通知卖方承运人、船名、航次及到达装货港的大致时间,提示卖方备货。

(6) 海运承运人委托出口地船舶代理人安排船舶靠泊、接受货物以及授权签发提单。

(7) 海运承运人告知船长装货港及出口地船舶代理人。

(8) 船长与出口地船舶代理人联络确认船舶停靠泊位、时间。

(9) 出口地船舶代理人向卖方发出装船指令。

(10) 卖方备货完毕后办理出口清关手续。

(11) 海运承运人与装卸公司签订装货合同,并支付装船费用。

(12) 装卸公司将货物装上船舶。

(13) 船长或者大副签发大副收据交给卖方。

(14) 卖方立即将货物已装船的信息(包括船名、航次、承运人及货物数量等)通知买方。

(15) 买方与保险公司签订保险合同。

(16) 卖方凭大副收据向出口地船舶代理人要求签发提单,出口地船舶代理人签发提单。

(17) 卖方将全套出口单据转交买方。

(18) 买方支付货款给卖方。

(19) 船长向进口地船舶代理人递交卸货清单,船舶代理人指示停靠泊位。

(20) 进口地船舶代理人向买方发出到货通知。

(21) 买方向进口地船舶代理人出示提单,进口地船舶代理人收回提单并签发提货单。

(22) 买方办理进口清关。

(23) 买方与装卸公司签订卸货合同。

(24) 装卸公司凭提货单将货物从船上卸下,交给买方。

可以看出,在 FOB 条件下,卖方在装运港的船边将货物交给承运人即完成交货义务,整个物流过程在装运港船边被人为地分割,不便进行全程物流管理。

二、CIF 贸易术语条件下的物流运作

在买卖合同采用 CIF 术语签订之后,买卖双方在目的港交接货物,卖方负责租船订舱并按合同将货物装送达目的港。

买卖双方应当按照如下的过程完成商品的交付,同样需要代理人提供代理人服务。

(1) 卖方根据货物的具体情况决定租船或者订舱,并向出口地船舶代理人发出订立国际海洋货物运输合同的请求。

(2) 出口地船舶代理人向承运人发出订立国际海洋货物运输合同的请求。

(3) 海运承运人确认合同订立,并告知船名、航次及到达装货港的大致时间。

(4) 海运承运人通知船长装货港及出口地船舶代理人。

(5) 船长与出口地船舶代理人联络并确认船舶停靠泊位、时间。

(6) 出口地船舶代理人向卖方发出装船指令。

(7) 卖方备货完毕后办理出口清关手续。

(8) 卖方与装卸公司签订装货合同,并支付装船费用。

(9) 装卸公司将货物装上船舶。

(10) 船长或者大副签发大副收据并交给卖方。

(11) 卖方与保险公司签订保险合同。

(12) 卖方凭大副收据要求出口地船舶代理人签发提单,出口地船舶代理人签发提单。

(13) 卖方将全套出口单据转交买方。

(14) 买方支付货款给卖方。

(15) 海运承运人与进口地船舶代理人签订船舶代理人委托合同。

(16) 海运承运人告知船长船舶代理人事宜。

(17) 船长向进口地船舶代理人递交卸货清单,船舶代理人指示停靠泊位。

(18) 进口地船舶代理人向买方发出到货通知。

(19) 买方向进口地船舶代理人出示提单。

(20) 进口地船舶代理人收回提单并签发提货单。

(21) 买方办理进口清关。

(22) 买方与装卸公司签订卸货合同。

(23) 装卸公司凭提货单将货物从船上卸下并交给买方。

可以看出,在 CIF 条件下,整个物流过程同样被人为地在船边分割,只不过是在目的港,同样不适合全程物流管理。

三、FCA 贸易术语条件下的物流运作

为了适应国际多式联运的发展,国际商会在《1990 年国际贸易术语解释通则》中增加了 FCA 贸易术语,并根据国际多式联运的实践,在《2000 年国际贸易术语解释通则》出版时对 FCA 贸易术语进行了重要的修订。FCA 术语的基本含义是:卖方在规定的时间和指定的地点把货物交给承运人照管并办理出口清关手续后,就算完成了交货义务。FCA

术语更好地满足了贸易商的需求,而且使物流运作更便捷。

在 FCA 条件下,承运人为合同承运人,交货地点可以通过合同指定。在买卖合同采用 FCA 术语签订之后,买卖双方应当按照如下的过程完成商品的交付。

(1) 买方根据货物及买卖合同约定的具体情况安排运输,向进口地货运代理人发出订立国际货物运输合同的请求。

(2) 进口地货运代理人向合同承运人发出订立国际货物运输合同的请求。

(3) 合同承运人确认合同订立,并告知第一程的实际承运人、运载器名称、接收货物的地点以及接收货物的大致时间。

(4) 进口地货运代理人将第一程的实际承运人、运载器名称、接收货物的地点以及接收货物的大致时间等信息转告买方。

(5) 买方将合同承运人、第一程的实际承运人、运载器名称、接收货物的地点以及接收货物的大致时间通知卖方,提示卖方备货。

(6) 合同承运人委托出口地货运代理人安排第一程运输、接收货物,并授权签发货物收据。

(7) 合同承运人安排各分段承运人,并指示货运代理人负责协调买卖双方之间的衔接。

(8) 第一程实际承运人与出口地运输代理人联系,确认运载器、装货时间和装货地点。

(9) 出口地运输代理人向卖方发出装货指令。

(10) 卖方备货完毕后办理出口清关手续。

(11) 卖方自行安排运输将货物送至指定交货地点,但不负责卸货。

(12) 第一程承运人负责卸货并承担第一程运输。

(13) 第一程承运人签发货物收据给卖方。

(14) 卖方立即将货物已交付的信息(包括运载器名称、承运人、货物数量和交货时间等)通知买方。

(15) 买方与保险公司签订保险合同。

(16) 卖方凭第一程承运人签发的货物收据,要求出口地运输代理人签发货物收据,出口地运输代理人签发货物收据。

(17) 卖方将全套出口单据转交买方。

(18) 买方支付货款给卖方。

(19) 最后一程承运人向进口地运输代理人递交卸货清单,运输代理人指示货物交付地点。

(20) 进口地运输代理人向买方发出到货通知。

(21) 买方向进口地运输代理人提交货物收据,进口地运输代理人收回货物收据并签发提货单。

(22) 买方办理进口清关。

(23) 买方凭提货单到最后一程承运人处提取货物。

可以看出,在 FCA 条件下,整个物流过程完全由合同承运人掌控,这就为国际货运代理企业开展第三方物流创造了极好的条件。

第三节　国际船舶代理

国际航运船舶可能驶向世界许多港口。当船舶抵达一个港口之前,需要做很多准备工作,例如办理船舶进港申报手续、安排引航和泊位、联系燃料和生活用品补给等。船舶到达港口后,仍然有许多事情要做。当船舶抵达的港口不在航运公司所在地时,航运公司无法亲自管理这些船舶、办理有关业务。对此,可通过两种途径解决:一是在船舶抵达港口设立办事机构,二是委托当地专门为船舶运营提供服务的机构代办船舶在港一切业务。

的确,许多著名的大型航运公司在世界重要港口设立办事机构,但是不论航运公司的实力多么雄厚,出于经济考虑,也不可能在所有可能挂靠的港口都设立办事机构。因此,委托当地代理人代办船舶在港的一切业务,已成为国际航运中普遍采用的最经济和最有效的做法。

一、船舶代理

所谓船舶代理(Ship's Agent),是指接受船舶所有人、船舶经营人、承租人或货主的委托,在授权范围内代表委托人办理在港船舶业务、提供有关服务或完成在港船舶其他经济法律活动的代理机构。

船舶代理业属于国际航运服务业。船舶代理机构可以接受与船舶有关的任何人的委托,办理各种航运业务。设在各港口的船舶代理机构,熟悉本港和本地区有关机构情况,了解本国法律、法规和习惯,长期从事代理工作,积累了丰富经验,因此往往能比船公司更有效地办理船舶在港的各项业务,节省船舶停港时间,加快船舶周转,提高船舶运营经济效益。

1. 船舶代理关系类型

船舶代理关系必须经过委托人授权和代理人接受这一过程方能建立,即船公司或与抵港船舶有关的当事人提出代理要求,若代理人同意,则船舶代理关系宣告建立。

在船舶到达国外港口之前,船公司通常要在船舶到达港为自己的船舶选定代办船舶在港业务的代理人,并与代理人签订协议,在指定的业务范围内授权代理人,与代理人建立代理关系。

根据船舶到达某一港口的频繁程度,船公司可以与代理人建立长期代理关系或航次代理关系。

(1) 长期代理(Agency on Long-term Basis)。对于船舶经常到达的港口,船公司通过一次委托,与代理人建立长期代理关系。这样,船舶代理长期为到港的属于委托公司所有的船舶提供服务。建立长期委托可以简化委托和财务结算手续,班轮运输航线上固定挂靠的港口,非常适合建立长期代理关系。

(2) 航次代理(Agency on Trip Basis)。对于没有建立长期代理关系的船公司的船舶,每次到港前由船公司向代理人逐船、逐航次办理委托,并由代理人逐船逐航次接受这种委托。适合按航次委托代理的船舶一般是:承运FOB出口货物和CIF或CFR进口货物的国外派船,本国承租人为承运 FOB 进口货物和 CIF 或 CFR 出口货物而租用的外籍船舶,来港修理、船员就医或补给供应品的船舶。办理航次代理时,船公司必须在船舶抵港前,以书面形式向到达港口的代理人提出委托,并在船舶抵港前一定时间内,将有关文件寄给船舶代理。经船舶代理人审查,明确费用分担和结算,并向委托公司索汇备用金,则认为航次代理关系已建立。

2. 备用金

(1) 备用金的索汇。备用金是指委托方给船舶代理用于支付船舶在港期间所发生的一切费用的预付款。在代理关系建立后、船舶到港前,船舶代理必须向委托方索汇备用金,而且在需要时随时提出增加额度要求。根据船舶代理不为委托人垫付任何款项的惯例,委托方必须及时将备用金汇至船舶代理处;否则,由此造成船舶延误及其他损失或费用均由委托方负责。从这一意义上说,委托人汇寄备用金是建立船舶代理关系的必要条件之一。

船舶代理估算备用金数额的依据是船舶总吨位和净吨位、装卸货物的种类、数量,以及船舶在港的任务或者船舶增添燃料、物料、淡水、食品等数量。

对于长期代理关系的委托人,由于双方在长期往来中建立了较好的业务往来关系,对彼此的经营和财务经济状况有了较好的了解和信任,而且船舶代理可以按需随时提出增汇,因此委托人只需预付可供船舶逐航次使用的适当数额的备用金即可。但是,对于初次来港或不经常来港的船舶,则须充分估计可能发生的费用,正确估算数额并略加余量,分列费用项目向委托人索汇备用金。

(2) 备用金结算。船舶离港后,船舶代理应及时汇总船舶在港期间所支付的各项费用和应收取的代理费,详细列出"航次结账单",连同所付的各项收费单据和代理费收据寄交委托方,并将备用金余额退回或结存,这项业务就是备用金结算。

船舶代理在支付船舶在港期间各项费用时,应根据船舶来港任务和代办事项,按照有关费用项目、费率、条款或协议,认真核对账单。对于不能承付费用的项目,应按不同收费单位,分别制作包括船名、委托方、费用项目、费用金额、拒付理由和拒付日期等内容的拒付理由书,交收费单位。如果账单正确,则应及时支付费用。

不论是长期代理还是航次代理,备用金的结算都应以"一船一结"为原则,并且在船舶离港后及时制作航次结账单,并将航次结账单和所付费用的原始单据寄交委托方。所不同的是,在航次代理的情况下,备用金按航次结算,船舶代理在寄交航次结账单及随附各项收费单据的同时,应将备用金余额退还委托方,或根据委托方的要求将余额结存。而在长期代理的情况下,备用金则不必按航次结清,但在船舶离港后,仍须及时将航次结账单及随附各项收费单据寄交委托方,并按月向委托方抄送往来账目,核清账目。

二、船舶代理业务

船舶代理业务范围很广,不仅原船公司自行办理业务可以委托船舶代理代办,而且一些应由货主办理的、与货运有关的业务也可以委托船舶代理办理。这里先介绍船舶在港期间船舶代理的主要业务。

1. 船舶进港手续

在我国,凡航行于国际航线的船舶,不论是外国还是本国船,在进出港口前,船舶代理应事先联系边防检查站(移民机构)、检验检疫机构、港口海事机构和海关等口岸机构办理船舶进出港手续。我国遵循《便利国际海上运输公约》的原则,为船舶进出港制定了相应的便利办理有关手续的规定。

(1)海关手续。海关是国家的进出关境监督管理机关。根据海关法和国家其他有关法律、法规的规定,船舶应当在设有海关的港口进出境、停泊以及装卸货物、物品和上下人员,并接受海关监管。船舶代理应当在船舶到港和离港前24小时通知海关,将船舶装卸货物、物品的时间事先报告海关。

另外,根据各国有关缴纳船舶吨税的法规规定,凡从事国际贸易货物运输的外国籍船舶进入对外开放港口,必须按照船舶吨位按次或按月、季、年缴纳船舶吨税。在缴纳吨税时,船舶代理应向海关提交吨税缴纳书,海关据以计算应收吨税后,将吨税收款单交船舶代理,船舶代理凭单向指定银行缴纳吨税。

(2)检验检疫手续。检验检疫手续由设在口岸的出入境检验检疫局负责管理,包括卫生检疫手续和动植物检疫手续两项。

为了防止传染病传入或传出,卫生检疫机构执行传染病监测、预防接种、卫生监督、卫生处理和进口食品检验等任务。船舶代理应当在船舶到达以前,尽早向卫生检疫机关报告有关船名、国籍、预定到达检疫锚地的日期和时间,船员和旅客人数,货物种类等事项。

为了防止因动植物的进出口而使病菌或害虫传入国内或向国外传播,各国都规定必须经过检疫才能办理进出口货物报关手续。对动植物的检疫包括对活动物和死动物及动物的骨、肉、皮、毛和容器的检疫,以及对植物、种子、生果实及其包装容器等的检疫。船舶代理应向动植物检疫机关报告船舶所载动植物、动植物产品或其他检疫物的具体名称、数量、装载港及其产地。

(3)边防检查手续。出入境边防检查站是国家设在对外开放口岸的出入境检查管理机关,执行维护国家主权、安全和社会秩序,便利出境、入境的人员和交通运输工具的通行等任务。出入境船舶在离抵口岸时,必须接受边防检查,入境检查在最先抵达的口岸进行,出境检查在最后离开的口岸进行。特殊情况经主管部门批准可以在特许地点进行。船舶代理应当事先将出入境船舶抵达口岸的时间、停留地点和载运人员、货物情况向有关边防检查站报告,在船舶抵达口岸时,船舶代理必须向有关边防检查站申报船员和旅客的名单。

(4)海事监督手续。海事监督机构的主要职责是:贯彻执行国家有关水上交通安全和船舶防污法规,制定具体管理规定,并监督有关各方遵照执行;对船舶进行注册登记,签发船舶所有权证书和国籍证书;监督船舶的人员配备,签发海员证、船员适任证书等有关证书文件;审批外国籍船舶进入我国内水和港口的申请,对外国籍船舶实施检查和强制引航;监督船舶的技术状况、航行情况和安全装载情况;维护水上交通秩序,组织指挥海难搜救,调查处理船舶水上交通和船舶污染事故;对违反我国水上交通监督管理有关法律法规及规章的船舶,海事监督机构有权给予警告、罚款和令其停航、改航、返航或在一定时间内禁止其离港或停止作业;对违反水上交通监督管理行为的船员及有关人员,可给予警告、扣留或吊销适任证书、罚款处罚等。

船舶代理应当在船舶预计抵达口岸7日前（航程不足7日的，在驶离上一口岸时），填写"国际航行船舶进口岸申请书"，报请抵达口岸的海事局审批。拟进入长江水域的船舶，船舶代理应当在船舶预计经上海港区7日前（航程不足7日的，在驶离上一口岸时），填写"国际航行船舶进口岸申请书"，报请抵达口岸的海事局审批。船舶经海事局审批准许入境后，船方或其代理应及时通知海关、边防检查机关和检验检疫机关。

2. 船舶出港手续

船舶出港手续比船舶进港手续简便，除了向海关、海事监督机构和港口当局提出出港申请并向海关交验、缴纳吨税收据，在货物装船完毕后，还需编制出口货物清单（舱单），经船长签字后向海关办理船舶出港报关。海关查验无问题，船舶可以起航出港。

3. 出口货运业务

出口货运业务主要包括货物承运、联运货物的中转换装、绘制积载图、编制货运单证、计算运费及签发提单。在班轮运输和租船运输中，承运人和租船人都可委托代理代办这些业务。

(1) 货物承运。代理既可以接受船公司委托，在装货港代表船公司办理货物承运工作，也可以接受货主委托，代办货物订舱和托运工作。船舶代理还可以同时接受船公司和货主的委托，分别做他们的船舶代理。

船舶代理在代表船公司办理货物承运工作时，流程与船公司自行办理一样，同样，代表货主办理订舱和托运也与货主自己办理一样。

对于FOB出口的货运，买方可能委托装货港的船舶代理办理订舱货运，也可能派船来港装运。如果是前者，船舶代理可以像处理CIF价格出口货运那样，将货主订舱的货载分配给他所代理的船舶。如果是后者，船舶代理只作为买方派船的船舶代理代办货物承运及有关货物装船业务。

(2) 国际海上联运货物的中转。从国外港口运抵本港又转往其他外国港口，并由承运人签发了联运提单的货物，称为国际海上联运货物。国际海上联运货物在中转港需要办理一系列手续，完成一系列作业，这些都可由船舶代理办理。

船舶代理接受委托后，必须在船舶抵港前联系安排好泊位、卸货和接运工作。船舶抵港后办理报关、转运手续，联系承担转运的二程船，并办理二程船托运手续。

(3) 绘制出口货物积载图。绘制积载图是船公司的责任，船舶代理的责任是向船公司提供货物资料，协助船公司及时绘制出积载图。为了协助绘制积载图，船舶代理应根据装货清单向来港装货船舶提供货物种类、货物的积载因数及亏舱率、重大件货的尺寸和重量、危险货说明书等货载情况资料。积载图绘制完成后，船舶代理将其分送到有关部门安排装船作业。

(4) 编制货运单证。受船公司委托代办出口货运业务的船舶代理也要像承运人一样编制、签发各种货运单证，如班轮运输业务中各种货运单证。船舶代理填写、签发的货运单证与承运人亲自填写、签发的具有相同作用。

(5) 计算运费。代计、代收运费也是船舶代理的一项重要工作。船舶代理接受各船公司委托，根据各船公司制定的费率本（费率表），为各船公司计算和代收运费。

(6) 签发提单。班轮运输中,提单通常由船舶代理签发。船舶代理签发提单时应注意有关提单的格式、签发日期、签发提单的依据、批注处理等。

4. 进口货运业务

进口货运业务主要包括接收载货运费清单、接收积载图、催提、签发提货单和受理进口货物索赔等。在班轮运输和租船运输中,承运人或租船人都可委托船舶代理办理这些业务。

(1) 船舶进港准备工作。船舶从装货港起航后,装货港船舶代理应及时将载货运费清单、提单副本、积载图和其他货运单证寄给卸货港船舶代理。在船舶到港前,卸货港船舶代理应根据这些单证,提前安排好船舶泊位,做好卸货、驳运、仓库等准备工作,并通知收货人准备提货。

(2) 卸货准备工作。为了安排好卸货和理货工作,进口货物积载图必须在船舶到港前寄到卸货港船舶代理那里。进口货物积载图正确与否,直接关系到装卸效率和杂项费用。如果积载图正确标明了货物装舱位置,就便于卸货和理货工作;反之,如果实际积载情况与积载图不符而船公司又未提前通知,由此造成的卸货时间延长和杂项费用增加应由船公司负责。船舶代理应将延长的工时和增加的费用列入港口杂项作业签证记录内,交船公司签字确认。

(3) 催提。按照一般规定,货物卸船后的一定时间内,若无人认领,则承运人可以处理该货物而不承担任何责任,全部风险和费用由货主承担。但是,为了给货主提供良好的服务、维护自己的信誉,承运人应当帮助收货人尽快提货。因此,作为承运人的船舶代理,应当在船舶到达卸货港之前就通知收货人做好提货准备,卸货后应立即通知收货人尽快提取货物。

(4) 签发提货单。正常的提货程序是,收货人在正本提单上背书,付清(到付)运费和其他应付的费用,换取由卸货港船舶代理签发的提货单,办理海关货物进口手续后,持提货单到码头仓库提取货物。

卸货港船舶代理在签发提货单时,要将提单与载货运费清单对照检查,检查无误后收回提单,签发提货单。如果收货人尚未收到正本提单,可提供银行保证书办理提货手续。

(5) 进口货物理赔。收货人提取货物时,如果发现货物灭失或损坏,既可直接向船公司索赔,也可通过卸货港船舶代理索赔。通常船公司自行处理货损金额大的索赔案件,船舶代理仅受理限定金额内的索赔案件。船舶代理在授权范围内理赔后,应将处理结果报告船公司。

5. 船舶现场管理

船舶代理接受船公司委托后,应像委托人一样对在港船舶进行现场管理。船舶现场管理工作主要有:指定调度部门全面掌握现场作业情况、指挥协调现场各项工作,如船舶靠泊、装卸货物、开航。此外还要安排人员驻船,现场处理各项业务,掌握进度,做好装货准备。

6. 租船运输业务

船舶代理接受委托,代办租船运输业务,办理船舶进出口手续和货物进出口业务。对于航次租船,船舶代理负责递交或接受船舶装卸准备就绪通知书、填写装卸时间事实记录、结算速遣费或滞期费。对于定期租船,船舶代理办理交船、还船工作。

装卸准备就绪通知书的作用：一是准备装卸作业的通知；二是计算装卸起始时间的依据，涉及速遣费或滞期费的计算。船舶代理既可代表承租人接受船长递交的装卸准备就绪通知书，与船长办理交接手续，也可以代表船公司与承租人办理交接手续。船舶代理与船长办理交接手续时，必须依据租船合同和贸易合同等办理。

为了准确计算速遣费或滞期费，需要记录船舶在港作业的全面情况。装卸时间事实记录一般是应承租人或收货人或发货人的委托，由船舶代理的外勤业务人员在现场进行。外勤人员必须熟悉租船合同和贸易合同，按照委托约定，实事求是地做好记录。装卸作业结束时交船公司签字确认，然后计算速遣费或滞期费。

船舶代理代办定期租船业务必须事先得到租船合同，了解合同条款。交船必须在租船合同规定的地点和时间进行。交船时，必须办好船舶进口手续，船舶应保持清洁，油水按合同备足。在船舶具备了合同所规定的条件并办妥交船前各项手续后，船东（代表承租人）和船舶代理或承租人（代表船东）和船舶代理签署交船证书。签署交船证书之日即为租船起租之时，还船程序与交船基本相同。

7. 船舶买卖交接业务

在船舶买卖交接工作中，船舶代理大都接受卖方委托，代办船舶买卖交接工作。船舶代理接受委托后，应立即通知买方做好接船准备工作，并办理船舶进口申报手续。

船舶到港后，船长递交交船通知书，表示船公司已做好交船准备工作，买方可以准备接船。接到通知后，买方登船或通过试航对船舶技术状况进行检查。买方认为船舶符合合同要求并且向卖方付款，船公司才同意正式交船。

船舶交接结束后，随船来的船员还要离船返回，这种情况下船舶代理应按照委托要求，办理船员遣返工作。船员遣返工作结束，结算完各项费用，船舶买卖交接业务的代理才算结束。

第四节 第三方物流服务的开展

一、第三方物流服务概述

1. 第三方物流服务产生的原因

（1）在经济全球化不断发展的背景下，采购、制造和分销的全球化成为企业必须面对的现实与挑战，使得经济中连接所需的物流活动日益庞大和复杂。提高物流效率、寻求专业化物流管理和服务就成为企业适应全球化和市场竞争的必然要求。

（2）在全球化的竞争环境中，企业一方面要提高竞争能力，另一方面要保持灵活性和高效性。因此，国际上许多企业采取将企业资源和能力向核心业务与战略性资源方面集中，而在非核心业务和非战略性、不具备竞争优势的业务方面则采取更高效率和专业化的外部资源的发展模式。在欧洲，目前43％的企业实现了采用外部物流资源和服务的模式，不但大大降低了企业在运输、仓储等方面的投入，使企业固定成本趋于最小化，而且促进了供应链物流效率和顾客服务水平的提高，同时更为重要的是为专业化物流服务及物流产业的发展提供了广阔的市场基础。

（3）现代信息技术的迅猛发展为物流供应链的整合和利用外部物流资源提供了条件。现代信息技术使原来分散的各个物流环节能够相互连通，成为一个有机整体；同时，在生产者、消费者及物流服务企业之间实现物流信息的共享，使生产企业、流通企业和物流企业都能按照市场的要求提供产品与服务。

可见，第三方物流产业是现代经济和科学技术水平发展到一定阶段的产物，是一个适应市场竞争要求并正在加速发展的新的专业化分工领域和产业部门。

2. 第三方物流服务的含义及内容

第三方物流最早于20世纪80年代中后期开始被广泛用来描述将物流作业的一部分外包或分包。1988年美国物流管理协会所做的一份有关顾客服务调查报告中首次提到"第三方提供商"（The Third-party Providers），在当年随后的报告中，该术语引起了人们极大的关注。"与服务提供商的战略联盟""物流服务提供商""合同物流"等说法也用来描述第三方物流。

目前，对于第三方物流的理解并不一致，也存在多种解释。字面上，第三方物流是指由与货物有关的发货人和收货人之外的专业企业（第三方物流）承担企业物流活动的一种物流形态。在美国的有关专业著作中，将第三方物流供应者定义为"通过合同的方式确定回报，承担货主企业全部或部分物流活动的企业"。所提供的服务形态可以分为与运营相关的服务、与管理相关的服务以及两者兼而有之的服务三种类型。无论哪种形态，都必须比过去的一般运输业者（Common Carrier）和合同运输业者（Contract Carrier）所提供的服务更加高级。

第三方物流服务发展到目前，其提供的服务项目已超过30项。物流服务项目的多样化既是社会对物流服务需求的结果，也是现代科技所能提供的技术支持的结果。美国Amstrong & Associates咨询公司提供的资料显示，第三方物流的服务内容包括：

（1）运输计划与管理。① 进向运输控制；② 出向运输控制；③ 航向/网络优化；④ 与货物承运商谈判并签订承运合同；⑤ 航运船队管理；⑥ 运费支付；⑦ 运输方式转换；⑧ 货运经纪；⑨ 货物承运；⑩ 海关报关。

（2）仓储保管。① 货物集拼/分拨；② 交叉入库；③ 产品装配/组装；④ 产品安装/维修；⑤ 分拣；⑥ 附件备件；⑦ 程序统计；⑧ 订单履行；⑨ 产品返还；⑩ 库存管理；⑪ 网络设计。

（3）信息技术。① 设计、工程及模式化；② 运输计划与管理；③ 需求/供应预测；④ 企业资源计划；⑤ 软件集成、EDI及信息流动；⑥ 电子商务。

（4）财务服务。① 库存财务；② 卖方管理财务；③ 国际贸易财务与信用证；④ 应收财务。

3. 第三方物流的益处

第三方物流服务给企业带来了众多益处，主要表现在：

（1）集中主业。企业能够将有限的人、财、物集中于核心业务，进行新产品和新技术的研究与开发以提高自己的竞争力。

（2）节约投资。根据对企业用车的调查结果，企业解散自有车队而代之以寻求公共运输服务的主要原因就是为了减少有关的固定费用，这不仅包括购买车辆的投资，还包括与车间、仓库、发货设施、包装器械及员工工资等有关的开支。

(3) 减少库存。第三方物流服务商借助精心策划的物流计划和适时的运送手段,使企业减少了库存开支,并改善了现金流量。

(4) 能利用物流服务商的创新性的物流管理技术和先进的渠道管理信息系统。一流的第三方物流服务商一般在全球拥有广泛的网络,并拥有开展物流服务的经验和专业技术,当企业计划在自己不熟悉的地理环境中开展业务时,可充分利用第三方物流服务商的专业技术和经验来开展有关运作。

(5) 提升企业形象。第三方物流服务商与顾客不是竞争对手,而是战略伙伴,他们为顾客着想,通过全球性的信息网络使顾客的供应链管理得到优化。他们利用完备的设施和训练有素的员工对整个供应链实现完全控制。他们通过遍布全球的运送网络和服务提供者(分包方)大大缩短交货期,帮助顾客改进服务和树立品牌形象。第三方物流服务商通过"量体裁衣"式的设计,制订出以顾客为导向、低成本和高效率的物流方案,使顾客从同行业中脱颖而出,为其在竞争中取胜创造有利条件。

二、第三方物流服务理论

理论上,货主企业对外委托第三方开展物流服务有三种形态:第一种是货主企业自己从事物流系统设计以及库存管理、物流信息管理等管理性工作,而将货物运输、保管等具体的物流作业活动委托给外部的(第三方)物流企业;第二种是由第三方物流企业将其开发设计的物流系统提供给货主企业并承担有关的物流作业活动;第三种是由第三方物流企业站在货主企业的角度,代替后者从事物流系统的设计,并对系统运营承担责任。在实践中,前两种对外委托形态在发达国家已被企业普遍采用,第三种对外委托形态逐渐受到重视。这是因为大多数情况是:物流系统设计可以委托第三方物流企业来做,但系统的运营、管理仍然由货主企业自己承担;而且,第三方物流企业也有各种各样的经营方式,能够站在货主企业角度系统地设计、规划全部物流服务的第三方物流企业还不多。

上面谈到的第三种对外委托形态(第三方物流服务的高级形态)与传统的对外委托形态有很大的不同。传统的对外委托形态只是将企业物流活动的一部分,主要是物流作业活动(如货物运输、保管等)交由外部的物流企业去做,而库存管理、物流系统设计等物流管理活动以及一部分企业内部物流活动仍然保留在本企业。同时,物流企业是站在物流业务自己经营的角度接受货主企业的业务委托,以费用加利润的方式定价,收取服务费。那些能够提供系统服务的物流企业,也是以使用本企业的物流设施、推销本企业的经营业务为前提,而不是以货主企业物流合理化为目的来设计物流系统。而前者第三方物流企业则是站在货主的立场上,以货主企业的物流合理化为物流系统运营的设计目标。而且,第三方物流企业不一定要保有物流作业能力,也就是说可以没有物流设施和运输工具,不直接从事运输、保管等作业活动,只是负责物流系统设计并对物流系统运营承担责任,即所谓的非资产型第三方物流服务企业。具体的作业活动可以再采取对外委托的方式,由专业的运输、仓储企业等去完成。第三方物流企业的经营效益直接与货主企业的物流效率、物流服务水平和物流效果紧密联系在一起。

由此可见:

（1）第三方物流企业与货主企业是密切的、长期的合作关系，而不是零星的业务往来，所以第三方物流企业要与顾客形成一种长期、稳定的战略同盟关系。

（2）由于大多数产品变得越来越商品化，与产品及供应链可见度有关的信息变得越来越重要。第三方物流服务建立在现代电子信息技术的基础上，互换战略性和策略性的信息对于第三方物流服务的用户与提供者之间的战略联盟的成功很关键，它使得公司能及时做出决策和对顾客需求做出更快的反馈。一流的物流企业每年都将投入巨额款项于开发、执行和维护先进技术，所以第三方物流企业要拥有先进的 IT 系统，建立以国际互联网为基础的物流信息网络或企业内联网，并与物流系统的实际运作和控制很好地结合起来。

（3）第三方物流服务提供者必须能向顾客提供广泛的、综合性的、满足用户需要的增值服务，并提高服务水平。

增值服务是那些使产品变得让顾客更愿意接受的行为，如称重、定价、包装和捆扎货物等。这些操作使得消费者愿意支付更高的价钱，即使物流服务商要求额外报酬，零售商的利润也能得以提高，并且零售商的顾客满意度、市场份额等也能得到扩大和提高，由此一个互利的长期合作伙伴关系得以形成。

第三方物流服务应具有：① 顾客导向性（对顾客需求的响应）。根据顾客需求定制和整合的能力。② 可靠性。能始终如一地以可靠的方式提供服务。③ 时间性和便利性。及时提供顾客所需的服务与信息。

（4）第三方物流服务提供者要有受过良好培训的、具有合作精神的、敬业的员工。人的素质在物流服务传递的方式中起着十分重要的作用，企业应重视人员素质的培养及有关技能的训练。

（5）能控制提供物流服务的设施和设备（无论是自有设备还是租赁设备）。

三、第三方物流服务企业

物流公司可从不同角度进行分类：

1. 按是否拥有重型资产划分

（1）资产型物流公司以自己的资产为顾客提供特定物流服务。

（2）非资产型物流公司从不实际移动或运输物品，而是安排和加速供应链中货物的流动。这些公司既不拥有也不运作任何飞机、海轮或卡车；相反，它们利用海轮和空运提供商（如商业性的航空公司或致力于货物运输的承运人），供给运输所需的舱容。它们为顾客提供人力资源或设计物流体系，以其专有技术为顾客管理某些物流职能。

2. 按提供的服务形式划分

（1）信息主导型。这类公司以提供畅通的物流信息为主，也就是以软件为主。其建立在一个信息平台上，这个信息平台有多种形式。有的建立在电话联络上，如配货站，它主要为货车提供货源，为货主提供可以承载的车辆，以便整合装车；有的建立在互联网或专门网络上，这类公司的信息来源特别广，除了空运、海运、公路运输，还提供多式联运的服务信息。这类公司服务的区域也很大，可以扩展到全球任何一个地方，以信息费为主要营业收入。

（2）服务主导型。这类公司主要为特定或不特定的客户提供各种物流服务，它本身没有硬件设施，主要为客户提供信息服务（从别人处取得的信息）、运输服务（租赁车辆）、仓储服务（租赁共用或专用仓库）、配送服务等，以服务费为主要营业收入。

（3）单一仓储型。这类公司主要以各种公用和专用仓库为主，为客户提供物品在时间上的存放以及在仓库内的搬运和装运服务，并保证物品在仓库内的安全。有的仓储型公司还提供简单的流通加工，如大包装改成小包装、打标签等。仓储型公司主要以仓储费为营业收入。

（4）单一运输型。这类公司为人和货物提供各种不同速度与形式的空间转换服务，如铁路、航空、公路运输和水运等，以运费为主要营业收入。

（5）综合型。这类公司建立在信息平台上，其网络覆盖一个较大的区域，可以为客户提供各种基本服务和延伸服务（增值服务）。综合型物流公司在其网络系统内根据具体情况或租用专用仓库，或自建仓库，或使用自己的运输车队、船队、飞机等各种运输工具，或租用外来的运输工具。它不但能提供各种延伸服务（如快运服务、限时服务、门到门服务等），还可提供货物同步查询等增值服务。它的优势在于：可以利用网络优势得到更多业务；可利用大量的货物运输和仓储降低运输与仓储成本；所提供的增值服务使其价格比其他物流公司的价格更具竞争力。

思考题

1. 什么是国际货运代理？
2. 国际货运代理的服务对象有哪些？
3. 国际货运代理价格应如何确定？
4. 国际货运代理人的责任有哪些？
5. 船舶代理包含哪些业务？
6. 什么是第三方物流服务？
7. 第三方物流服务的优势有哪些？

▶ 案例

国际货运代理人充当第三方物流经营人

武夷山一客户委托南方物流公司出运一批干木耳，委托书中载明：由南方物流公司安排订舱、装船出运并为客户出口报关、检验，安排卡车将干木耳运往南方物流公司仓库装箱。为确定集装箱能装载干木耳，装箱前南方物流公司向商检提出验箱，商检报告证明可装载。但由于该批货未能在信用证装运期内出运，因此客户要求船公司出具倒签提单，但船公司不接受倒签提单的签发。于是，南方物流公司出具自己的提单给客户办理结汇，再由船公司出具提单给南方物流公司。南方物流公司出具的提单签发日期是信用证规定的装运期，而船公司出具的提单签发日期是货物实际装船日期，信用证规定的运输条款是CY/CY（场到场），因而两份提单上均记载CY/CY。南方物流公司将干木耳装箱后从厦门港出运，集装箱进装箱港大门时，集装箱设备交接单对集装箱外表状况未做任何批注。

装船时,外理也未对装船的集装箱外表状况提出异议;到进口国卸船时,国外公证机构也未对集装箱外表状况提出异议;收货人在进口国卸箱港提取集装箱时也未对集装箱外表状况提出异议。集装箱整箱货 CY/CY 运输条款规定,承运人与收货人的责任以集装箱出大门为划分点。既然收货人在提取集装箱时对集装箱外表状况、关封状况未提出异议,就表示承运人已完整交货。收货人在将集装箱运回自己仓库拆箱时发现箱内有部分干木耳受潮,即申请公证行到拆箱现场检验,检验报告证明干木耳受潮系箱子顶部漏水且是淡水所致。

(1) 收货人(买方)根据买卖双方合同中的品质条款向发货人(卖方)提出赔偿要求,理由是发货人未按合同规定的品质交货。发货人拒赔,理由是既然承运人签发了清洁提单,就可以认定承运人接受的是外表良好的干木耳,否则承运人便会在提单上加批注。而加批注的提单是不可结汇的。发货人进而提出,既然公证行检验报告证明木耳受潮系集装箱顶部漏水所致,那么收货人可对承运人提出赔偿要求。

(2) 收货人在遭到发货人拒赔后转向承运人提出赔偿要求,理由是承运人未按提单记载状况交货。承运人拒赔,理由是既然提单的记载是 CY/CY 运输条款,就表明是整箱交接,而集装箱整箱交接的责任划分是以交接双方在交接时箱子外表状况是否良好认定,既然收货人在提箱时对集装箱外表状况未提出任何异议,就表明承运人已完好交货。

(3) 在发货人、承运人同时拒赔下,收货人向保险公司提出赔偿要求,因为该批货成交价是 FOB,由买方投保。保险人同样拒赔,理由是收货人要得到赔偿首先应举证集装箱顶部漏水的原因和责任方,只有这样,保险人在赔付给收货人后,才能从收货人处得到代位求偿权,进而向责任方行使追赔权。如收货人无法举证而由保险人承担赔偿,则意味着保险人只有赔偿的义务而没有追偿的权利。

处理结果:

确定该案的责任方,首先应确定当事人之间的责任关系。

(1) 收货人与南方物流公司之间存在提单关系,因收货人持有南方物流公司的提单,南方物流公司是无船承运人。

(2) 船公司与南方物流公司之间存在提单关系,因船公司签发提单给南方物流公司,南方物流公司作为提单中的托运人。

(3) 收货人与保险公司之间存在保单关系,因是 FOB 价格成交,收货人作为投保人。

(4) 托运人(卖方)与收货人(买方)之间存在买卖合同关系。

(5) 托运人与南方物流公司存在提单关系。

(6) 收货人与船公司之间不存在任何关系。

上述当事人之间的关系如图 10-1 所示。

从本案当事人之间的责任划分来看,似乎收货人只要确定造成集装箱顶部漏水的责任方,便可从保险公司那里得到赔偿。但这在一定程度上是难以确定的,由于集装箱在出口国装箱开始一直到收货人从卸箱港提箱,每一交接环节的集装箱设备交接单均未对箱子外表状况做出任何批注,意味着每一交接环节下箱子的外表状况均处于良好状态。因此,箱内木耳受潮属于整箱货运输下的"隐藏损害",而一旦构成"隐藏损害"就意味着由收货人自行承担责任。

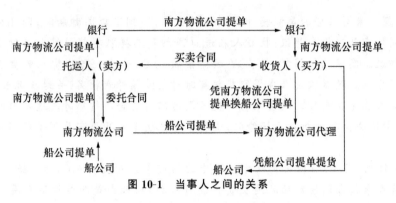

图 10-1 当事人之间的关系

事实上,此案提赔已进入"误区"。作为收货人没有必要去追究箱子顶部漏水,而应直接以南方物流公司签发倒签提单提出赔偿,因为集装箱实际装船日期过了信用证装运期,而南方物流公司仍签发装运期内的提单,在提单法上已构成对第三方(收货人)的欺诈。提单签发人(南方物流公司)不但应承担赔偿责任,而且不能享有提单责任限制,应按实际损失赔偿。

此案中,南方物流公司具有双重身份:对出口方来说是承运人,因其签发了全程提单;但对船公司来说,它又是托运人,同时是第三方物流经营人。因为出口方的一切事项均由南方物流公司承担,包括将干木耳从武夷山运至物流公司仓库,申请验箱、装箱、安排内陆运输、代为出口报关、报检、订舱托运、提单签发、运费计收、单证制作等。因而确定第三方物流经营人是国际货运代理人、无船承运人还是物流经营人,可通过与当事人之间订立的合同性质、从事的业务以及提供的服务来确定。

资料来源:杨志刚,杜小磊.国际货运物流实务、法规与案例[M].北京:人民交通出版社,2006。

21世纪经济与管理规划教材

物流管理系列

第十一章

跨境电子商务与国际物流管理

本章要点

　　本章概述了跨境电子商务环境下的国际物流,分析了跨境电子商务国际物流服务与成本管理,进一步介绍了库存决策和库存管理,以及物流系统的信息管理。

本章关键词

　　跨境电子商务　服务与成本管理　库存管理　信息管理

随着跨境电子商务全球化进程的飞速发展，跨境电子商务与国际物流之间相互影响、相互制约的关系已经成为一个新的课题。一方面，跨境电子商务的飞速发展必然为国际物流的发展提供新的契机，并将物流业水平提升到前所未有的高度；另一方面，作为跨境电子商务中最重要的组成部分，随着国际物流自身体系的不断发展以及国际物流运输渠道的不断成熟和多元化，也将对跨境电子商务的物流应用和发展起到推动作用。

第一节 跨境电子商务环境下的国际物流概述

一、跨境电子商务与国际物流

1. 跨境电子商务概述

跨境电子商务是指发生在不同国家及不同地域之间，通过互联网平台或者移动终端所进行的，包括 B2B、B2C、C2C、B2B2C 等类型的一切产品及服务等交易活动的全过程。

2. 跨境电子商务环境下的国际物流概述

跨境电子商务国际物流是指网上平台销售的物品从供应地到不同国家或地域范围接收地的实体流动过程，包括国际运输、包装配送、信息处理等环节。

跨境电子商务进入 3.0 时代，国际物流已经成为影响跨境电子商务发展最重要的因素。

3. 跨境电子商务与国际物流的关系

一方面，跨境电子商务与国际物流相互促进。跨境电子商务要求国际物流进行多元化的渠道整合，提供全球化的高效服务，并且对国际物流作业效率的系统性和智能性提出了标准化的要求。与此同时，高效的国际物流体系为跨境电子商务带来了更低的物流成本和更好的物流体验，国际物流的全球化也拓展了跨境电子商务的市场发展范围。

另一方面，跨境电子商务与国际物流相互依存。对于跨境电子商务企业而言，产品是王道，物流是链条。国际物流是其运作过程的重要保障，整个跨境电子商务活动都需要借由国际物流来完成。在跨境电子商务运作过程中，不同的交易方式会产生不同的物流模式。在跨境电子商务企业的成本中，采购成本、人力成本、物流成本占据了很大的比例，其中物流成本的比重在 20%～25%。如果没有多元化的国际物流体系为跨境电子商务服务，那么这些物流成本的比重还会更大。

二、跨境电子商务的国际物流特征

随着跨境电子商务的高速发展，适应跨境电子商务需求的各种类型的国际物流服务得以衍生。根据物流功能的不同，我们可以把国际物流划分为很多种类。其中，商业快递、邮政快递、国际物流专线、海外仓物流等是跨境电子商务企业选择较多的国际物流类型。区别于传统物流，跨境电子商务国际物流有以下特征：

（1）物流反应速度快速化。跨境电子商务要求国际物流上下游的物流配送需求反应速度非常快，前置时间和配送间隔越来越短，商品周转和物流配送的时效越来越短。

（2）物流功能集成化。跨境电子商务将国际物流与供应链的其他环节进行集成，包括物流渠道与产品渠道的集成、各种类型的物流渠道之间的集成、物流环节与物流功能的集成等。

（3）物流作业规范化。跨境电子商务国际物流强调作业流程的标准化，包括物流订单处理模板、物流渠道管理标准等，将复杂的物流作业流程变成简单的、可量化的、可考核的物流操作模式。

（4）物流信息电子化。跨境电子商务国际物流强调订单处理、信息处理的系统化和电子化，用 ERP 信息系统功能完成标准化的物流订单处理和物流仓储管理。通过 ERP 信息系统对物流渠道的成本、时效、安全性进行有效的 KPI 考核，对物流仓储管理过程中的库存积压、产品延迟到货、物流配送不及时等进行有效的风险控制。

三、跨境电子商务的国际物流模式

跨境电子商务网上订单交易完成以后，要用最优的物流方式把货物快速地送达客户手中，为了使客户拥有良好的产品体验，物流方式的选择非常重要。速卖通平台上的小型卖家一般会选择平台的线上平台发货，根据产品的客单价及客户的时效需求选择邮政小包裹物流服务或商业快递等。一般来说，跨境电子商务的国际物流模式有以下几种：

（1）邮政包裹模式。邮政网络覆盖全球 220 多个国家和地区，比其他任何物流渠道网络覆盖得都要广泛。邮政包裹模式得益于万国邮政联盟，成员之间的低成本结算使邮政包裹特别是邮政国际航空小包裹的物流成本非常低廉。2 千克以内的包裹基本以函件的价格结算，大大提高了跨境电子商务产品综合售价的优势。万国邮政联盟成员之间的海关清关便利性，也使得邮政包裹的清关能力比其他商业快递强得多，产生关税或者退回的比例相对小得多。成员之间强大的网络覆盖，也使得邮政包裹送无不达。

（2）国际商业快递模式。国际商业快递四大巨头（DHL、TNT、FedEx 和 UPS）这些国际快递服务商，通过自建的全球网络，利用强大的信息技术系统和遍布世界各地的本地化服务，为在跨境电子商务平台上网购的海外用户带来极好的物流体验。商业快递的时效基本在 3~5 个工作日，最快可在 48 个小时内把货物送到买家手中。然而，优质的服务伴随着昂贵的价格。区别于邮政包裹模式的按克收费的标准，商业快递收费标准是以 500 克为一个收费单位，所以跨境电子商务的商家一般把商业快递作为批发大批量货物时的最佳选择，以及客单价较高时或者邮寄样品等对时效要求较高时的物流选择。

（3）专线物流模式。跨境专线物流一般是国际物流服务商采用航空包舱方式把货物运输到固定的国家或区域（如欧洲），再通过自身在目的国的派送网络或者第三方物流服务商来完成派送的物流模式。专线物流的优势在于能集中大批量到某一特定国家或地区的货物，通过规模效应降低成本。因此，专线物流价格一般比商业快递低。在时效上，专线物流稍慢于商业快递，但比邮政包裹快很多。市面上最普及的专线物流产品是美国专线、欧洲专线、澳洲专线、俄罗斯专线、中东专线、南美专线、南非专线等。

（4）海外仓储模式。海外仓储服务指物流服务商为卖家在销售目的国进行货物仓储、分拣、包装和派送的一站式管理服务。海外仓储的成本包括头程运输、仓储管理和本地配送三个部分。头程运输指本国商家通过海运、空运、陆运或者联运将商品运送至海外仓库。仓储管理指本国商家通过物流信息系统,远程操作海外仓储货物,实时管理库存。本地配送指海外仓储中心根据订单信息,通过当地邮政或快递将商品配送给客户。

四、跨境电子商务国际物流与传统物流的差异

跨境电子商务对物流的具体要求不同于传统物流,两者的差异体现在以下几方面:

(1)跨境电子商务"多品种、小批量、多批次、周期短"的运营模式对物流的敏捷性和柔性提出了更高的要求。跨境电子商务网上交易后对物流信息的更新强调了库存商品快速分拣配送的原则,而多元化物流渠道的选择也符合跨境电子商务对国际物流的柔性要求,而传统物流"少品种、大批量、少批次、长周期"的运营模式决定了其固化性和单一性。

(2)物流功能性的附加价值不同。对于跨境电子商务商家来说,国际物流不仅具有运输的功能,终端客户的产品体验还包括国际物流的时效体验,甚至国际物流的成本也构成产品的竞争优势,而传统物流除了运输功能,很少有附加价值。

(3)跨境电子商务国际物流强调整合化和全球化,而传统物流强调"门到门""点对点"。

(4)跨境电子商务国际物流是主动式服务,传统物流是被动式服务。前者是产品、物流、信息流、资金流的统一,交易完成后主动把物流信息发送给客户,并实时监控货物直到完成投递。后者只是完成物品的运输,信息流往往在货物送达以后才发生。

(5)跨境电子商务国际物流注重信息系统化和信息智能化。在跨境电子商务的推动下,各大国际物流服务商致力于开发技术领先的物流 ERP 系统,以提供更全面、更简单的物流信息操作模式,实现跨境电子商务网上购物的一体化和智能化;而传统物流的作业流程相对固定且变通性不强,属于单一环节的管理,对信息系统的重视程度和智能化程度远远不如跨境电子商务国际物流高。

第二节 跨境电子商务国际物流服务与成本管理

一、跨境电子商务国际物流服务与成本管理的关系

国际物流成本在很大程度上影响跨境电子商务的发展。基于跨境电子商务各平台的曝光规则,按单品 SKU 的最低售价及按销售量的成交排名,不仅要求你的产品采购成本要控制好,还要求与之对应的物流成本也要做到最优。除此之外,跨境电子商务终端客户的产品体验包括物流的时效体验,物流速度越快、终端客户收到的货物越及时,客户的产品体验越好;甚至这种良好的物流体验可以转换为二次订单,从而增强电子商务企业的产品成交优势。反之,高成本的物流费用及时效不达标的物流体验,会严重地制约跨境电子商务企业的发展。

二、跨境电子商务产品定价与国际物流成本

一般来看,产品定价公式为:

产品销售价格＝(产品成本＋平台交易费用＋物流成本)×(利润率＋1)。

影响跨境电子商务物流成本的因素有以下几种：

(1) 产品的重量。基于跨境电子商务平台包裹小而散的特征，80%的包裹重量低于2千克。2千克以内的包裹，大多数商家选择的是各类型的邮政小包裹，如中国邮政2千克以上的产品不适用于邮政包裹，更适合走快递渠道和专线渠道，虽然运费昂贵，但是时效较之邮政包裹快，可以给客户带来更好的物流时效体验。

(2) 产品的体积。除了邮政包裹基本是没有体积的，其他专线和快递都是有体积的。在设置运费模板的时候要先测量产品体积和重量，取大者计算运费体积，计算公式为(长×宽×高)/5 000。

(3) 物流妥投时效要求。样品和价值高的产品选择物流时效更有保障的渠道才能保证客户对时效的要求。

(4) 产品属性分类。在计算和选择物流渠道及成本时，我们要注意物流渠道对走货产品属性的要求。有些渠道可以走带电类的敏感产品，有些物流渠道则不可以。因此，产品属性将决定所选择的物流渠道，而不仅仅是物流成本。

三、跨境电子商务国际物流服务管理

1. 含义

跨境电子商务国际物流服务管理，就是对跨境电子商务物流运作的计划、协调、控制和考核等。跨境电子商务物流服务管理的目的就是使各项物流渠道实现最佳的协调和配合，从而降低物流成本、提高物流效率。

2. 原则

(1) 整体效益原则。跨境电子商务国际物流服务管理，不仅要求跨境电子商务物流本身的效益最大化、资源整合化、成本最优化，还要求与跨境电子商务国际物流服务相关的其他系统的整体效益最大化。

(2) 标准化原则。跨境电子商务国际物流服务管理按照物流操作的重复性和常规性，用物流 ERP 系统对物流的订单处理流程、包裹状态跟踪流程、财务报表分析流程和物流服务管理的 KPI 考核流程进行标准化的呈现与管理，实现自动化、智能化，提高管理效益。

(3) 服务原则。跨境电子商务国际物流服务管理的核心在于对物流管理全过程的监控和协调。企业要掌握常规的物流风险，并且采取规避措施，用高效且优质的服务体系，为客户提供最好的物流体验。

四、国际物流成本管理与控制

1. 国际物流成本管理的含义

国际物流成本管理是对国际物流相关费用的计划、协调和控制。

2. 国际物流成本管理的理论

(1) 物流成本冰山一角理论。在跨境电子商务1.0时代和跨境电子商务2.0时代，以货源为王，谁有优质的货源，谁就有竞争的优势，那时的跨境电子商务是"蓝海"市场。

商家对于物流成本是忽略管控的,那时的物流成本被跨境电子商务商家认为是整体成本的冰山一角。

(2) 国际物流成本消减的乘法效应。在跨境电子商务的整体成本中,物流成本通常占据了销售额的 20%～22%。如果企业的月销售额为 1 000 万元(包含物流成本),物流成本比例为 20%(200 万元)。如果物流成本下降 5%,那么企业只需 150 万元的物流成本即可达到 1 000 万元的销售额,意味着企业物流成本保持 200 万元将产生 1 333.3 万元的销售额。如果我们假设利润率保持不变为 20%,那么同样 200 万元的物流成本,当物流成本下降 5%时,利润将增加 66.67 万元。

3. 国际物流成本控制的策略

(1) 通过整合物流综合方案来降低物流成本。跨境电子商务物流的需求是碎片化的、复杂的且多元化的。不同的产品属性、不同的重量体积、不同的国家地区、不同的物流渠道,甚至计费方式和成本都相差甚远。根据自身平台对物流的要求以及买家的需求来整合和优化最合适的物流线路,才能达到成本最优。物流成本的降低,必然会带来销售额的增加。

(2) 通过实现供应链管理和提高物流服务管理来降低成本。实现供应链管理不仅要求企业的物流体制效益化,同时物流部门和产品部门、采购部门等都要加强成本控制。提高物流服务水平是降低企业物流成本的有效方法。

(3) 通过 ERP 信息系统管理来降低物流成本。通过标准化的系统管理来实现物流的操作和订单处理,并且通过 ERP 信息系统来节约人力成本,实现企业用工的最优化。此外,通过 ERP 系统监测和管控的物流数据对当前的物流状态及问题进行梳理与防范,使企业的物流管理成本大幅下降,从而达到降低物流成本的目的。

第三节 跨境电子商务的库存决策与库存管理

一、跨境电子商务的库存决策

跨境电子商务库存是指跨境电子商务企业在运营过程中的各个仓库点堆积的原材料、产成品和其他物资。跨境电子商务的库存仓库一般分为国内仓库和海外仓库。形成的原因一般基于降低运输和生产成本、协调供求关系、支持市场销售。

(1) 降低运输和生产成本。库存一方面会增加费用,另一方面会提高运输和生产效率,从而降低运输和生产成本。国内仓库的商品从中国直发的基本是小件商品,物流成本低,对运输时效的要求不会特别关注;海外仓库的商品可以与从国内直发没有物流优势的大件商品形成互补,同时对高要求的物流时效做出物流运输补充。

(2) 协调供求关系。无论是建立国内仓库还是海外仓库,跨境电子商务的库存仓库最主要的目的就是协调供求关系。

(3) 支持市场销售。建立产品库存最大的目的就是支持市场销售,实现产品对销售需求的快速反应,甚至缩短物流运输时间。

库存决策应考虑以下三个要素:

（1）采购成本。采购成本由货物成本和订购成本组成。货物成本指产品的价格或者制造成本、货物的运输成本（如果采购价格不包括运输费用）、收货仓库的人工搬运或者加工检测成本。订购成本指采购人员的工资，以及各项交通通信费用、订单处理费用等。

（2）库存的持有成本。在一段时间内存储或持有商品，就是库存的持有成本。主要包括商品对库存货架空间的占用成本、商品的资金占用成本、库存的服务成本，以及商品损坏、商品变质、商品短少等有关的库存风险成本。

（3）库存的缺货成本。当库存商品供不应求的时候会产生缺货成本，包括失去销售机会的成本和保留订单的成本。

二、跨境电子商务的库存管理

跨境电子商务的库存管理是指跨境电子商务企业为了达到财务运营目标，通过优化整体需求和供应链管理流程，设置合理的 ERP 控制策略，对企业内部仓库的各种物品、产品及其他资源进行管理和控制，使储备保持在合理的数据水平上，从而保证在及时交货发货的情况下，尽可能地降低库存水平、减少库存积压与报废、管控贬值风险。

跨境电子商务的库存管理可以从两个方面入手：

（1）仓储空间的货架位规范。① 区段式编号。把仓库区分成几个区段，再对每个区段编号。这种方式是以区段为单位，每个号码代表一个存储区域。区段式编号适用于仓库库位简单、没有货架的情况，可以将存储区域划分为 A1、A2、A3 等若干个区段。② 品项群式编号。把一些相关性强的商品集合后分成几个品项群，再对每个品项群进行编号。这种方式适用于容易按商品群保管和所售商品差异大的卖家。③ 地址式编号。将仓库、区段、排、行、层、格等进行编码。可采用四组数字表示商品库存所在的位置，四组数字代表仓库的编号、货架的编号、货架层数的编号和每一层中各个格的编号。对于如 1-12-1-5 的编号，可知 1 号库房、第 12 个货架、第 1 层中的第 5 格，根据货架位信息就可以迅速地确定某种商品具体存放的位置。

（2）商品信息规范。它指商品的 SKU 信息、商品规格尺寸、中英文报关信息的条理化与明晰化。商品信息规范有利于对库存商品进行科学管理，合理的 SKU 编码有利于实现精细化的库存管理，同时有利于及时、准确地拣货，提高效率，避免拣货失误。

第四节　跨境电子商务物流系统与信息管理

一、国际物流信息系统管理和 ERP 系统

国际物流信息系统管理是对物流信息进行采集、处理、分析、应用、存储和传送的过程，在这个过程中，通过涉及物流信息活动的各种要素（人力、技术、工具等）进行管理。对于跨境电子商务企业来说，物流信息系统管理实现的是订单包裹的实时跟踪、转运、妥投等一系列物流跟踪数据管理，以及对产品物流成本的财务报表分析，是实施物流 KPI 考核的必要参考手段。

物流信息系统管理强调应用系统化和集成化观念来处理企业经营活动中的问题，以

求得系统整体最优化为目的,既要求信息处理的及时性、准确性和灵活性,也要求信息处理的安全性和经济性。

跨境电子商务 ERP 系统提供多渠道电子商务管理解决方案,支持多仓库、多品牌管理,为广大零售商户提供"一站式"信息系统服务,功能上囊括采购管理、销售管理、接单管理、物流计划、仓储管理、价格体系管理、结算管理、发票管理、客户关系管理、报表管理等。

跨境电子商务 ERP 系统的订单管理如图 11-1 所示。

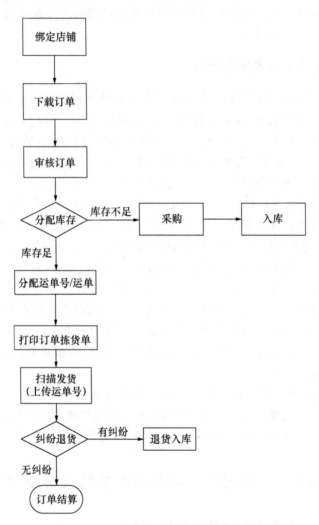

图 11-1　跨境电子商务 ERP 系统的订单管理

二、国际物流信息系统管理的主要目的和未来发展

从国际物流信息系统对提高企业高效管理的目的来看,主要体现在:

(1) 改善物流企业内部流程和信息沟通方式,满足跨境电子商务客户和业务部门对信息处理及共享的需求。

(2) 提高办公自动化水平，提高工作效率，降低管理成本，实现成本优先的竞争优势。

(3) 通过国际物流信息系统对货物的跟踪和监控，物流企业的各层管理者可以及时地掌握货物运输的情况，增强对业务的控制，为决策提供数据支持。

(4) 为客户提供实时的货物跟踪，提供个性化服务，提高服务水平。

市场是不断变化的，用户对物流企业的要求以及企业自身发展的需求也在不断变动中，信息技术本身也在不断地更迭，因此国际物流信息处理系统会不断地根据用户的需求进行改进和完善，在此基础上又不断地改进，这是一个循环完善的过程。

随着跨境电子商务的飞速发展，以及物流信息技术的不断提高，两者互相促进。跨境电子商务利用物流信息系统提高企业管理的高效化、流程化和成本最优化；物流信息技术根据跨境电子商务不断改变的市场需求来调整自身的功能，以改进跨境电子商务企业的物流流程。

综合国际物流信息的发展趋势，未来物流信息的发展和应用体现在以下几个方面：

(1) 物流信息综合性更强。伴随跨境电子商务全球化的进程，物流信息服务系统不仅要满足物流企业内部作业的需求，还要满足跨境电子商务企业对区域性仓库的库存管理及订单处理的需求。

(2) 专业性更强，接口趋于透明。随着跨境电子商务国际物流十余年的发展和推进，跨境电子商务国际物流的各种运输方式更加成熟，并且反映在跨境电子商务国际物流对跨境电子商务企业的物流需求定制化上，完善了跨境电子商务物流碎片化的需求。相比于传统物流"大而全"的一体化物流解决方案，跨境电子商务物流信息系统更加专业地提供满足跨境电子商务企业 B2B、B2C 的业务需求，并且对接专业的物流数据跟踪网站。

(3) 决策支持功能加强。国际物流信息系统不仅提高了物流企业内部的运营效率，它所容纳的库存数据、包裹跟踪数据、物流成本财务数据还在很大程度上为跨境电子商务企业提供了管理决策依据。

(4) 自动化程度不断提高。国际物流信息系统的自动化程度不断提高，体现在包括仓储设施和配送作业的自动化、智能立库的建设，甚至机器人分拣作业等。

国际物流信息系统对跨境电子商务的发展起着至关重要的作用。它不仅能改善物流企业的内部流程和信息沟通方式，满足跨境电子商务客户和业务部门对信息处理与共享的需求，还能实现跨境电子商务企业对货物的跟踪和监控，为决策提供数据支持。

国际物流信息系统未来的发展将更加专业化，自动化程度更高的作业也会得到广泛的应用和发展。

思考题

1. 简述跨境电子商务的国际物流特征。
2. 跨境电子商务国际物流与传统物流的差异。
3. 简述跨境电子商务环境下国际物流成本管理与控制方法。
4. 如何进行跨境电子商务的库存管理？

5. 简述跨境电子商务 ERP 系统的订单管理。
6. 国际物流信息系统管理的主要目标和发展趋势是什么？

案例一

无理由退货怎么那么多的"不支持"

中国消费者协会（以下简称"中消协"）日前发布了《2017 年"双十一"网络购物价格、质量、售后服务调查体验报告》。报告显示，在售后服务方面，体验人员对 101 个没有标注"不支持七日无理由退货"的商品样本进行了退货操作，有 96 个样本完成退货操作，退货成功率达到 95%。但是，在跨境电商平台进行海淘，退货却不那么容易。统计显示，本次调查体验的 100 个"海淘"样本中，62 个样本明确在显示页面或采购页面标注"不支持七日无理由退货"。

跨境电子商务平台超过六成的商户不支持七日无理由退货，这是一个非常值得重视的问题。中消协的调查虽未提及境内电子商务平台不支持七日无理由退货的商户比重，但可以推定应该有不少。那个 95% 的退货成功率看似很高，其实不能说明多少问题，毕竟其调查对象是承诺支持七日无理由退货的商家。这些商户说到就要做到，这没什么好评价的。我们要关注的是，为什么还有那么多商户不支持七日无理由退货。

其实，从交易成本角度来看，一些商户不支持七日无理由退货，或者为此设置诸多条件，比如注明"退货期限为 72 小时或 48 小时，逾期概不受理"，这有其利益考虑，也还能理解。我们知道，许多网购商户是小本经营，本身利润就不高，若发生退换货的概率增大，那么可能承受不起由此增加的成本。曾有商户抱怨，他们在某年十一黄金周期间搞促销，承诺七日无理由退货，当时确实反响不错，卖出 1 000 多套高档时装，可活动结束后又退回 200 多套。最后一算账，根本没赚到什么钱。一般来讲，电商的逆向物流成本是正向物流成本的数倍甚至更高，比如配送费为 5 元，但退货时产生的包括邮资在内的成本有可能为 20~50 元。

人们常说，买的不如卖的精。但有了七日无理由退货之后，不少消费者真的是想退货就退货、为退货而退货，一点理由也不讲，甚至就是借用几天占点小便宜，这就使商家面临为那些"玩客""借客"花钱提供"无条件服务"的尴尬境地。必须承认，林子大了什么鸟都有，恶意退货的消费者的确有，但他们毕竟只是少数且不会常有。更重要的道理在于"失之东隅，收之桑榆"。经营者真心实意地以消费者为重，只有敢于做出"无理由退货"的承诺，才能真正为消费者所赏识，赢得其信赖，而商家的形象和声誉才能因此而建立，从而实现社会效益和经济效益的双赢。换句话说，就是"放长线钓大鱼"。

明白了这个道理，回过头站在消费者的角度考虑，就是另一回事了。商家说了那么多理由，无非就是为了最大化自己的利益。我们看到，为了规避新版《消费者权益保护法》的要求，现在不少商家玩起了文字游戏，搞所谓"经消费者在购买时确认"的事先约定，或者在购买页面进行标注，或者转为在买家购买时用"旺旺"提醒。有的卖家为了减少退换率，甚至明确表示"对于购买历史中有多次退货记录的买家，他们有权拒绝交易"。商家这种保全自己却在一定程度上损害消费者利益的做法，当然不可取。要知道，买卖有赔有赚，搞经营就必须付出一定的成本并承担相应的风险。七日无理由退货肯定会提高卖家成本,但若无这一法律规定,对于作为弱势一方的消费者来说,则会承担更多的成本。将两个成本进行社会价值比较,还是后者(买方成本)更大一些。所以,两害相权取其轻,法律规定了"七日无理由退货",要对商家进行规制。

现在"七日无理由退货"难以落实,问题的根源在于商家有意规避此项条款,而对这种行为的规制又缺乏更翔实的法律依据和标准。因此,国家有关部门必须对相关法律法规进行完善,出台有针对性的配套细则,比如细化不退货商品的目录和适用情形,制定严谨的消费者确认环节等;同时,制定相应的处罚措施,防止商家及个别消费者规避或滥用法律规定。

资料来源:中国青年网,http://mini.eastday.com/mobile/180213163538315.html,访问时间:2019年3月1日。有改动。

▶ 案例二

强化平台责任　倒逼电商真打假

《中华人民共和国电子商务法(草案二次审议稿)》进一步体现了对消费者权益的保护。其规定,电子商务平台经营者知道或者应当知道平台内经营者侵犯知识产权的,应当采取删除、屏蔽、断开链接、终止交易和服务等必要措施;未采取必要措施的,与侵权人承担连带责任。

网络购物已成为消费者的消费习惯,但网购到的假货也是不计其数。因此,电商平台严加监管货品对打击假货至关重要,直接涉及数亿级消费者的利益。从这个意义上说,要强化平台责任,从追究责任的角度倒逼电商平台真打假,从而将网购的假货减至最少,给消费者一个更为安全的网络消费环境。

2017年年初,美国卡内基-梅隆大学商学院助理教授张凯夫用来自60.3万名淘宝消费者、纵跨5个月的购买数据做了计量经济学分析:购买到一件1000元的假货或劣质商品,会导致在之后的12周内,一个消费者在淘宝平台上的消费减少3570元。而因售假分子个人行为引发的平台商誉损失,更是任何一家电商平台的无妄之灾。马云曾在公开场合表示,每卖出一件假货,阿里巴巴就会损失5个客户。电商平台卖假货的危害性是相当大的。

对电商产品的监管,相关职能部门当然要尽心尽责,做好自己的本职工作,但电商平台同样要履行自己的监管职责。现在的电商平台也参与打假,但如果再加上追责制,电商平台打假会更彻底些。在打击假货上,电商平台具有义不容辞的责任,但也不免存在一些"私心":如果打假打得太厉害,会对自己的声誉造成不利,在打假力度上或许会有手软的时候。对电商平台予以追责,就是要将电商平台打击假货的责任明确下来,从而进一步明确电商平台的角色定位——与职能部门共同打击假货。

打击假货,电商平台责无旁贷,但必须提高技术含量、细化打假操作,方能走得更快、更远。

资料来源:中国质量报,http://finance.china.com.cn//consume/20171109/4431011.shtml,访问时间:2019年3月1日。有改动。

参 考 文 献

白世贞,沈欣.国际物流学[M].北京:科学出版社,2010。
本刊编辑部.港口多式联运成港口发展新增长点[J].中国港口,2017(04):21—23。
陈建岭.供应链管理[M].北京:北京大学出版社,2016。
崔介何.物流学[M].2版.北京:北京大学出版社,2010。
丁立言,张铎.国际物流学[M].北京:清华大学出版社,2000。
杜秀明.物流运输实务[M].天津:天津大学出版社,2012。
蒋长兵.国际物流学教程[M].2版.北京:中国物资出版社,2012。
蒋元涛.国际物流运营与电子商务管理[M].北京:光明日报出版社,2013。
乐美龙.国际物流[M].上海:上海交通大学出版社,2012。
李苏剑等.物流管理信息系统理论与案例[M].北京:电子工业出版社,2005。
李向文,冯茹梅.新物流概论[M].北京:北京大学出版社,2013。
林正章.国际物流与供应链[M].北京:清华大学出版社,2006。
刘小卉.国际货运代理[M].2版.上海:上海财经大学出版社,2011。
刘云飞.澳中航行新航线分析[J].天津航海,2017(04):17—19。
陆渊艳,钱华,李人晴.国际物流通关实务[M].北京:清华大学出版社,2013。
逯宇铎,陈阵,李正锋.国际物流学[M].北京:机械工业出版社,2012。
逯宇铎,李正锋,苏振东.国际物流学[M].2版.北京:北京大学出版社,2012。
逯宇铎,鲁力群.国际物流管理[M].3版.北京:机械工业出版社,2015。
门峰.现代物流概论[M].上海:上海财经大学出版社,2005。
缪东玲.国际贸易单证实务与实验[M].2版.北京:电子工业出版社,2016。
石亚清.货运代理人应否承担货物灭失的赔偿[J].中外物流,2006(04):40—41。
史成东,李辉,郭福利.国际物流学[M].北京:北京理工大学出版社,2016。
速卖通大学.跨境电商物流:阿里巴巴速卖通宝典[M].北京:电子工业出版社,2016。
王道平,丁琨.物流信息技术与应用[M].北京:科学出版社,2017。
王学锋,郑丙贵,张芬.国际物流风险与保险[M].上海:上海交通大学出版社,2006。
王学锋,殷明等.国际海上货物运输[M].上海:同济大学出版社,2009。
王昭凤.国际物流管理[M].北京:电子工业出版社,2013。
王转,张庆华,鲍新中.现代物流学[M].北京:电子工业出版社,2012。
魏凤,刘志硕等.物联网与现代物流[M].北京:电子工业出版社,2012。
武晋军,唐俏.报关实务[M].3版.北京:电子工业出版社,2016。
熊静,张旭,喻钢.物流信息管理[M].北京:国防工业出版社,2017。
阎之大.UCP600解读与例证[M].北京:中国商务出版社,2007。
杨霞芳.国际物流管理[M].2版.上海:同济大学出版社,2015。
杨志刚,杜小磊.国际货运物流实务、法规与案例[M].北京:人民交通出版社,2006。
张磊,吴忠.物流信息技术概论[M].北京:北京大学出版社,2011。
张良卫.国际物流实务[M].3版.北京:电子工业出版社,2017。
张旭,马应召,赵建萍.用统一编码筑巢物联网[J].中国自动识别技术,2014(01)。

教辅申请说明

北京大学出版社本着"教材优先、学术为本"的出版宗旨,竭诚为广大高等院校师生服务。为更有针对性地提供服务,请您按照以下步骤通过**微信**提交教辅申请,我们会在 1~2 个工作日内将配套教辅资料发送到您的邮箱。

◎扫描下方二维码,或直接微信搜索公众号"北京大学经管书苑",进行关注;

◎点击菜单栏"在线申请"—"教辅申请",出现如右下界面:

◎将表格上的信息填写准确、完整后,点击提交;

◎信息核对无误后,教辅资源会及时发送给您;如果填写有问题,工作人员会同您联系。

温馨提示:如果您不使用微信,则可以通过以下联系方式(任选其一),将您的姓名、院校、邮箱及教材使用信息反馈给我们,工作人员会同您进一步联系。

联系方式:

北京大学出版社经济与管理图书事业部
通信地址:北京市海淀区成府路 205 号,100871
电子邮箱:em@pup.cn
电　　话:010-62767312 /62757146
微　　信:北京大学经管书苑(pupembook)
网　　址:www.pup.cn